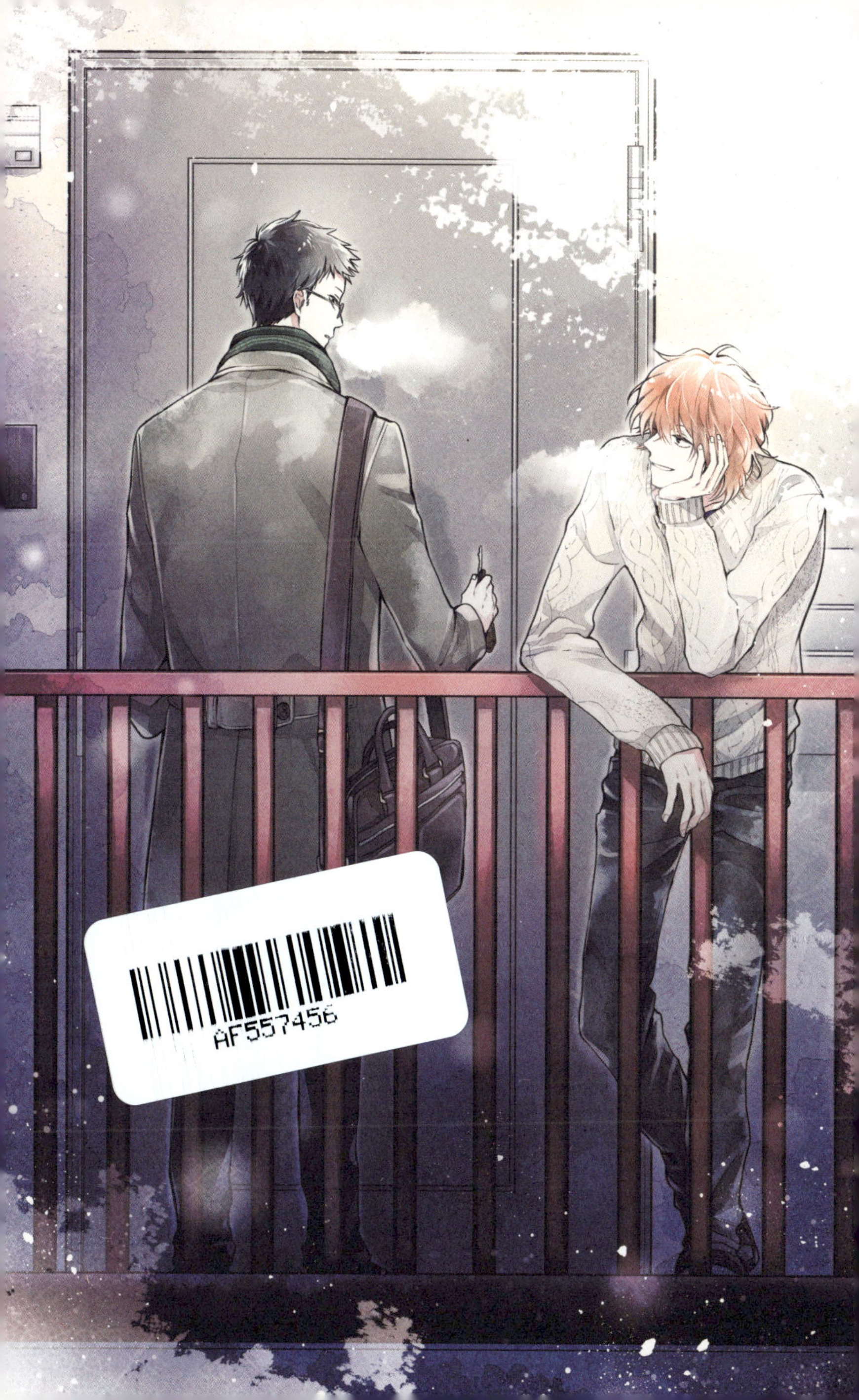

INHALT

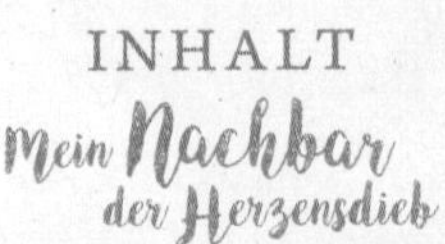

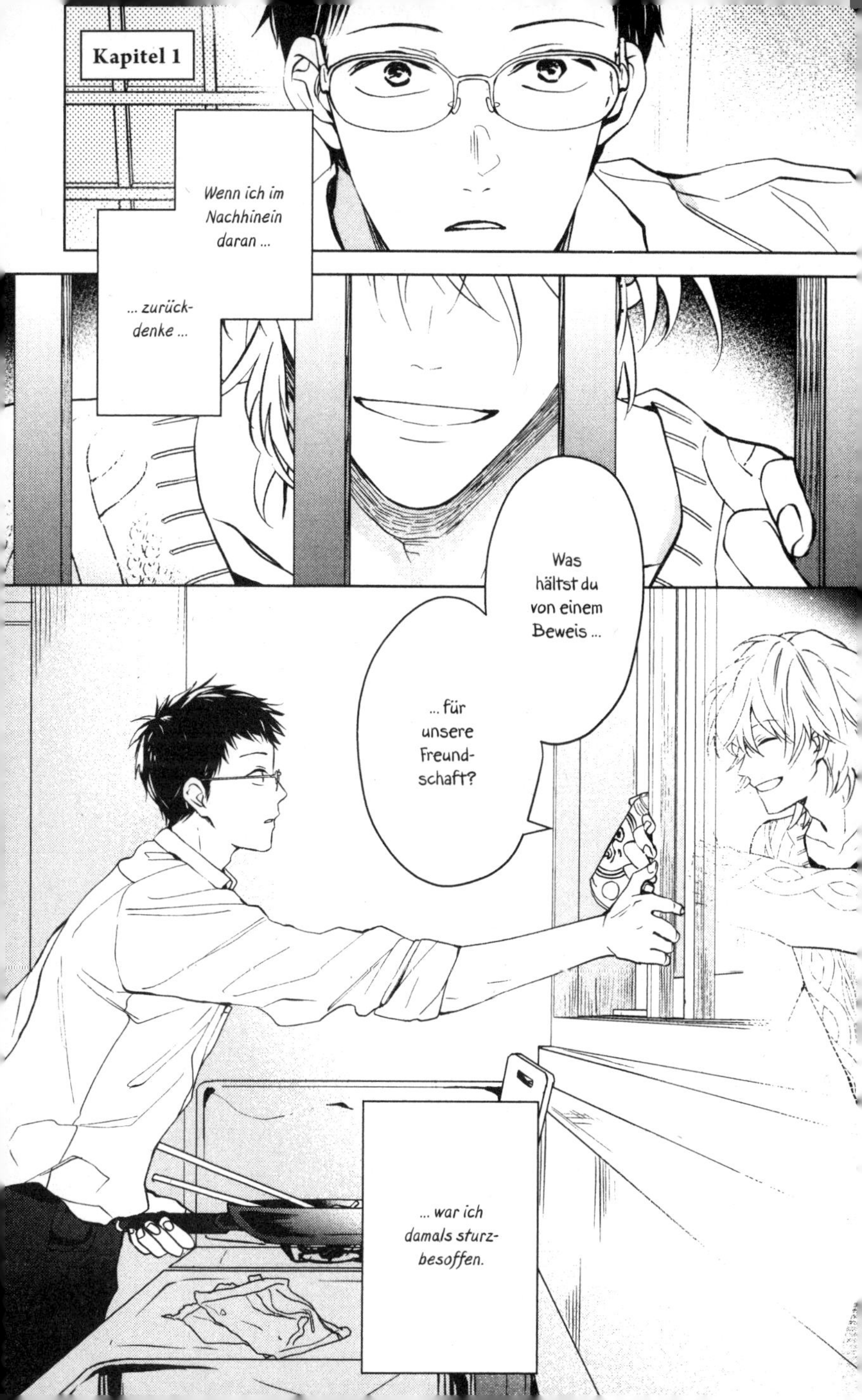
Kapitel 1
Wenn ich im Nachhinein daran ...
... zurückdenke ...
Was hältst du von einem Beweis ...
... für unsere Freundschaft?
... war ich damals sturzbesoffen.

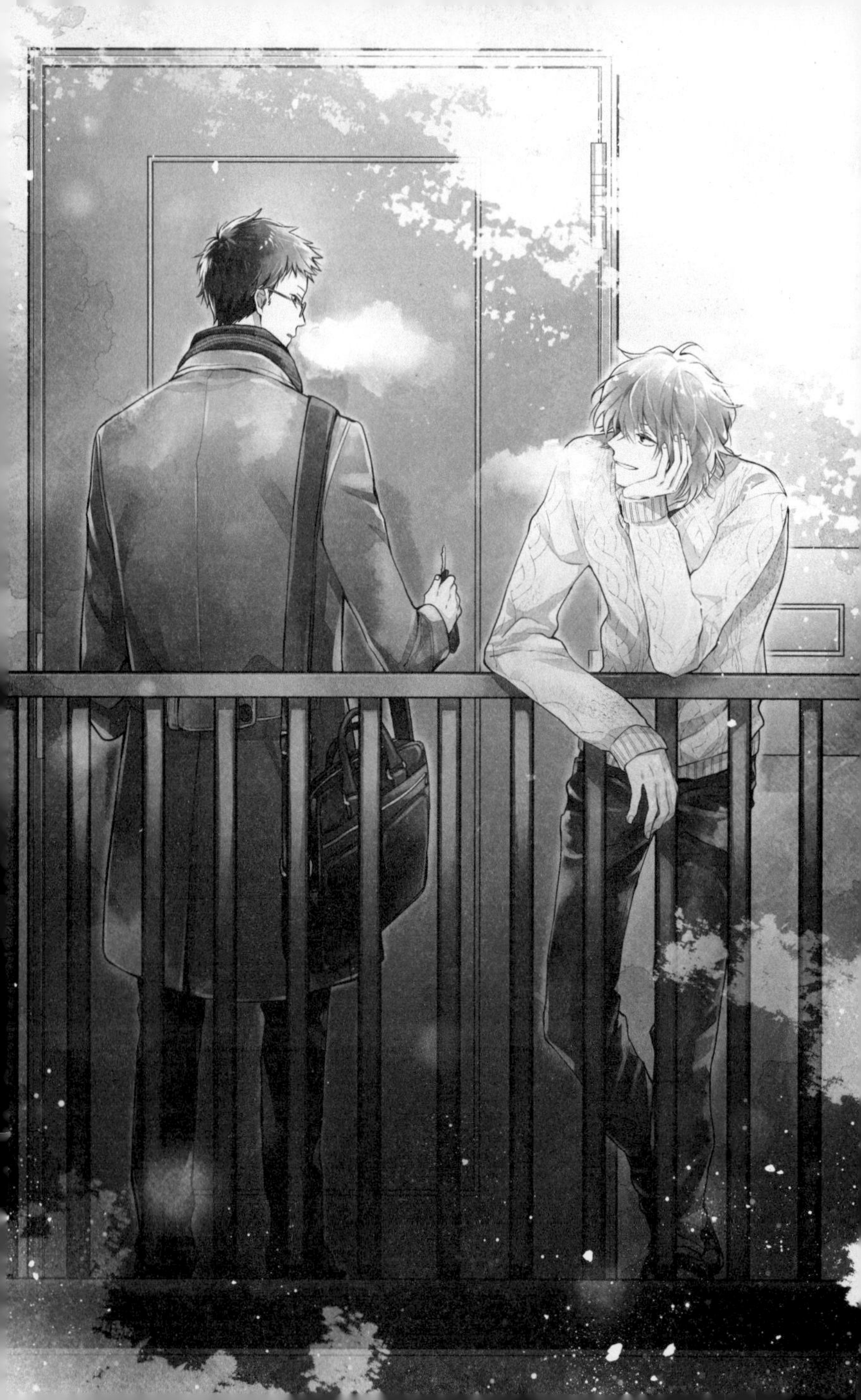

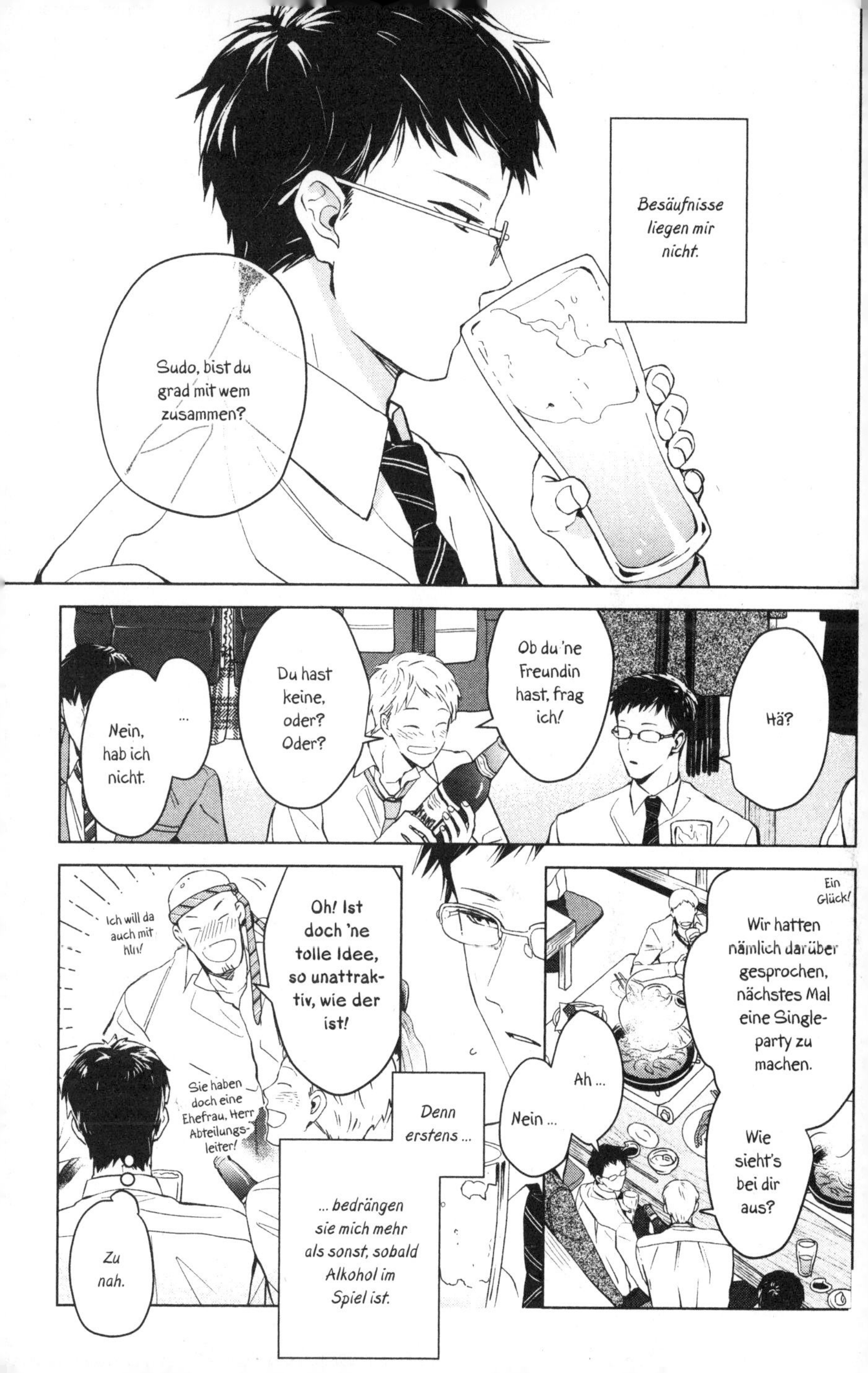

Besäufnisse liegen mir nicht.

Sudo, bist du grad mit wem zusammen?

Hä?

Ob du 'ne Freundin hast, frag ich!

Du hast keine, oder? Oder?

...

Nein, hab ich nicht.

Ein Glück!

Wir hatten nämlich darüber gesprochen, nächstes Mal eine Single-party zu machen.

Wie sieht's bei dir aus?

Ah ...

Nein ...

Oh! Ist doch 'ne tolle Idee, so unattrak-tiv, wie der ist!

Ich will da auch mit hin!

Sie haben doch eine Ehefrau, Herr Abteilungs-leiter!

Denn erstens ...

... bedrängen sie mich mehr als sonst, sobald Alkohol im Spiel ist.

Zu nah.

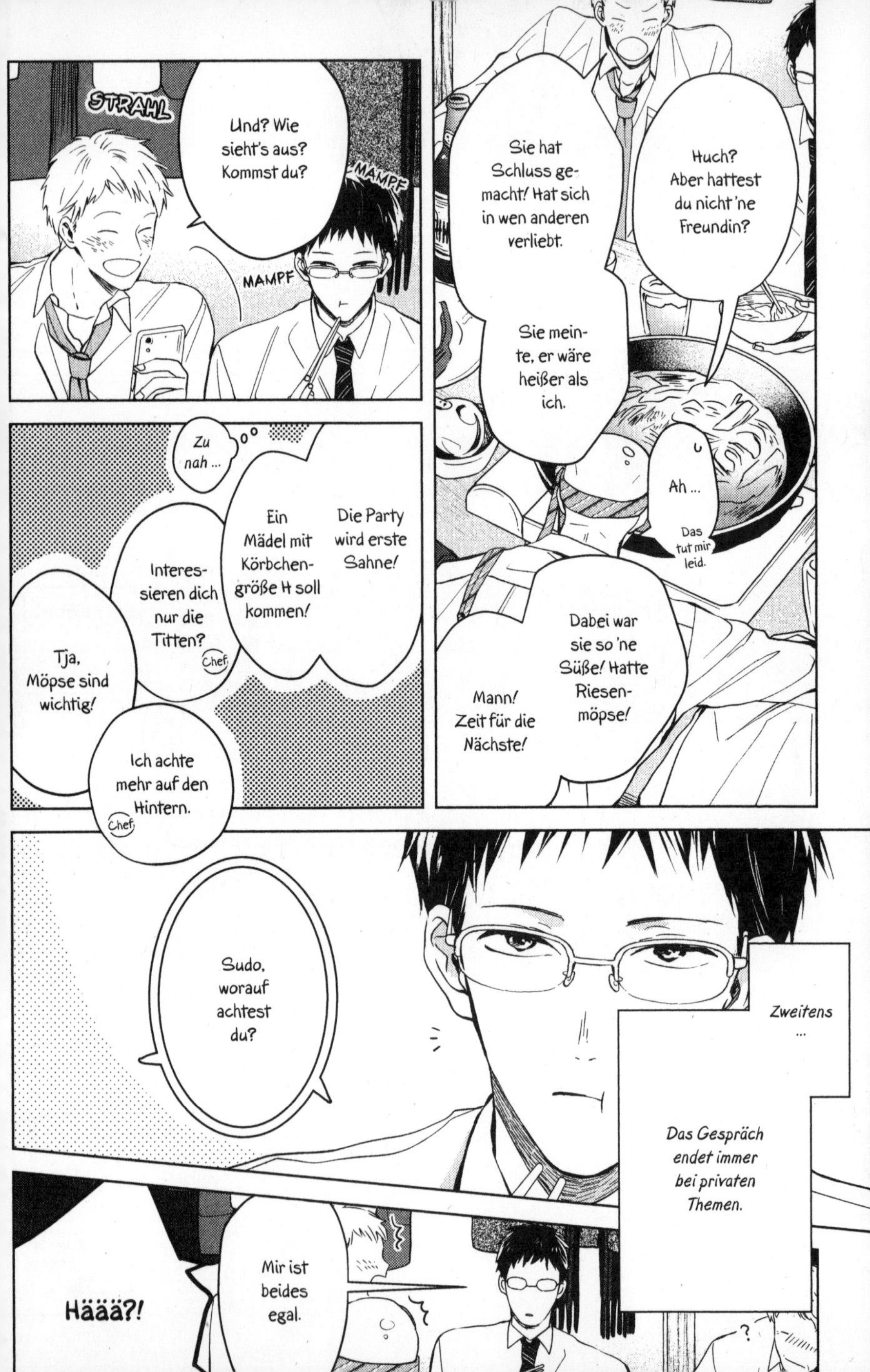
Huch? Aber hattest du nicht 'ne Freundin?
Sie hat Schluss gemacht! Hat sich in wen anderen verliebt.
Sie meinte, er wäre heißer als ich.
Ah ...
Das tut mir leid.
Dabei war sie so 'ne Süße! Hatte Riesenmöpse!
Mann! Zeit für die Nächste!
STRAHL
Und? Wie sieht's aus? Kommst du?
MAMPF
MAMPF
Die Party wird erste Sahne!
Ein Mädel mit Körbchengröße H soll kommen!
Zu nah ...
Interessieren dich nur die Titten?
Chef
Tja, Möpse sind wichtig!
Ich achte mehr auf den Hintern.
Chef
Zweitens ...
Das Gespräch endet immer bei privaten Themen.
Sudo, worauf achtest du?
Mir ist beides egal.
Häää?!

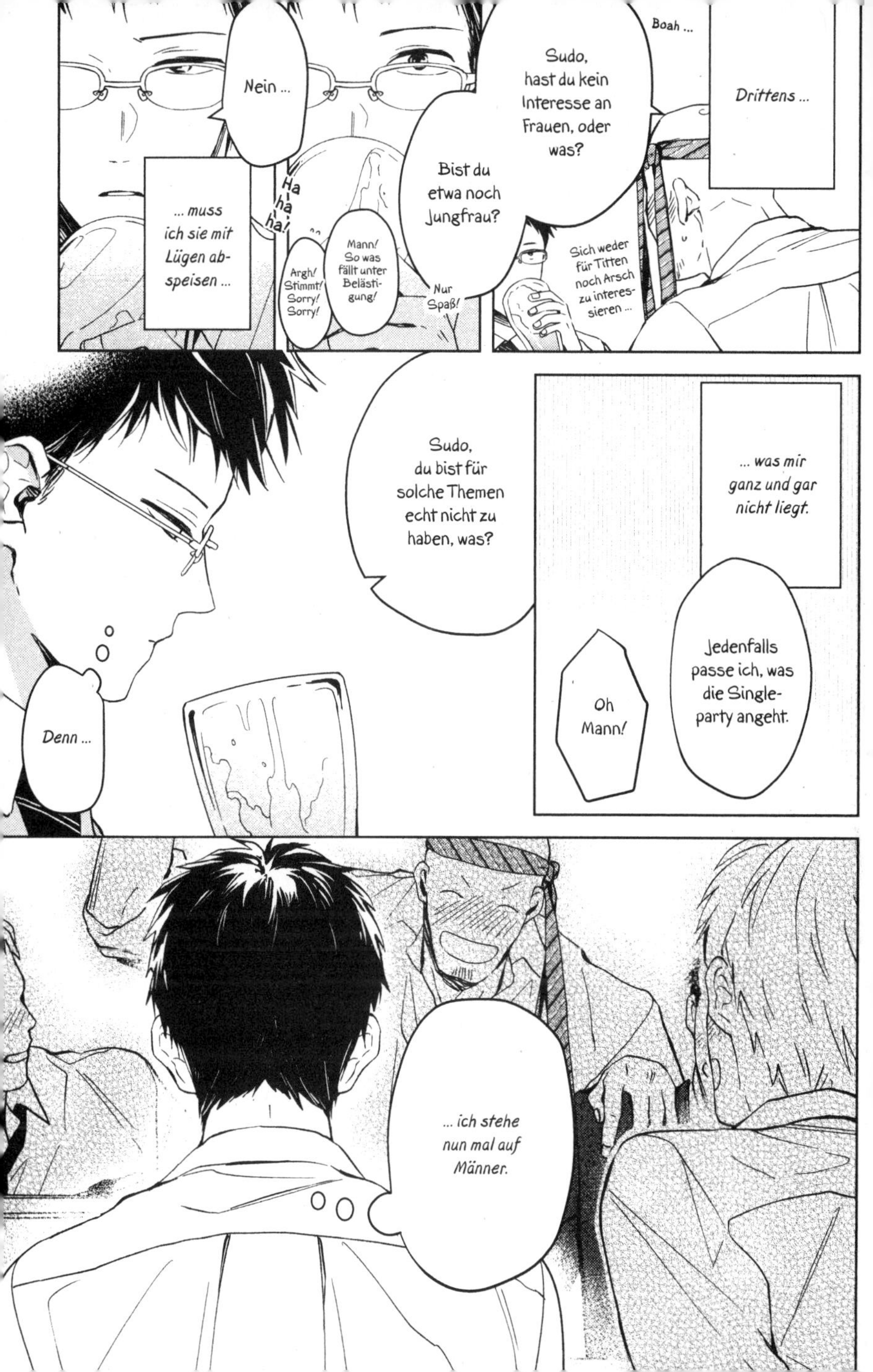
Drittens ...
Boah ...
Sich weder für Titten noch Arsch zu interessieren ...
Sudo, hast du kein Interesse an Frauen, oder was?
Bist du etwa noch Jungfrau?
Nur Spaß!
Mann! So was fällt unter Belästigung!
Argh! Stimmt! Sorry! Sorry!
Ha ha ha!
Nein ...
... muss ich sie mit Lügen abspeisen ...
... was mir ganz und gar nicht liegt.
Jedenfalls passe ich, was die Singleparty angeht.
Oh Mann!
Sudo, du bist für solche Themen echt nicht zu haben, was?
Denn ...
... ich stehe nun mal auf Männer.

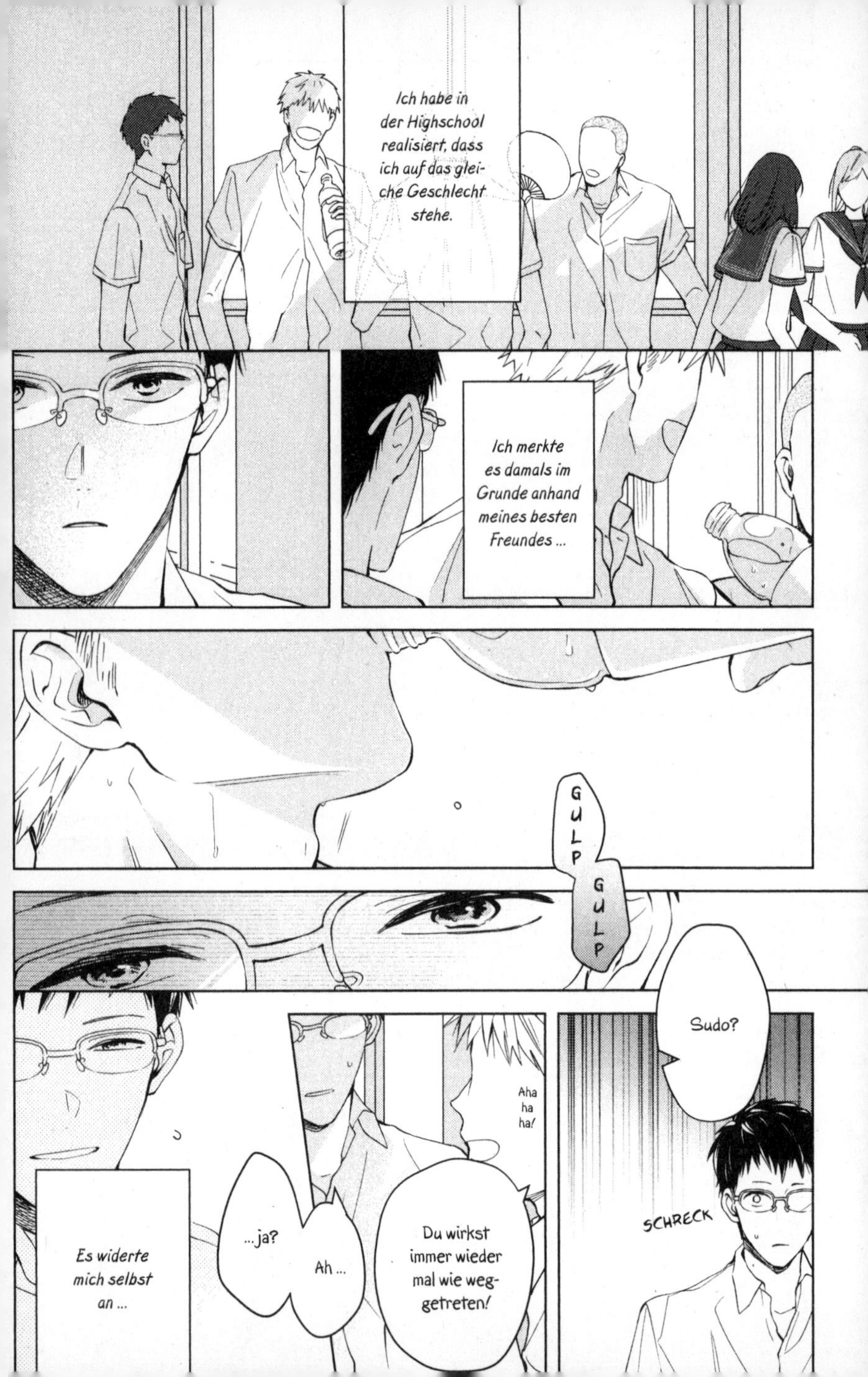
Ich habe in der Highschool realisiert, dass ich auf das gleiche Geschlecht stehe.
Ich merkte es damals im Grunde anhand meines besten Freundes ...
GULP
GULP
Sudo?
SCHRECK
Aha ha ha!
Du wirkst immer wieder mal wie weggetreten!
Ah ...
...ja?
Es widerte mich selbst an ...

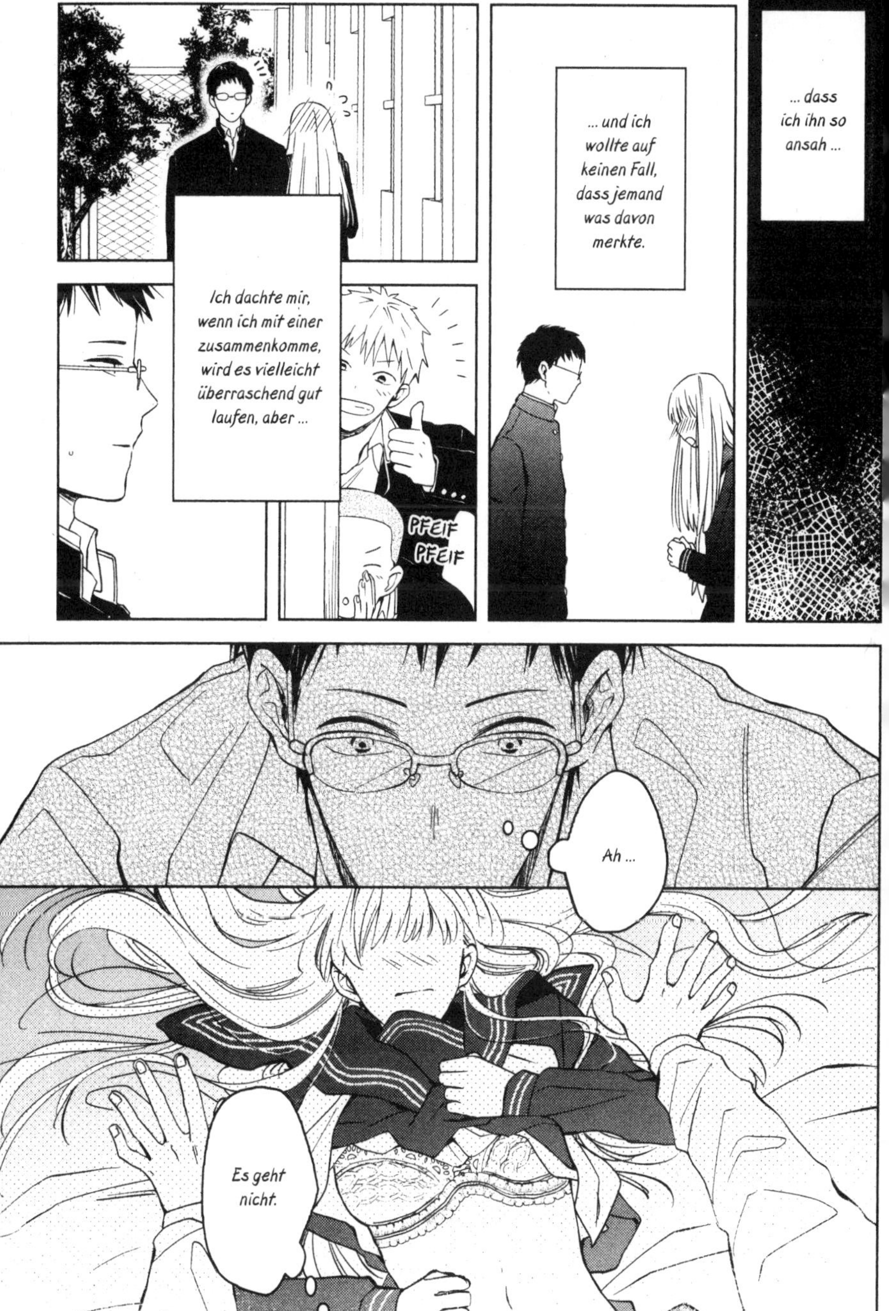
... dass ich ihn so ansah ...
... und ich wollte auf keinen Fall, dass jemand was davon merkte.
Ich dachte mir, wenn ich mit einer zusammenkomme, wird es vielleicht überraschend gut laufen, aber ...
PFEIF PFEIF
Ah ...
Es geht nicht.

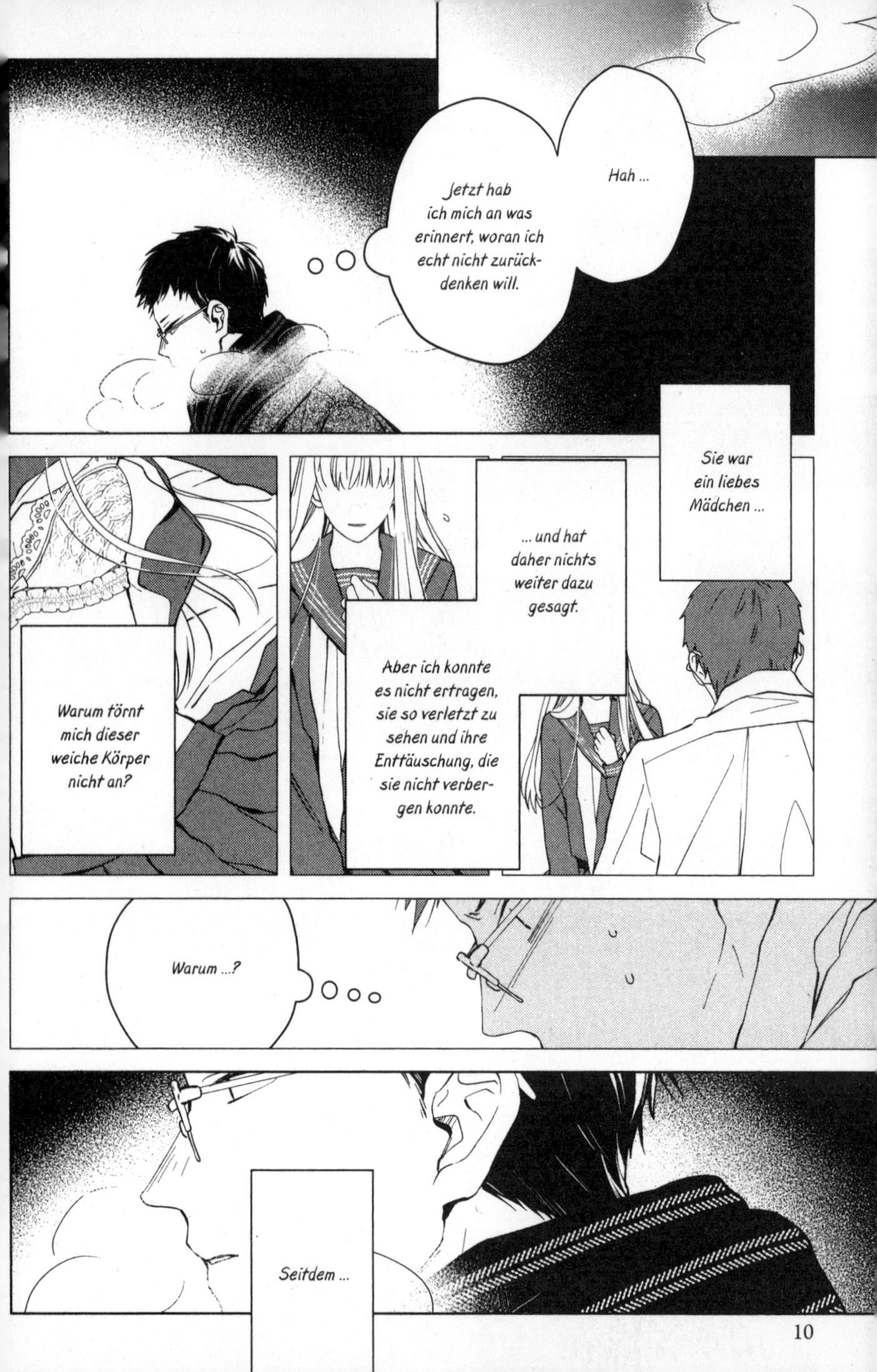
Hah ...
Jetzt hab ich mich an was erinnert, woran ich echt nicht zurückdenken will.
Sie war ein liebes Mädchen ...
... und hat daher nichts weiter dazu gesagt.
Aber ich konnte es nicht ertragen, sie so verletzt zu sehen und ihre Enttäuschung, die sie nicht verbergen konnte.
Warum törnt mich dieser weiche Körper nicht an?
Warum ...?
Seitdem ...

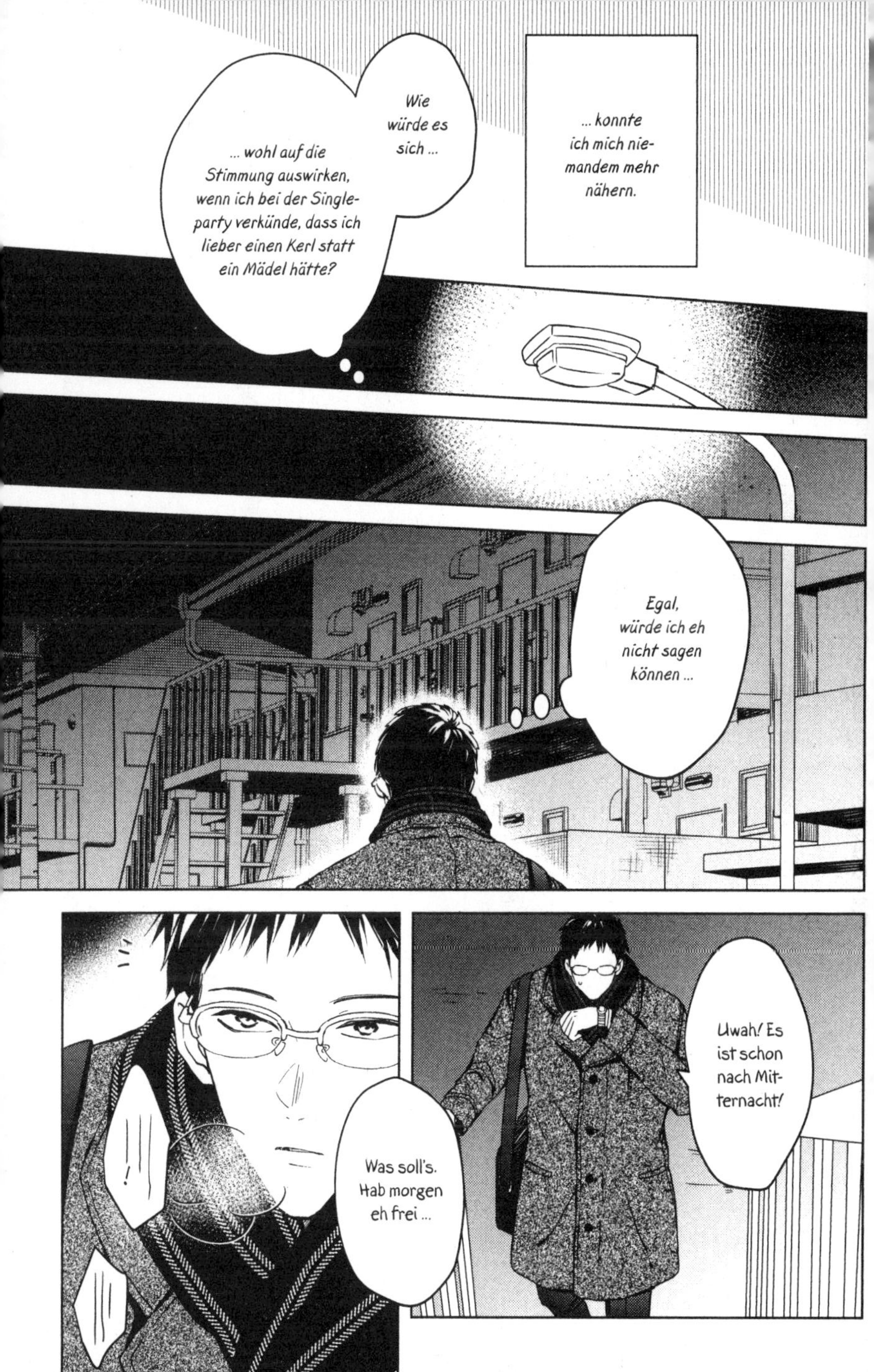
... konnte ich mich niemandem mehr nähern.
Wie würde es sich ...
... wohl auf die Stimmung auswirken, wenn ich bei der Singleparty verkünde, dass ich lieber einen Kerl statt ein Mädel hätte?
Egal, würde ich eh nicht sagen können ...
Uwah! Es ist schon nach Mitternacht!
Was soll's. Hab morgen eh frei ...

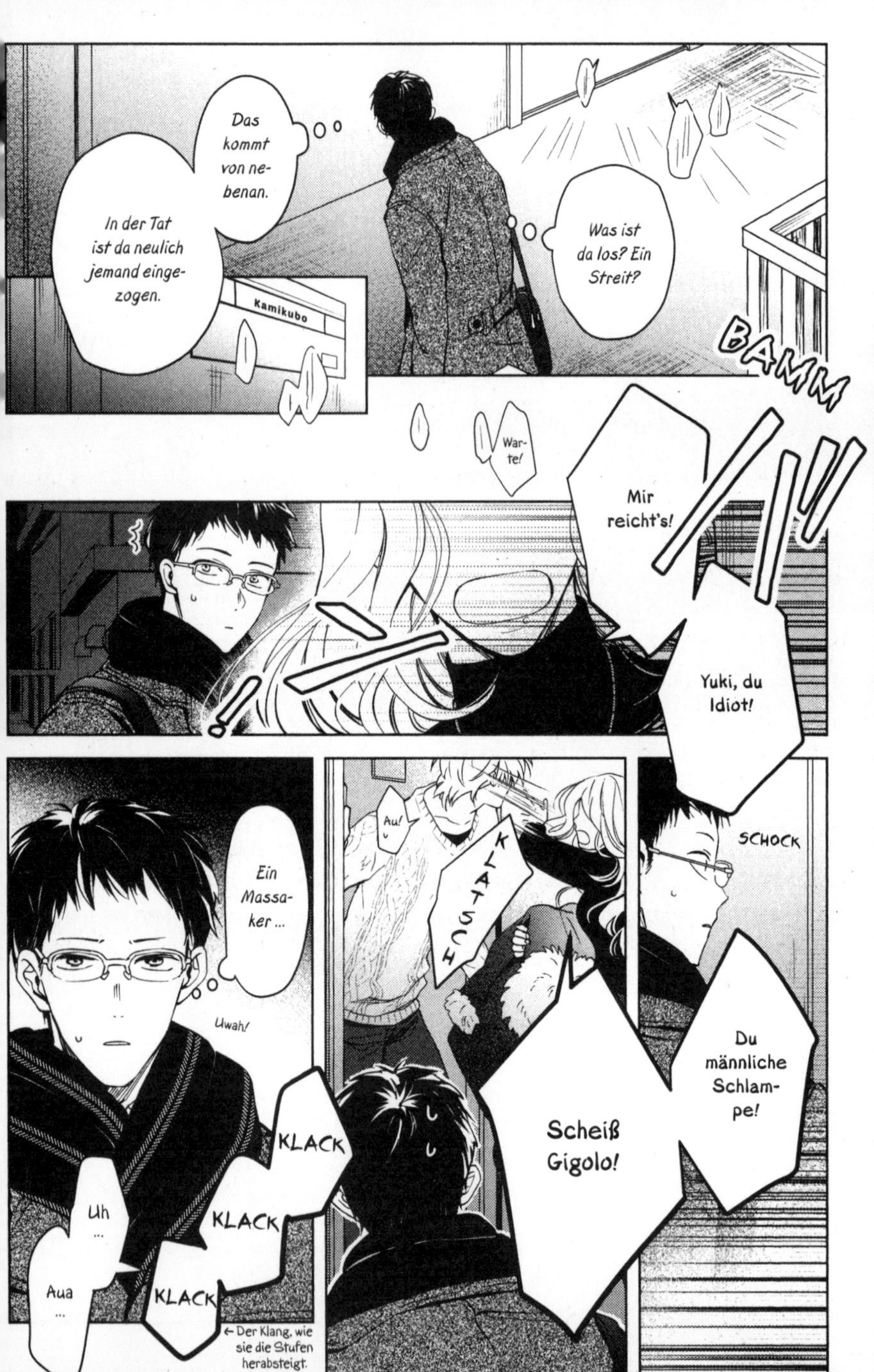

Was ist da los? Ein Streit?
Das kommt von nebenan.
In der Tat ist da neulich jemand eingezogen.
Kamikubo
BAMM
Mir reicht's!
Warte!
Yuki, du Idiot!
SCHOCK
KLATSCH
Au!
Ein Massaker ...
Uwah!
Du männliche Schlampe!
Scheiß Gigolo!
KLACK
KLACK
KLACK
Uh ...
Aua ...
← Der Klang, wie sie die Stufen herabsteigt.

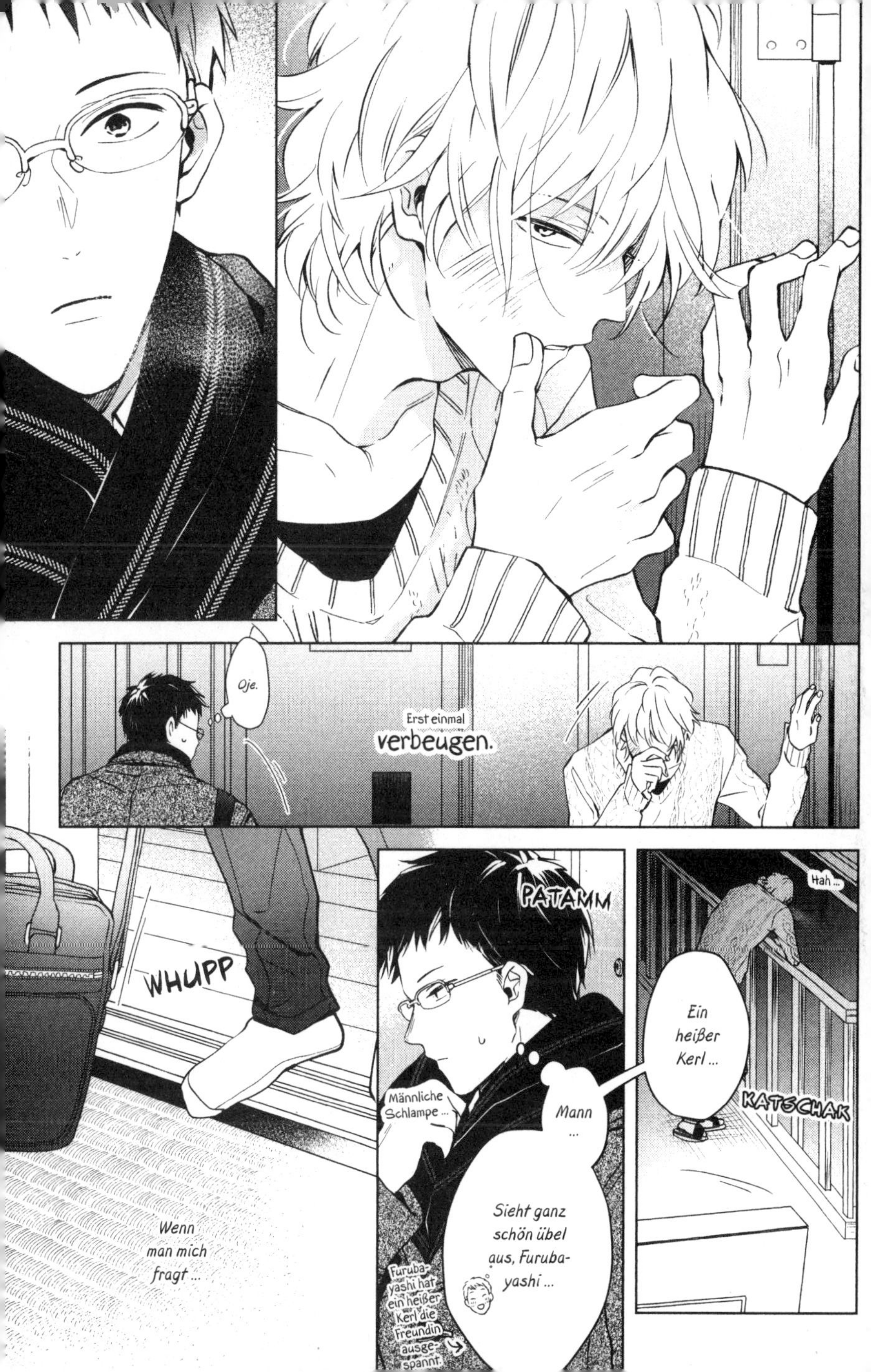

Oje.
Erst einmal verbeugen.
Hah ...
KATSCHAK
PATAMM
Ein heißer Kerl ...
Mann ...
Männliche Schlampe ...
Sieht ganz schön übel aus, Furubayashi ...
Furubayashi hat ein heißer Kerl die Freundin ausgespannt.
WHUPP
Wenn man mich fragt ...

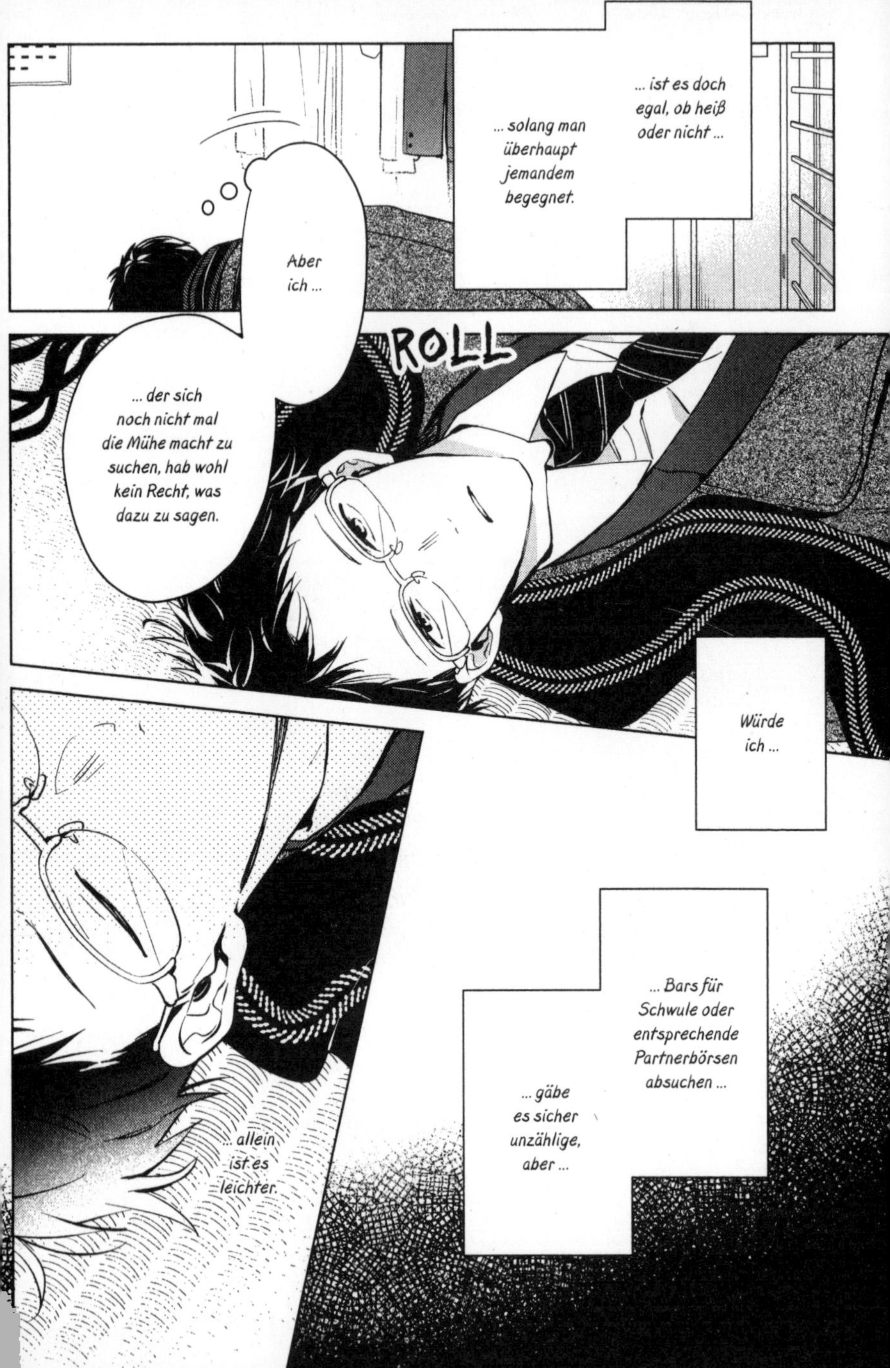
... ist es doch egal, ob heiß oder nicht ...
... solang man überhaupt jemandem begegnet.
Aber ich ...
... der sich noch nicht mal die Mühe macht zu suchen, hab wohl kein Recht, was dazu zu sagen.
ROLL
Würde ich ...
... Bars für Schwule oder entsprechende Partnerbörsen absuchen ...
... gäbe es sicher unzählige, aber ...
... allein ist es leichter.

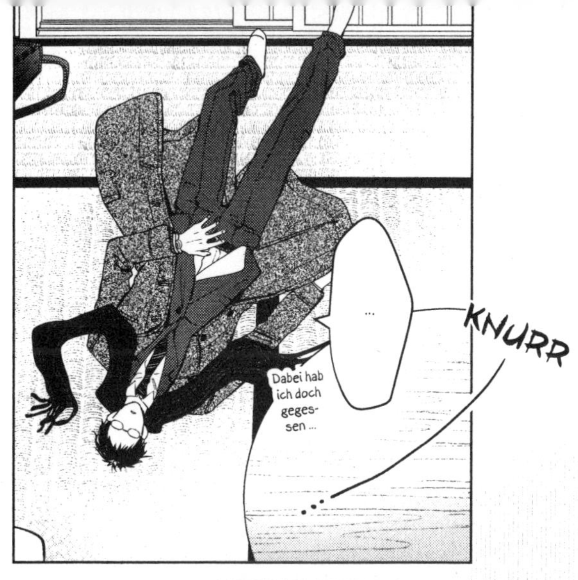

So brauche ich keine Angst zu haben, von jemandem abgewiesen zu werden.
Deswegen ...
...
KNURR
Dabei hab ich doch gegessen ...

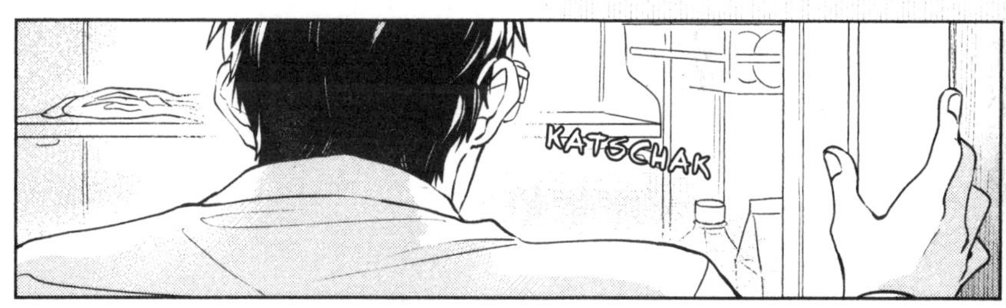

KATSCHAK

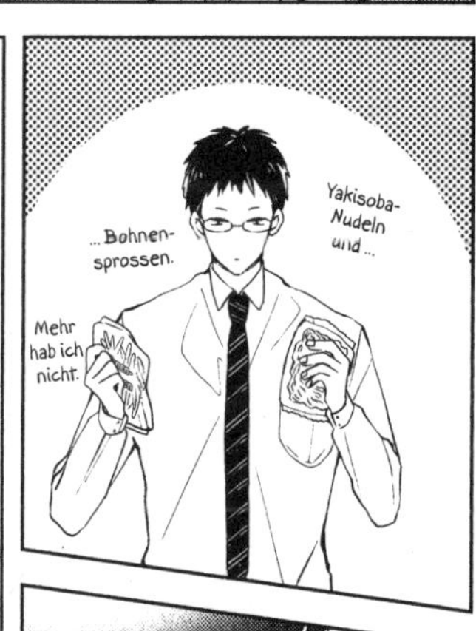

Yakisoba-Nudeln und ...
... Bohnensprossen.
Mehr hab ich nicht.

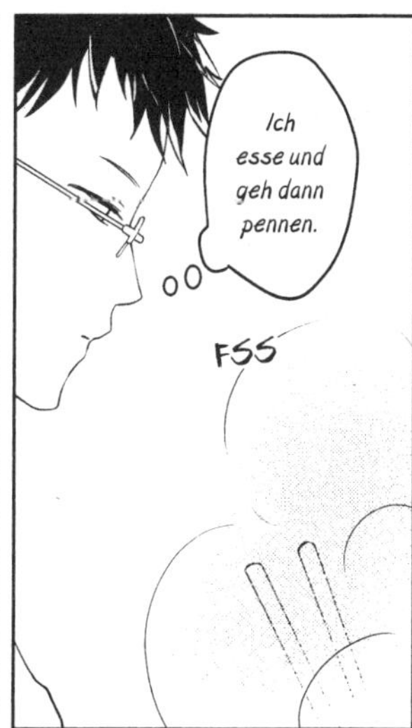

Ich esse und geh dann pennen.
FSS

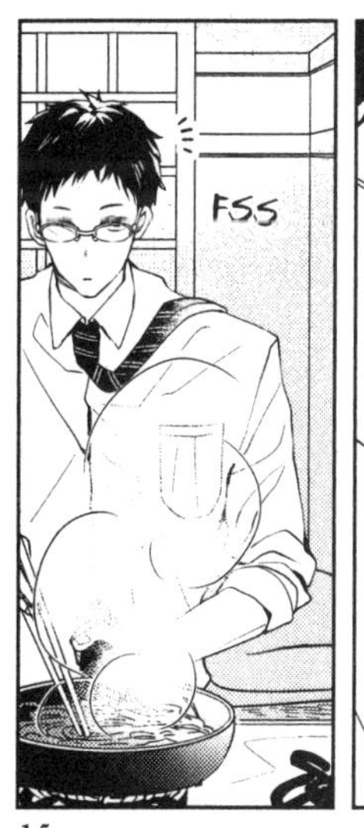

FSS

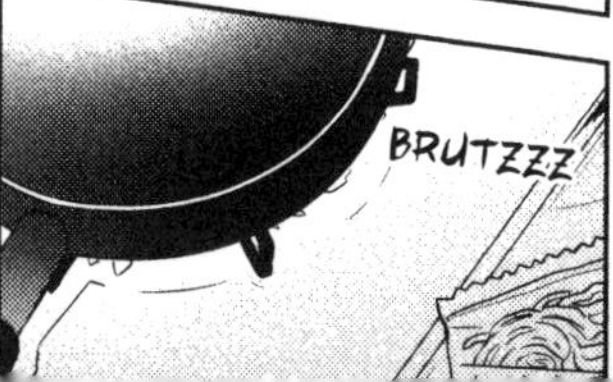

BRUTZZZ

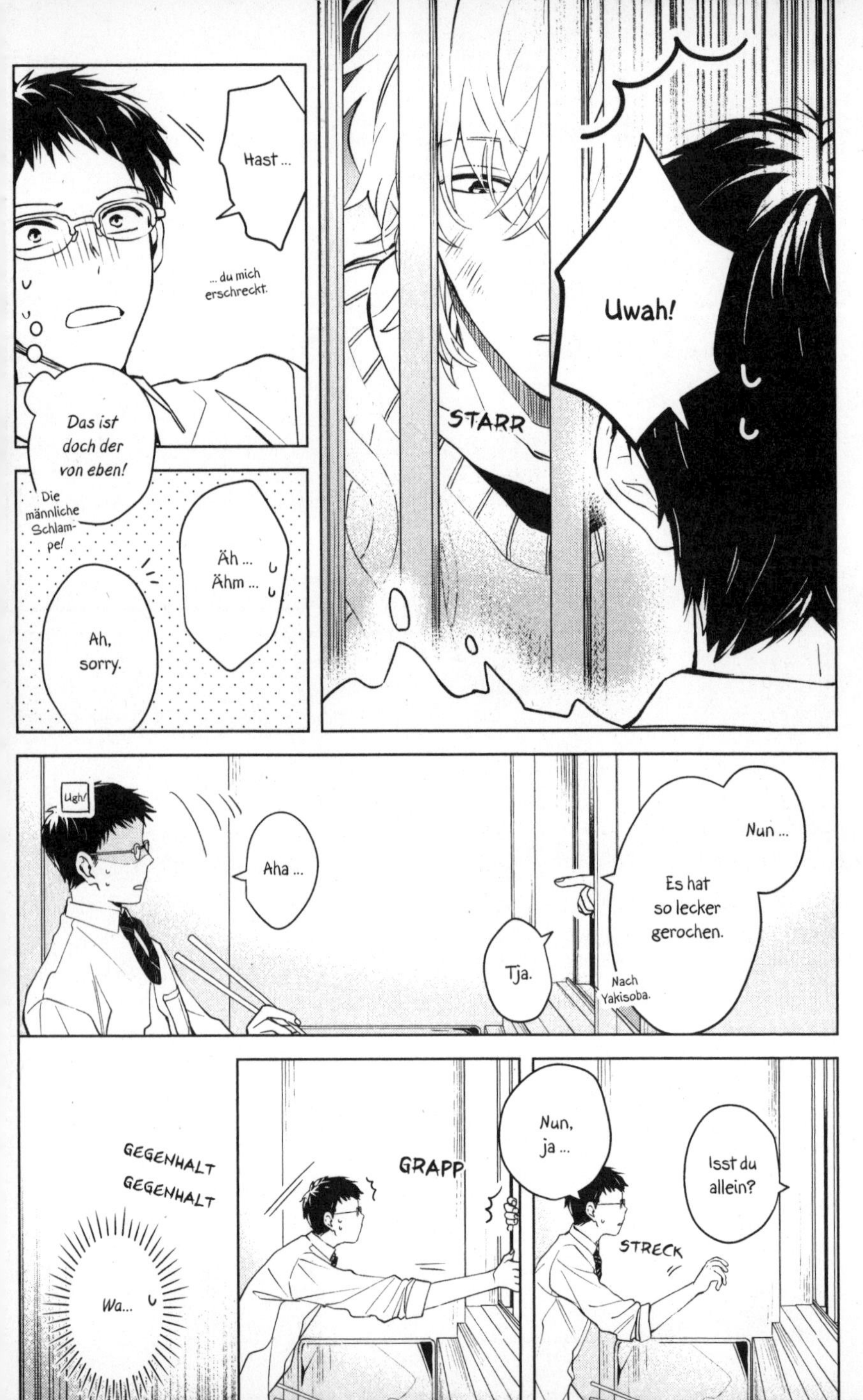
Uwah!
STARR
Hast ...
... du mich erschreckt.
Das ist doch der von eben!
Die männliche Schlam-pe!
Äh ... Ähm ...
Ah, sorry.
Nun ...
Es hat so lecker gerochen.
Nach Yakisoba.
Tja.
Aha ...
Ugh!
Isst du allein?
STRECK
Nun, ja ...
GRAPP
GEGENHALT
GEGENHALT
Wa...

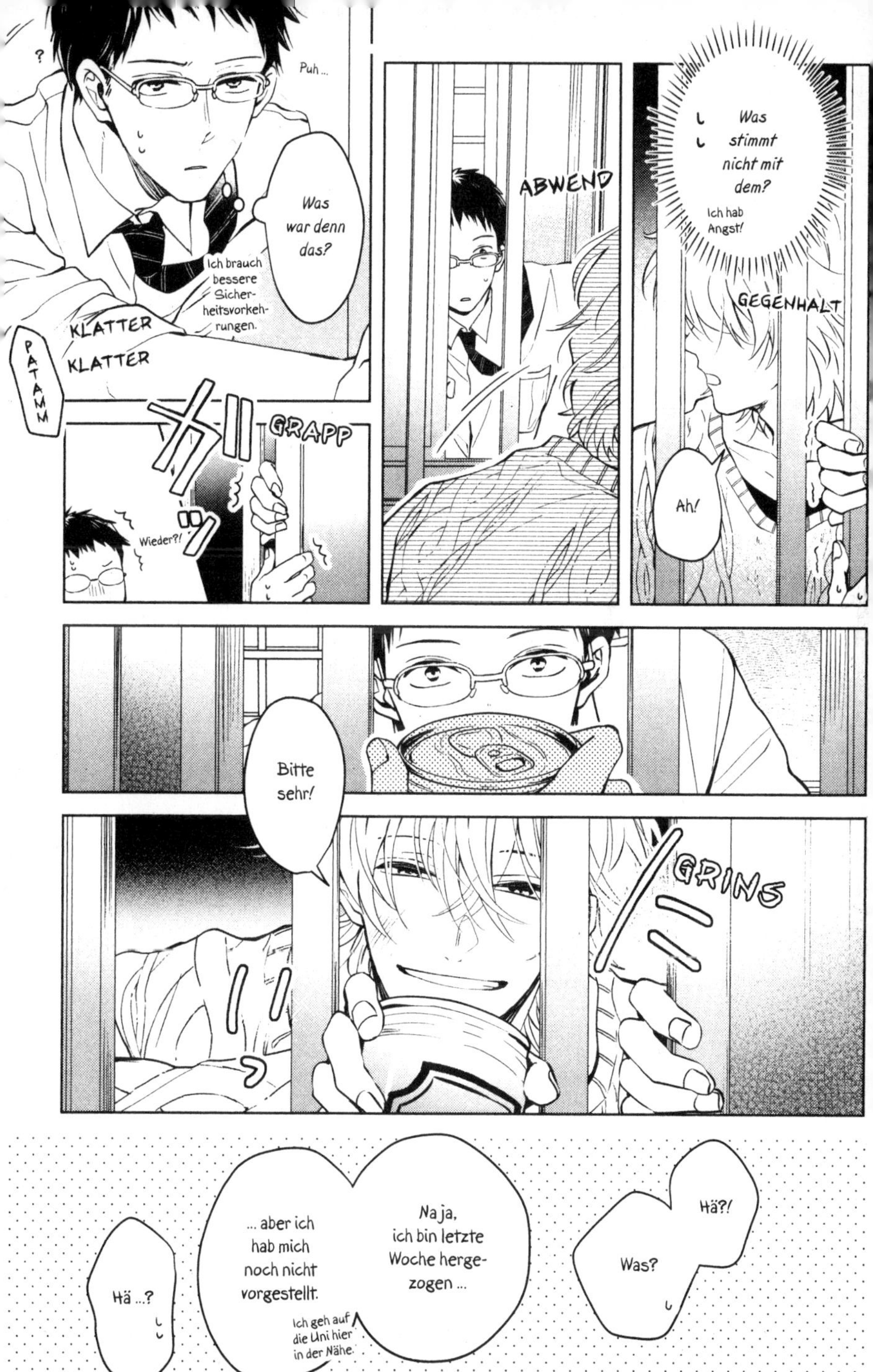
?
Puh ...
Was war denn das?
Ich brauch bessere Sicherheitsvorkehrungen.
KLATTER
KLATTER
PATAMM
GRAPP
Wieder?!
ABWEND
GEGENHALT
Ah!
Was stimmt nicht mit dem?
Ich hab Angst!
Bitte sehr!
GRINS
Hä?!
Was?
Na ja, ich bin letzte Woche hergezogen ...
... aber ich hab mich noch nicht vorgestellt.
Ich geh auf die Uni hier in der Nähe.
Hä ...?

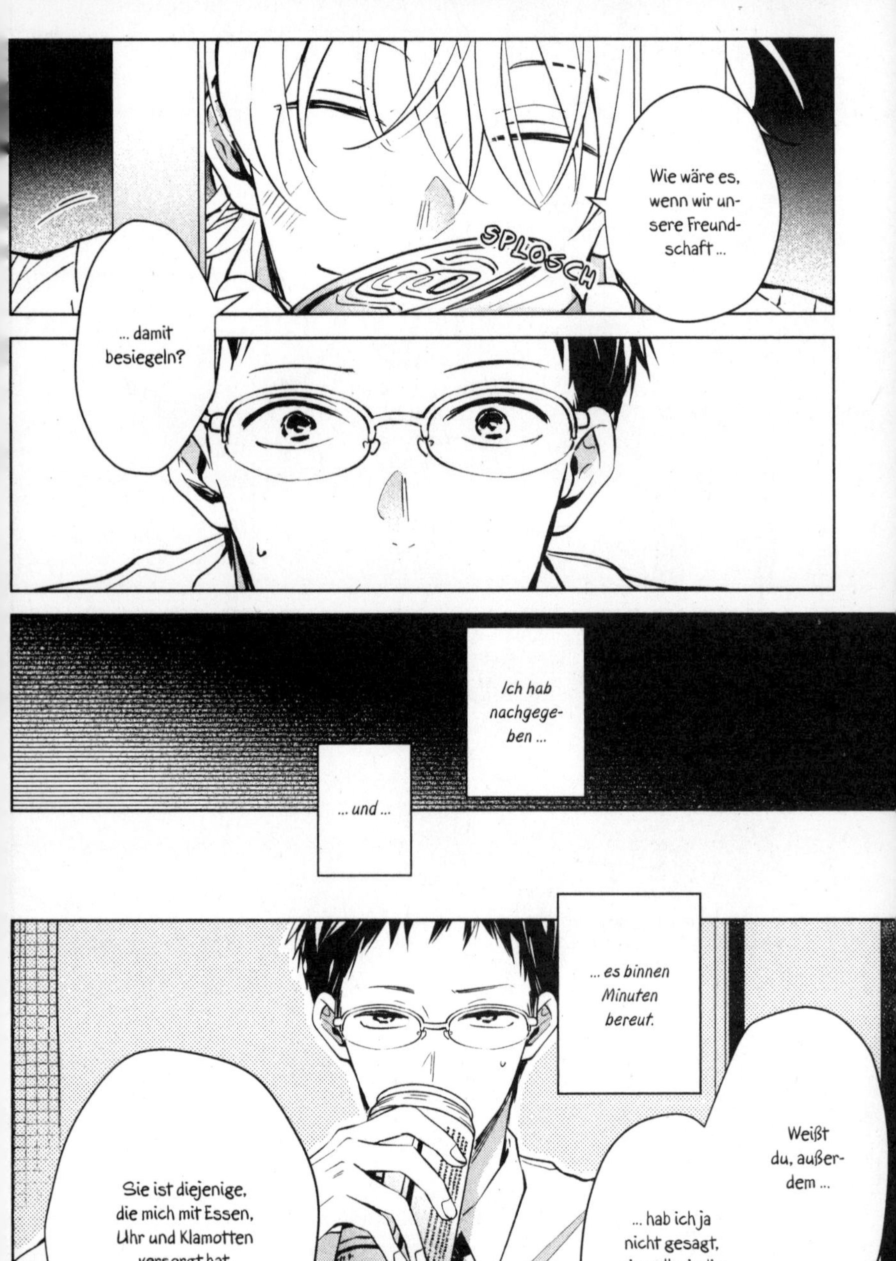
Wie wäre es, wenn wir unsere Freundschaft ...
SPLOSCH
... damit besiegeln?
Ich hab nachgegeben ...
... und ...
... es binnen Minuten bereut.
Weißt du, außerdem ...
... hab ich ja nicht gesagt, sie soll mir die Dinge kaufen.
Sie ist diejenige, die mich mit Essen, Uhr und Klamotten versorgt hat.

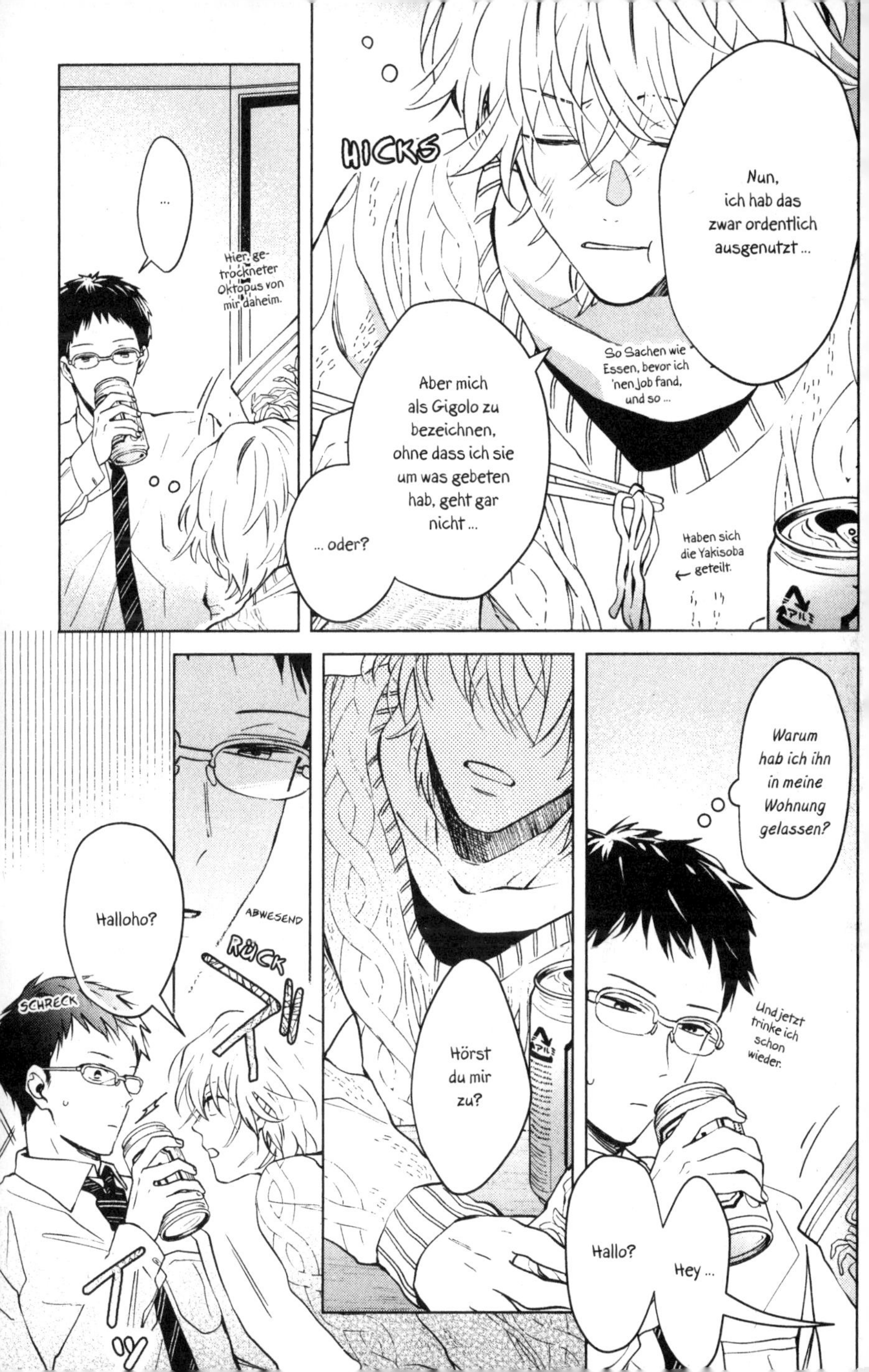

HICKS
Nun, ich hab das zwar ordentlich ausgenutzt ...
So Sachen wie Essen, bevor ich 'nen Job fand, und so ...
Aber mich als Gigolo zu bezeichnen, ohne dass ich sie um was gebeten hab, geht gar nicht ...
... oder?
Haben sich die Yakisoba geteilt.
...
Hier, getrockneter Oktopus von mir daheim.
Warum hab ich ihn in meine Wohnung gelassen?
Und jetzt trinke ich schon wieder.
Hallo?
Hey ...
Hörst du mir zu?
ABWESEND
Halloho?
RÜCK
SCHRECK

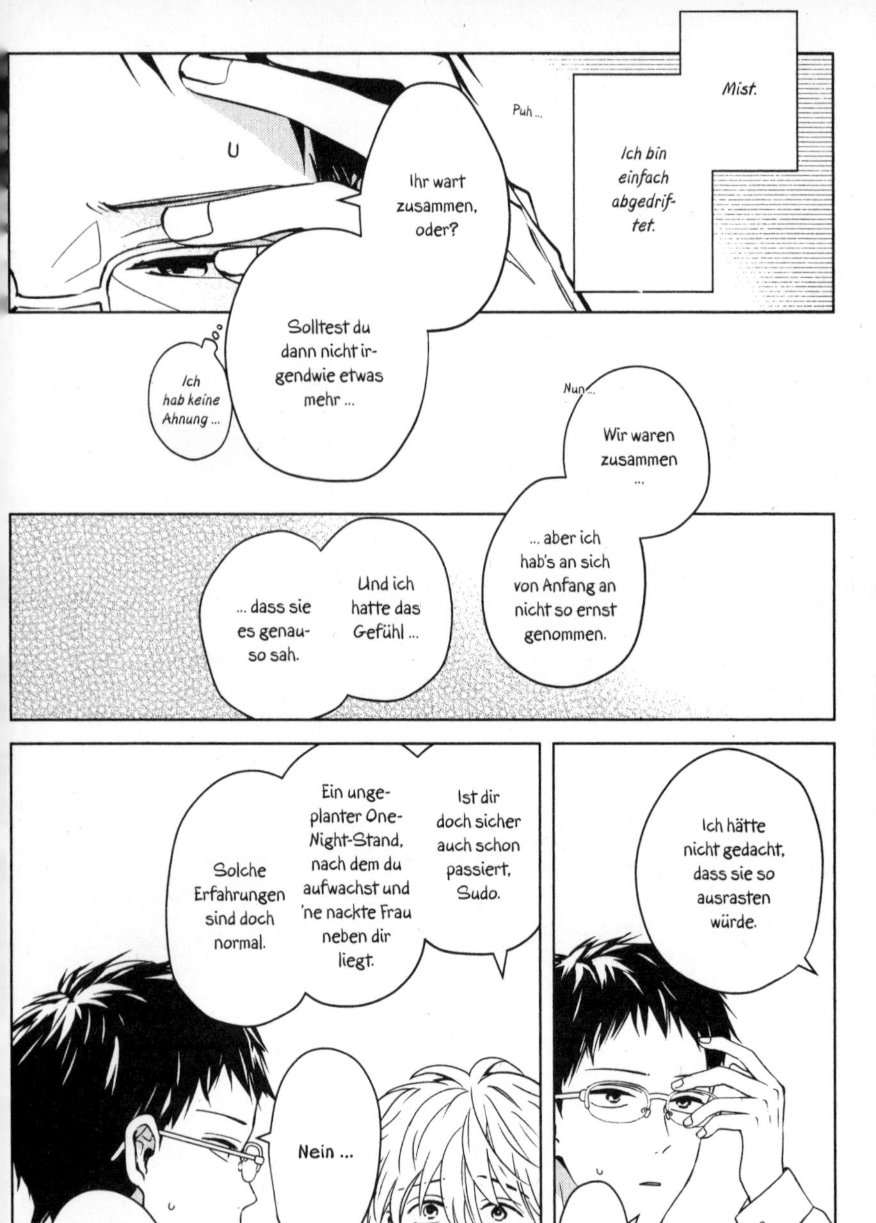
Mist.
Ich bin einfach abgedrif-tet.
Puh ...
U
Ihr wart zusammen, oder?
Solltest du dann nicht ir-gendwie etwas mehr ...
Ich hab keine Ahnung ...
Nun ...
Wir waren zusammen ...
... aber ich hab's an sich von Anfang an nicht so ernst genommen.
Und ich hatte das Gefühl ...
... dass sie es genau-so sah.
Ich hätte nicht gedacht, dass sie so ausrasten würde.
...
Ist dir doch sicher auch schon passiert, Sudo.
Ein unge-planter One-Night-Stand, nach dem du aufwachst und 'ne nackte Frau neben dir liegt.
Solche Erfahrungen sind doch normal.
Nein ...
Das soll normal sein?
Hä ...?

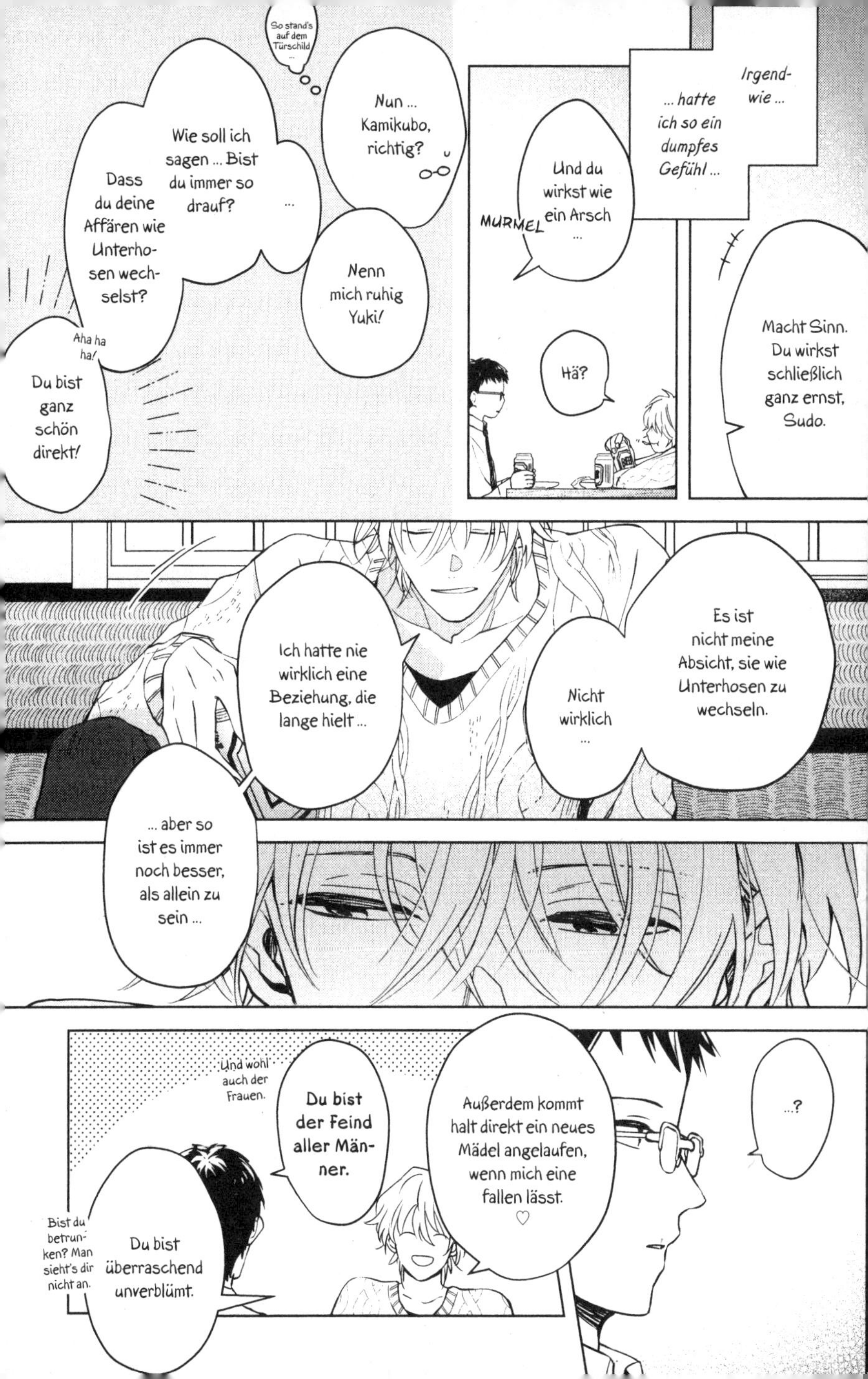
Irgend-wie ...
... hatte ich so ein dumpfes Gefühl ...
Macht Sinn. Du wirkst schließlich ganz ernst, Sudo.
Und du wirkst wie ein Arsch ...
MURMEL
Hä?
Nun ... Kamikubo, richtig?
So stand's auf dem Türschild ...
Nenn mich ruhig Yuki!
...
Wie soll ich sagen ... Bist du immer so drauf?
Dass du deine Affären wie Unterhosen wechselst?
Aha ha ha!
Du bist ganz schön direkt!
Es ist nicht meine Absicht, sie wie Unterhosen zu wechseln.
Nicht wirklich ...
Ich hatte nie wirklich eine Beziehung, die lange hielt ...
... aber so ist es immer noch besser, als allein zu sein ...
...?
Außerdem kommt halt direkt ein neues Mädel angelaufen, wenn mich eine fallen lässt. ♡
Du bist der Feind aller Männer.
Und wohl auch der Frauen.
Du bist überraschend unverblümt.
Bist du betrunken? Man sieht's dir nicht an.

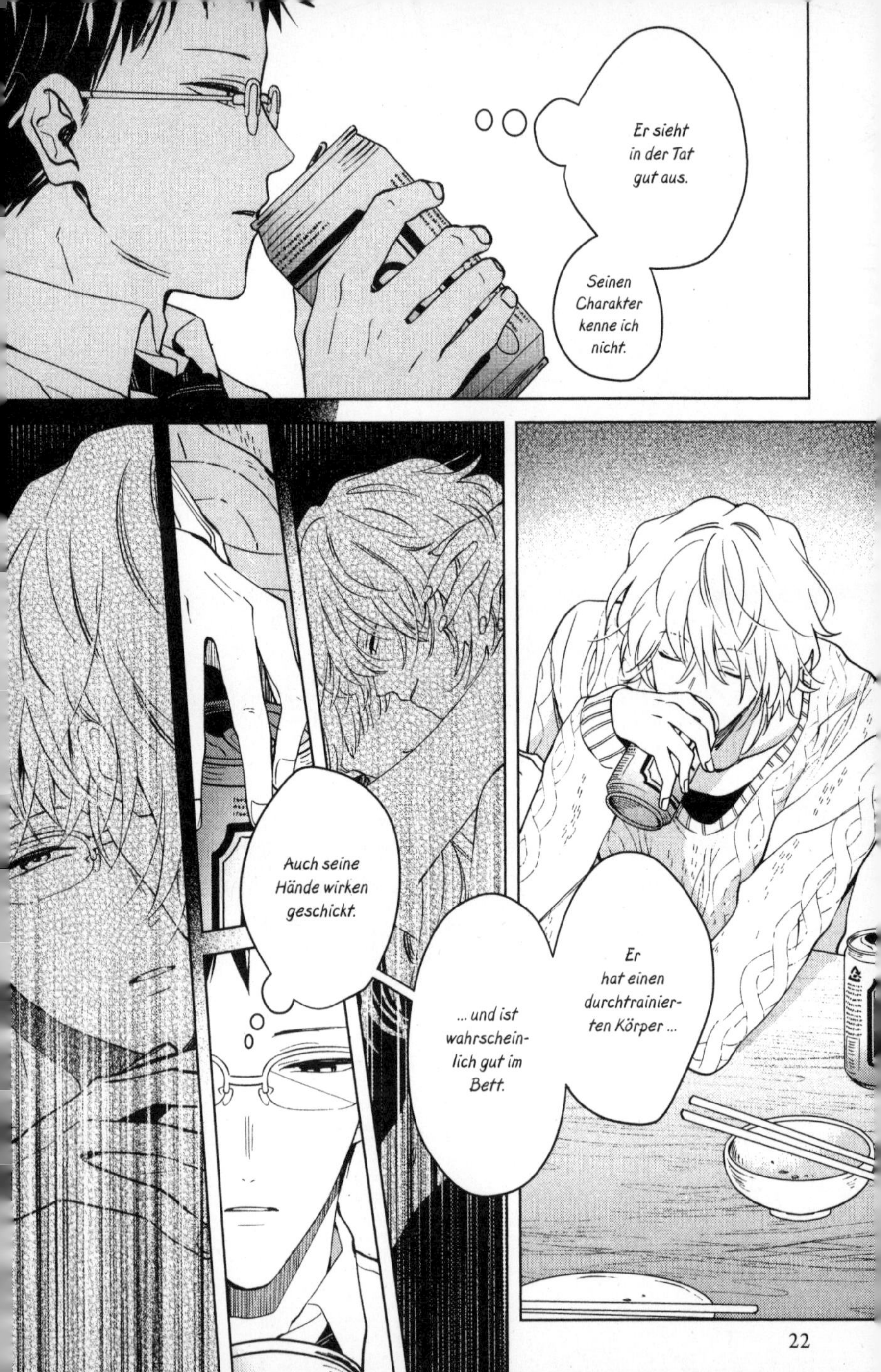
Er sieht in der Tat gut aus.
Seinen Charakter kenne ich nicht.
Auch seine Hände wirken geschickt.
Er hat einen durchtrainierten Körper ...
... und ist wahrscheinlich gut im Bett.

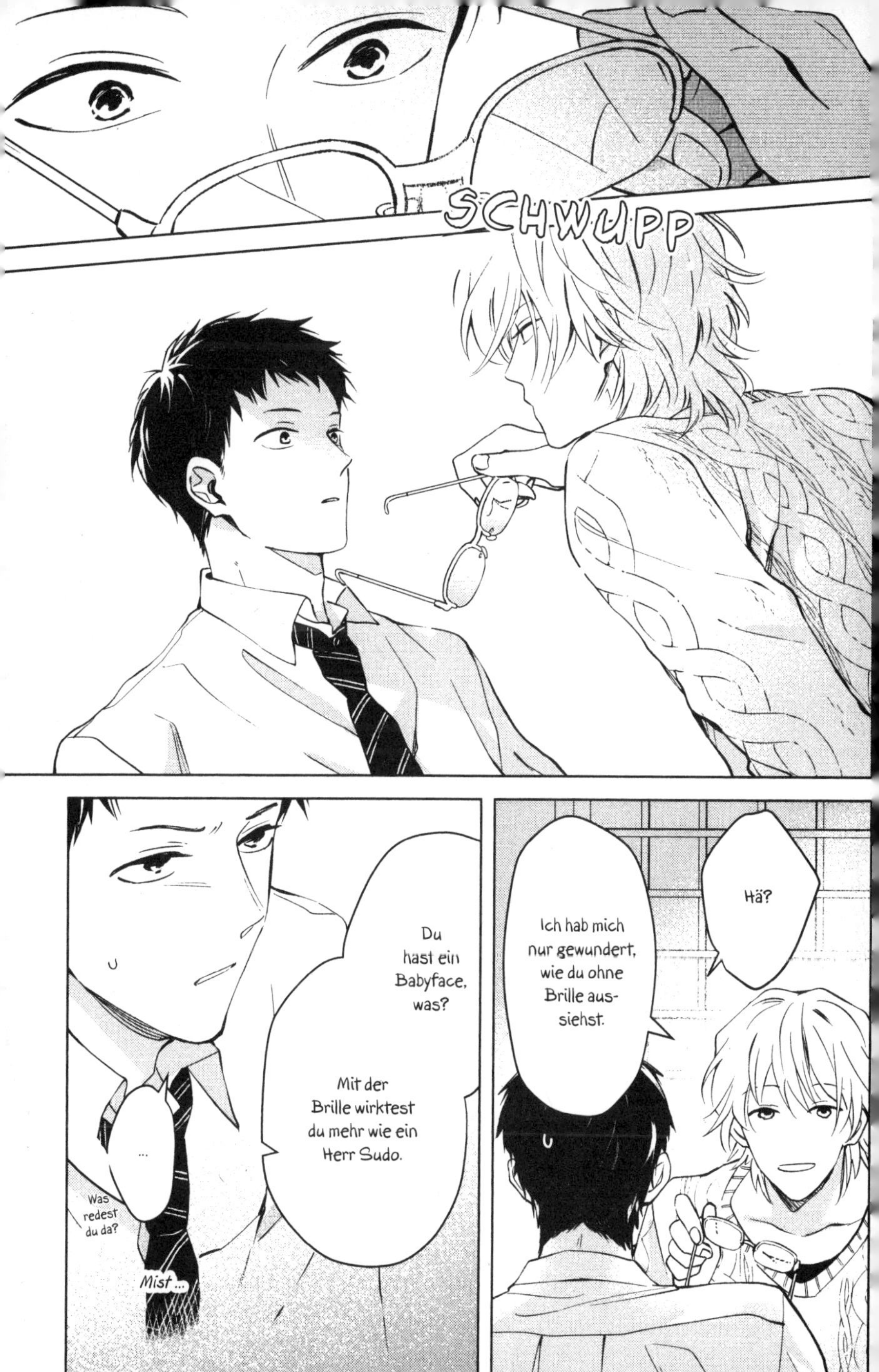
SCHWUPP
Hä?
Ich hab mich nur gewundert, wie du ohne Brille aussiehst.
Du hast ein Babyface, was?
Mit der Brille wirktest du mehr wie ein Herr Sudo.
...
Was redest du da?
Mist ...

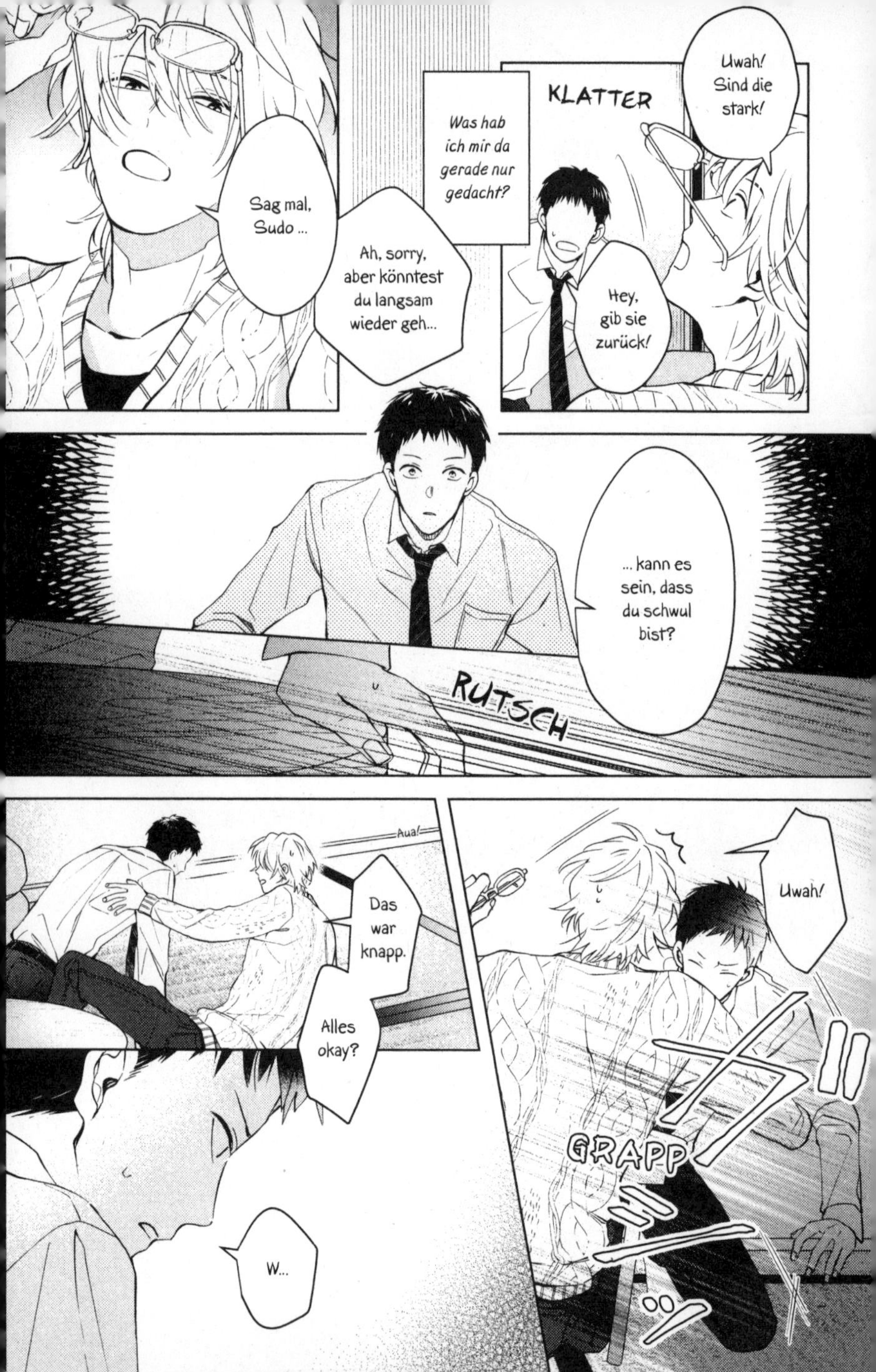
Uwah! Sind die stark!
KLATTER
Hey, gib sie zurück!
Was hab ich mir da gerade nur gedacht?
Ah, sorry, aber könntest du langsam wieder geh...
Sag mal, Sudo ...
... kann es sein, dass du schwul bist?
RUTSCH
Uwah!
GRAPP
Aua!
Das war knapp.
Alles okay?
W...

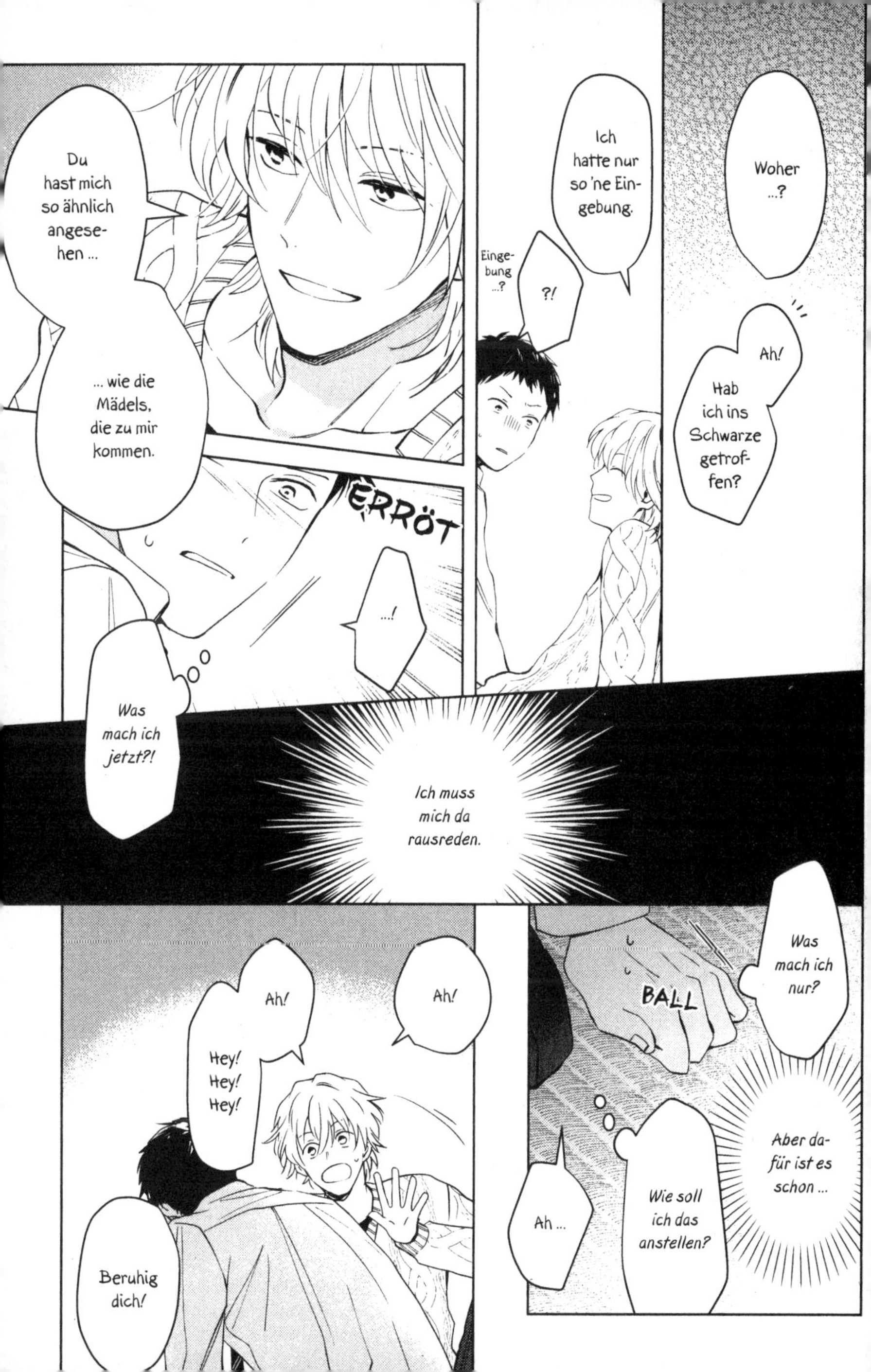
Woher ...?
Ah! Hab ich ins Schwarze getroffen?
Ich hatte nur so 'ne Eingebung.
?!
Eingebung ...?
Du hast mich so ähnlich angesehen ...
... wie die Mädels, die zu mir kommen.
ERRÖT
...!
Was mach ich jetzt?!
Ich muss mich da rausreden.
Was mach ich nur?
BALL
Aber dafür ist es schon ...
Wie soll ich das anstellen?
Ah ...
Ah!
Ah!
Hey! Hey! Hey!
Beruhig dich!

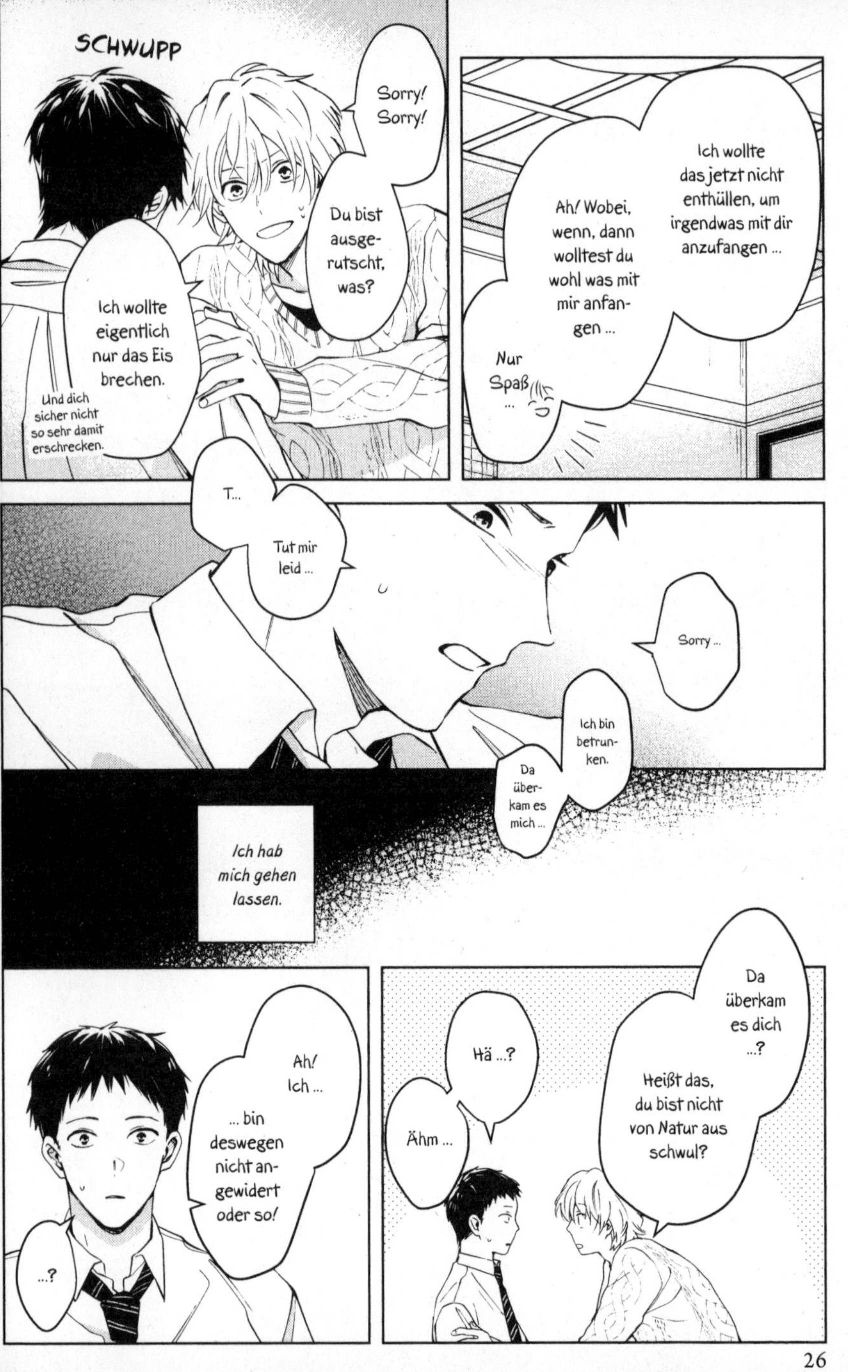
Ich wollte das jetzt nicht enthüllen, um irgendwas mit dir anzufangen ...
Ah! Wobei, wenn, dann wolltest du wohl was mit mir anfangen ...
Nur Spaß ...
SCHWUPP
Sorry! Sorry!
Du bist ausgerutscht, was?
Ich wollte eigentlich nur das Eis brechen.
Und dich sicher nicht so sehr damit erschrecken.
Sorry ...
Ich bin betrunken.
Da überkam es mich ...
T...
Tut mir leid ...
Ich hab mich gehen lassen.
Da überkam es dich ...?
Heißt das, du bist nicht von Natur aus schwul?
Hä ...?
Ähm ...
Ah! Ich ...
... bin deswegen nicht angewidert oder so!
...?

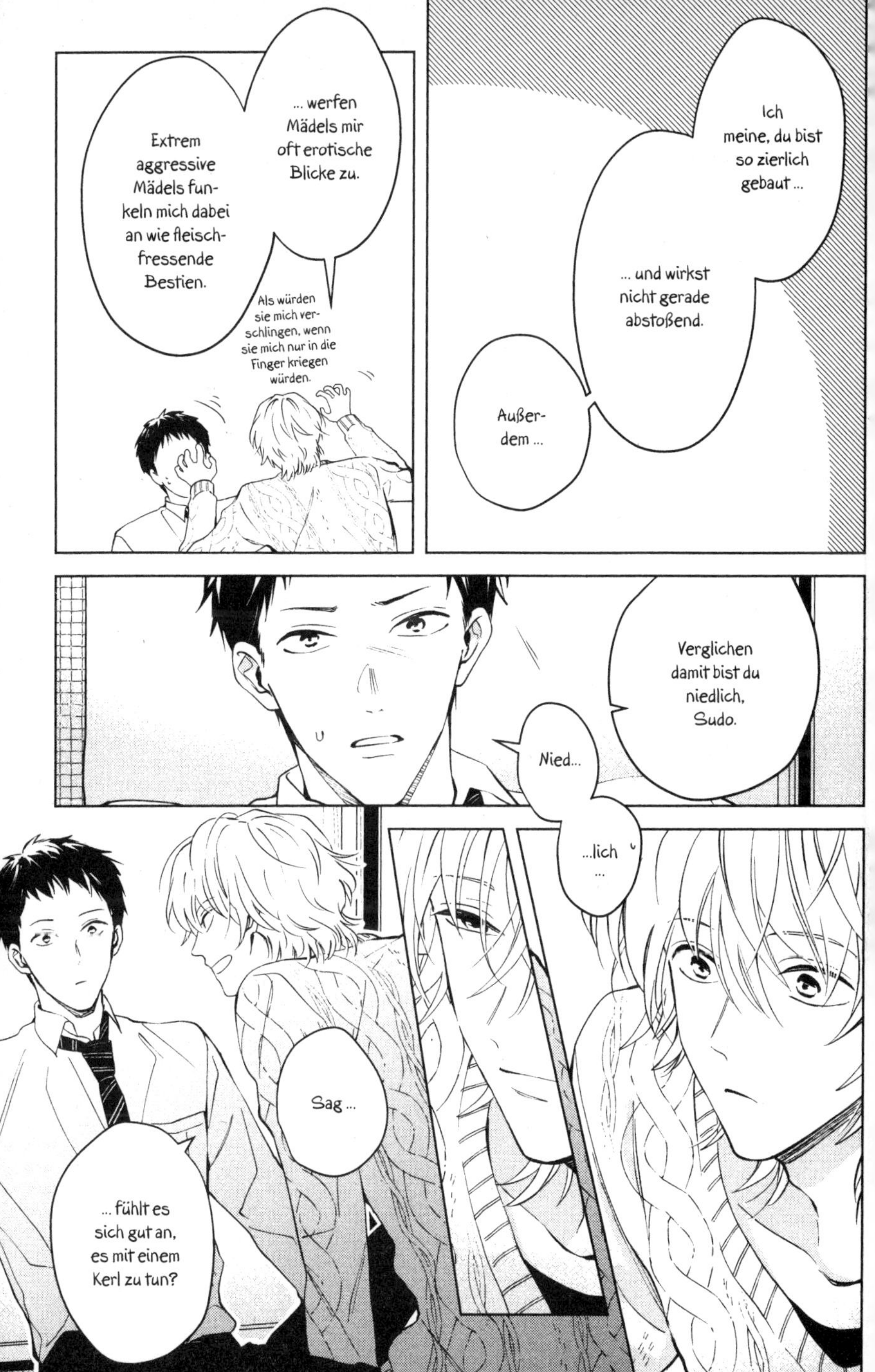
Ich meine, du bist so zierlich gebaut ...
... und wirkst nicht gerade abstoßend.
Außer-dem ...
... werfen Mädels mir oft erotische Blicke zu.
Extrem aggressive Mädels fun-keln mich dabei an wie fleisch-fressende Bestien.
Als würden sie mich ver-schlingen, wenn sie mich nur in die Finger kriegen würden.
Verglichen damit bist du niedlich, Sudo.
Nied...
...lich ...
Sag ...
... fühlt es sich gut an, es mit einem Kerl zu tun?

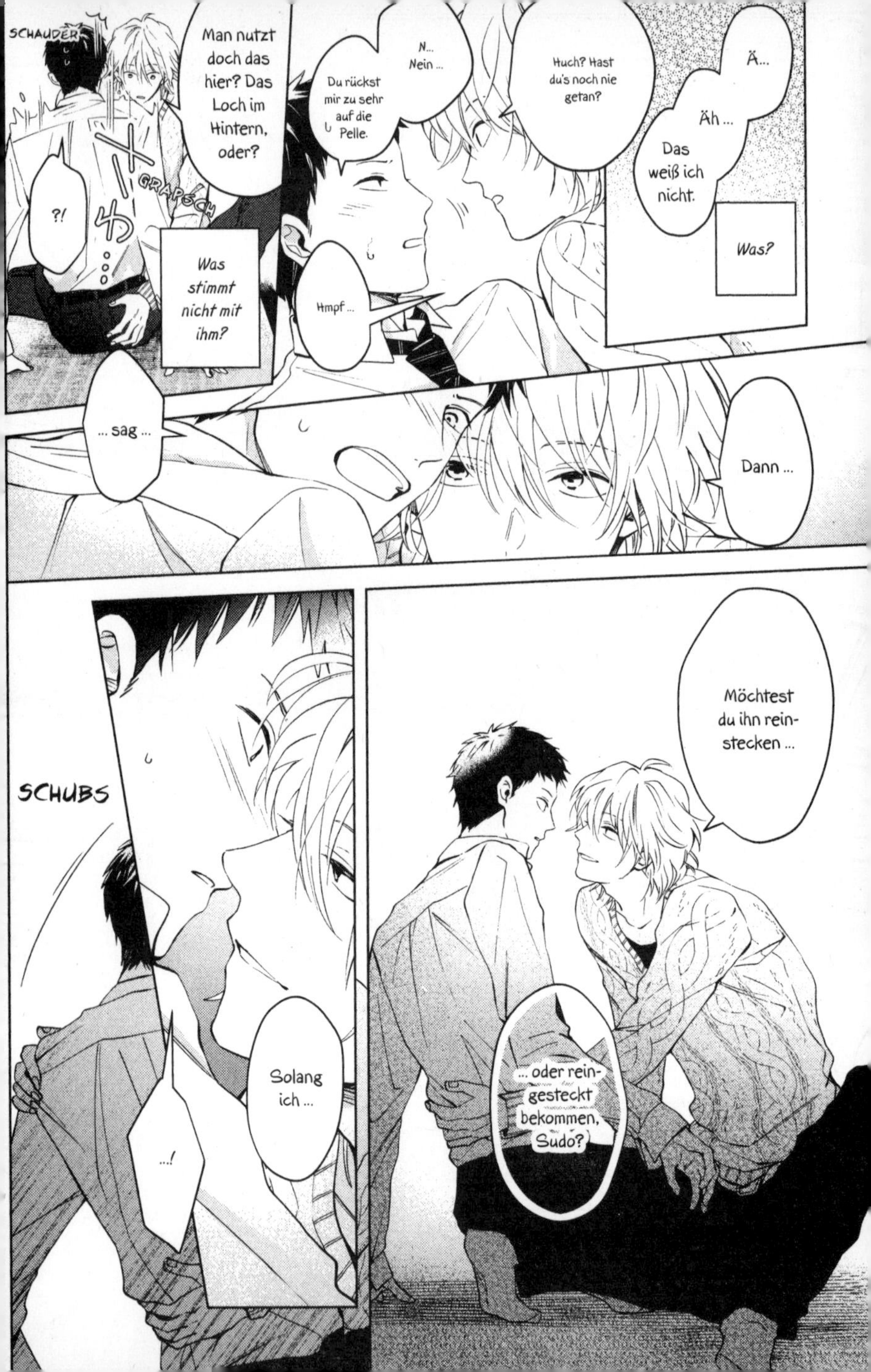
Huch? Hast du's noch nie getan?
Ä...
Äh ...
Das weiß ich nicht.
Was?
N... Nein ...
Du rückst mir zu sehr auf die Pelle.
Hmpf ...
SCHAUDER
Man nutzt doch das hier? Das Loch im Hintern, oder?
GRAPSCH
?!
Was stimmt nicht mit ihm?
Dann ...
... sag ...
Möchtest du ihn rein-stecken ...
... oder rein-gesteckt bekommen, Sudo?
Solang ich ...
...!
SCHUBS

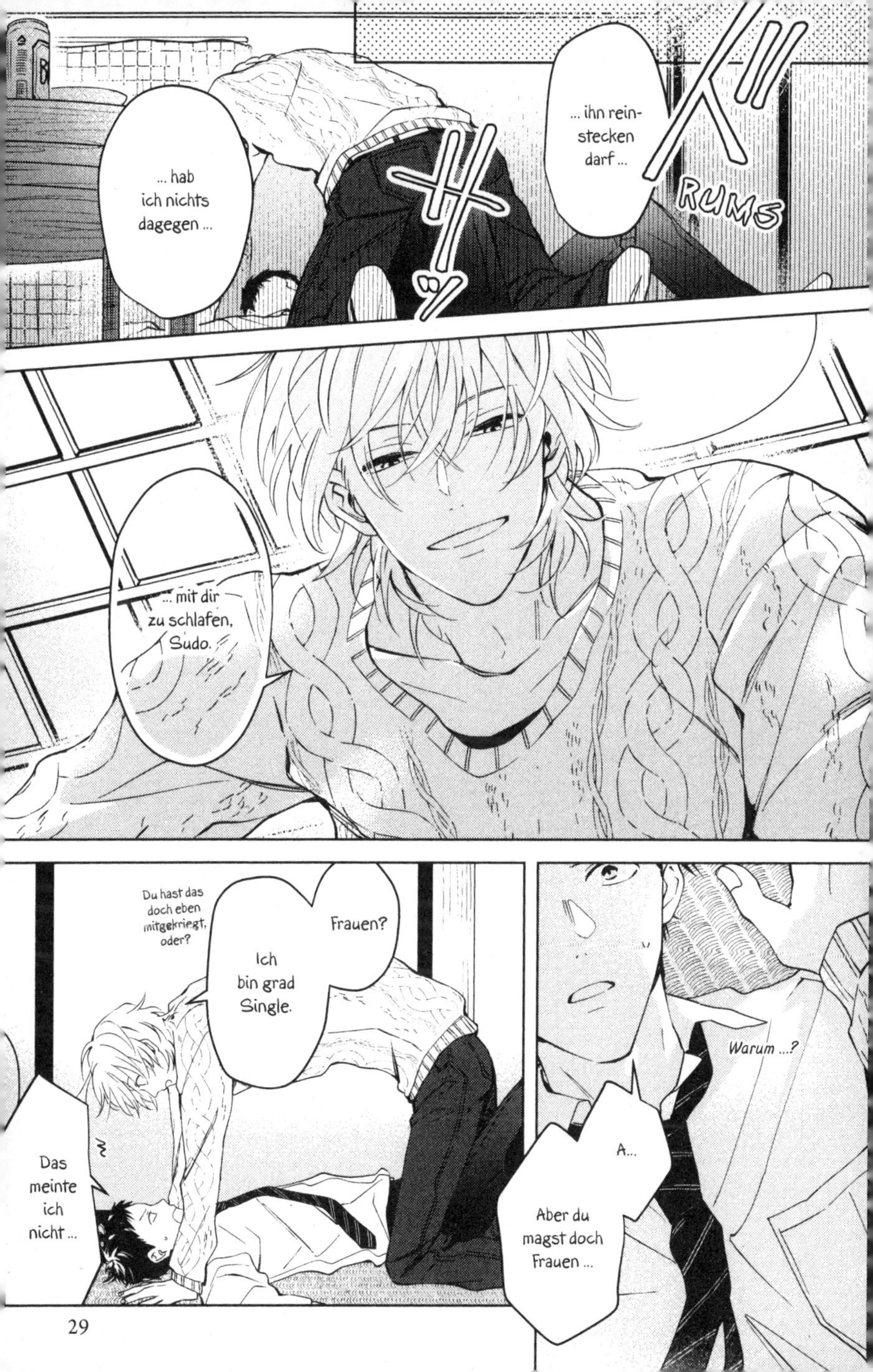
... ihn rein-stecken darf ...
RUMS
... hab ich nichts dagegen ...
... mit dir zu schlafen, Sudo.
Warum ...?
A...
Aber du magst doch Frauen ...
Frauen?
Ich bin grad Single.
Du hast das doch eben mitgekriegt, oder?
Das meinte ich nicht ...

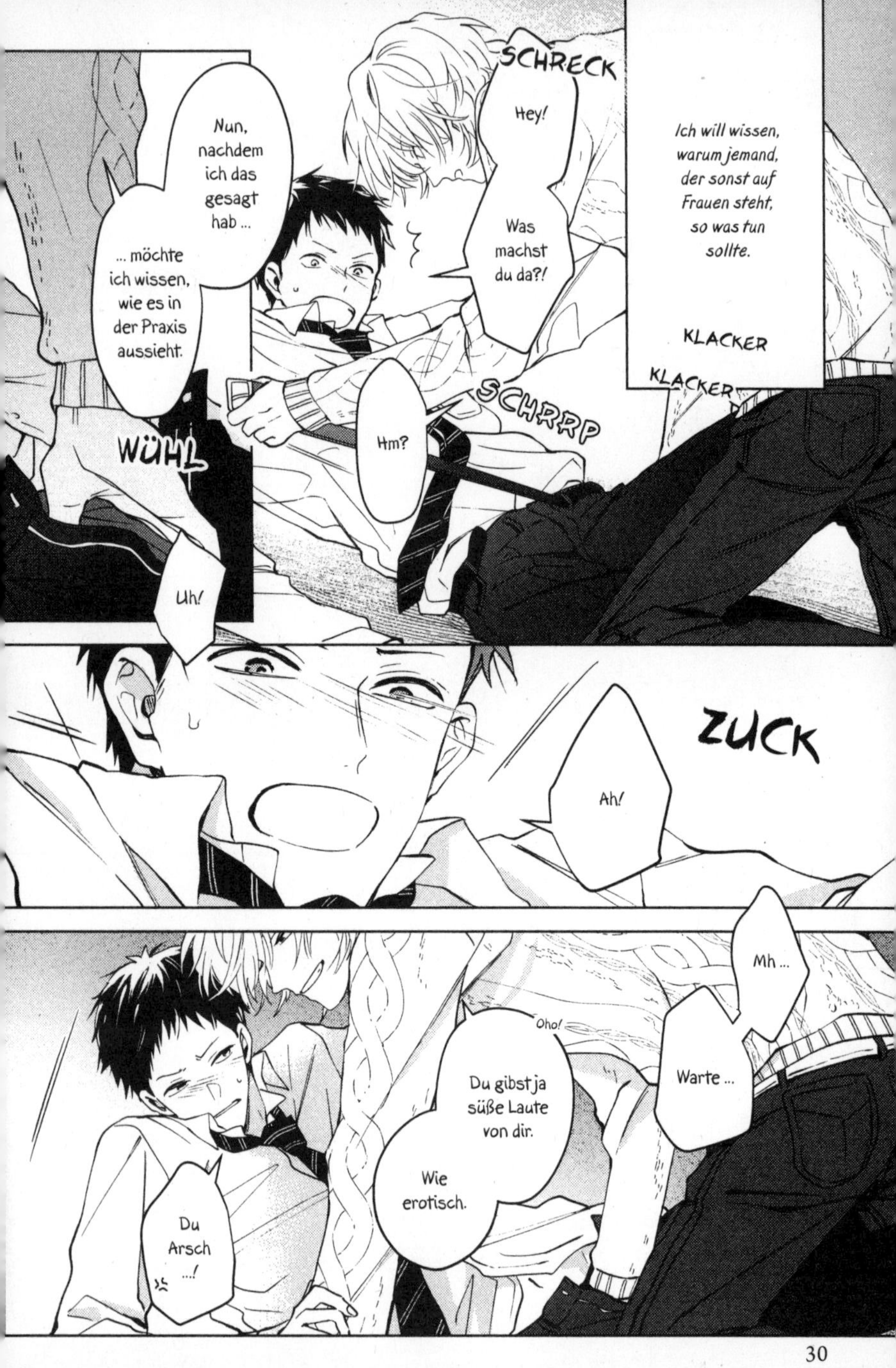
Ich will wissen, warum jemand, der sonst auf Frauen steht, so was tun sollte.
KLACKER
KLACKER
SCHRECK
Hey!
Was machst du da?!
SCHRRRP
Hm?
Nun, nachdem ich das gesagt hab ...
... möchte ich wissen, wie es in der Praxis aussieht.
WÜHL
Uh!
ZUCK
Ah!
Mh ...
Warte ...
Oho!
Du gibst ja süße Laute von dir.
Wie erotisch.
Du Arsch ...!

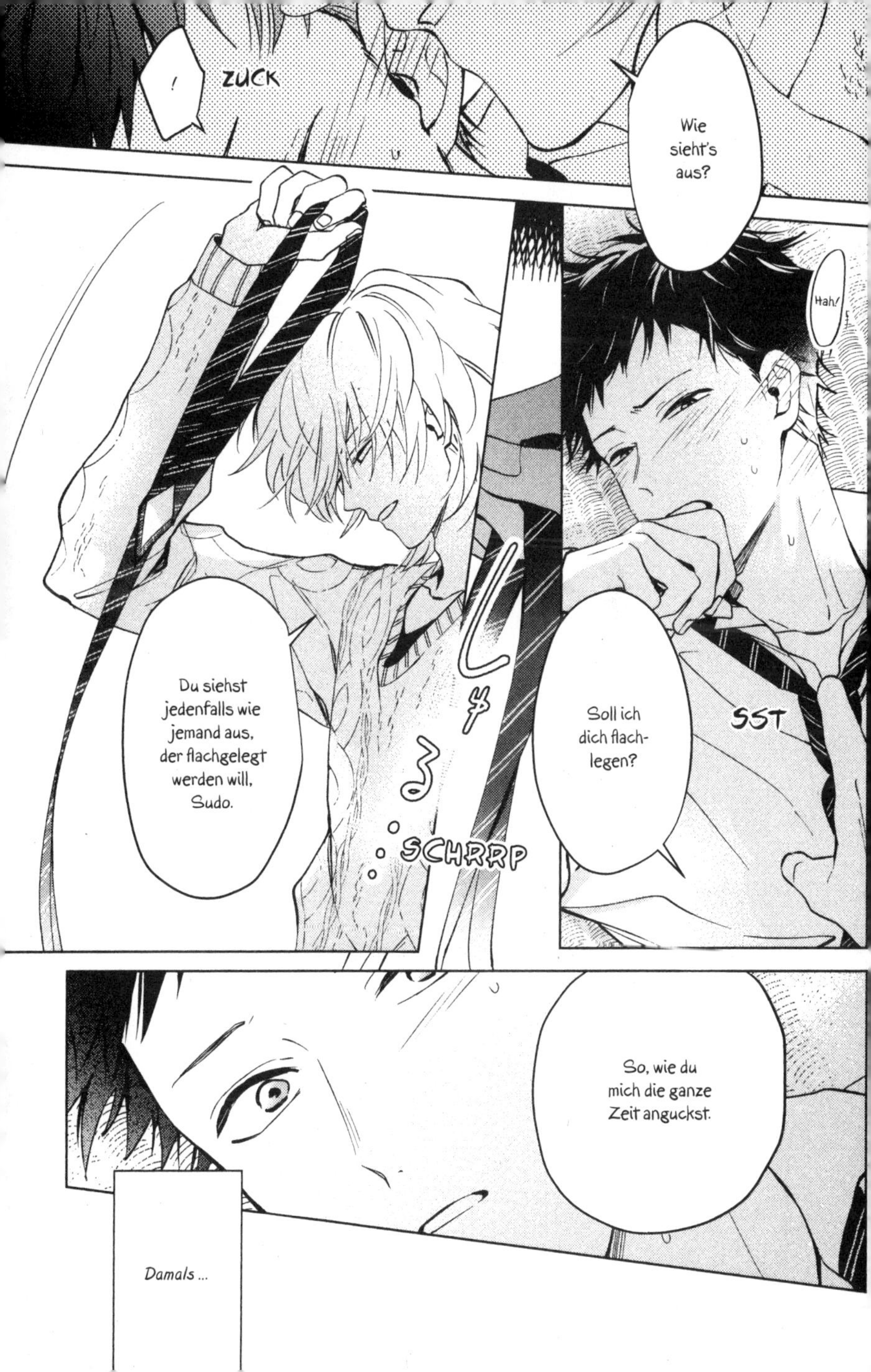
Wie sieht's aus?
!
ZUCK
Hah!
Soll ich dich flach-legen?
SST
Du siehst jedenfalls wie jemand aus, der flachgelegt werden will, Sudo.
SCHRRP
So, wie du mich die ganze Zeit anguckst.
Damals ...

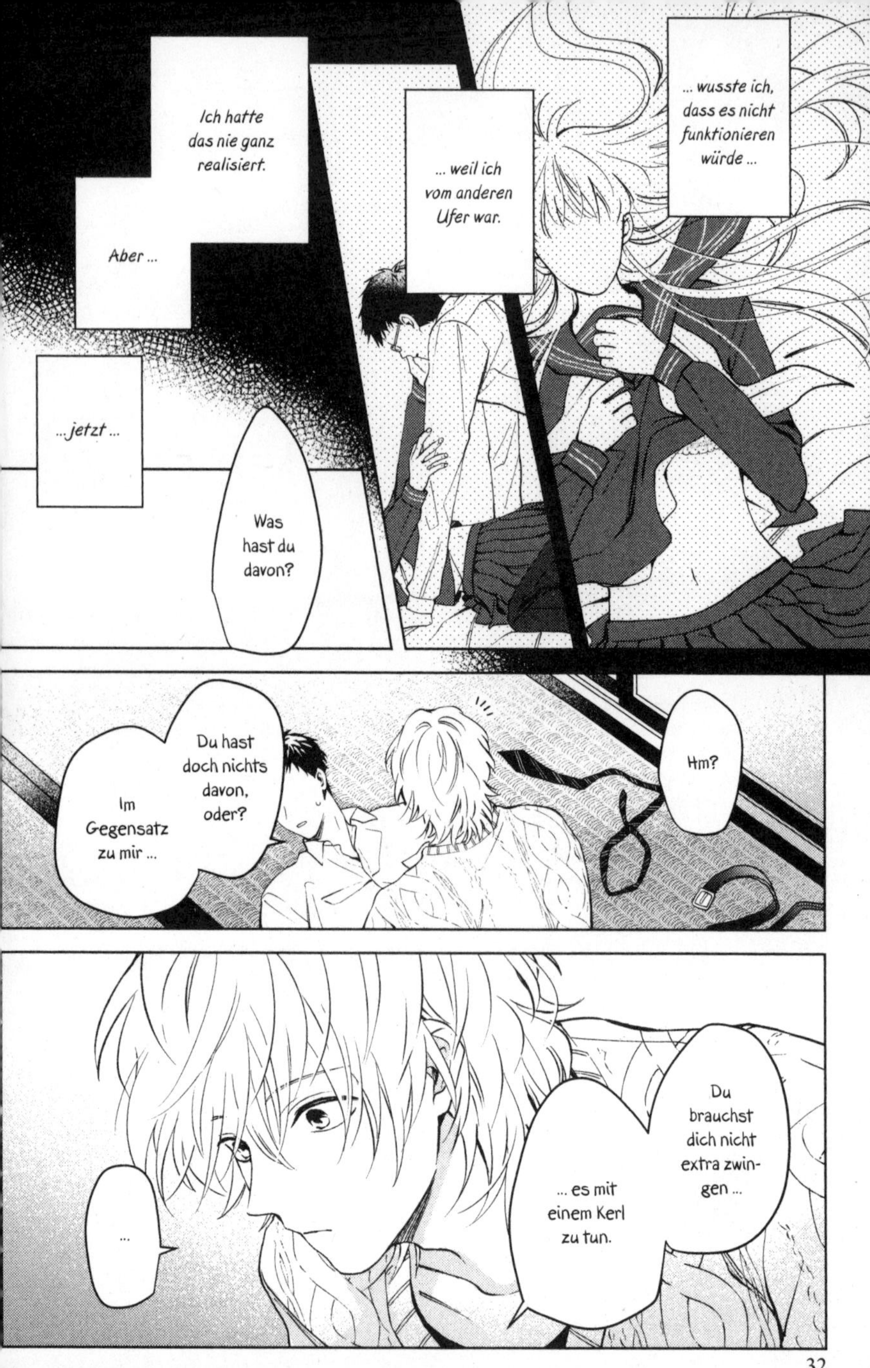
... wusste ich, dass es nicht funktionieren würde ...
... weil ich vom anderen Ufer war.
Ich hatte das nie ganz realisiert.
Aber ...
...jetzt ...
Was hast du davon?
Hm?
Du hast doch nichts davon, oder?
Im Gegensatz zu mir ...
Du brauchst dich nicht extra zwingen ...
... es mit einem Kerl zu tun.
...

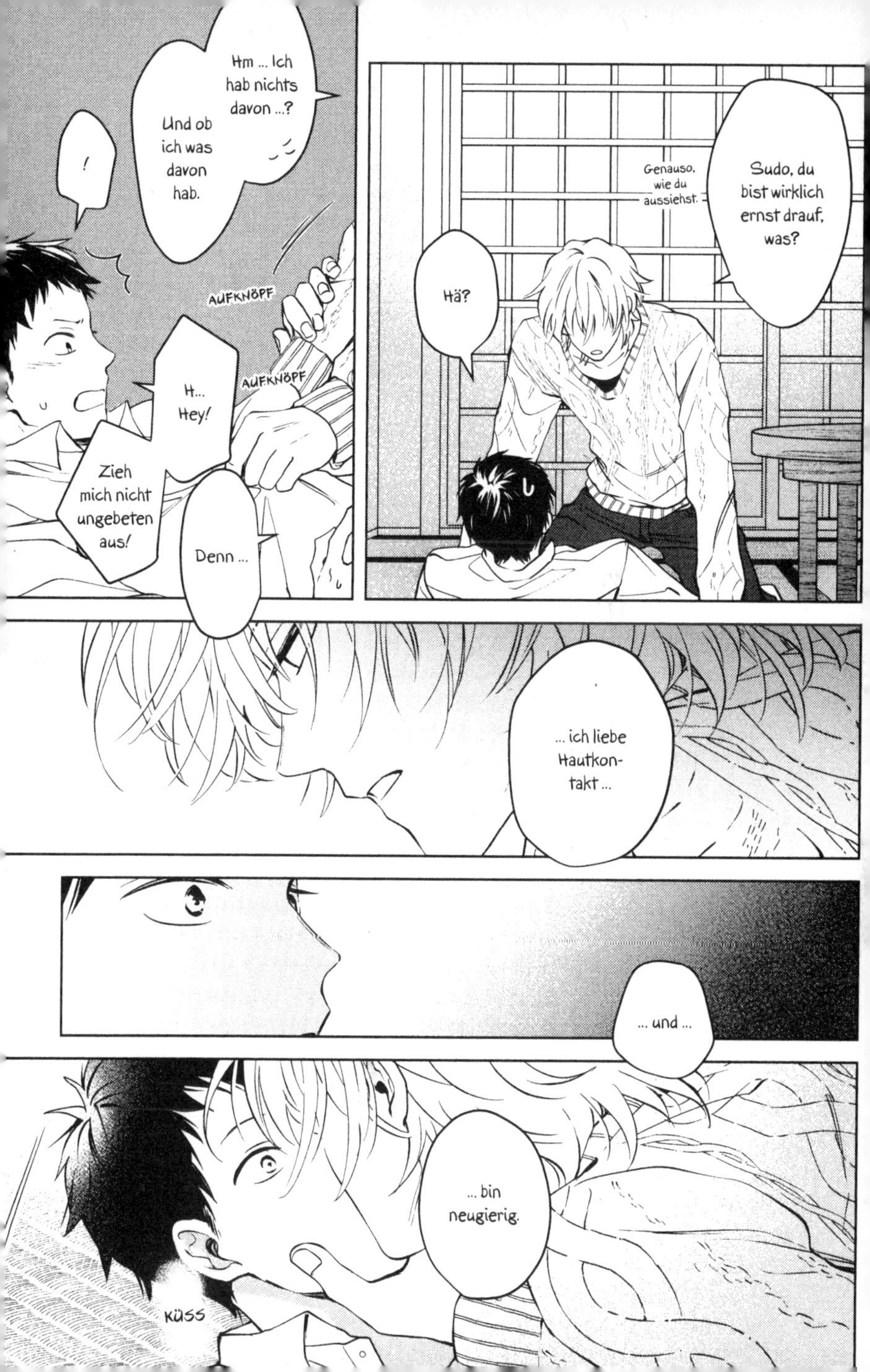
Sudo, du bist wirklich ernst drauf, was?
Genauso, wie du aussiehst.
Hä?
Hm ... Ich hab nichts davon ...?
Und ob ich was davon hab.
!
AUFKNÖPF
AUFKNÖPF
H... Hey!
Zieh mich nicht ungebeten aus!
Denn ...
... ich liebe Hautkon-takt ...
... und ...
... bin neugierig.
KÜSS

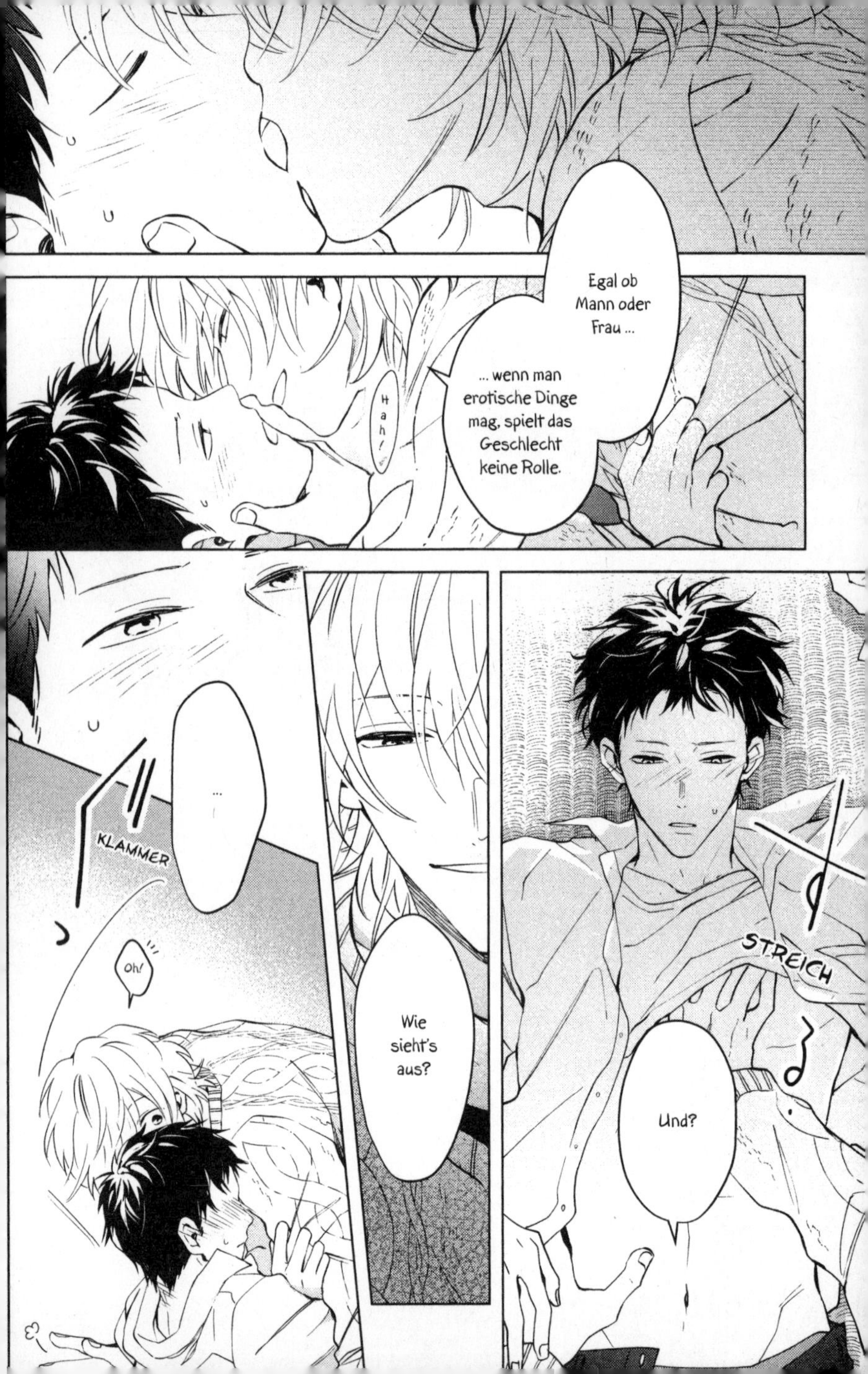
Egal ob Mann oder Frau ...
... wenn man erotische Dinge mag, spielt das Geschlecht keine Rolle.
Hah!
STREICH
Und?
Wie sieht's aus?
...
KLAMMER
Oh!

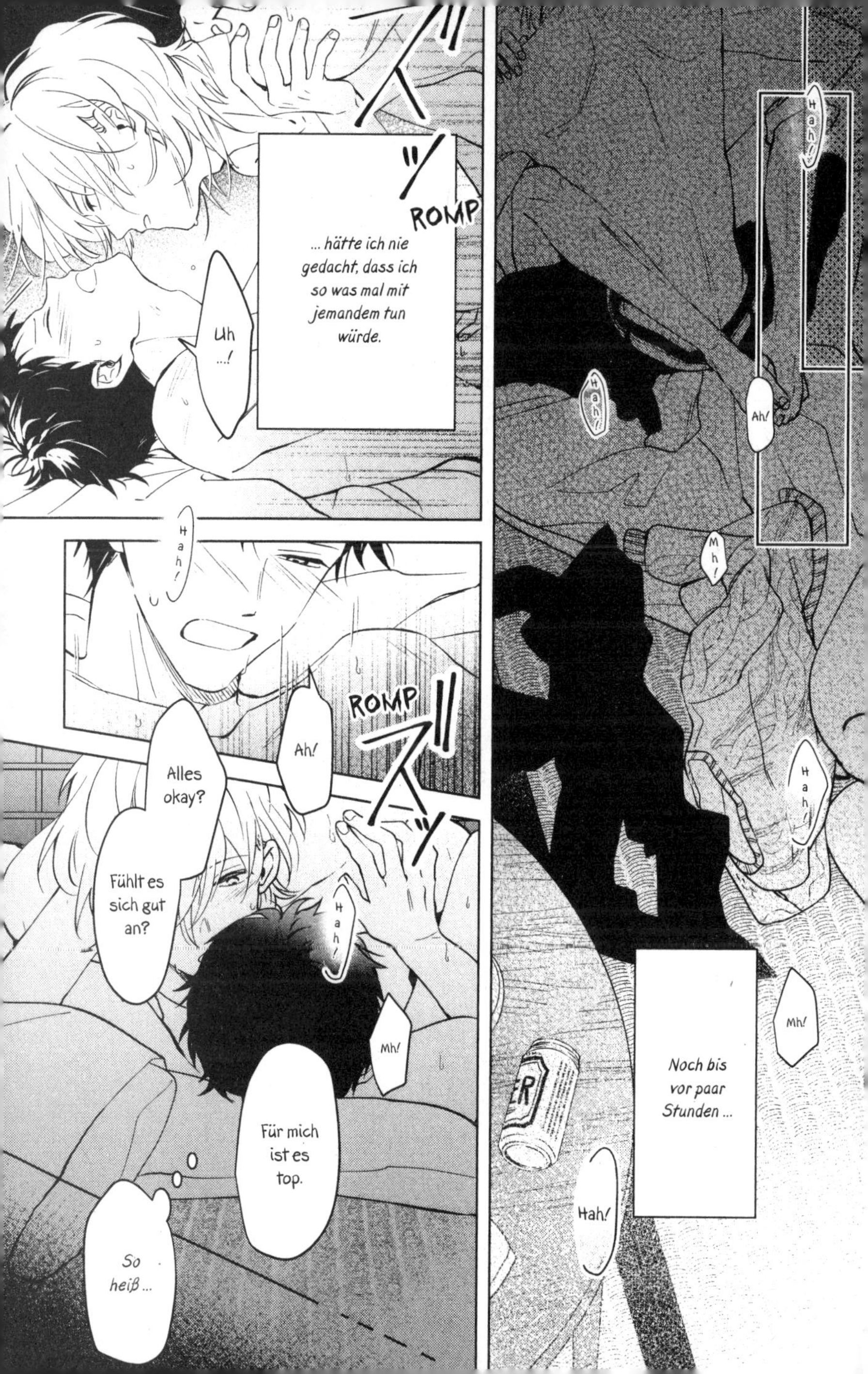
Hah!
Hah!
Ah!
Mh!
Hah!
Mh!
Noch bis vor paar Stunden ...
Hah!
ROMP
... hätte ich nie gedacht, dass ich so was mal mit jemandem tun würde.
Uh ...!
Hah!
ROMP
Ah!
Alles okay?
Fühlt es sich gut an?
Hah!
Mh!
Für mich ist es top.
So heiß ...

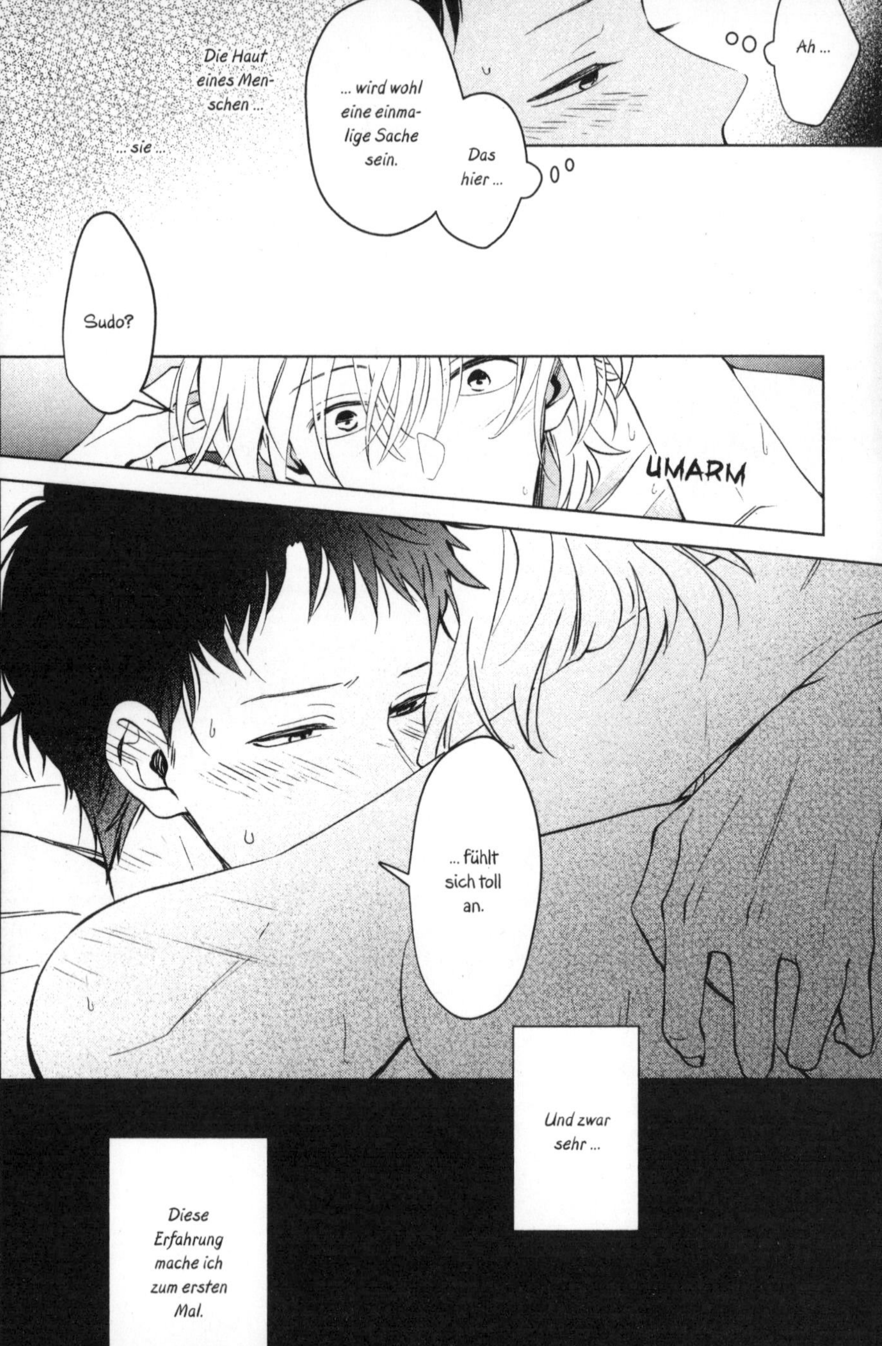
Ah ...
Die Haut eines Menschen ...
... sie ...
... wird wohl eine einmalige Sache sein.
Das hier ...
Sudo?
UMARM
... fühlt sich toll an.
Und zwar sehr ...
Diese Erfahrung mache ich zum ersten Mal.

Kapitel 2

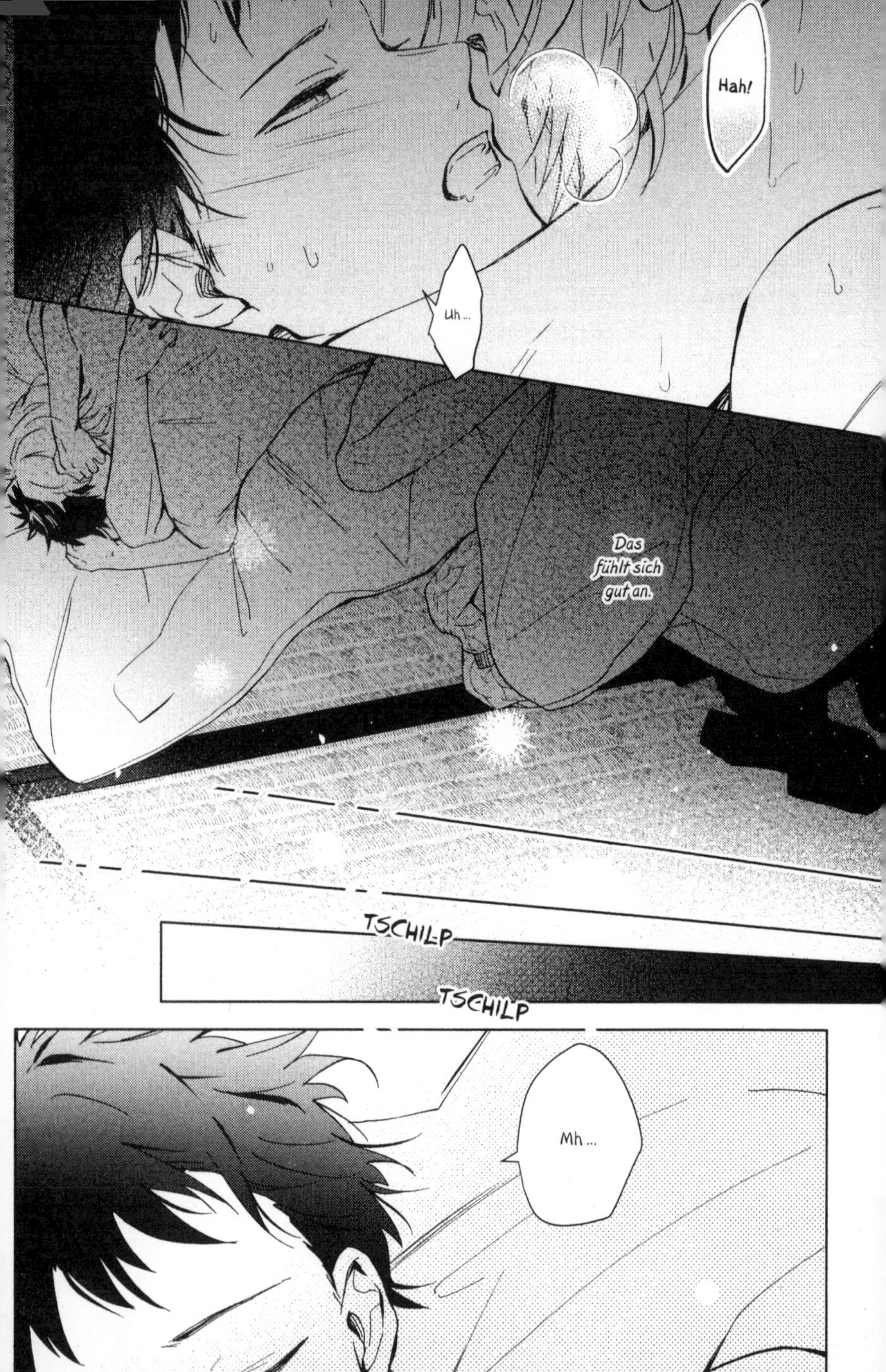
Hah!
Uh ...
Das fühlt sich gut an.
TSCHILP
TSCHILP
Mh ...

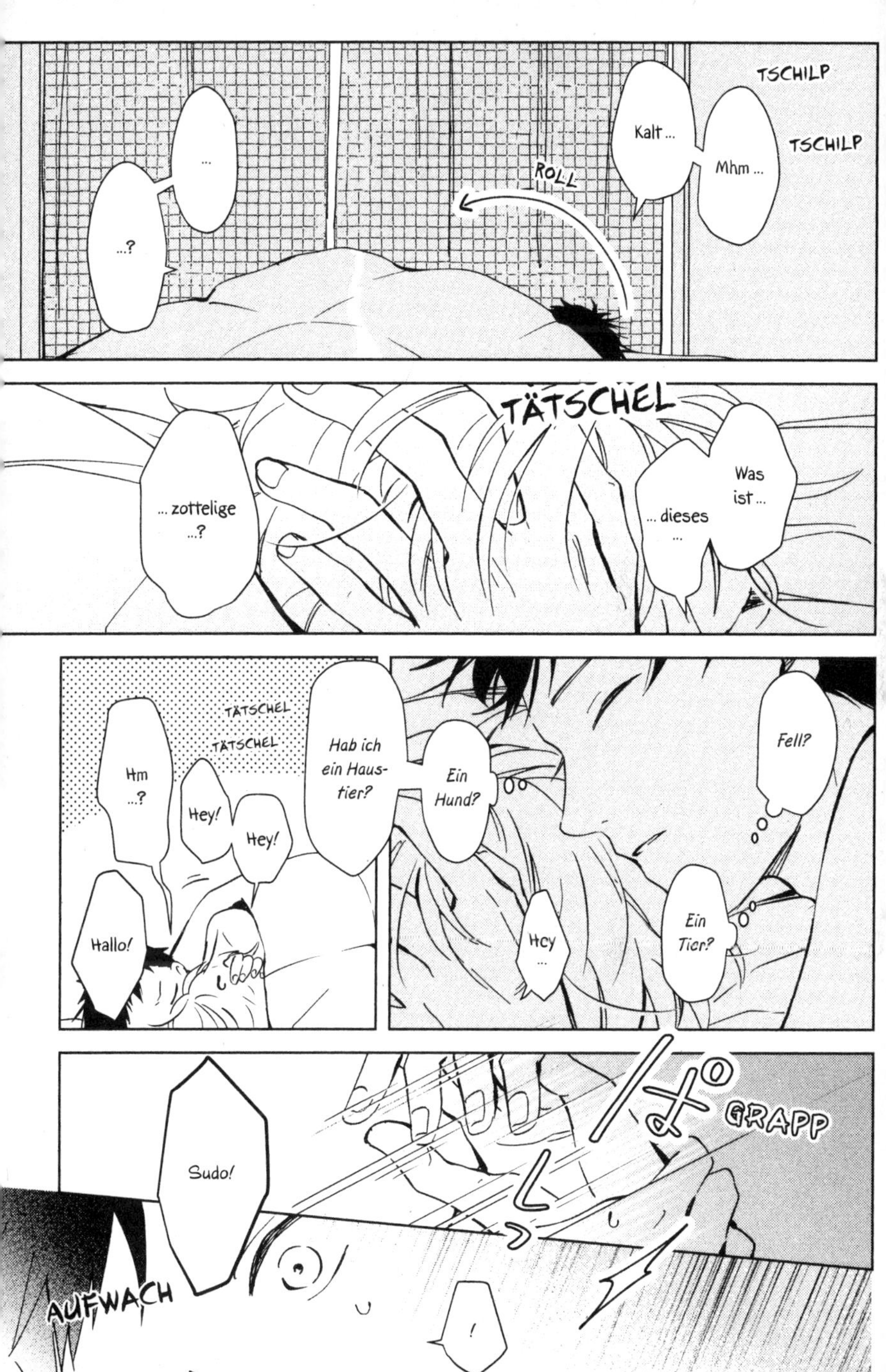
TSCHILP
TSCHILP
Mhm ...
Kalt ...
ROLL
...
...?
Was ist ...
... dieses ...
TÄTSCHEL
... zottelige ...?
Fell?
Ein Tier?
Hey ...
Ein Hund?
Hab ich ein Haustier?
TÄTSCHEL
TÄTSCHEL
Hey!
Hey!
Hm ...?
Hallo!
GRAPP
Sudo!
!
AUFWACH

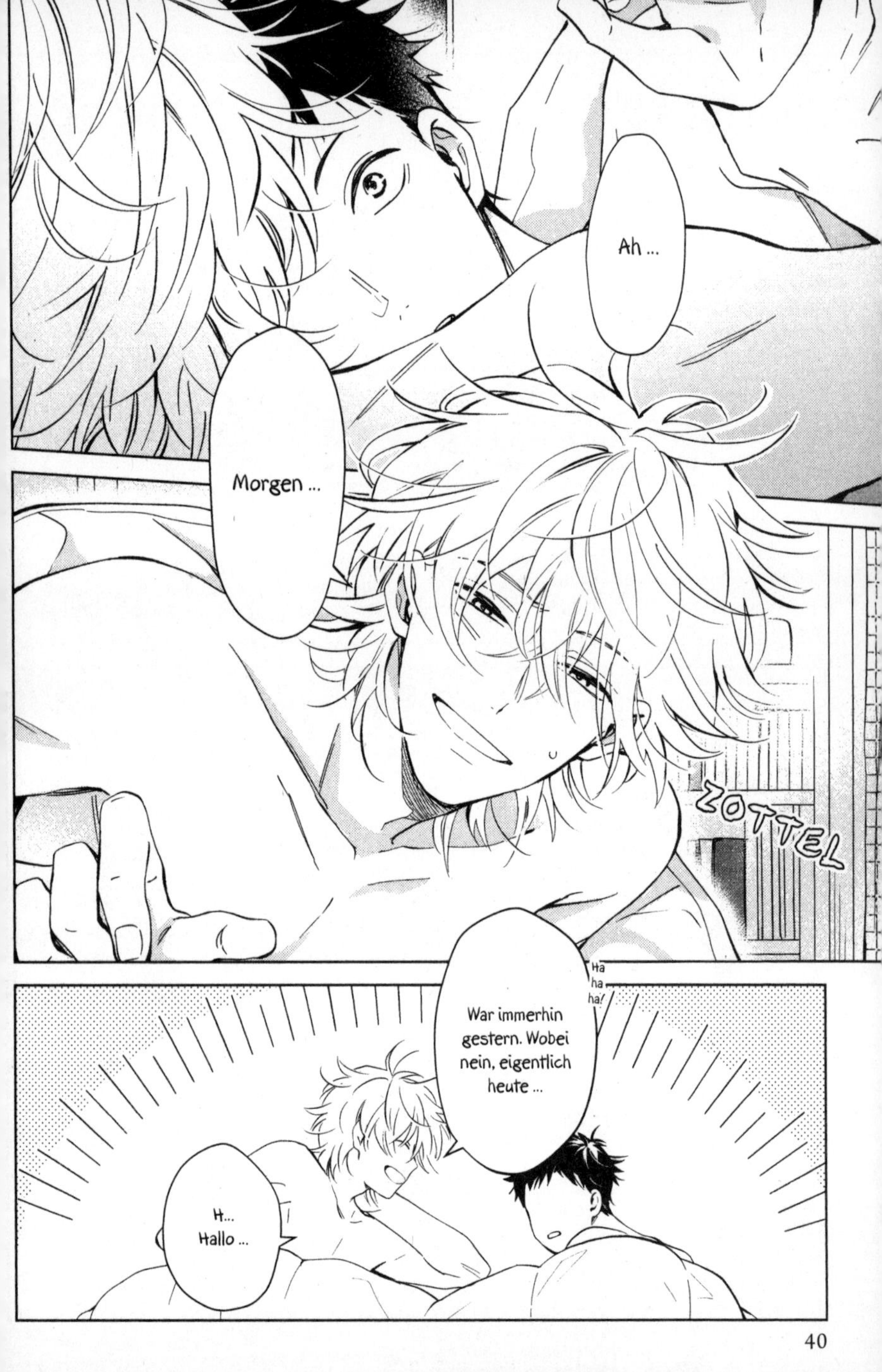
Ah ...
Morgen ...
ZOTTEL
Ha ha ha!
War immerhin gestern. Wobei nein, eigentlich heute ...
H... Hallo ...

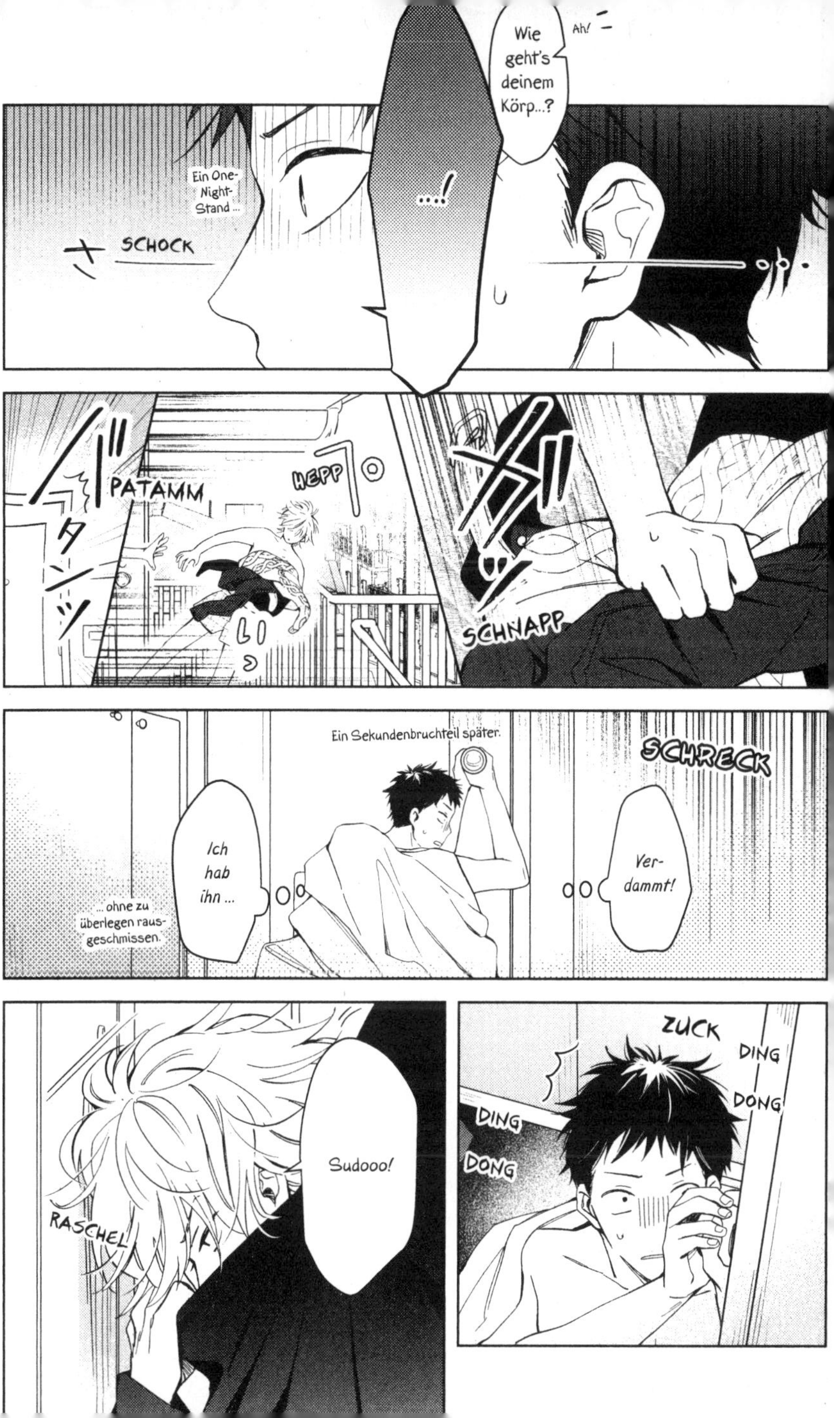

Ah!

Wie geht's deinem Körp...?

...!

Ein One-Night-Stand ...

SCHOCK

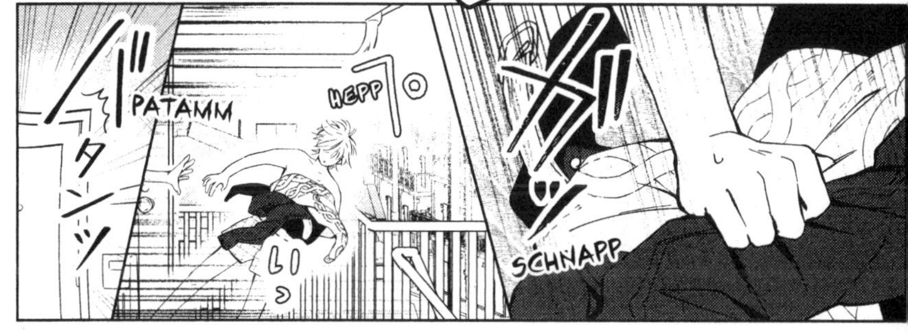

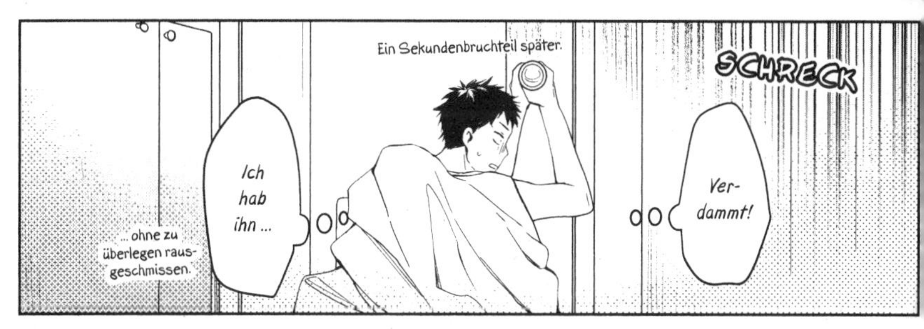

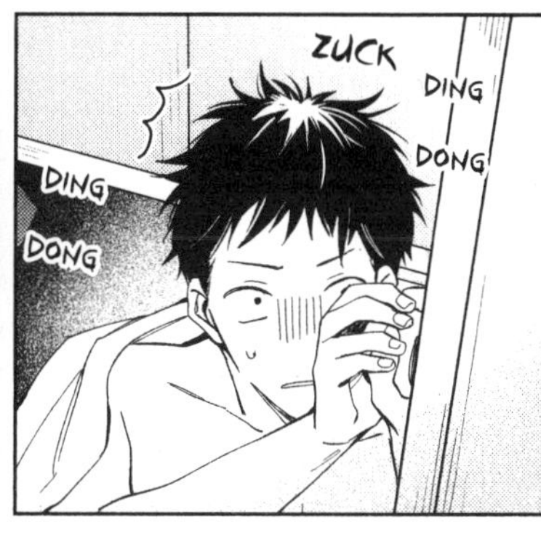

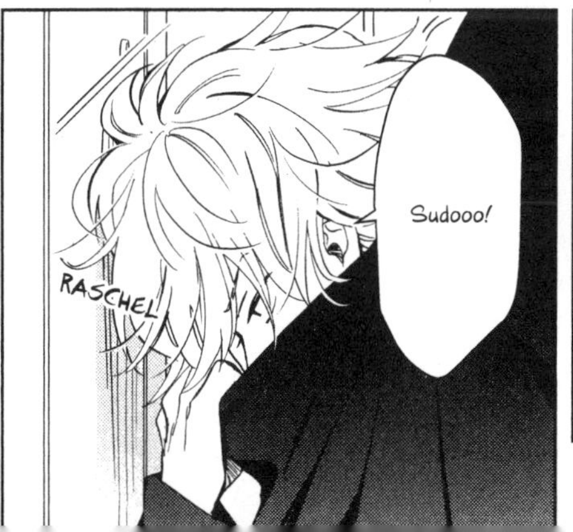

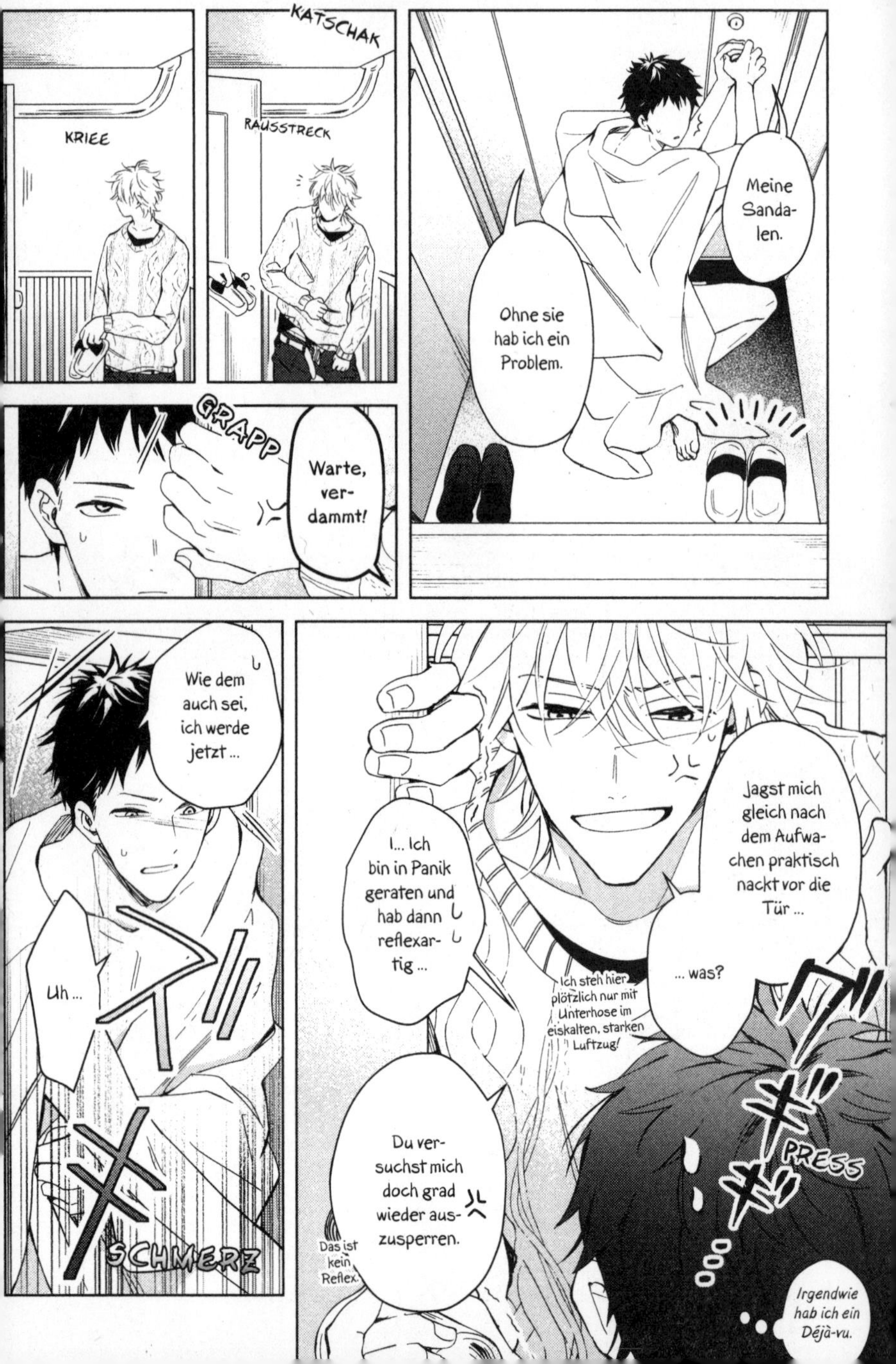

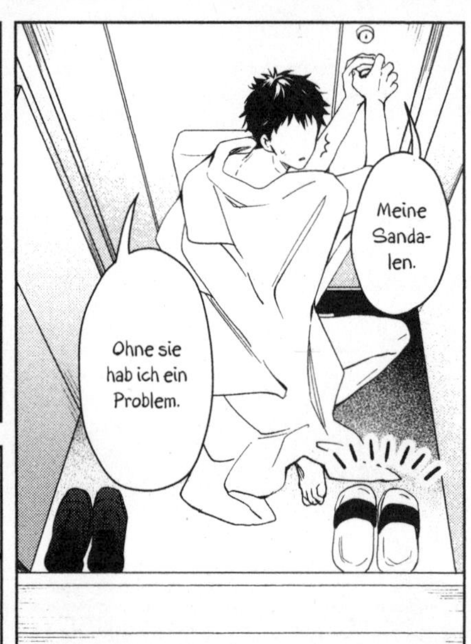
Meine Sandalen.
Ohne sie hab ich ein Problem.

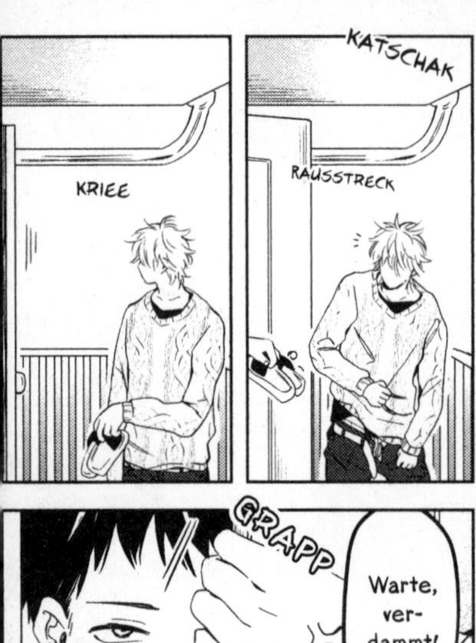
KATSCHAK
RAUSSTRECK
KRIEE
GRAPP
Warte, verdammt!

Jagst mich gleich nach dem Aufwachen praktisch nackt vor die Tür ...
... was?
Ich steh hier plötzlich nur mit Unterhose im eiskalten, starken Luftzug!
I... Ich bin in Panik geraten und hab dann reflexartig ...
PRESS
Irgendwie hab ich ein Déjà-vu.
Du versuchst mich doch grad wieder auszusperren.
Das ist kein Reflex.

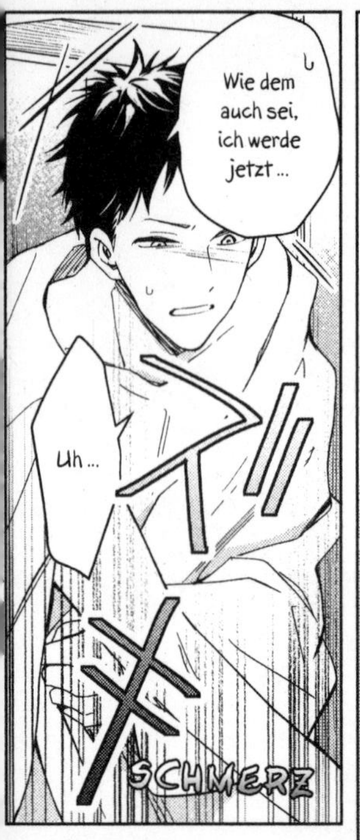
Wie dem auch sei, ich werde jetzt ...
Uh ...
SCHMERZ

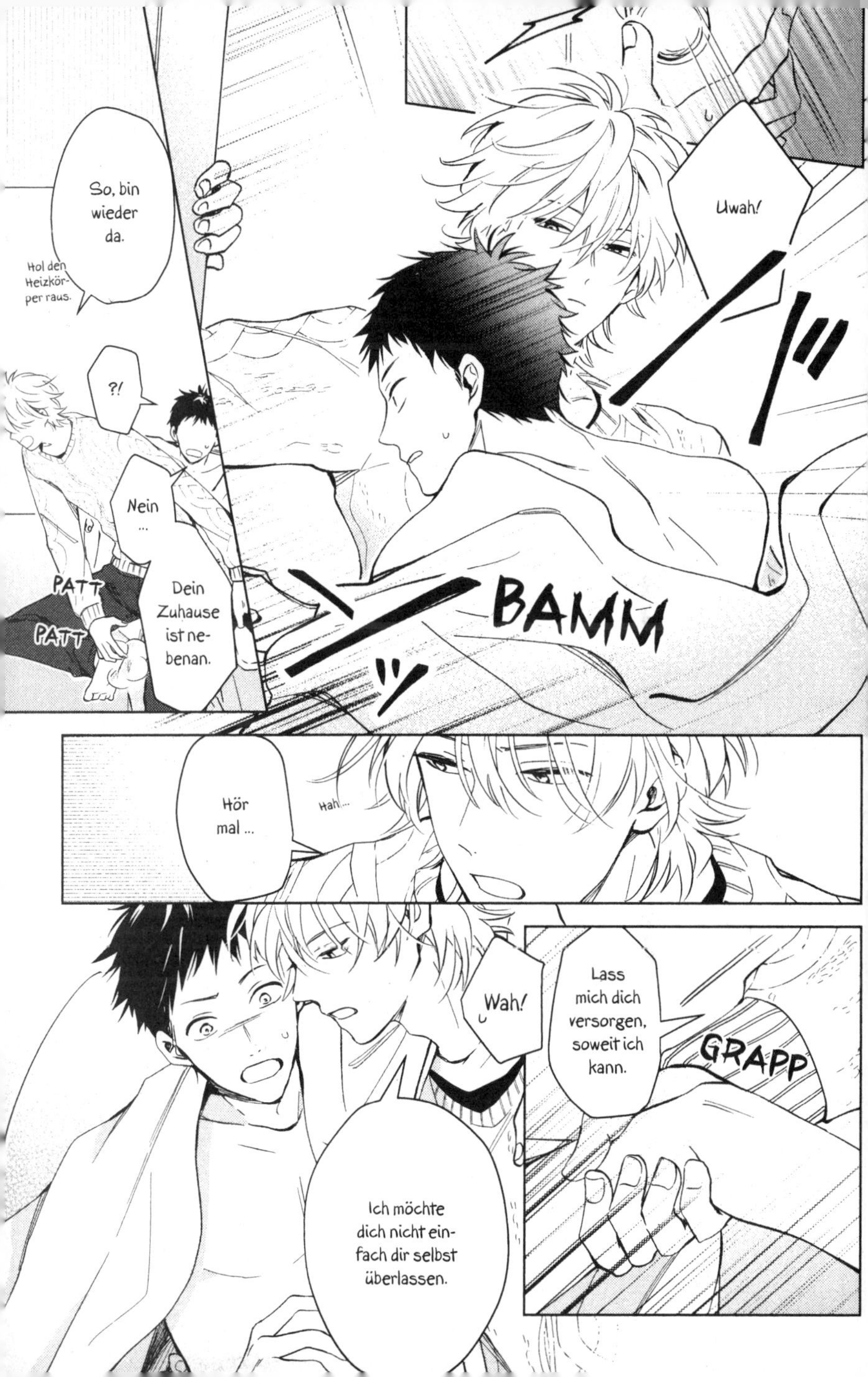
Uwah!
So, bin wieder da.
Hol den Heizkörper raus.
BAMM
?!
Nein ...
Dein Zuhause ist nebenan.
PATT
PATT
Hör mal ...
Hah ...
Lass mich dich versorgen, soweit ich kann.
GRAPP
Wah!
Ich möchte dich nicht einfach dir selbst überlassen.

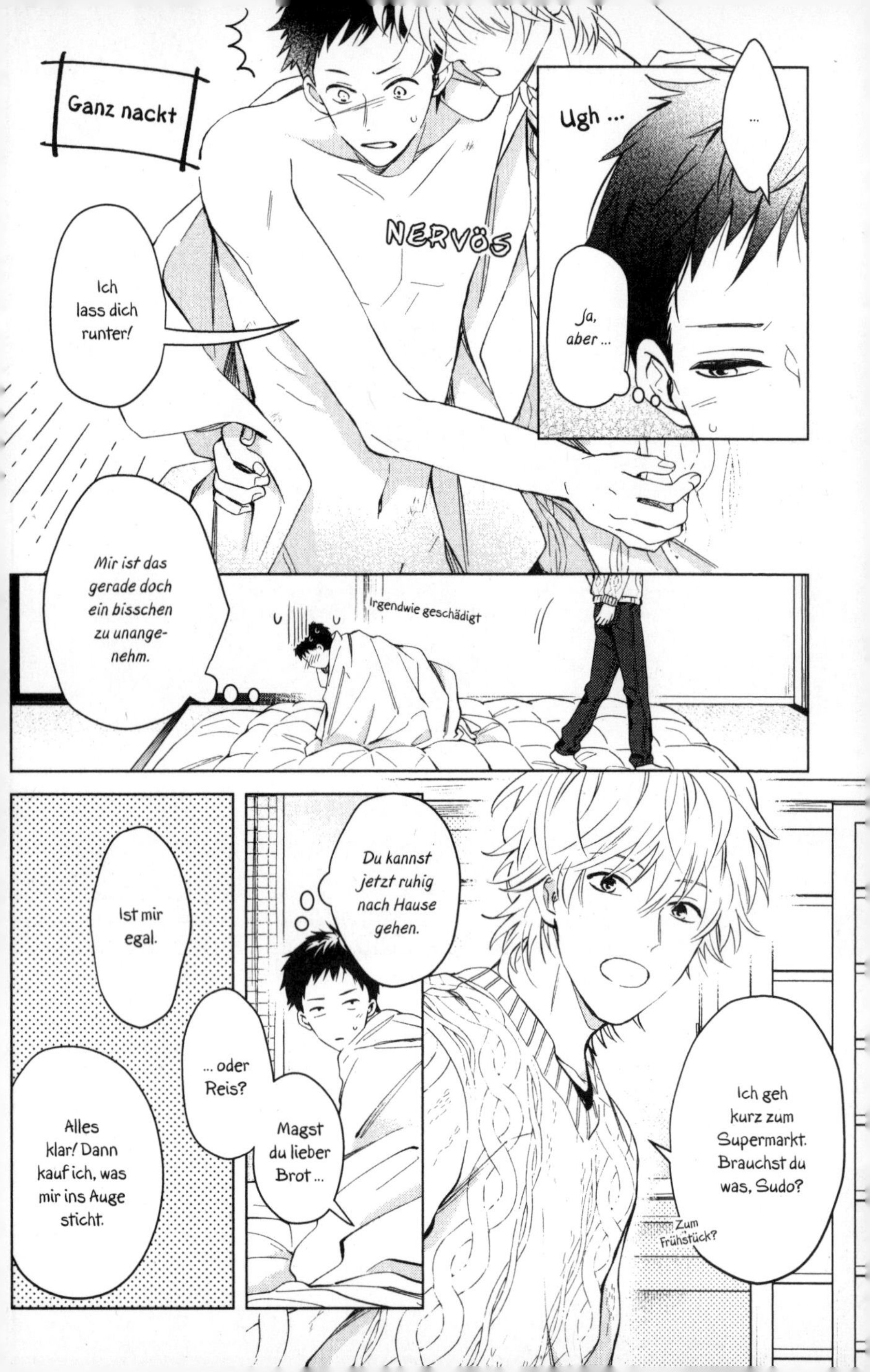

Ganz nackt
NERVÖS
...
Ugh ...
Ich lass dich runter!
Ja, aber ...
Mir ist das gerade doch ein bisschen zu unangenehm.
Irgendwie geschädigt
Ich geh kurz zum Supermarkt. Brauchst du was, Sudo?
Zum Frühstück?
Du kannst jetzt ruhig nach Hause gehen.
Magst du lieber Brot ...
... oder Reis?
Ist mir egal.
Alles klar! Dann kauf ich, was mir ins Auge sticht.

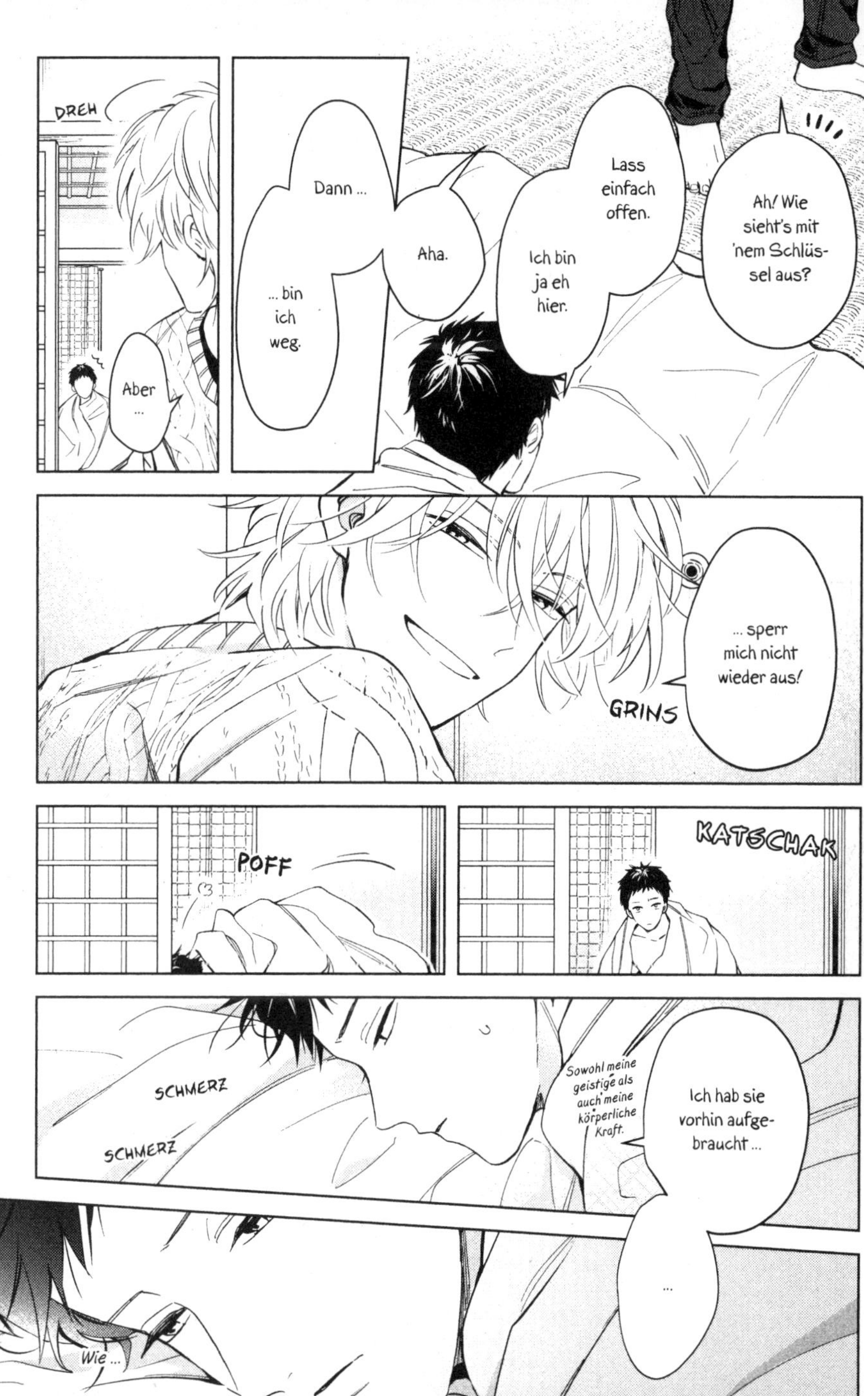
Ah! Wie sieht's mit 'nem Schlüssel aus?
Lass einfach offen.
Ich bin ja eh hier.
Aha.
Dann ...
... bin ich weg.
DREH
Aber ...
... sperr mich nicht wieder aus!
GRINS
KATSCHAK
POFF
Ich hab sie vorhin aufgebraucht ...
Sowohl meine geistige als auch meine körperliche Kraft.
SCHMERZ
SCHMERZ
...
Wie ...

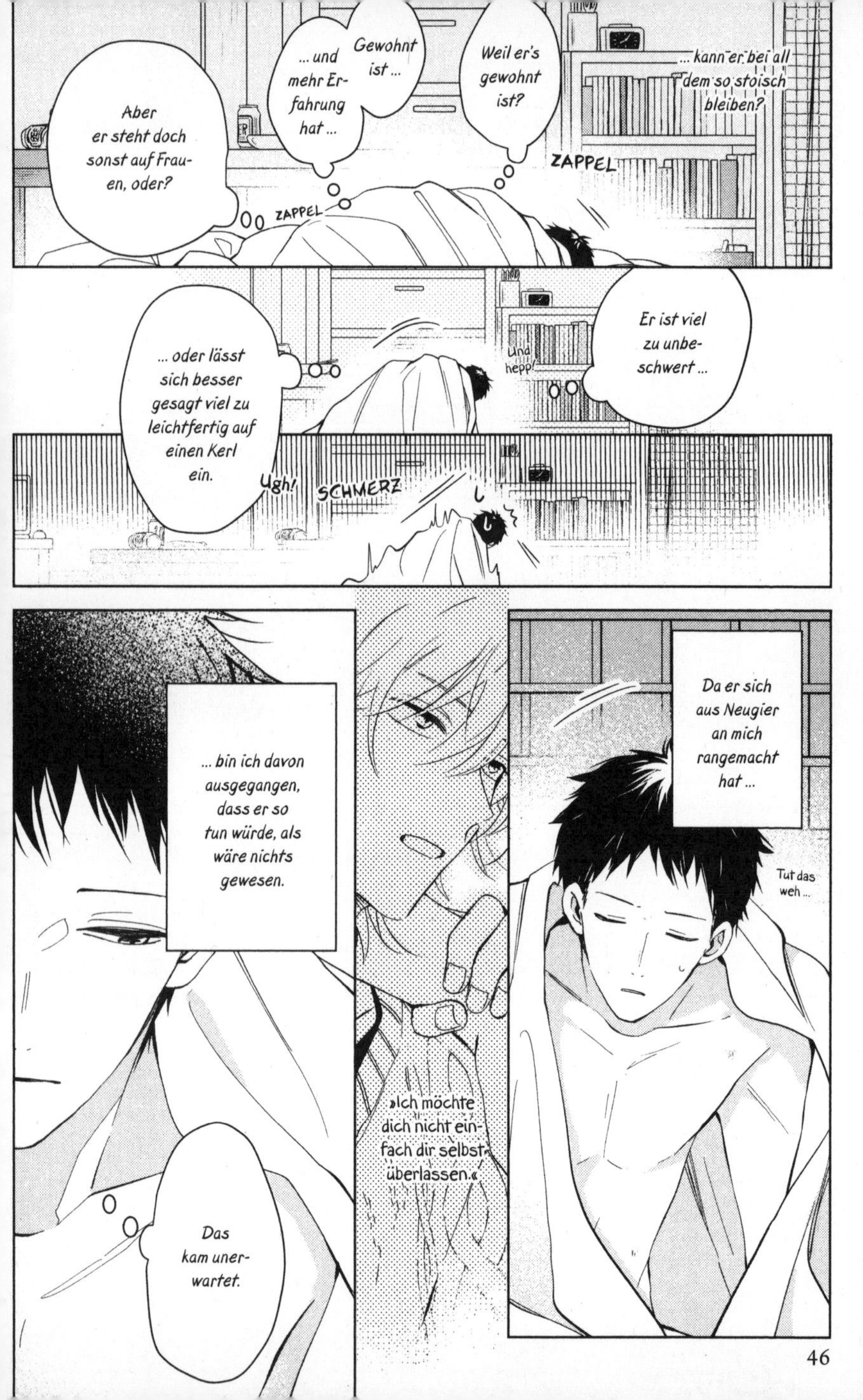
... kann er bei all dem so stoisch bleiben?
Weil er's gewohnt ist?
Gewohnt ist ...
... und mehr Erfahrung hat ...
Aber er steht doch sonst auf Frauen, oder?
ZAPPEL
ZAPPEL
Er ist viel zu unbeschwert ...
Und hepp!
... oder lässt sich besser gesagt viel zu leichtfertig auf einen Kerl ein.
SCHMERZ
Ugh!
Da er sich aus Neugier an mich rangemacht hat ...
Tut das weh ...
»Ich möchte dich nicht einfach dir selbst überlassen.«
... bin ich davon ausgegangen, dass er so tun würde, als wäre nichts gewesen.
Das kam unerwartet.

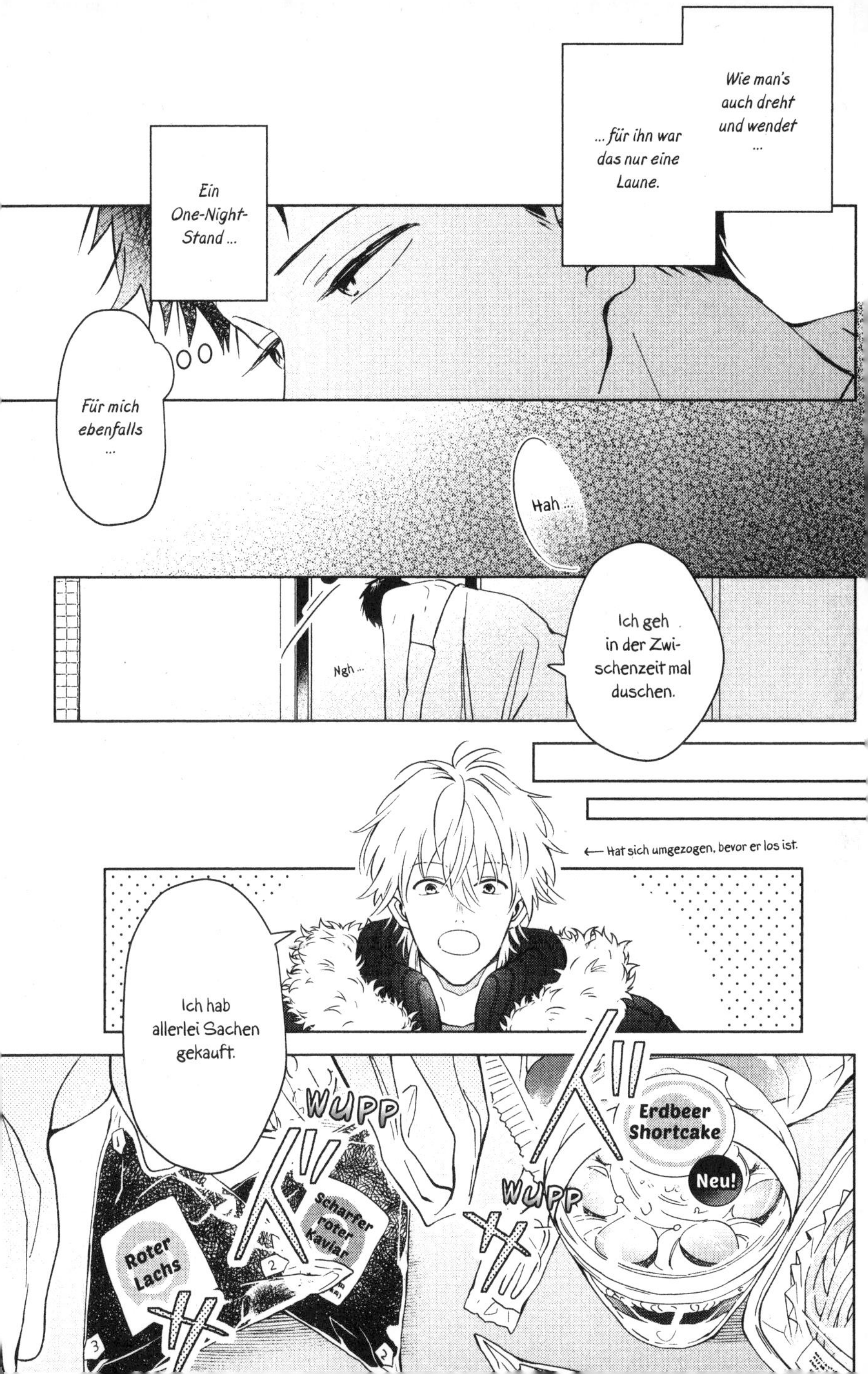
Wie man's auch dreht und wendet ...
... für ihn war das nur eine Laune.
Ein One-Night-Stand ...
Für mich ebenfalls ...
Hah ...
Ich geh in der Zwischenzeit mal duschen.
Ngh ...
← Hat sich umgezogen, bevor er los ist.
Ich hab allerlei Sachen gekauft.
WUPP
Erdbeer Shortcake
Neu!
WUPP
Scharfer roter Kaviar
Roter Lachs

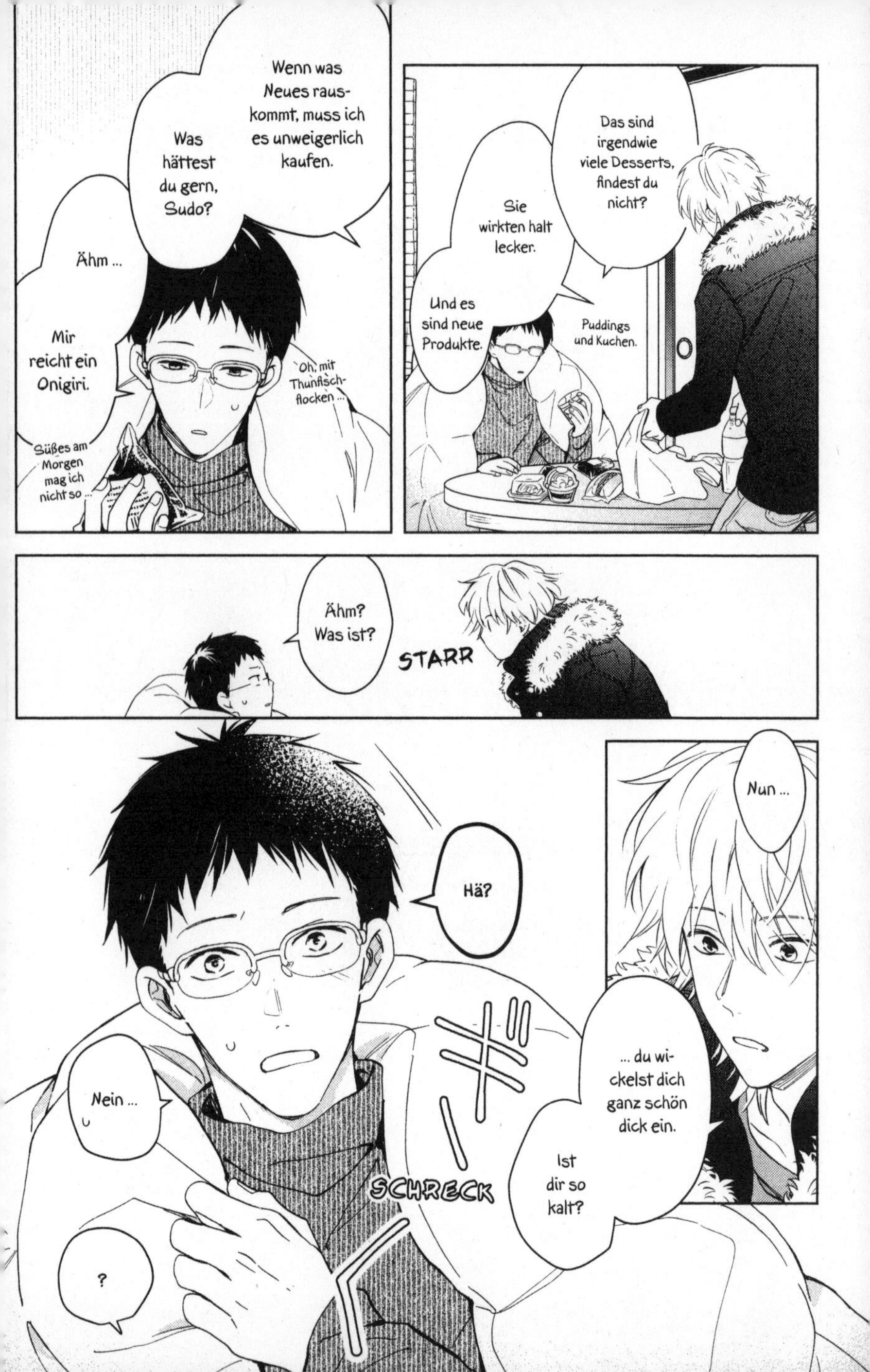
Das sind irgendwie viele Desserts, findest du nicht?
Sie wirkten halt lecker.
Und es sind neue Produkte.
Puddings und Kuchen.
Wenn was Neues rauskommt, muss ich es unweigerlich kaufen.
Was hättest du gern, Sudo?
Ähm ...
Oh, mit Thunfischflocken ...
Mir reicht ein Onigiri.
Süßes am Morgen mag ich nicht so ...
STARR
Ähm? Was ist?
Nun ...
... du wickelst dich ganz schön dick ein.
Ist dir so kalt?
Hä?
SCHRECK
Nein ...
?

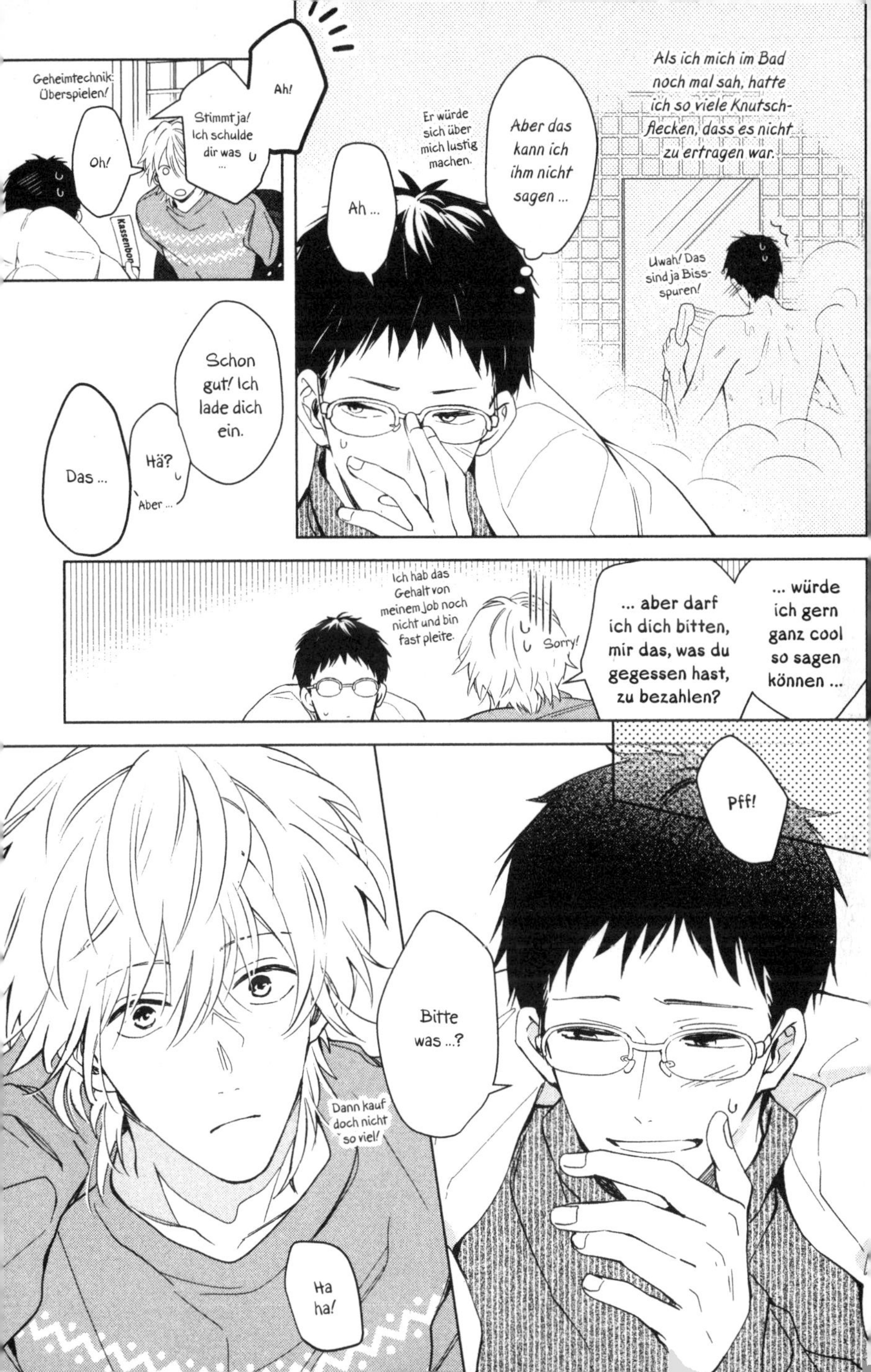
Als ich mich im Bad noch mal sah, hatte ich so viele Knutschflecken, dass es nicht zu ertragen war.
Uwah! Das sind ja Bissspuren!
Aber das kann ich ihm nicht sagen ...
Er würde sich über mich lustig machen.
Ah ...
Ah!
Stimmt ja! Ich schulde dir was ...
Oh!
Geheimtechnik: Überspielen!
Kassenbon
Schon gut! Ich lade dich ein.
Hä?
Aber ...
Das ...
... würde ich gern ganz cool so sagen können ...
... aber darf ich dich bitten, mir das, was du gegessen hast, zu bezahlen?
Sorry!
Ich hab das Gehalt von meinem Job noch nicht und bin fast pleite.
Pff!
Bitte was ...?
Dann kauf doch nicht so viel!
Ha ha!

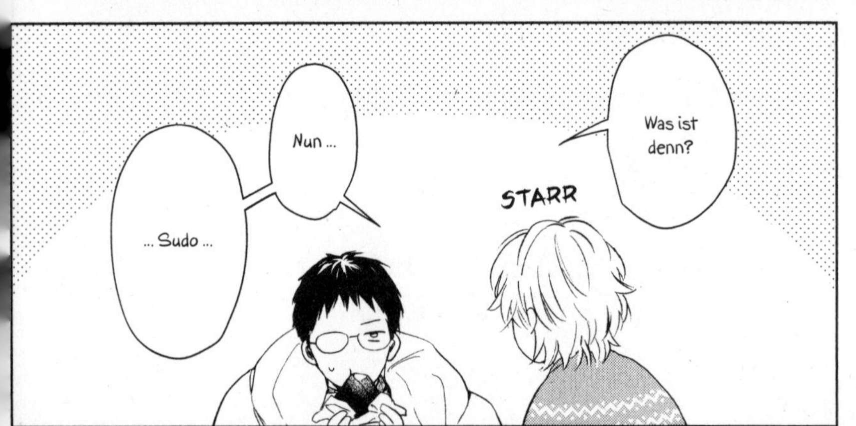

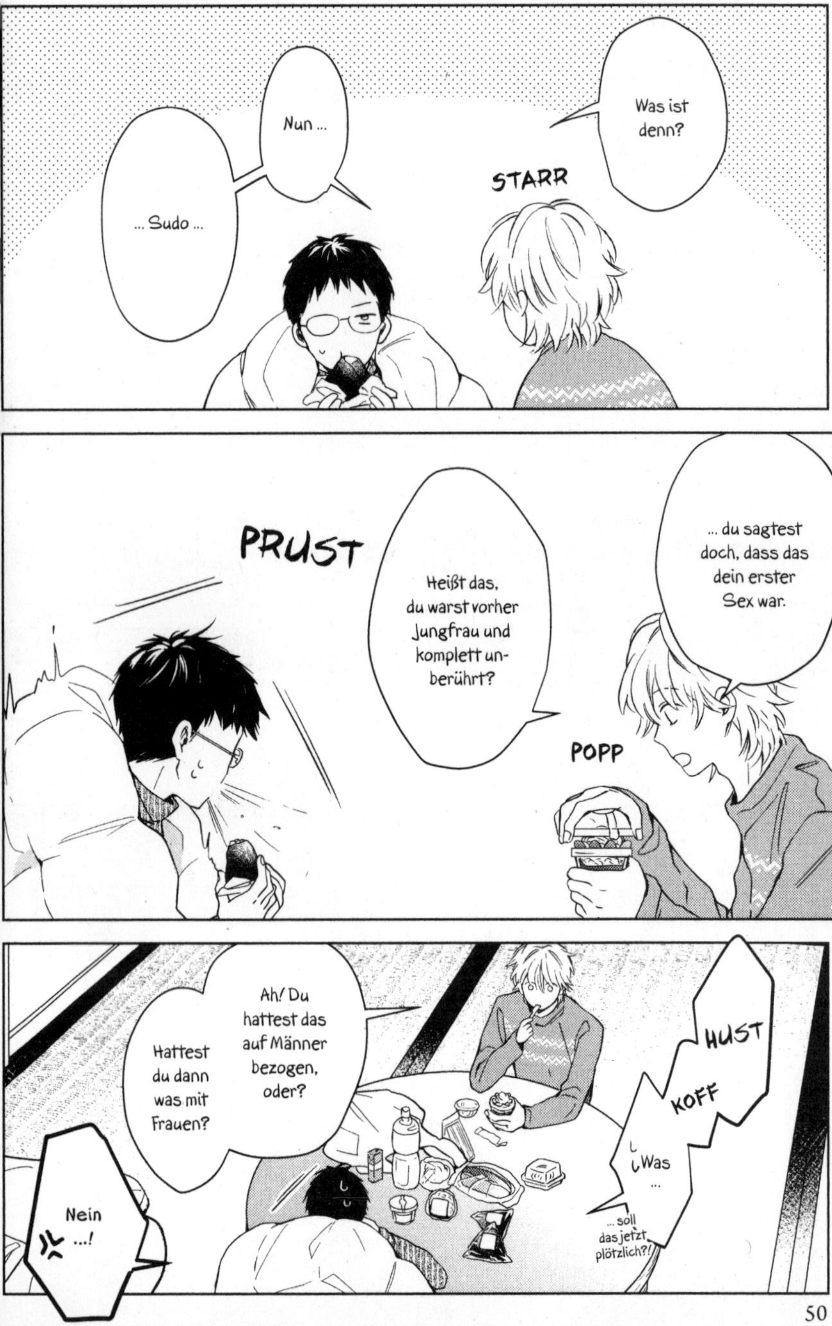

... du sagtest doch, dass das dein erster Sex war.

POPP

Heißt das, du warst vorher Jungfrau und komplett unberührt?

PRUST

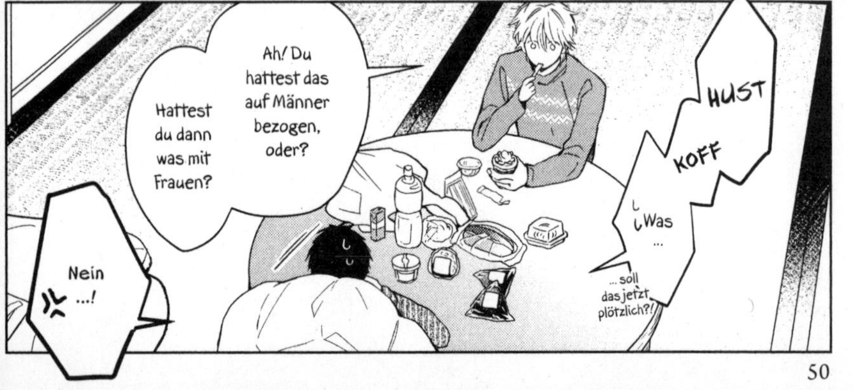

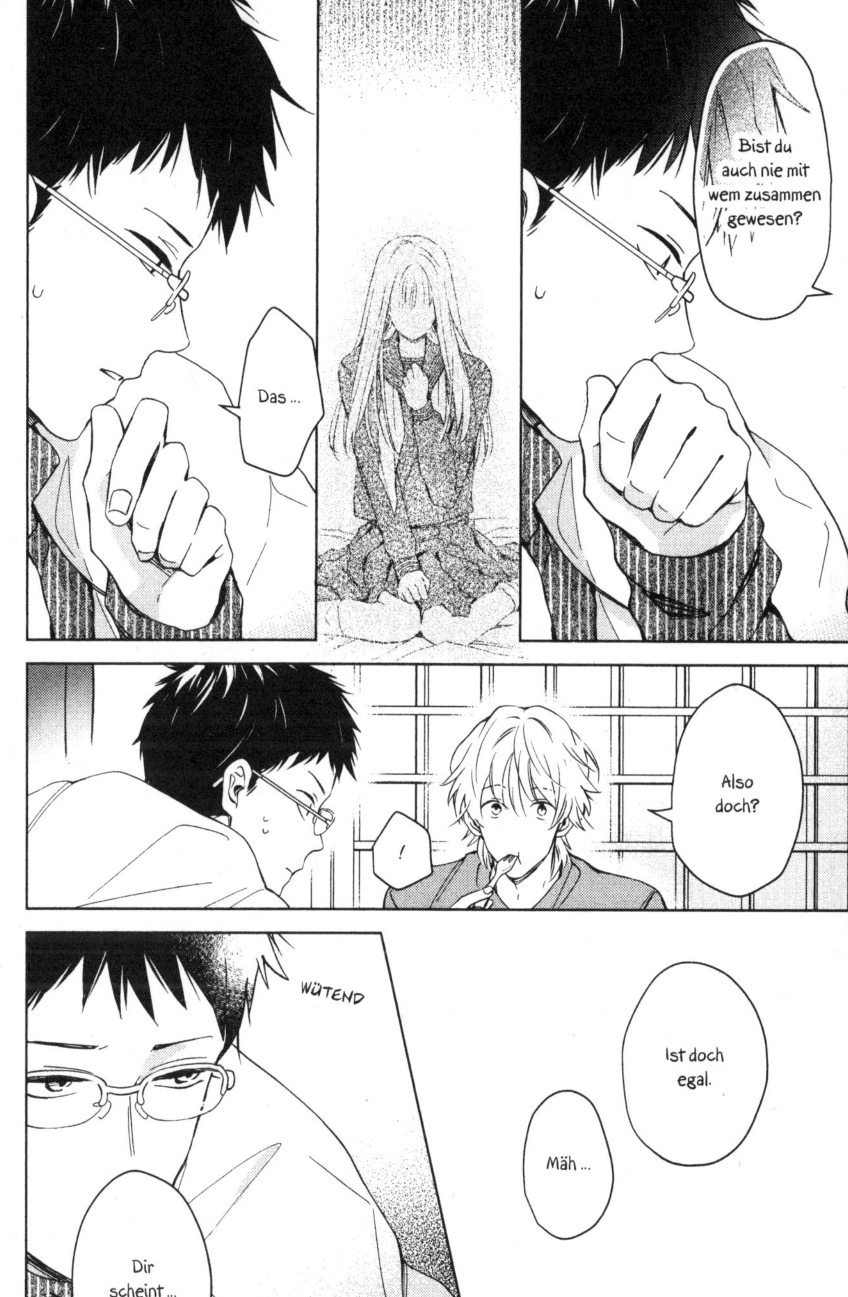
Bist du auch nie mit wem zusammen gewesen?
Das ...
Also doch?
!
Ist doch egal.
Mäh ...
WÜTEND
Dir scheint ...

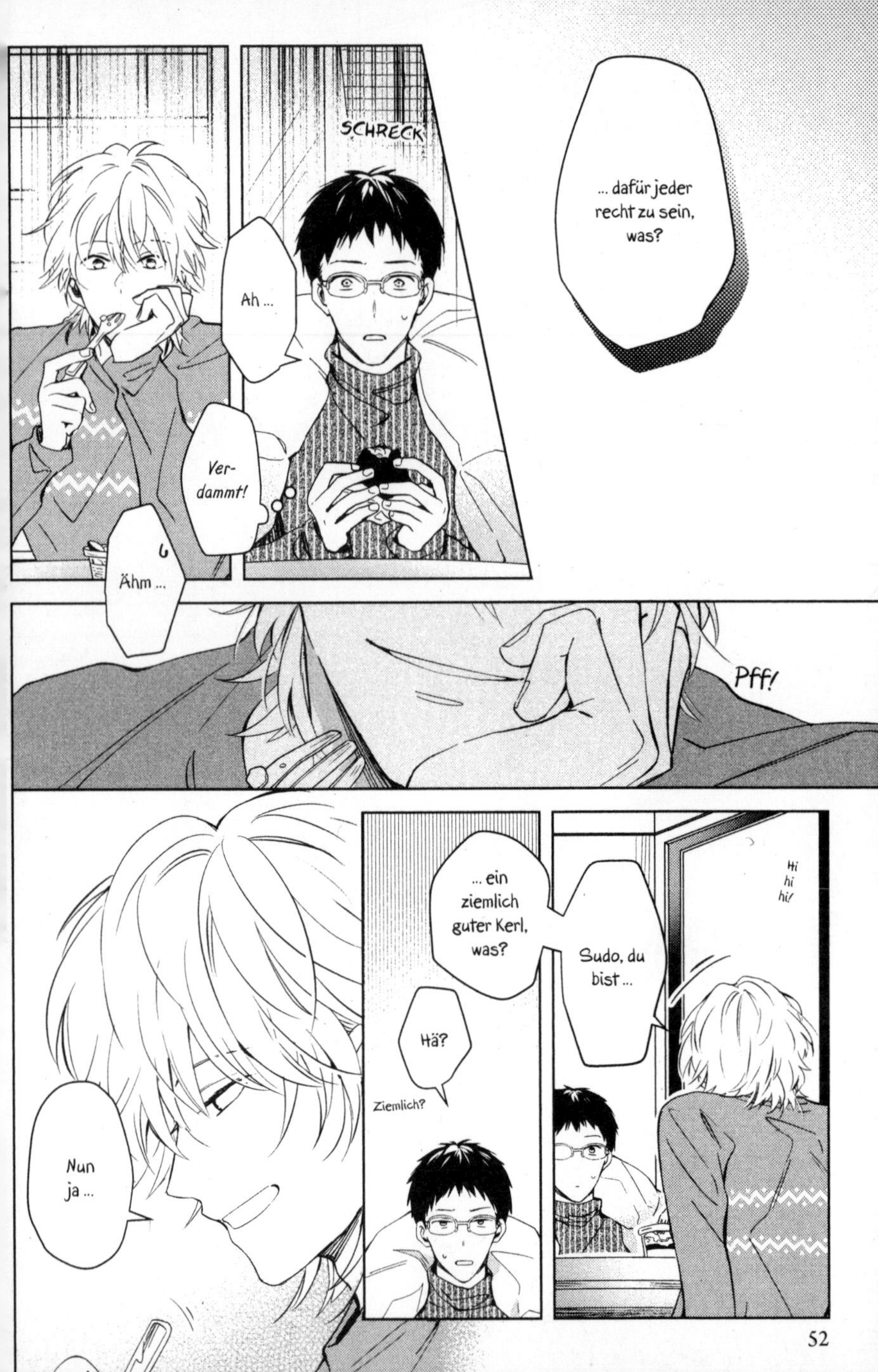
... dafür jeder recht zu sein, was?
SCHRECK
Ah ...
Verdammt!
Ähm ...
Pff!
Hi hi hi!
Sudo, du bist ...
... ein ziemlich guter Kerl, was?
Hä?
Ziemlich?
Nun ja ...

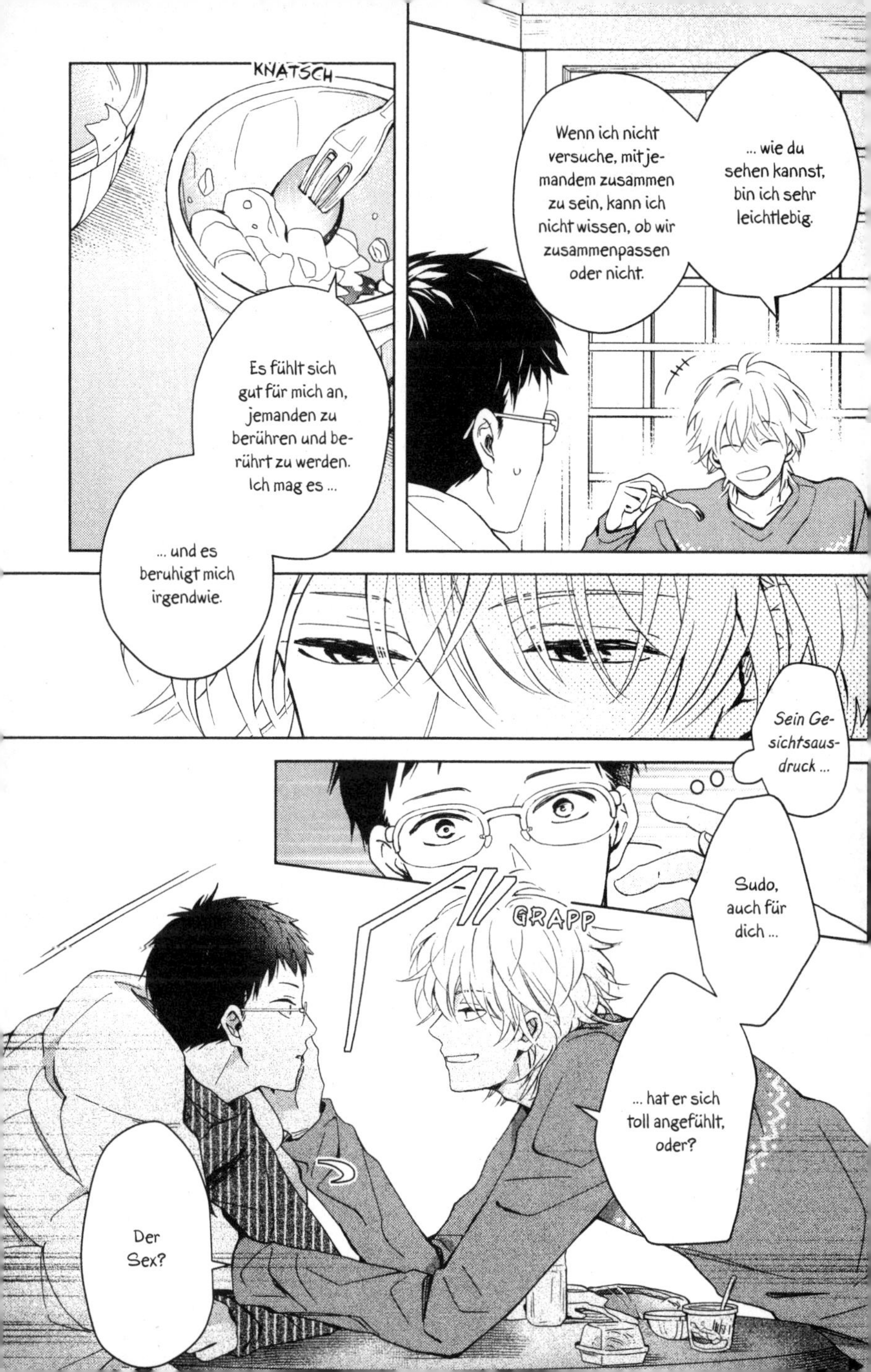
... wie du sehen kannst, bin ich sehr leichtlebig.
Wenn ich nicht versuche, mit jemandem zusammen zu sein, kann ich nicht wissen, ob wir zusammenpassen oder nicht.
KNATSCH
Es fühlt sich gut für mich an, jemanden zu berühren und berührt zu werden. Ich mag es ...
... und es beruhigt mich irgendwie.
Sein Gesichtsausdruck ...
Sudo, auch für dich ...
GRAPP
... hat er sich toll angefühlt, oder?
Der Sex?

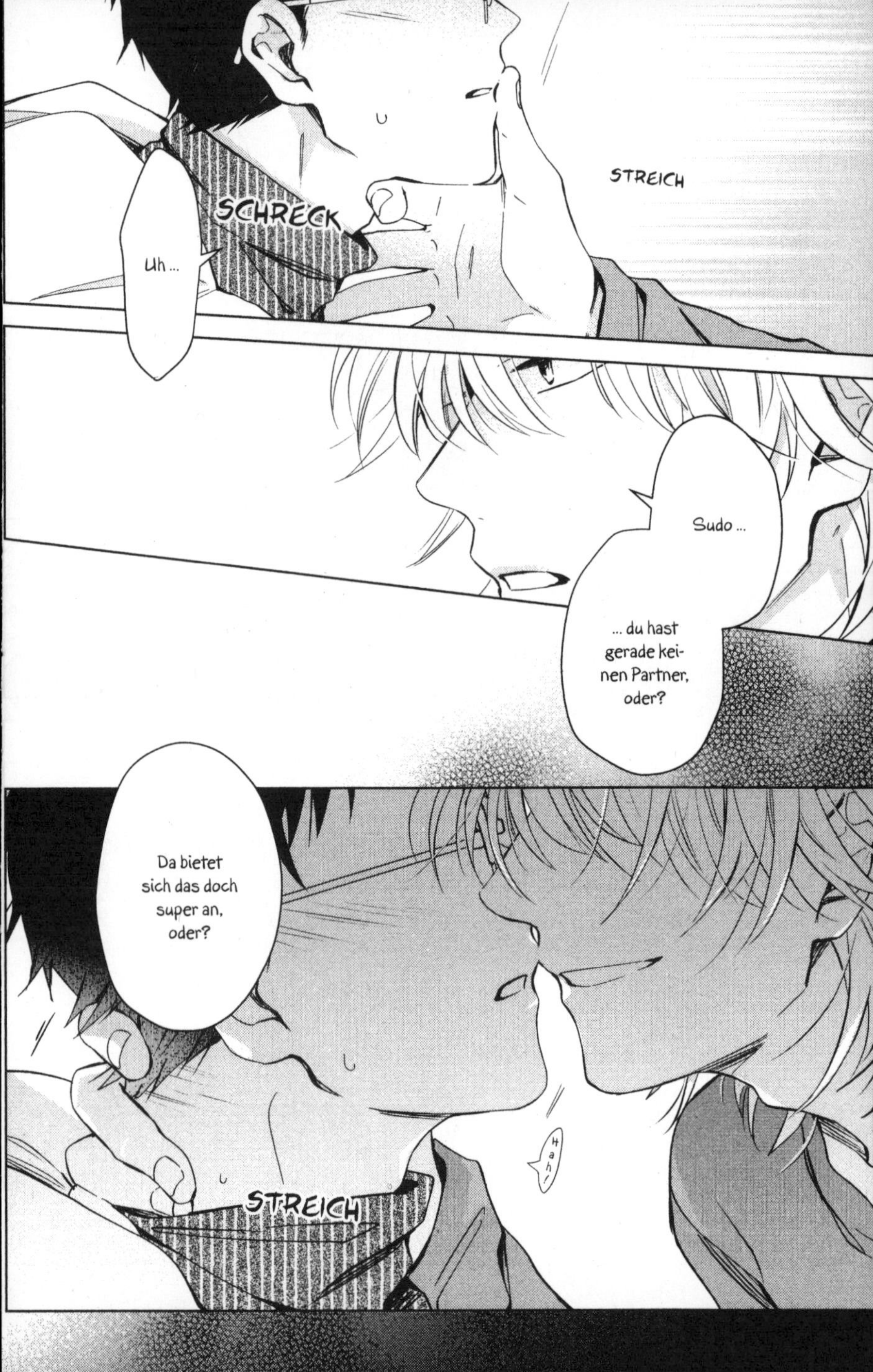
STREICH
SCHRECK
Uh ...
Sudo ...
... du hast gerade kei-nen Partner, oder?
Da bietet sich das doch super an, oder?
Hah!
STREICH

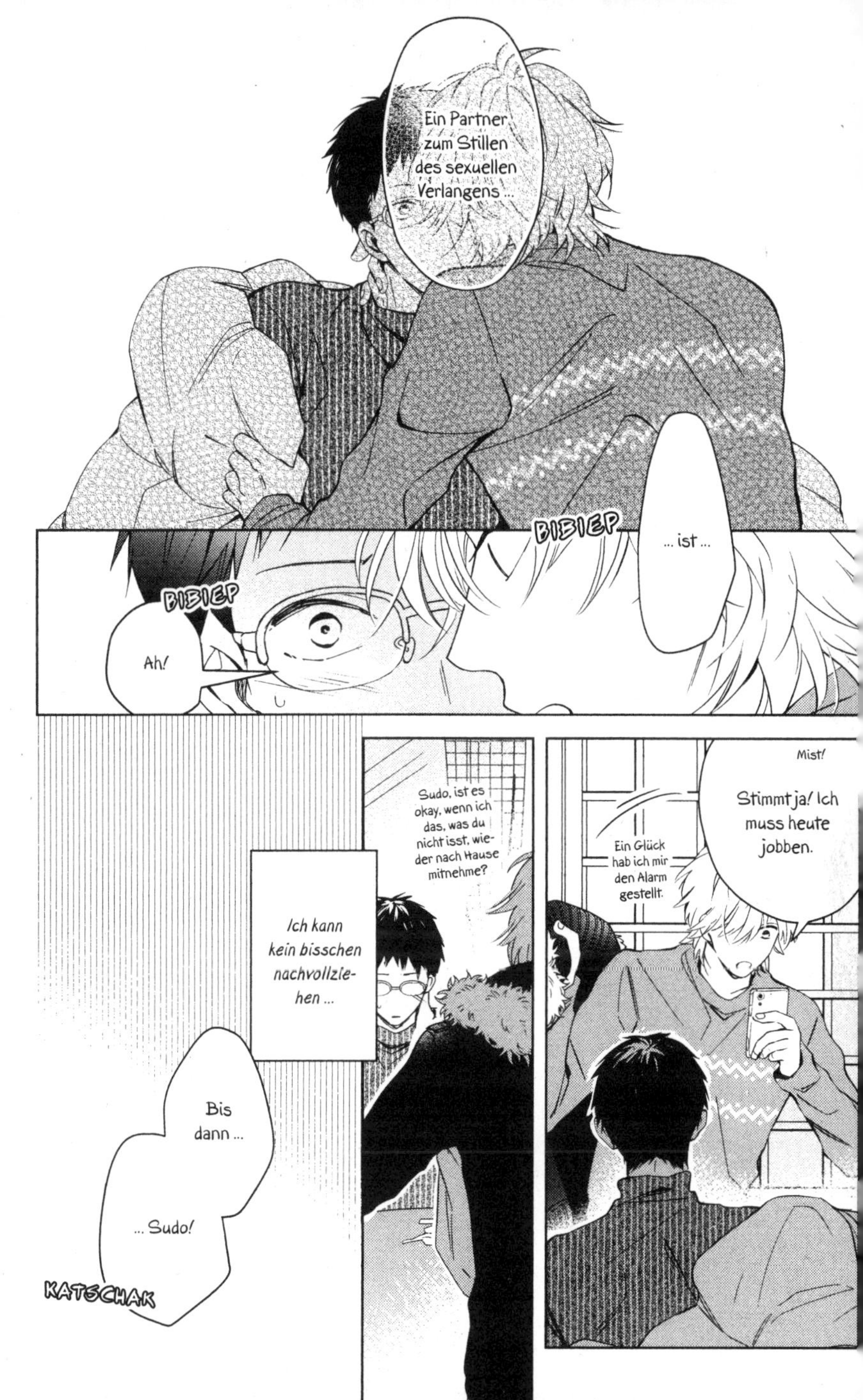
Ein Partner zum Stillen des sexuellen Verlangens ...
... ist ...
BIBIEP
BIBIEP
Ah!
Mist!
Stimmt ja! Ich muss heute jobben.
Ein Glück hab ich mir den Alarm gestellt.
Sudo, ist es okay, wenn ich das, was du nicht isst, wieder nach Hause mitnehme?
Ich kann kein bisschen nachvollziehen ...
Bis dann ...
... Sudo!
KATSCHAK

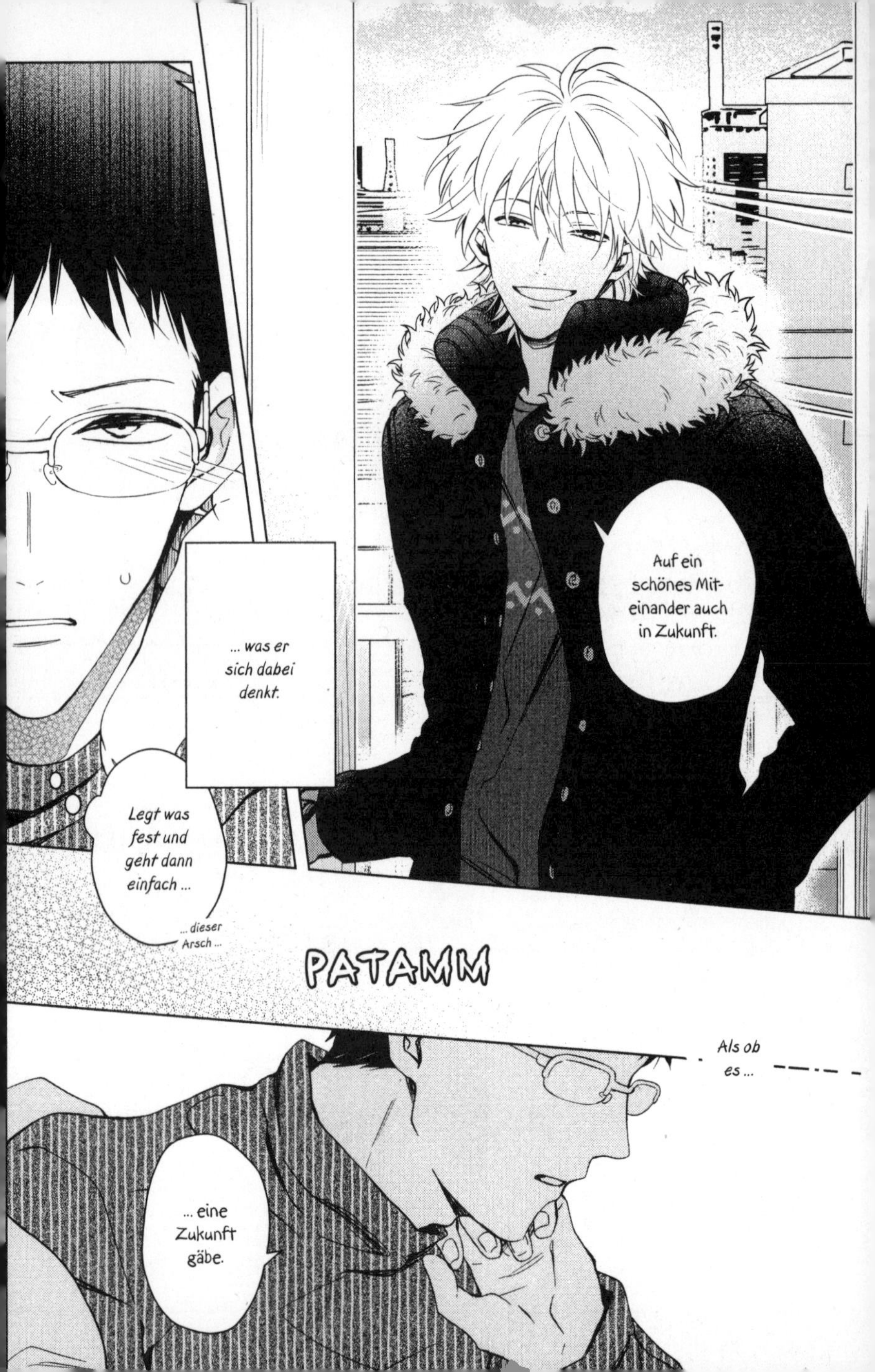
Auf ein schönes Miteinander auch in Zukunft.
... was er sich dabei denkt.
Legt was fest und geht dann einfach ...
... dieser Arsch ...
PATAMM
Als ob es ...
... eine Zukunft gäbe.

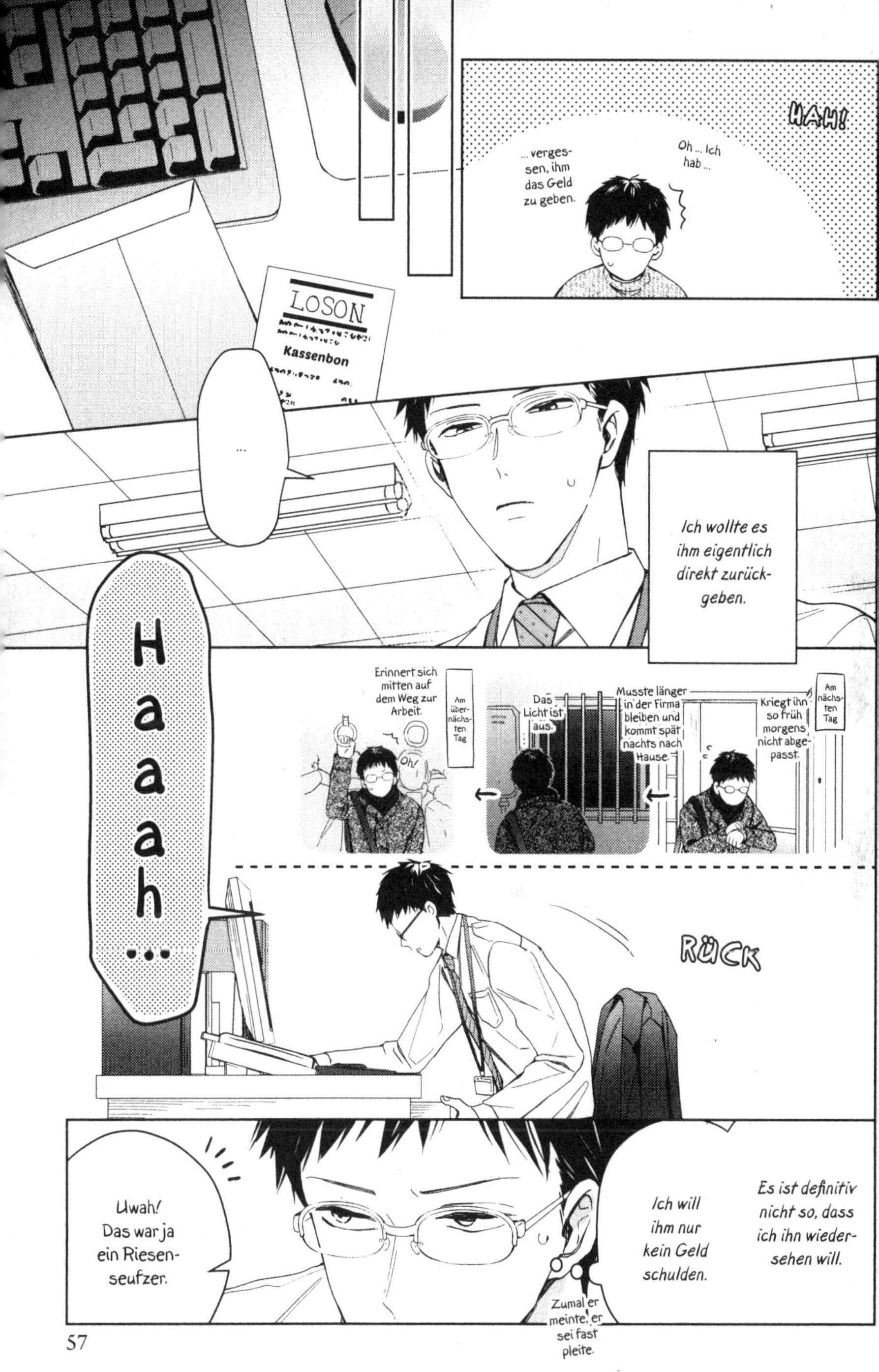

HAH!
Oh ... Ich hab ...
... verges-sen, ihm das Geld zu geben.
LOSON
Kassenbon
...
Ich wollte es ihm eigentlich direkt zurück-geben.
Haaah ...
Am nächs-ten Tag
Kriegt ihn so früh morgens nicht abge-passt.
Musste länger in der Firma bleiben und kommt spät nachts nach Hause.
Das Licht ist aus.
Am über-nächs-ten Tag
Erinnert sich mitten auf dem Weg zur Arbeit.
Oh!
RÜCK
Es ist definitiv nicht so, dass ich ihn wieder-sehen will.
Ich will ihm nur kein Geld schulden.
Zumal er meinte, er sei fast pleite.
Uwah! Das war ja ein Riesen-seufzer.

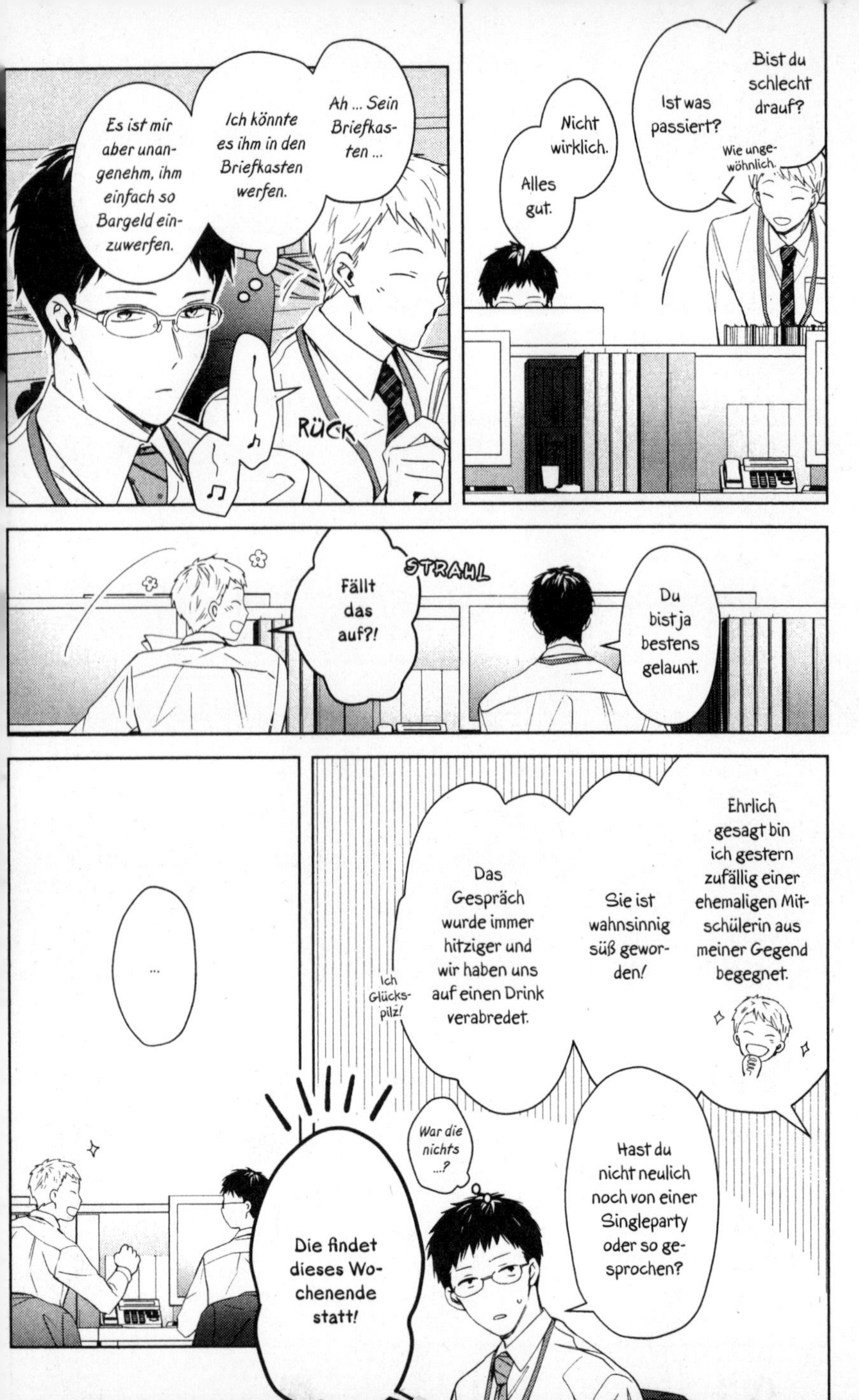
Bist du schlecht drauf?
Wie ungewöhnlich.
Ist was passiert?
Nicht wirklich.
Alles gut.
Ah ... Sein Briefkasten ...
Ich könnte es ihm in den Briefkasten werfen.
Es ist mir aber unangenehm, ihm einfach so Bargeld einzuwerfen.
RÜCK
Du bist ja bestens gelaunt.
STRAHL
Fällt das auf?!
Ehrlich gesagt bin ich gestern zufällig einer ehemaligen Mitschülerin aus meiner Gegend begegnet.
Sie ist wahnsinnig süß geworden!
Das Gespräch wurde immer hitziger und wir haben uns auf einen Drink verabredet.
Ich Glückspilz!
...
Hast du nicht neulich noch von einer Singleparty oder so gesprochen?
War die nichts ...?
Die findet dieses Wochenende statt!

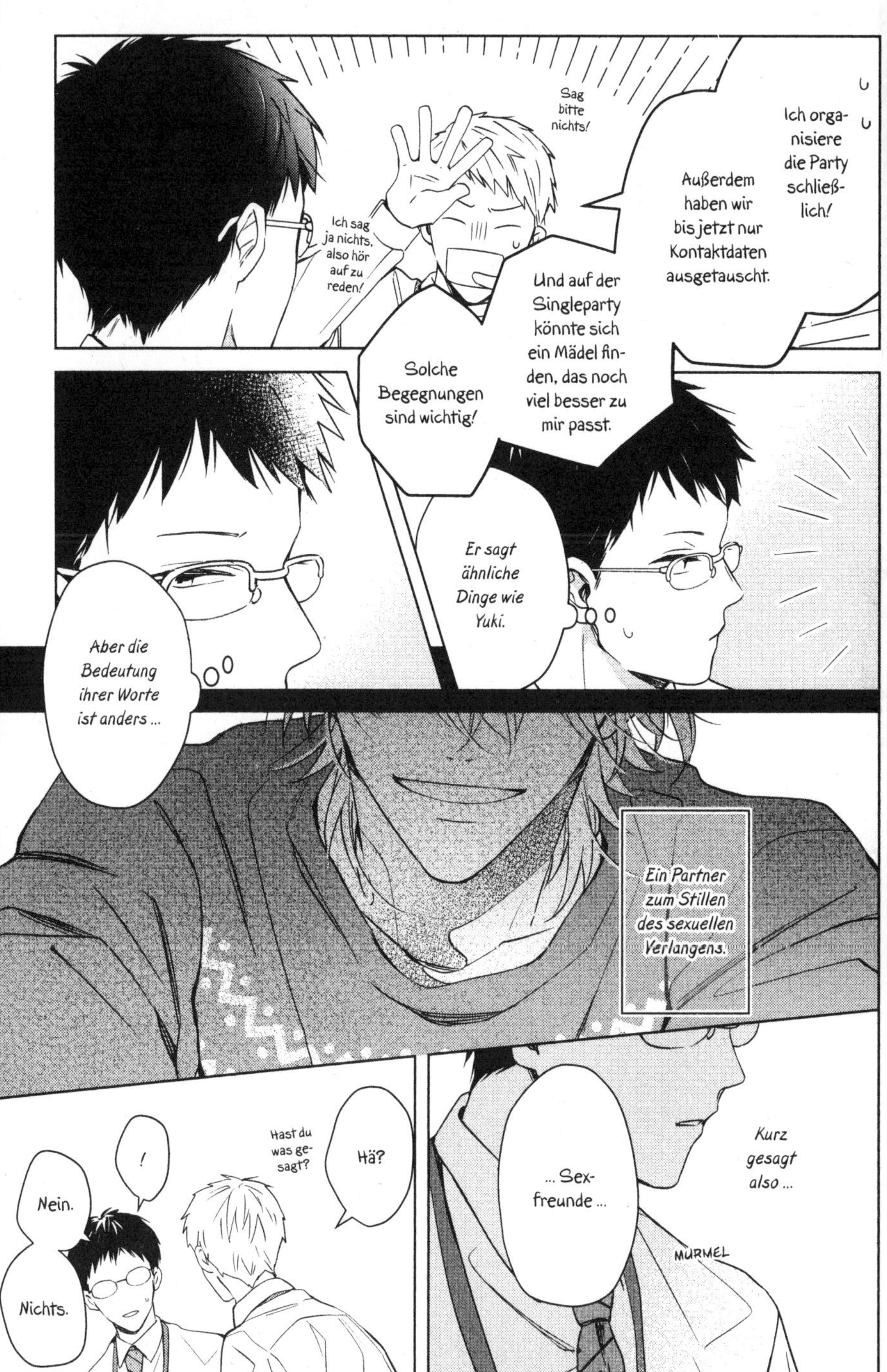
Ich organisiere die Party schließlich!
Außerdem haben wir bis jetzt nur Kontaktdaten ausgetauscht.
Und auf der Singleparty könnte sich ein Mädel finden, das noch viel besser zu mir passt.
Sag bitte nichts!
Ich sag ja nichts, also hör auf zu reden!
Solche Begegnungen sind wichtig!
Er sagt ähnliche Dinge wie Yuki.
Aber die Bedeutung ihrer Worte ist anders ...
Ein Partner zum Stillen des sexuellen Verlangens.
Kurz gesagt also ...
... Sex-freunde ...
MURMEL
Hä?
Hast du was gesagt?
!
Nein.
Nichts.

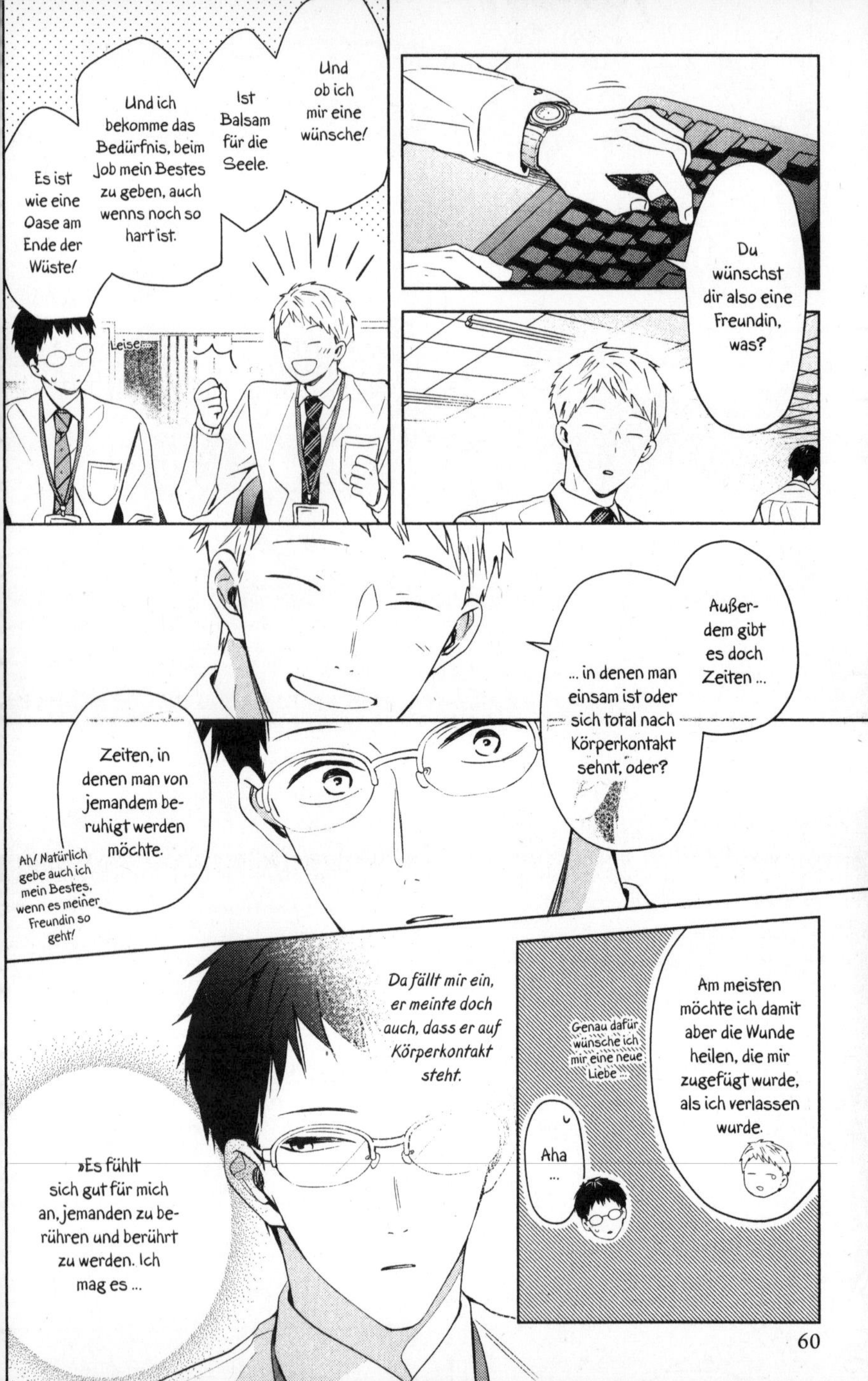

Du wünschst dir also eine Freundin, was?
Und ob ich mir eine wünsche!
Ist Balsam für die Seele.
Und ich bekomme das Bedürfnis, beim Job mein Bestes zu geben, auch wenns noch so hart ist.
Es ist wie eine Oase am Ende der Wüste!
Leise ...
Außer-dem gibt es doch Zeiten ...
... in denen man einsam ist oder sich total nach Körperkontakt sehnt, oder?
Zeiten, in denen man von jemandem be-ruhigt werden möchte.
Ah! Natürlich gebe auch ich mein Bestes, wenn es meiner Freundin so geht!
Am meisten möchte ich damit aber die Wunde heilen, die mir zugefügt wurde, als ich verlassen wurde.
Genau dafür wünsche ich mir eine neue Liebe ...
Aha ...
Da fällt mir ein, er meinte doch auch, dass er auf Körperkontakt steht.
»Es fühlt sich gut für mich an, jemanden zu be-rühren und berührt zu werden. Ich mag es ...

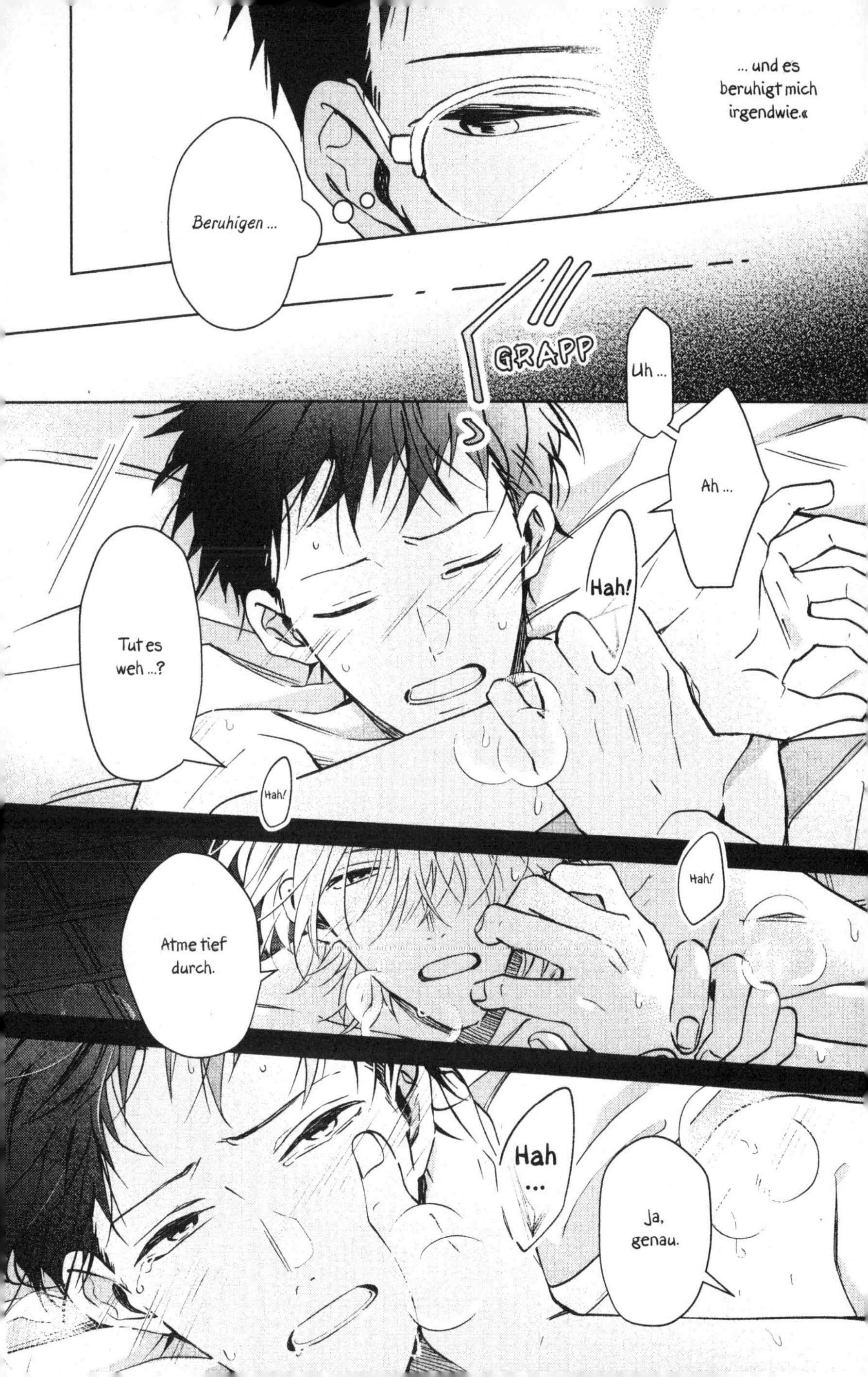
... und es beruhigt mich irgendwie.«
Beruhigen ...
GRAPP
Uh ...
Ah ...
Hah!
Tut es weh ...?
Hah!
Hah!
Atme tief durch.
Hah ...
Ja, genau.

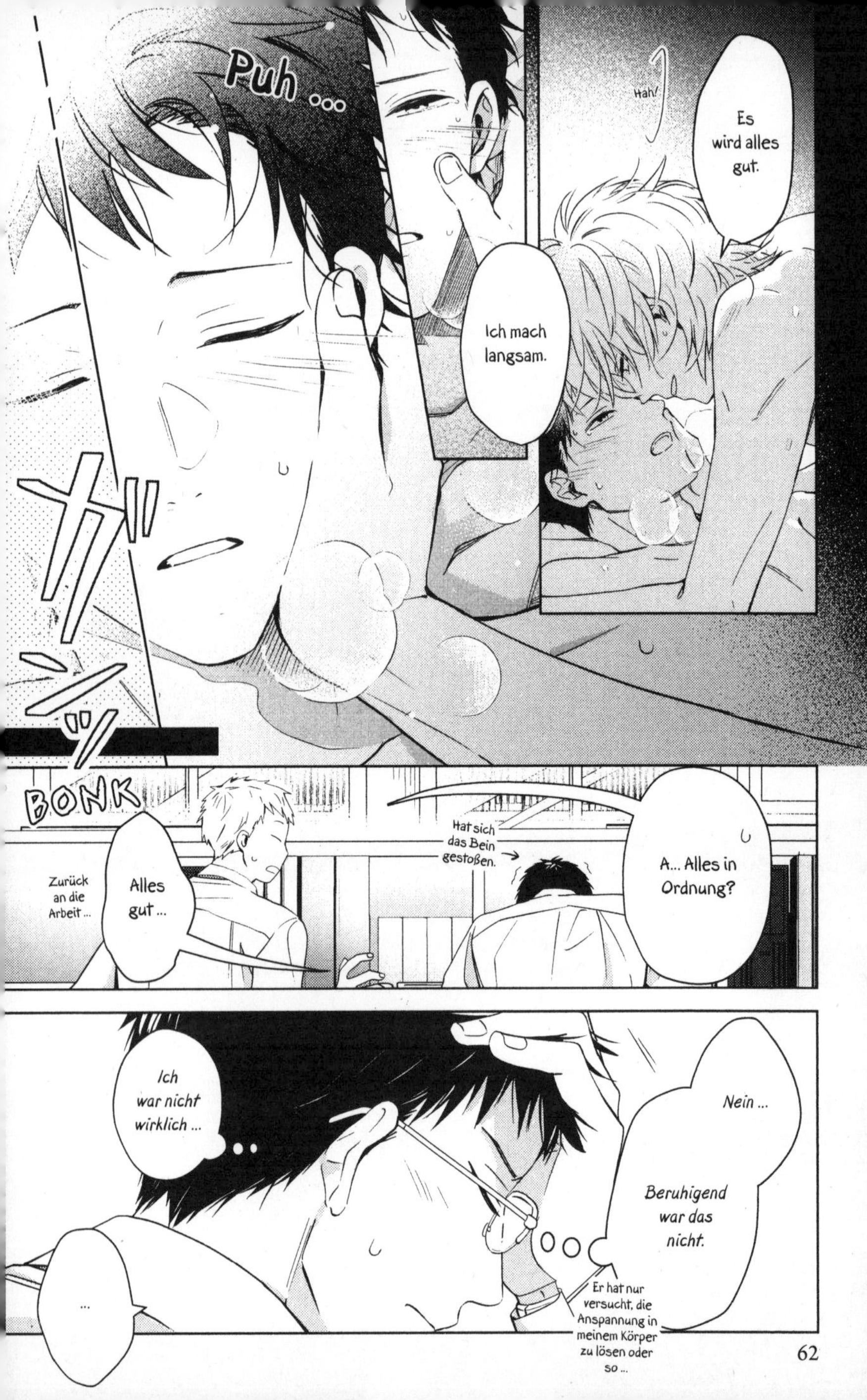
Hah!
Es wird alles gut.
Ich mach langsam.
Puh ...
BONK
A... Alles in Ordnung?
Hat sich das Bein gestoßen.
Alles gut ...
Zurück an die Arbeit ...
Nein ...
Beruhigend war das nicht.
Er hat nur versucht, die Anspannung in meinem Körper zu lösen oder so ...
Ich war nicht wirklich ...
...

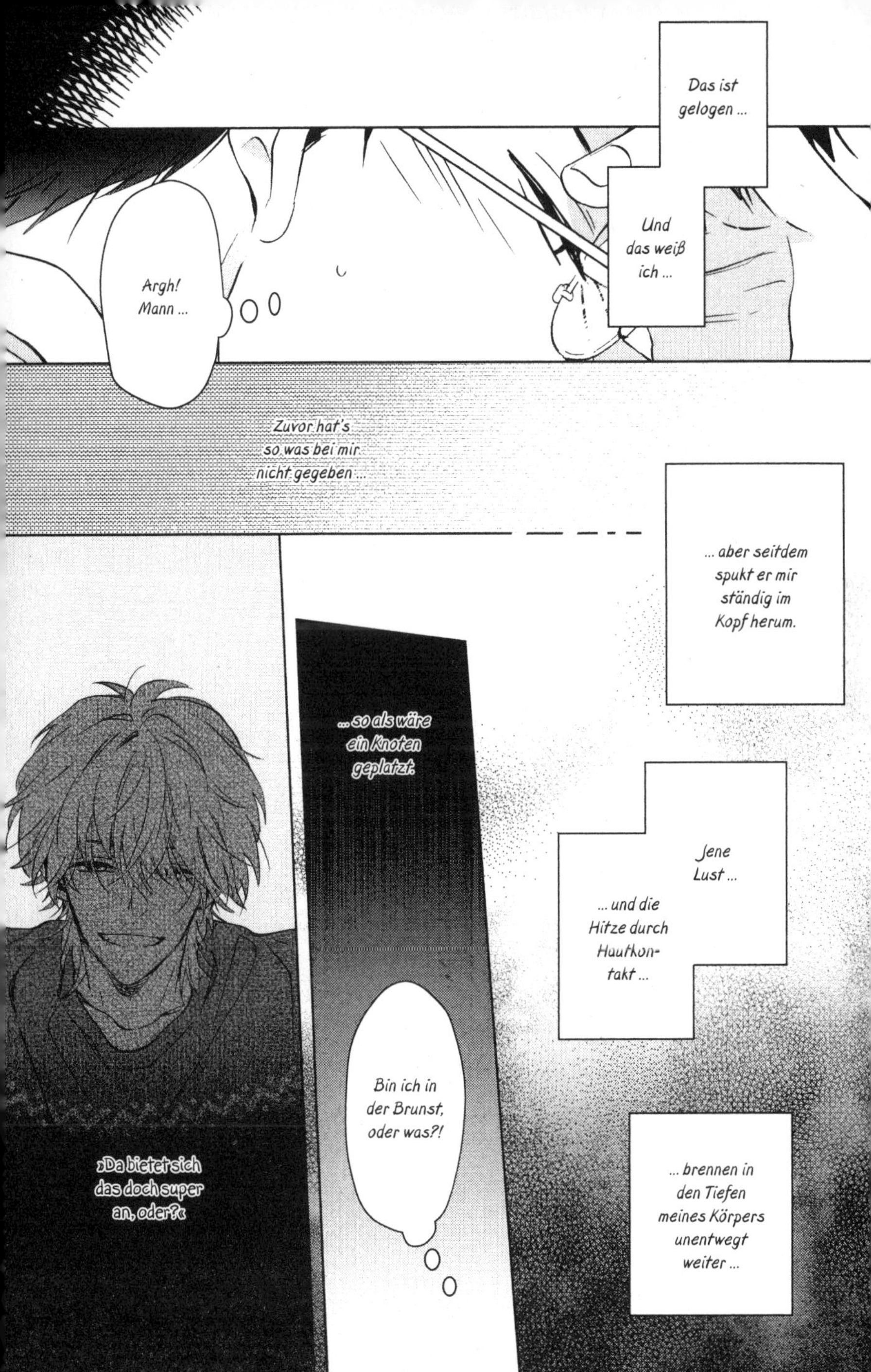
Das ist gelogen ...
Und das weiß ich ...
Argh! Mann ...
Zuvor hat's so was bei mir nicht gegeben ...
... aber seitdem spukt er mir ständig im Kopf herum.
... so als wäre ein Knoten geplatzt.
Jene Lust ...
... und die Hitze durch Hautkontakt ...
Bin ich in der Brunst, oder was?!
»Da bietet sich das doch super an, oder?«
... brennen in den Tiefen meines Körpers unentwegt weiter ...

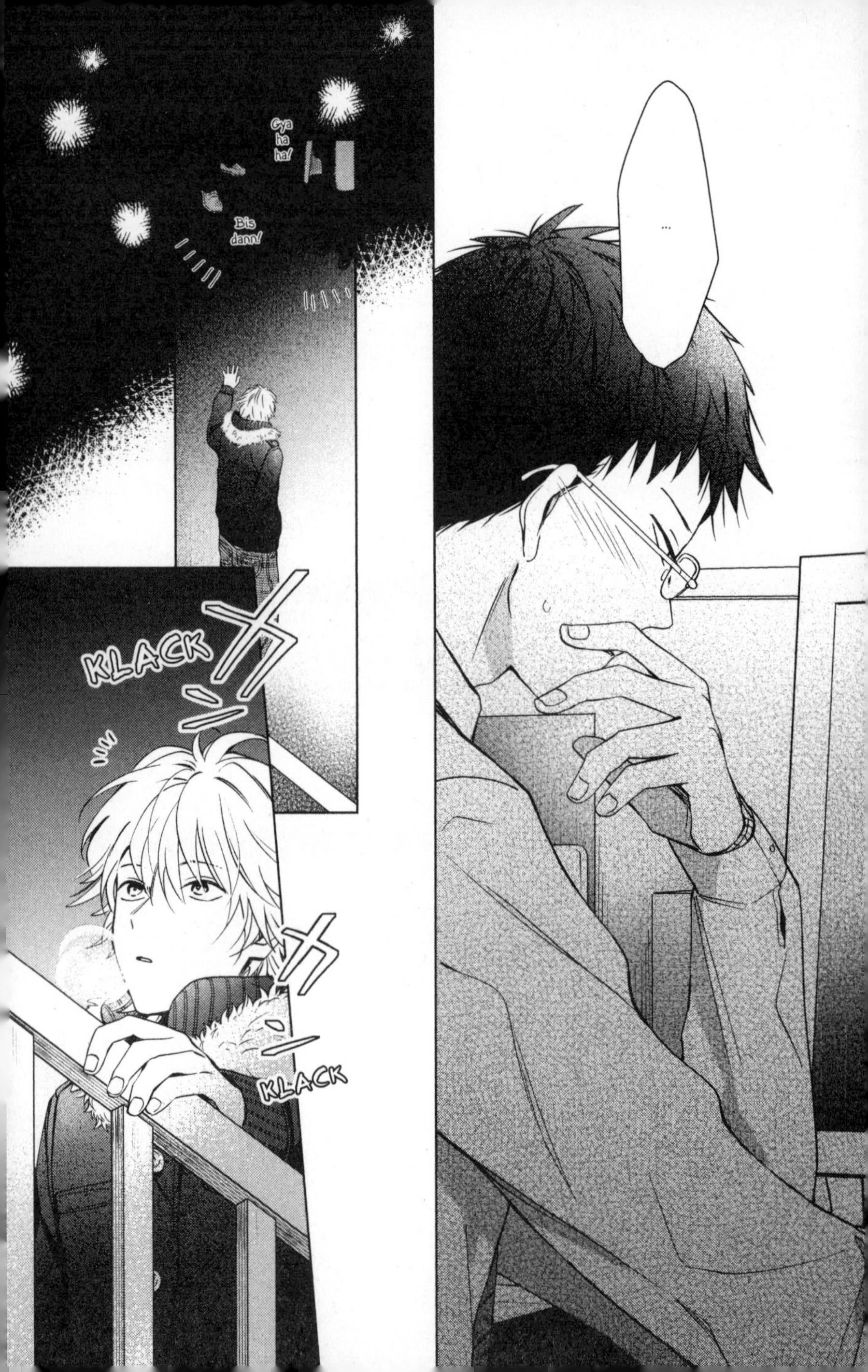
...
Gya ha ha!
Bis dann!
KLACK
KLACK

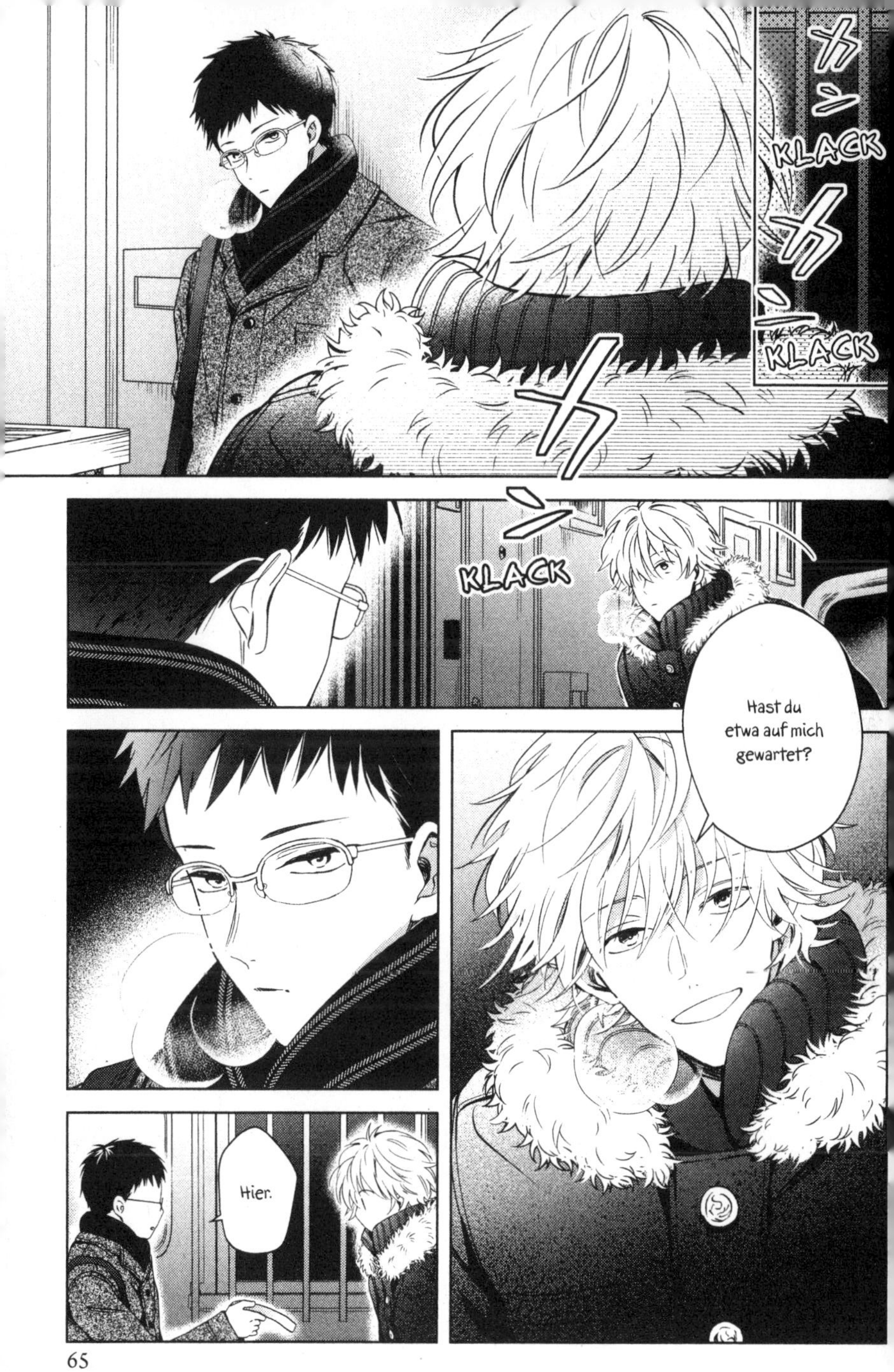

カン
KLACK
カン
KLACK
カン
KLACK

Hast du etwa auf mich gewartet?

Hier.

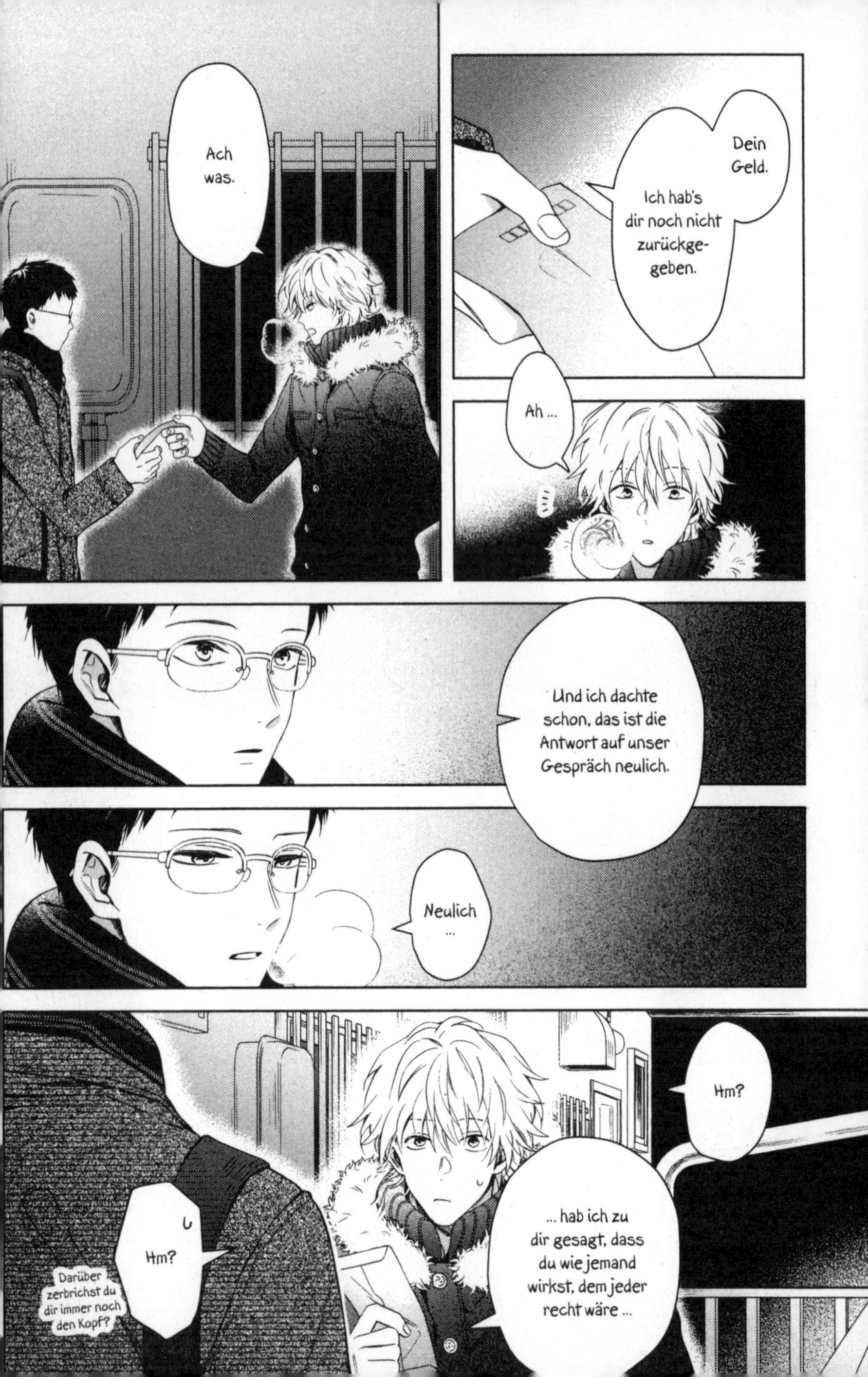

Dein Geld.
Ich hab's dir noch nicht zurückgegeben.
Ah ...
Ach was.
Und ich dachte schon, das ist die Antwort auf unser Gespräch neulich.
Neulich ...

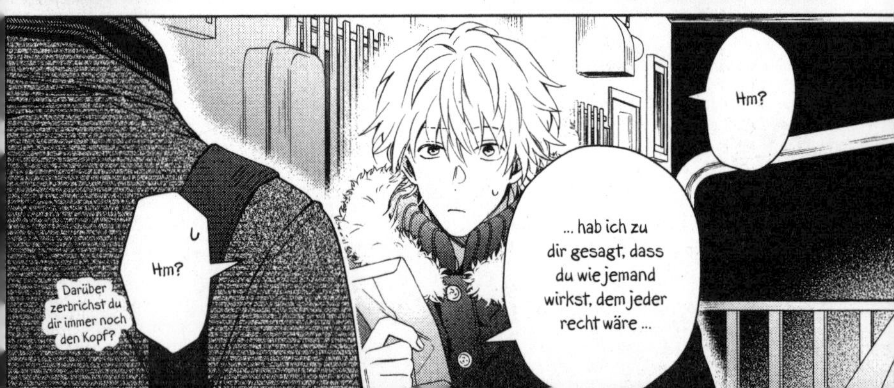

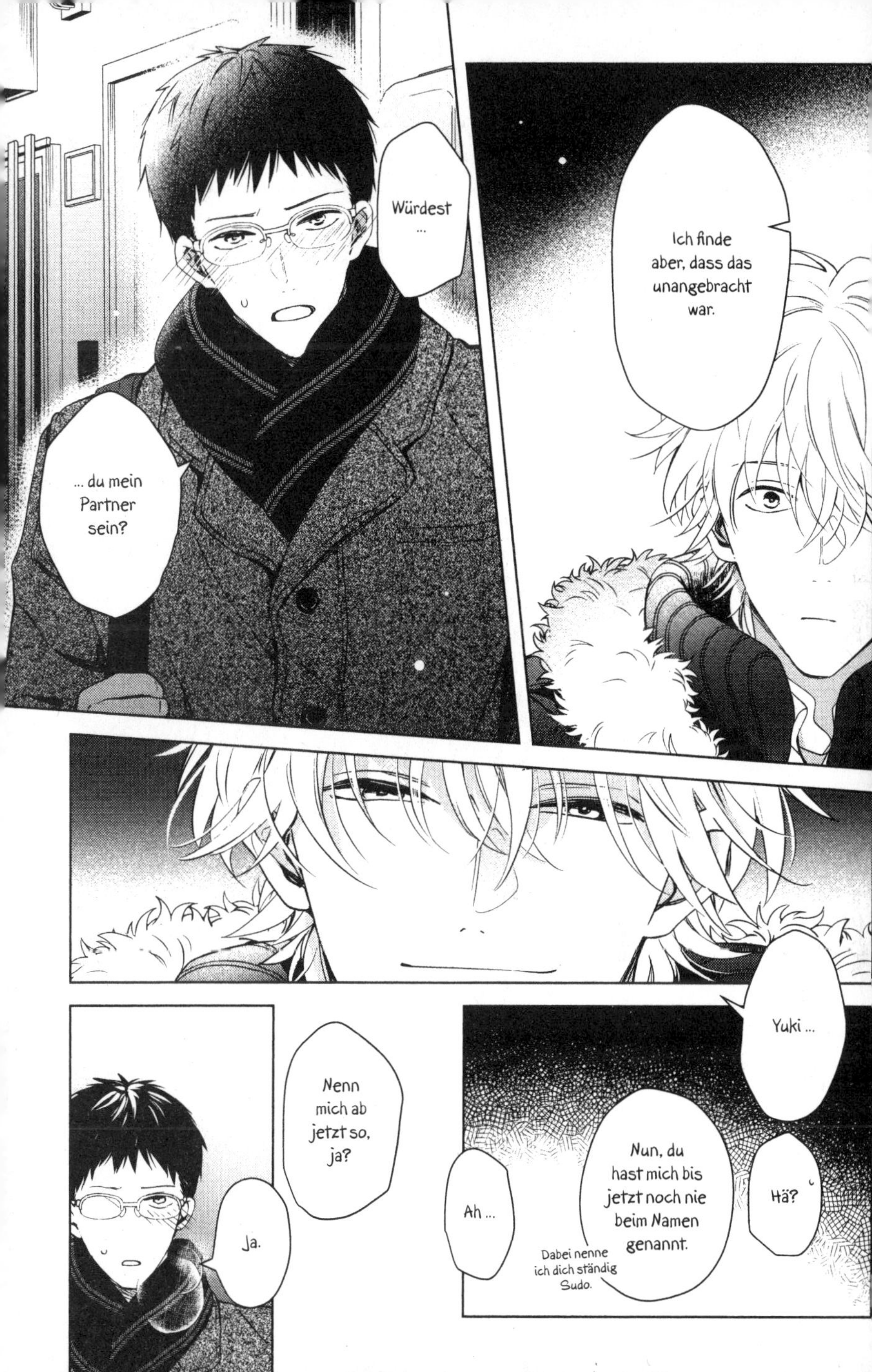
Ich finde aber, dass das unangebracht war.
Würdest ...
... du mein Partner sein?
Yuki ...
Hä?
Nun, du hast mich bis jetzt noch nie beim Namen genannt.
Dabei nenne ich dich ständig Sudo.
Ah ...
Nenn mich ab jetzt so, ja?
Ja.

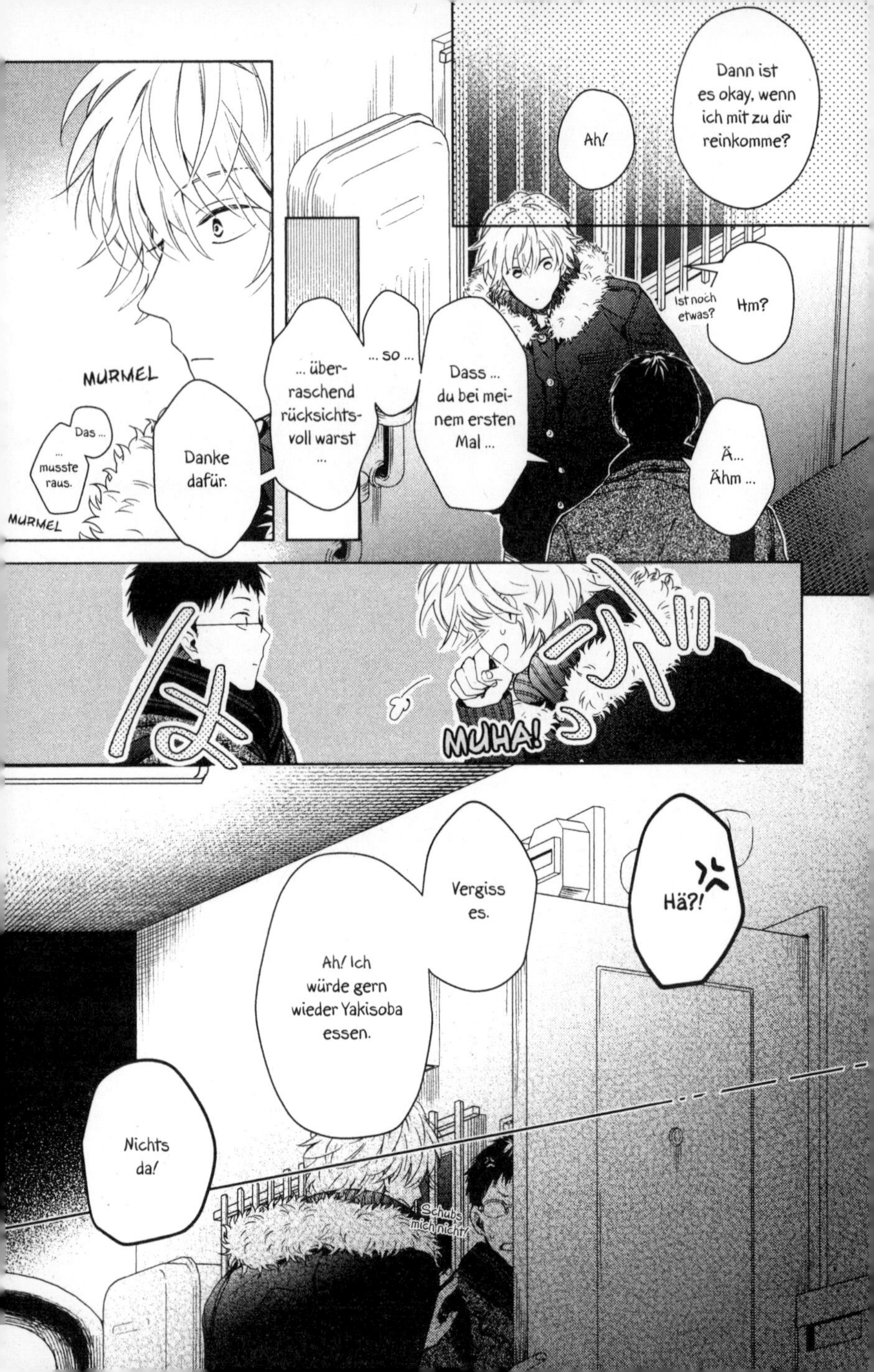

Dann ist es okay, wenn ich mit zu dir reinkomme?
Ah!
Hm?
Ist noch etwas?
Ä... Ähm ...
Dass ... du bei meinem ersten Mal ...
... so ...
... überraschend rücksichtsvoll warst ...
Danke dafür.
Das ... ... musste raus.
MURMEL
MURMEL
MUHA!
Hä?!
Vergiss es.
Ah! Ich würde gern wieder Yakisoba essen.
Nichts da!
Schubs mich nicht!

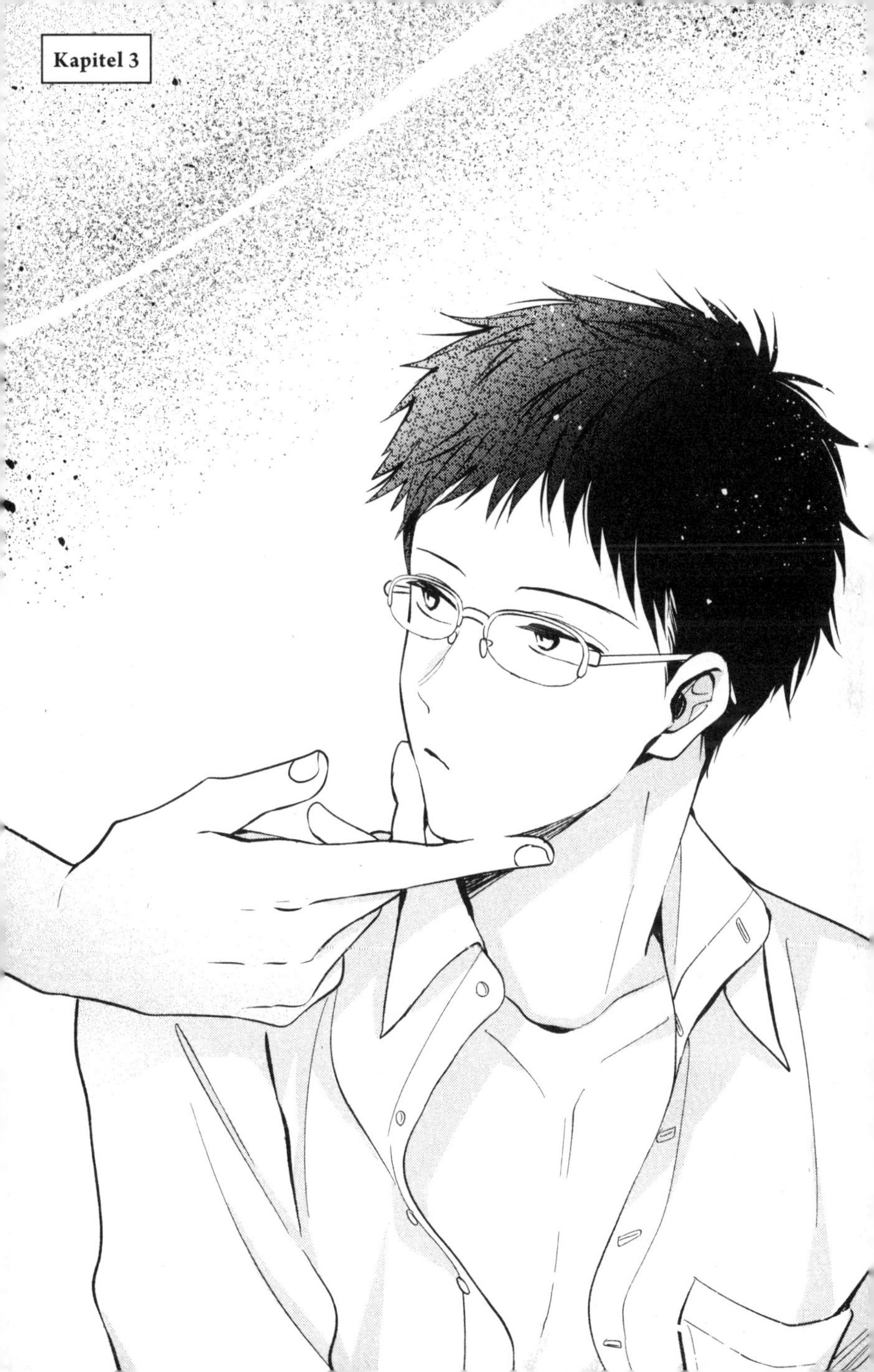
Kapitel 3

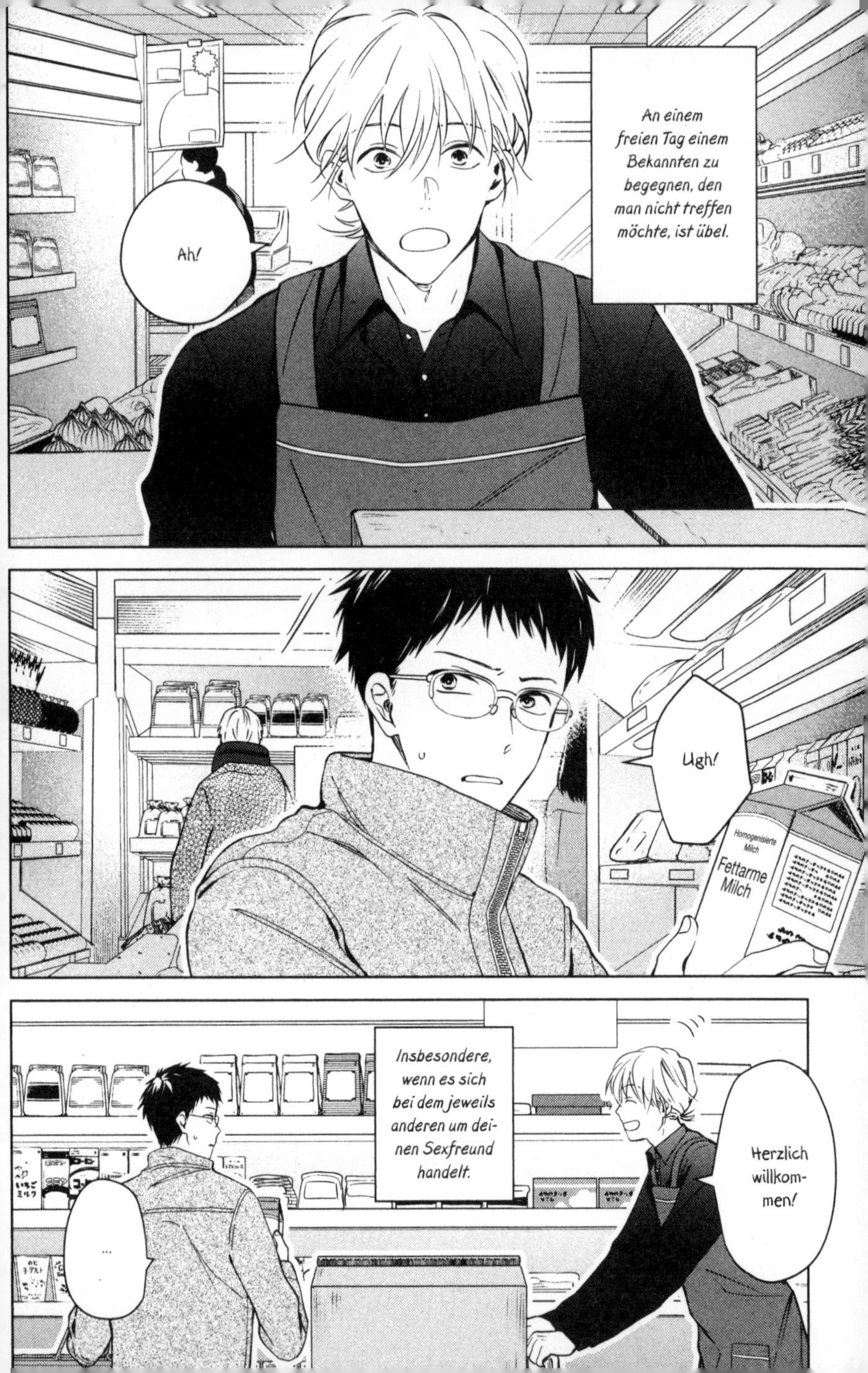
An einem freien Tag einem Bekannten zu begegnen, den man nicht treffen möchte, ist übel.
Ah!
Ugh!
Homogenisierte Milch
Fettarme Milch
Herzlich willkommen!
Insbesondere, wenn es sich bei dem jeweils anderen um deinen Sexfreund handelt.
...

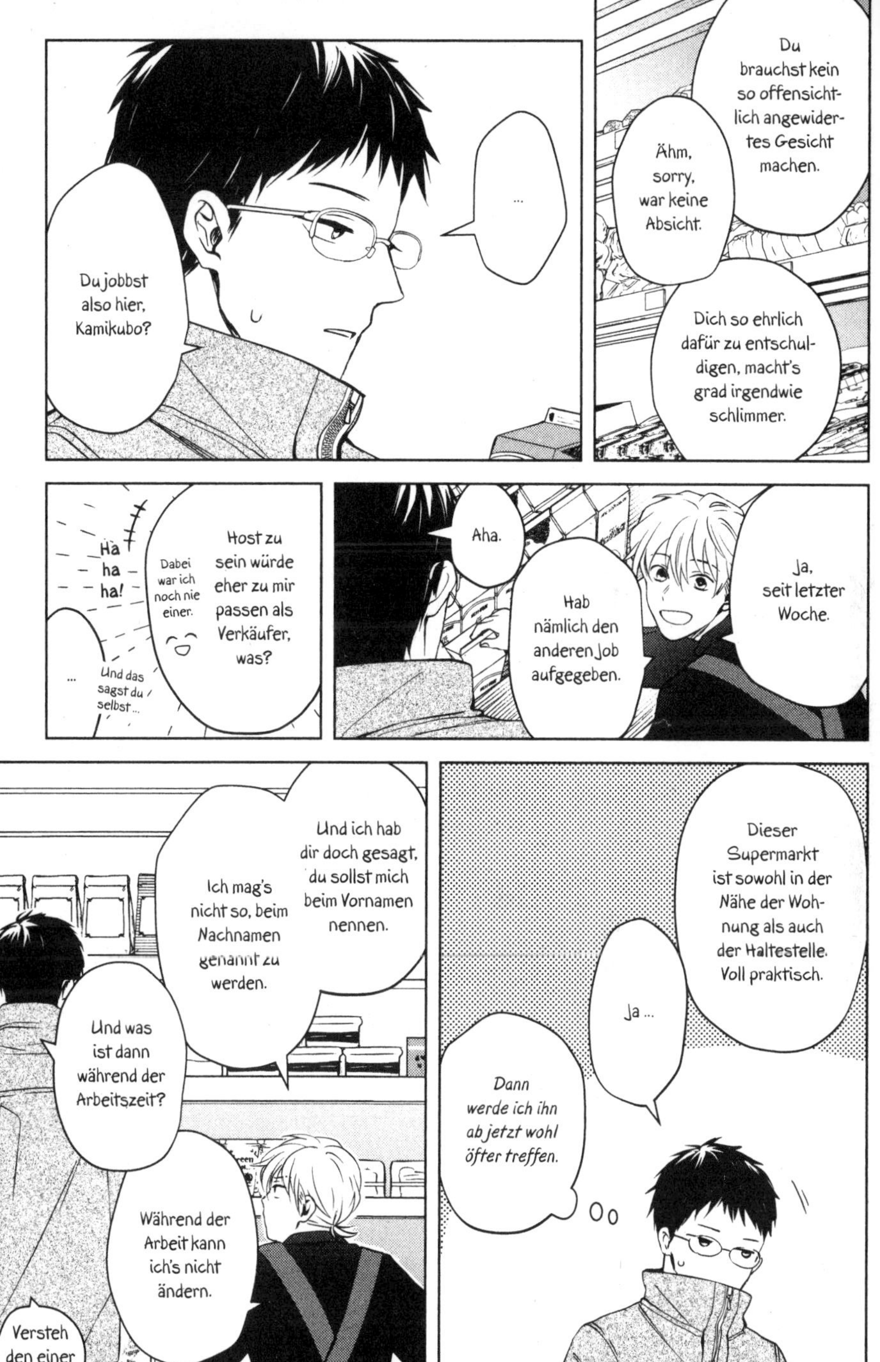
Du jobbst also hier, Kamikubo?
...
Du brauchst kein so offensichtlich angewidertes Gesicht machen.
Ähm, sorry, war keine Absicht.
Dich so ehrlich dafür zu entschuldigen, macht's grad irgendwie schlimmer.
Ja, seit letzter Woche.
Aha.
Hab nämlich den anderen Job aufgegeben.
Host zu sein würde eher zu mir passen als Verkäufer, was?
Dabei war ich noch nie einer.
Ha ha ha!
...
Und das sagst du selbst ...
Dieser Supermarkt ist sowohl in der Nähe der Wohnung als auch der Haltestelle. Voll praktisch.
Ja ...
Dann werde ich ihn ab jetzt wohl öfter treffen.
Und ich hab dir doch gesagt, du sollst mich beim Vornamen nennen.
Ich mag's nicht so, beim Nachnamen genannt zu werden.
Und was ist dann während der Arbeitszeit?
Während der Arbeit kann ich's nicht ändern.
Versteh den einer ...

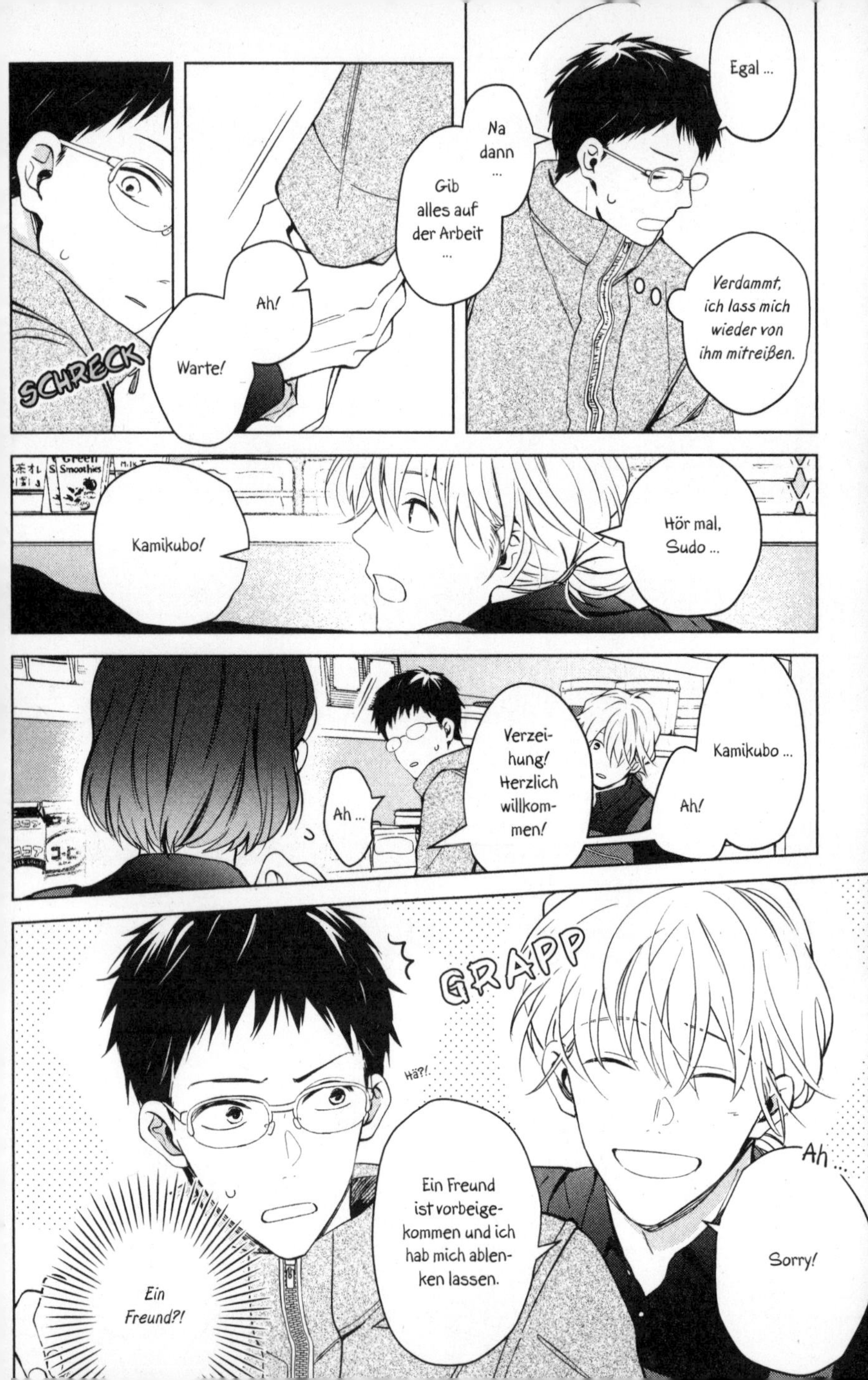
Egal ...
Na dann ...
Gib alles auf der Arbeit ...
Verdammt, ich lass mich wieder von ihm mitreißen.
Ah!
Warte!
SCHRECK
Hör mal, Sudo ...
Kamikubo!
Green Smoothies
Kamikubo ...
Ah!
Verzeihung! Herzlich willkommen!
Ah ...
Ah ...
Sorry!
GRAPP
Hä?!.
Ein Freund ist vorbeigekommen und ich hab mich ablenken lassen.
Ein Freund?!

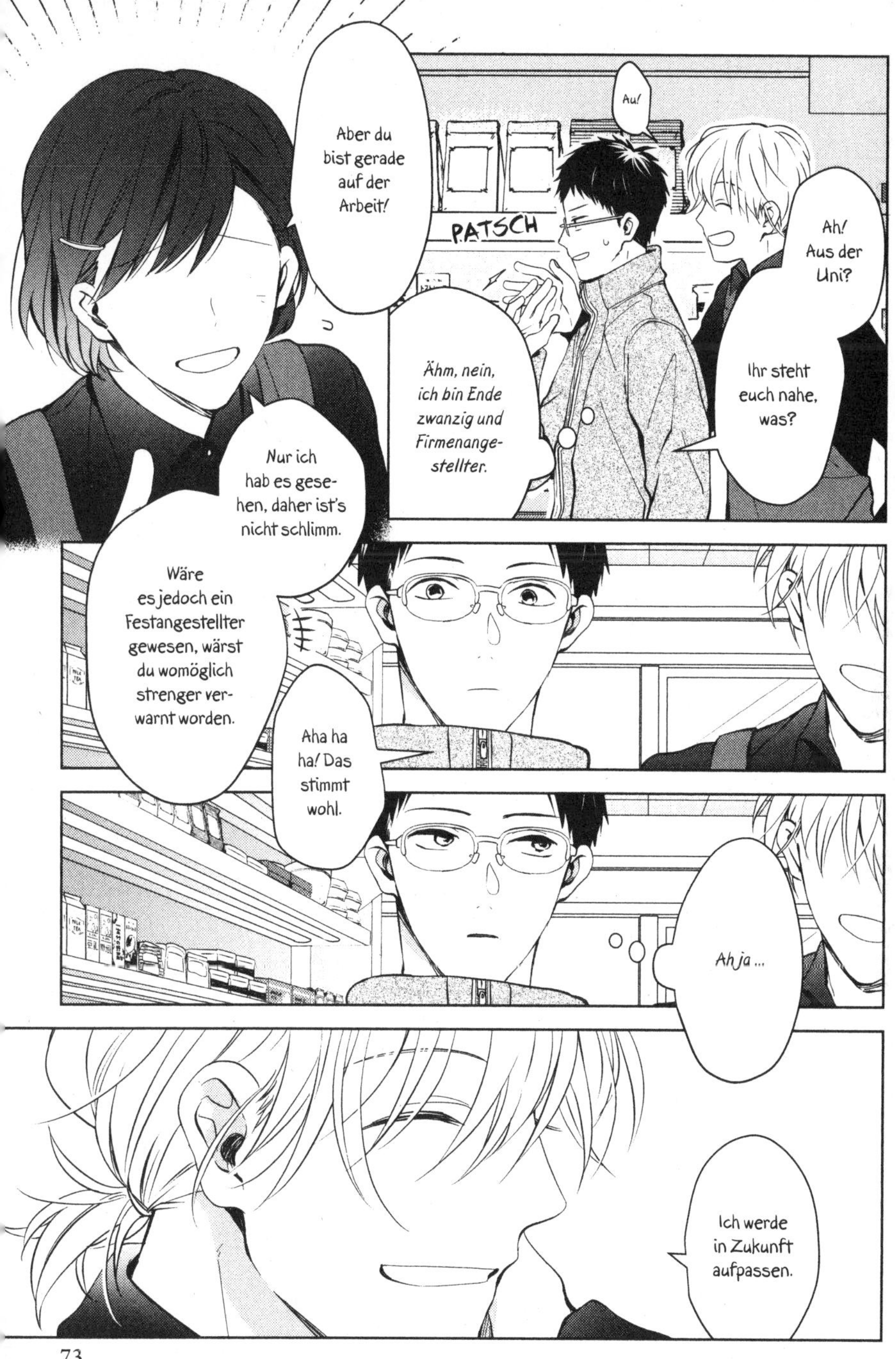
Au!
Ah! Aus der Uni?
Ihr steht euch nahe, was?
PATSCH
Ähm, nein, ich bin Ende zwanzig und Firmenangestellter.
Aber du bist gerade auf der Arbeit!
Nur ich hab es gesehen, daher ist's nicht schlimm.
Wäre es jedoch ein Festangestellter gewesen, wärst du womöglich strenger verwarnt worden.
Aha ha ha! Das stimmt wohl.
Ah ja ...
Ich werde in Zukunft aufpassen.

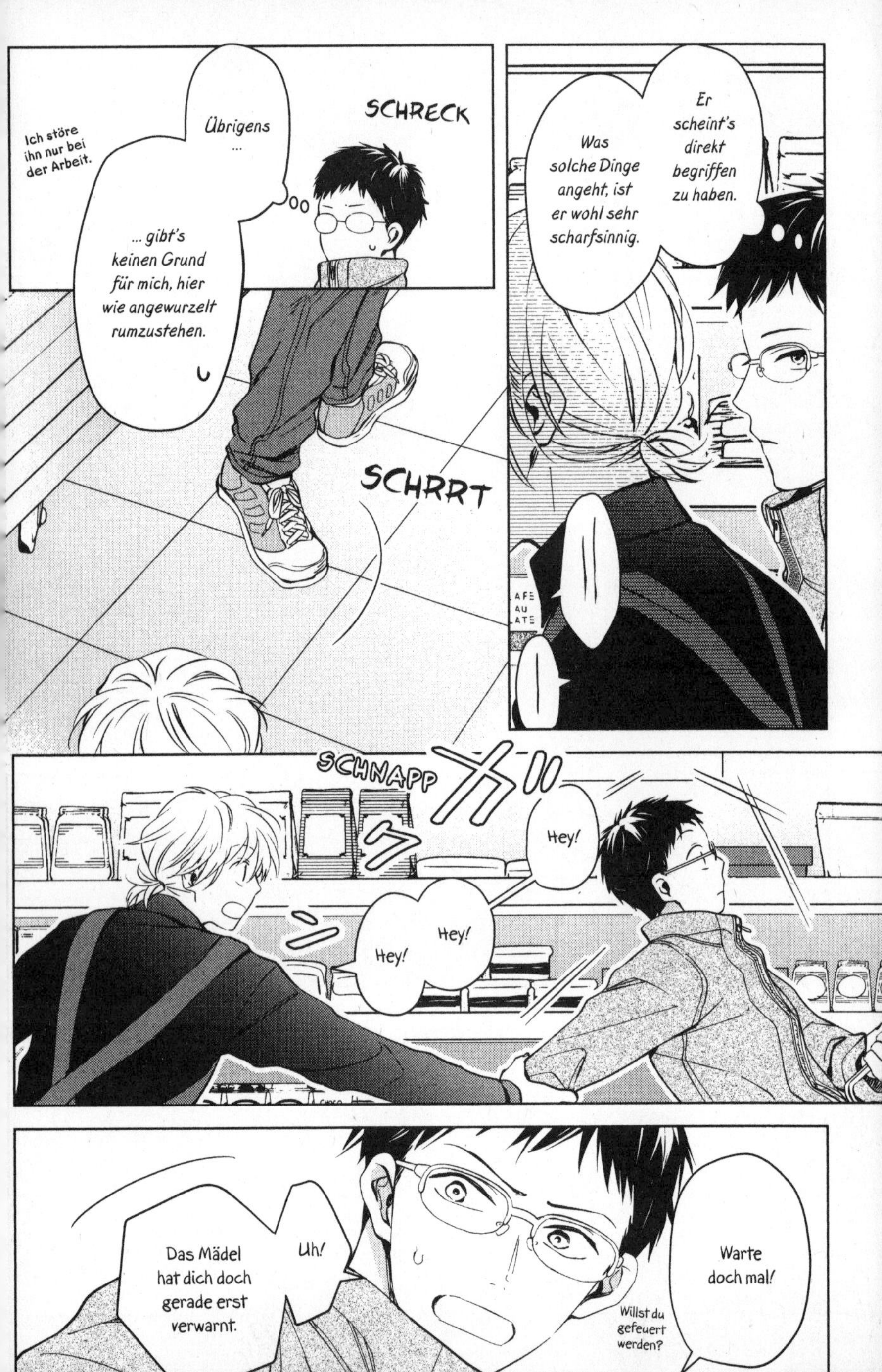
Er scheint's direkt begriffen zu haben.
Was solche Dinge angeht, ist er wohl sehr scharfsinnig.
SCHRECK
Übrigens ...
... gibt's keinen Grund für mich, hier wie angewurzelt rumzustehen.
Ich störe ihn nur bei der Arbeit.
SCHRRT
SCHNAPP
Hey!
Hey!
Hey!
Warte doch mal!
Willst du gefeuert werden?
Uh!
Das Mädel hat dich doch gerade erst verwarnt.

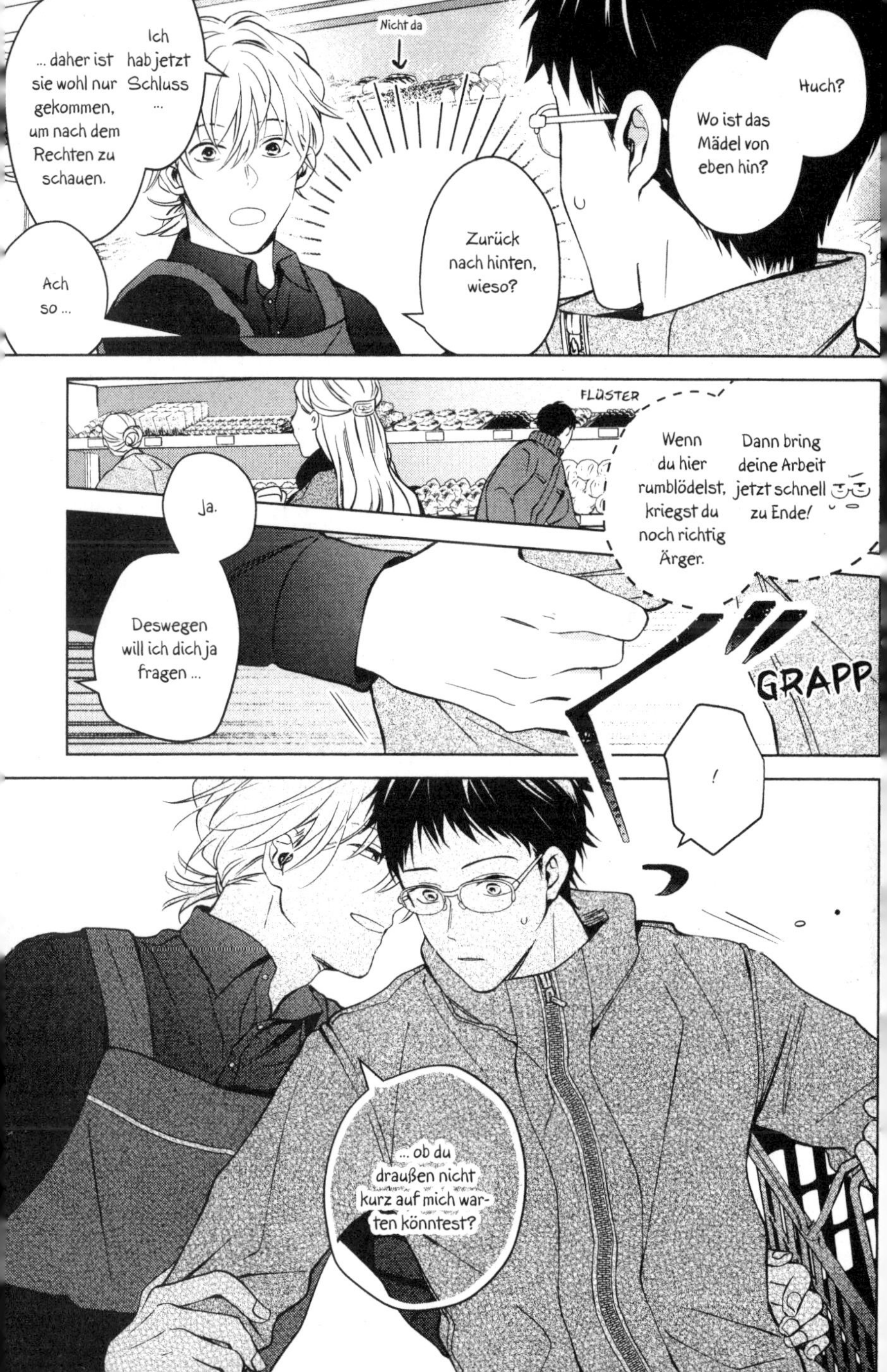
Huch?
Wo ist das Mädel von eben hin?
Nicht da
Zurück nach hinten, wieso?
Ich hab jetzt Schluss ...
... daher ist sie wohl nur gekommen, um nach dem Rechten zu schauen.
Ach so ...
FLÜSTER
Dann bring deine Arbeit jetzt schnell zu Ende!
Wenn du hier rumblödelst, kriegst du noch richtig Ärger.
Ja.
Deswegen will ich dich ja fragen ...
GRAPP
!
... ob du draußen nicht kurz auf mich warten könntest?

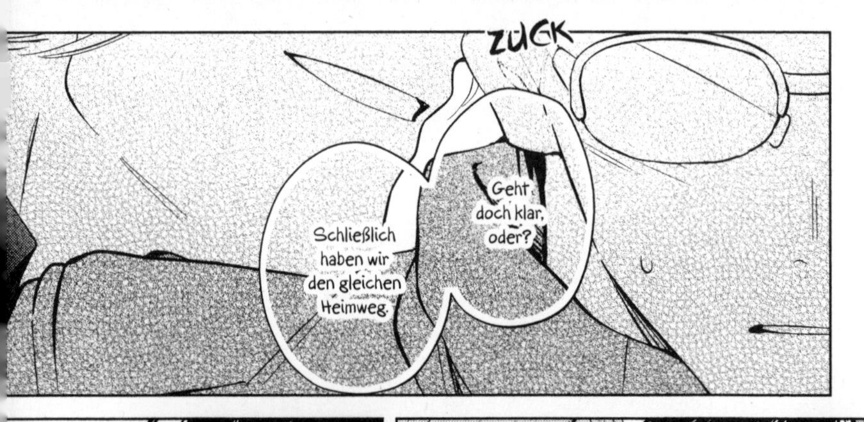

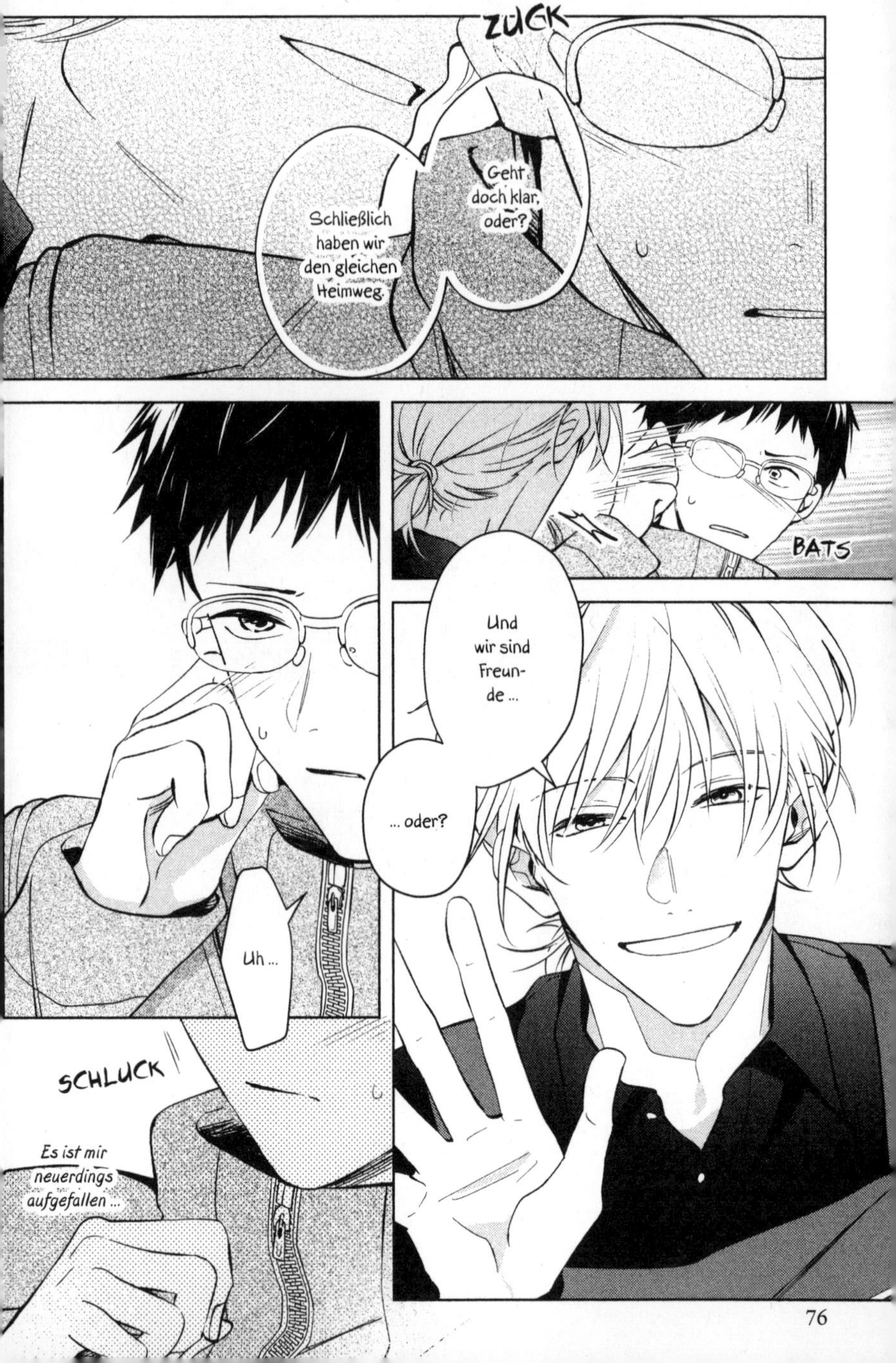

BATS

Und wir sind Freun-de ...

... oder?

Uh ...

SCHLUCK

Es ist mir neuerdings aufgefallen ...

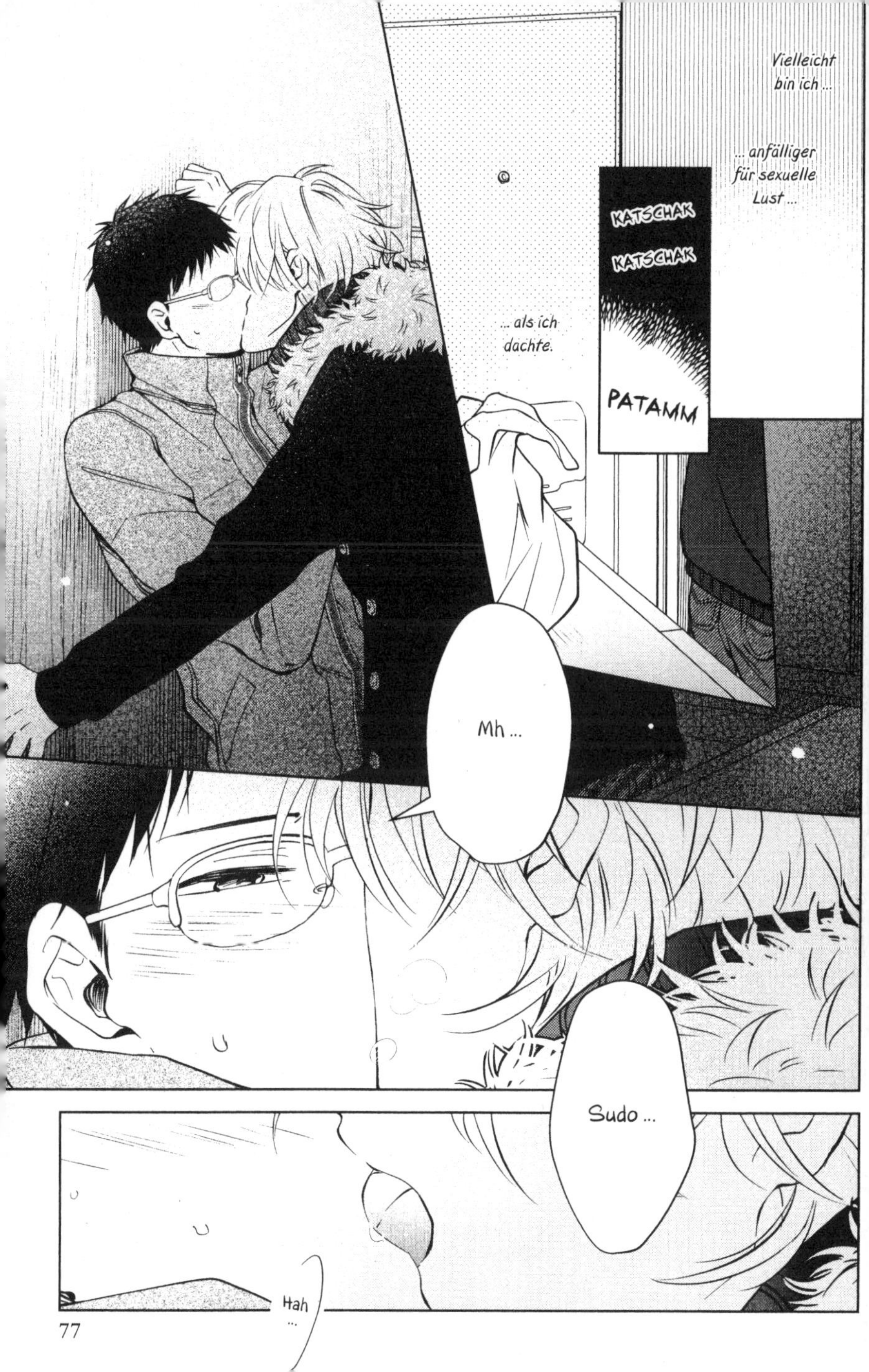
Vielleicht bin ich ...
... anfälliger für sexuelle Lust ...
KATSCHAK
KATSCHAK
PATAMM
... als ich dachte.
Mh ...
Sudo ...
Hah ...

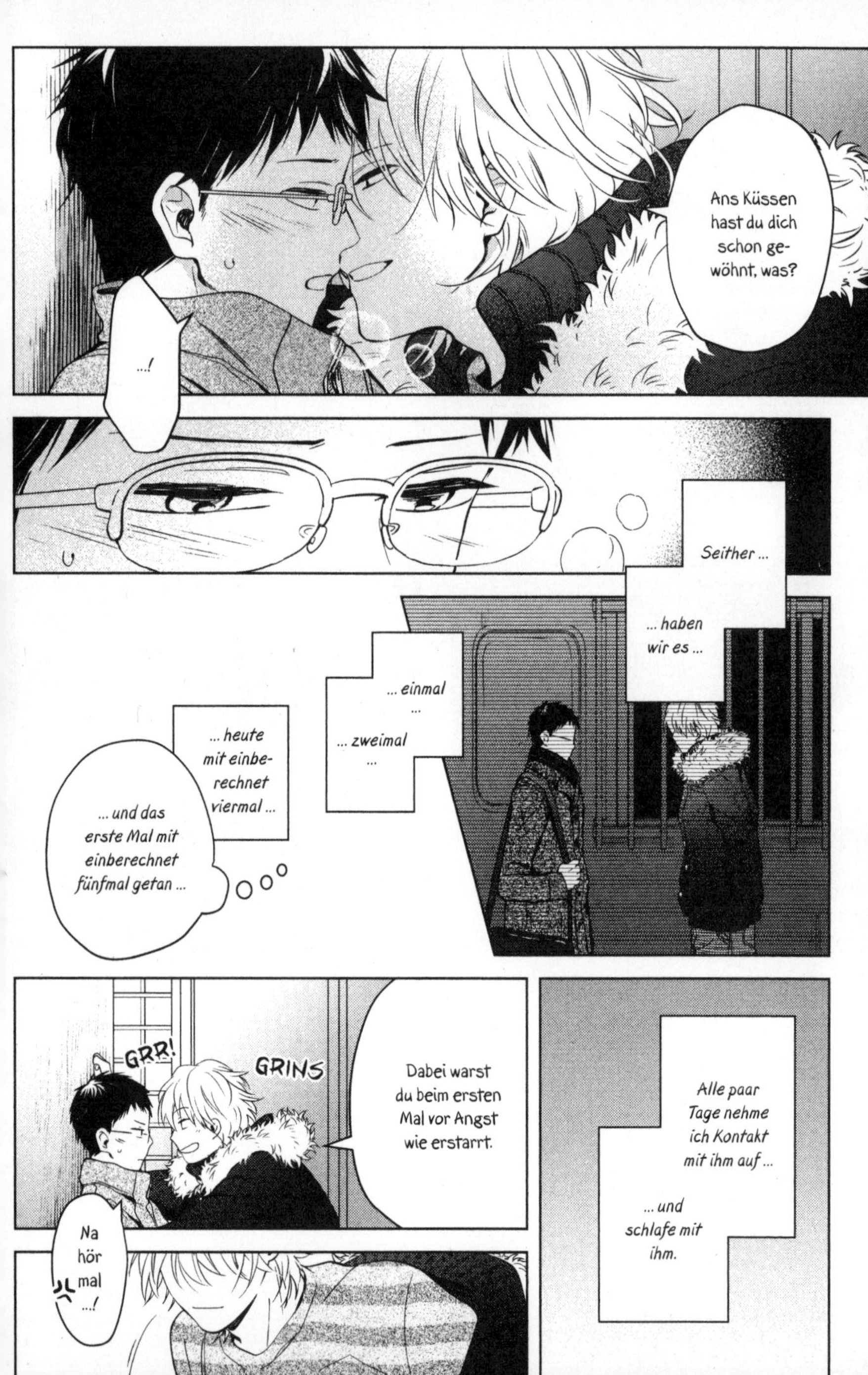
Ans Küssen hast du dich schon gewöhnt, was?
...!
Seither ...
... haben wir es ...
... einmal ...
... zweimal ...
... heute mit einberechnet viermal ...
... und das erste Mal mit einberechnet fünfmal getan ...
Alle paar Tage nehme ich Kontakt mit ihm auf ...
... und schlafe mit ihm.
Dabei warst du beim ersten Mal vor Angst wie erstarrt.
GRINS
GRR!
Na hör mal ...!

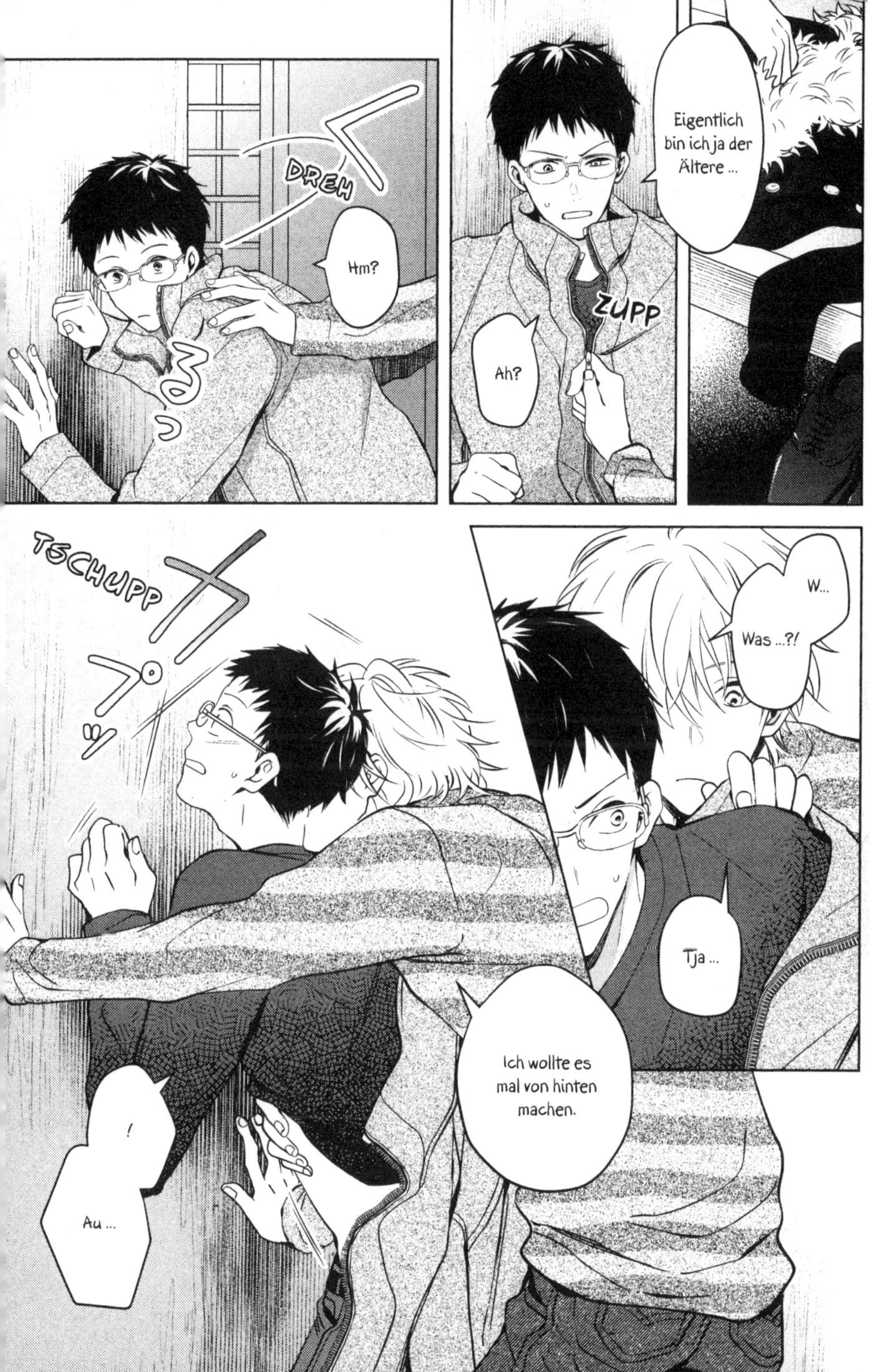
Eigentlich bin ich ja der Ältere ...
ZUPP
Ah?
DREH
Hm?
W...
Was ...?!
Tja ...
TSCHUPP
Ich wollte es mal von hinten machen.
!
Au ...

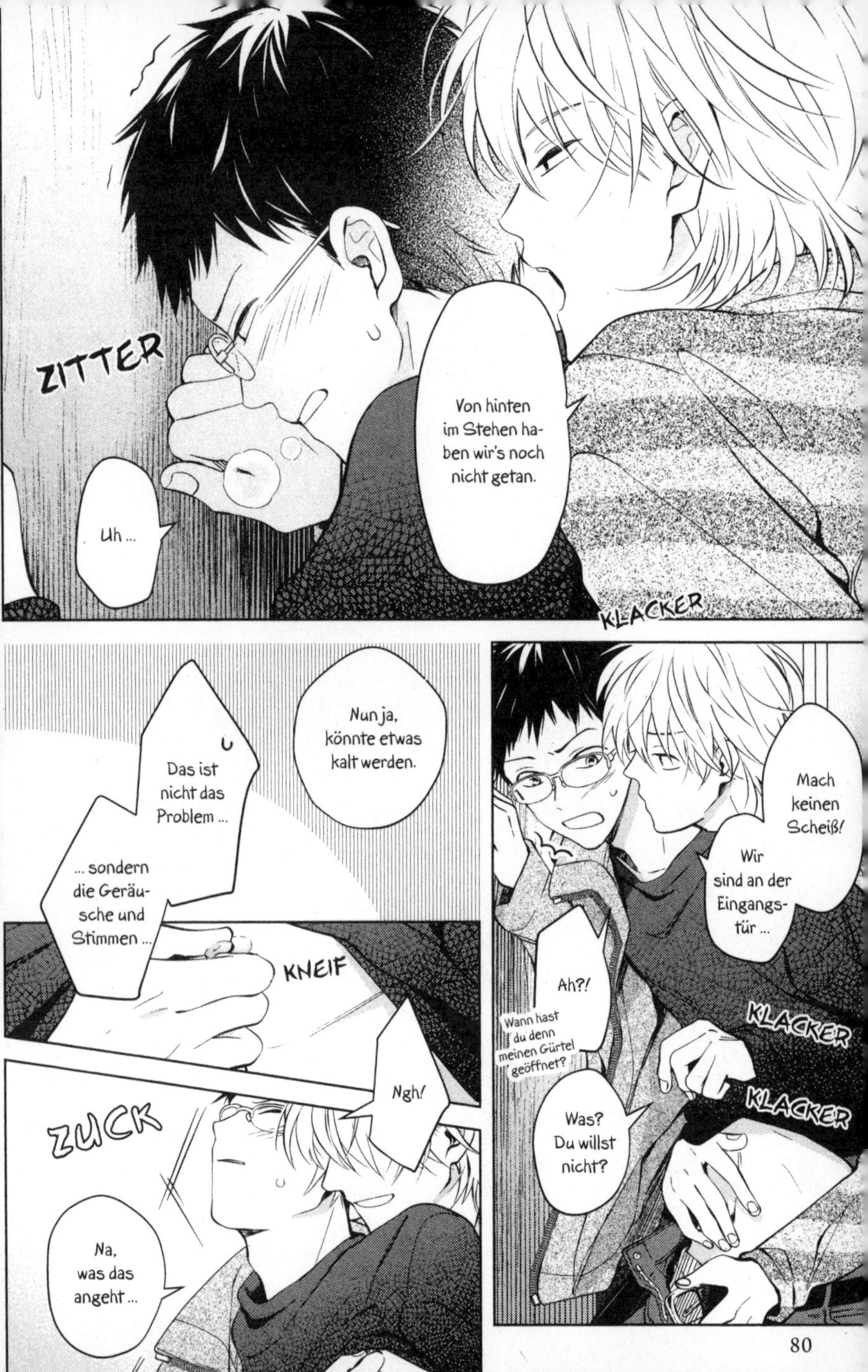

Von hinten im Stehen haben wir's noch nicht getan.

Uh ...

ZITTER

KLACKER

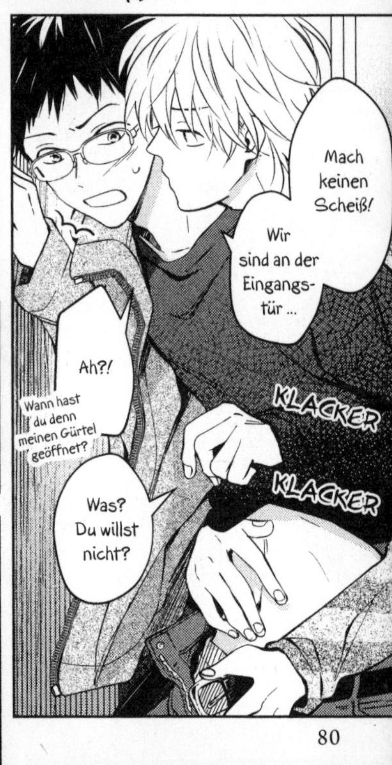

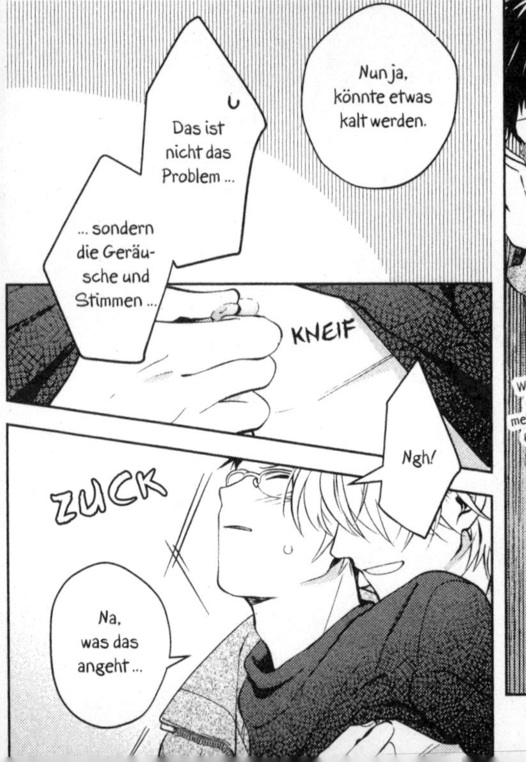

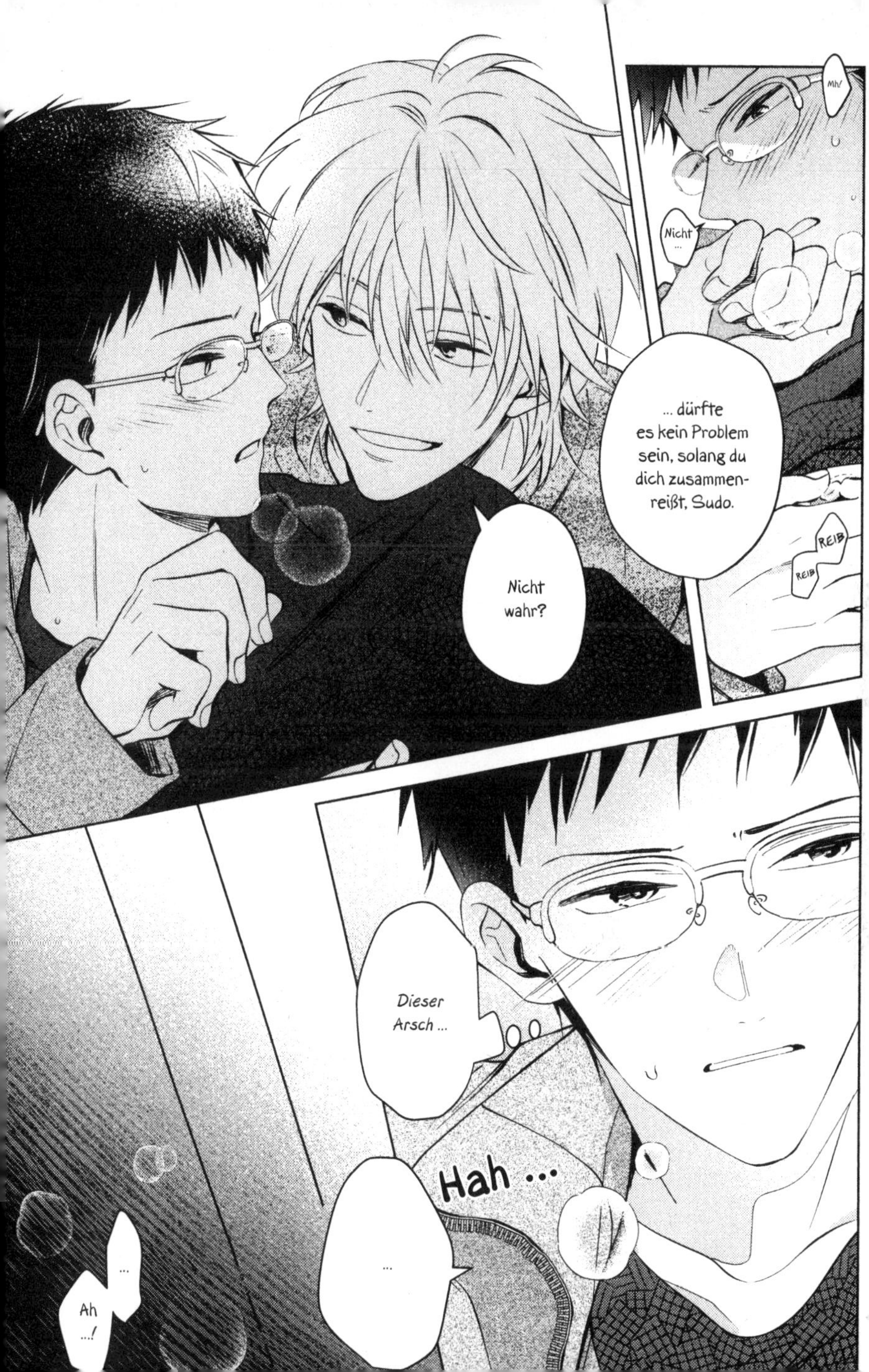
Mh!
Nicht ...
... dürfte es kein Problem sein, solang du dich zusammen-reißt, Sudo.
REIB
REIB
Nicht wahr?
Dieser Arsch ...
Hah ...
...
...
Ah ...!

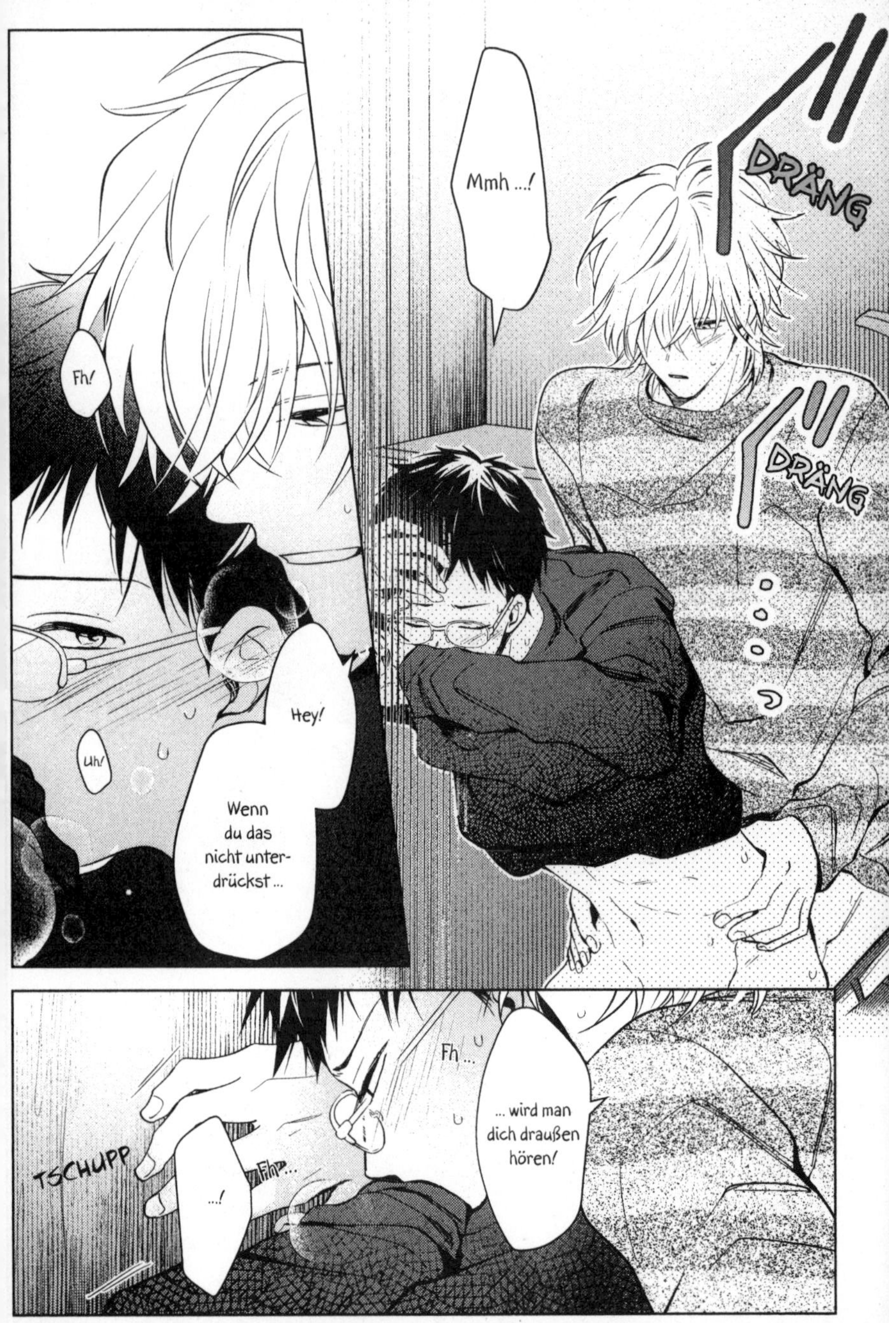
DRÄNG
DRÄNG
Mmh ...!
Fh!
Hey!
Uh!
Wenn du das nicht unter-drückst ...
Fh ...
... wird man dich draußen hören!
Fhp ...
...!
TSCHUPP

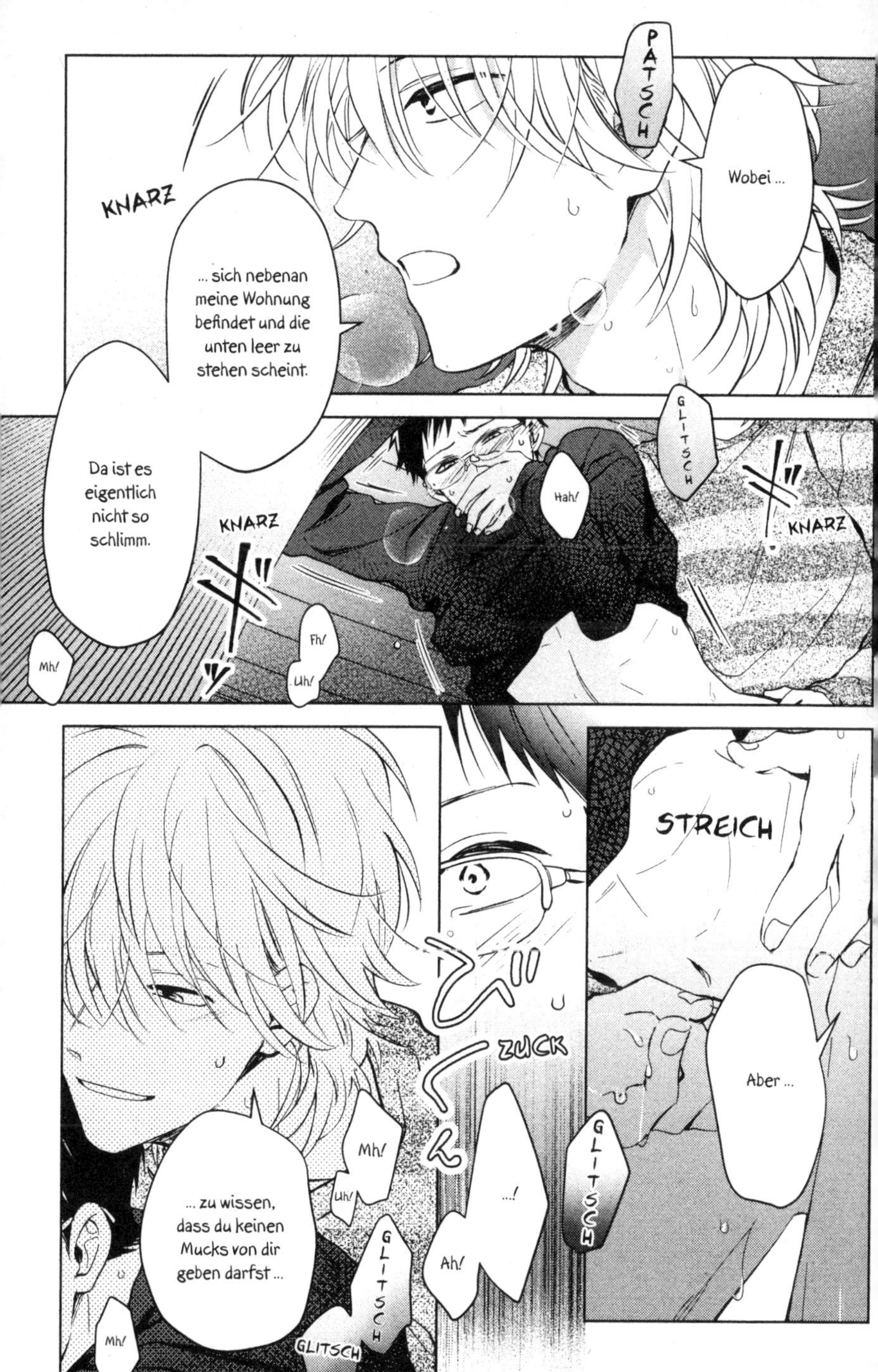
PATSCH
Wobei ...
KNARZ
... sich nebenan meine Wohnung befindet und die unten leer zu stehen scheint.
GLITSCH
KNARZ
Hah!
Da ist es eigentlich nicht so schlimm.
KNARZ
Fh!
Uh!
Mh!
STREICH
Aber ...
ZUCK
GLITSCH
...!
Ah!
Mh!
Uh!
... zu wissen, dass du keinen Mucks von dir geben darfst ...
GLITSCH
Mh!
GLITSCH

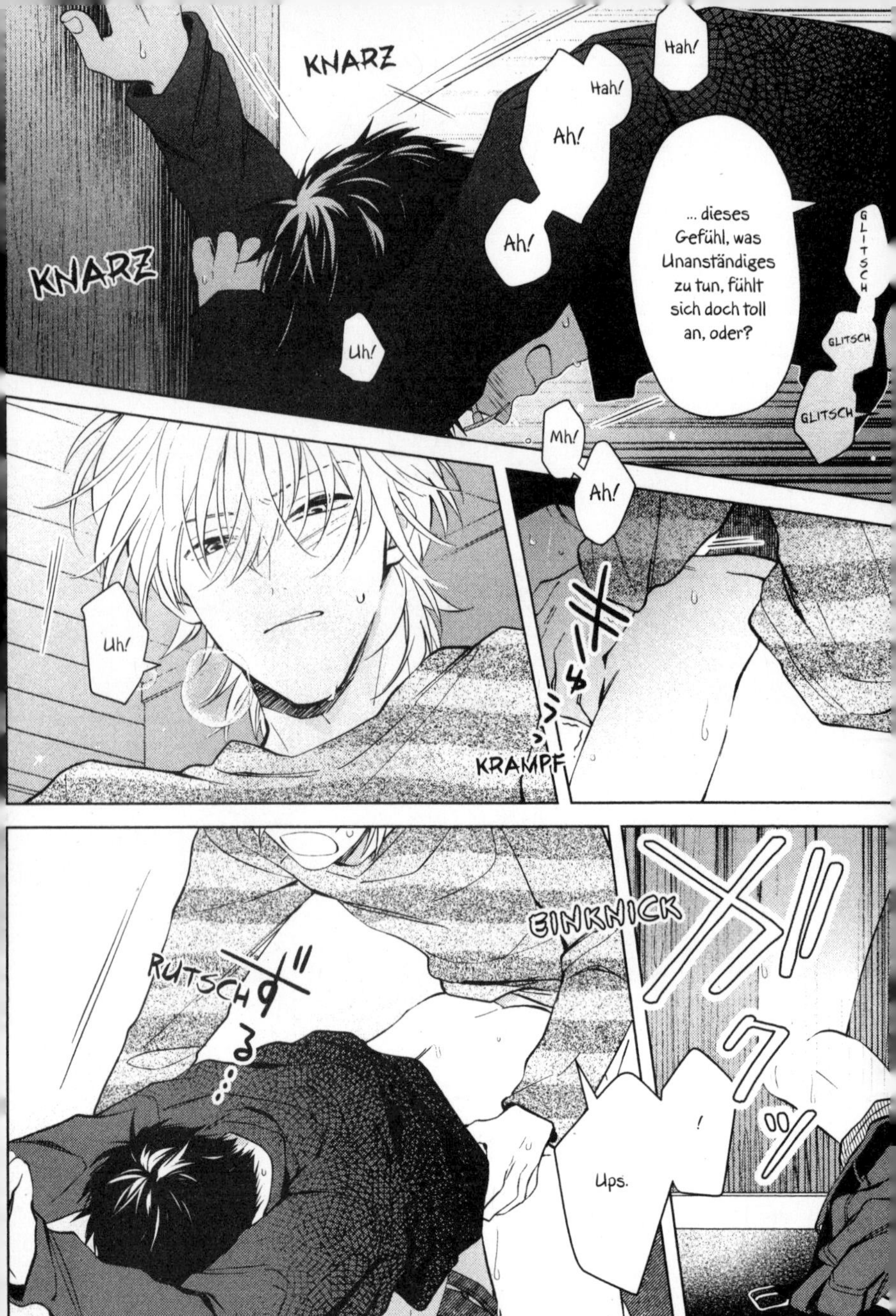
KNARZ
KNARZ
Hah!
Hah!
Ah!
Ah!
Uh!
... dieses Gefühl, was Unanständiges zu tun, fühlt sich doch toll an, oder?
GLITSCH
GLITSCH
GLITSCH
Mh!
Ah!
Uh!
KRAMPF
EINKNICK
RUTSCH
!
Ups.

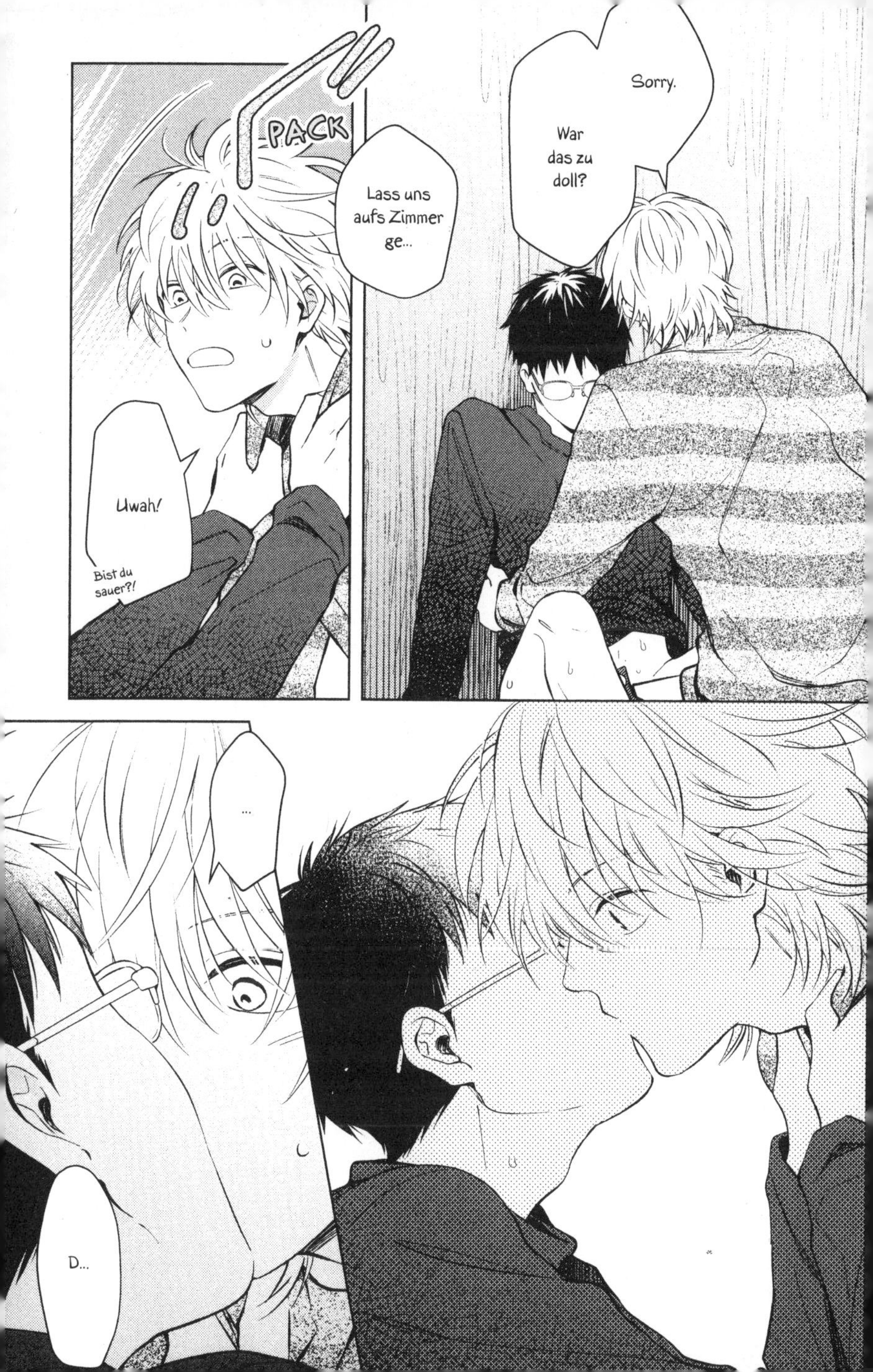
Sorry.
War das zu doll?
Lass uns aufs Zimmer ge...
PACK
Uwah!
Bist du sauer?!
...
D...

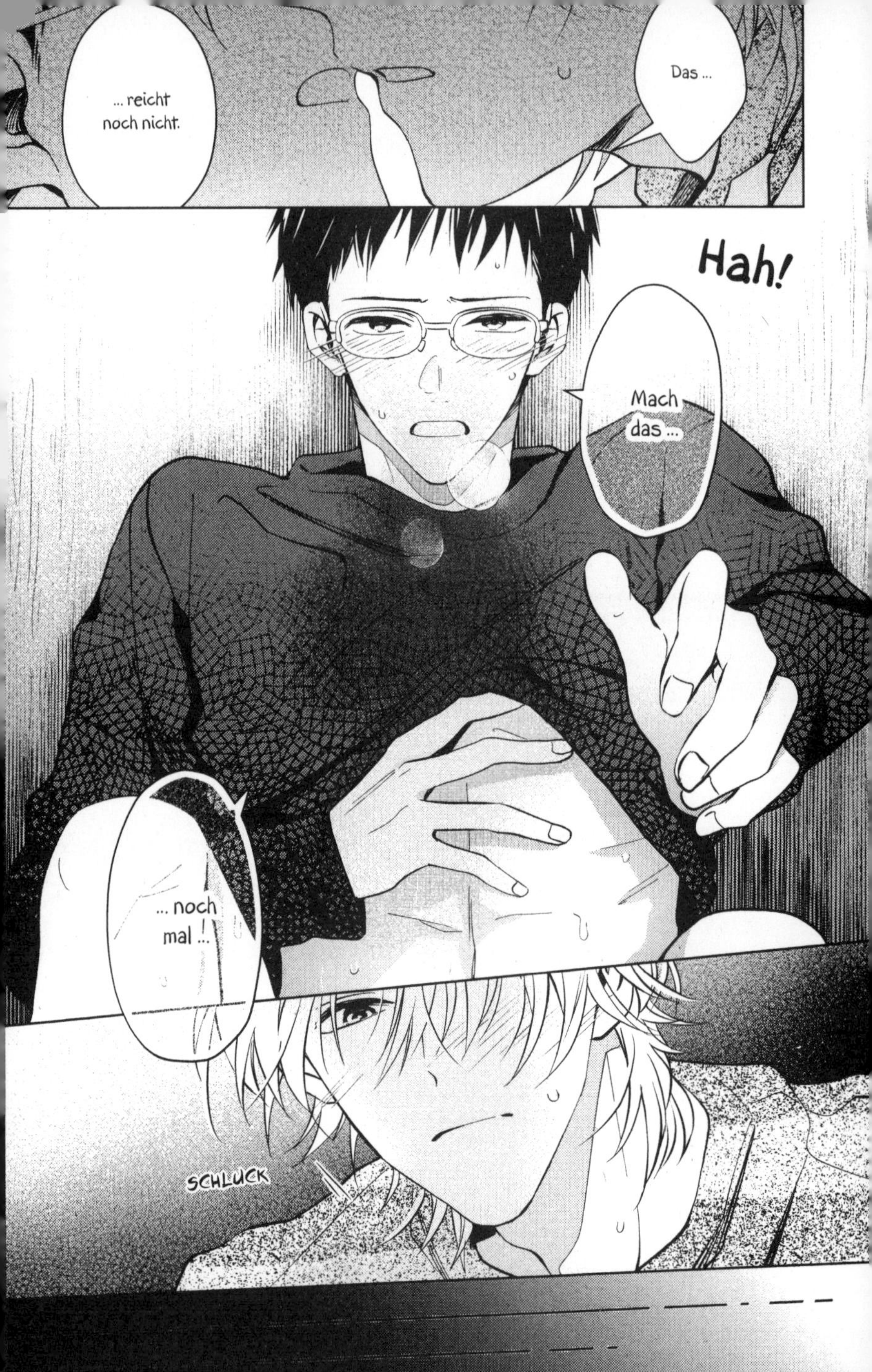
Das ...
... reicht noch nicht.
Hah!
Mach das ...
... noch mal ...!
SCHLUCK

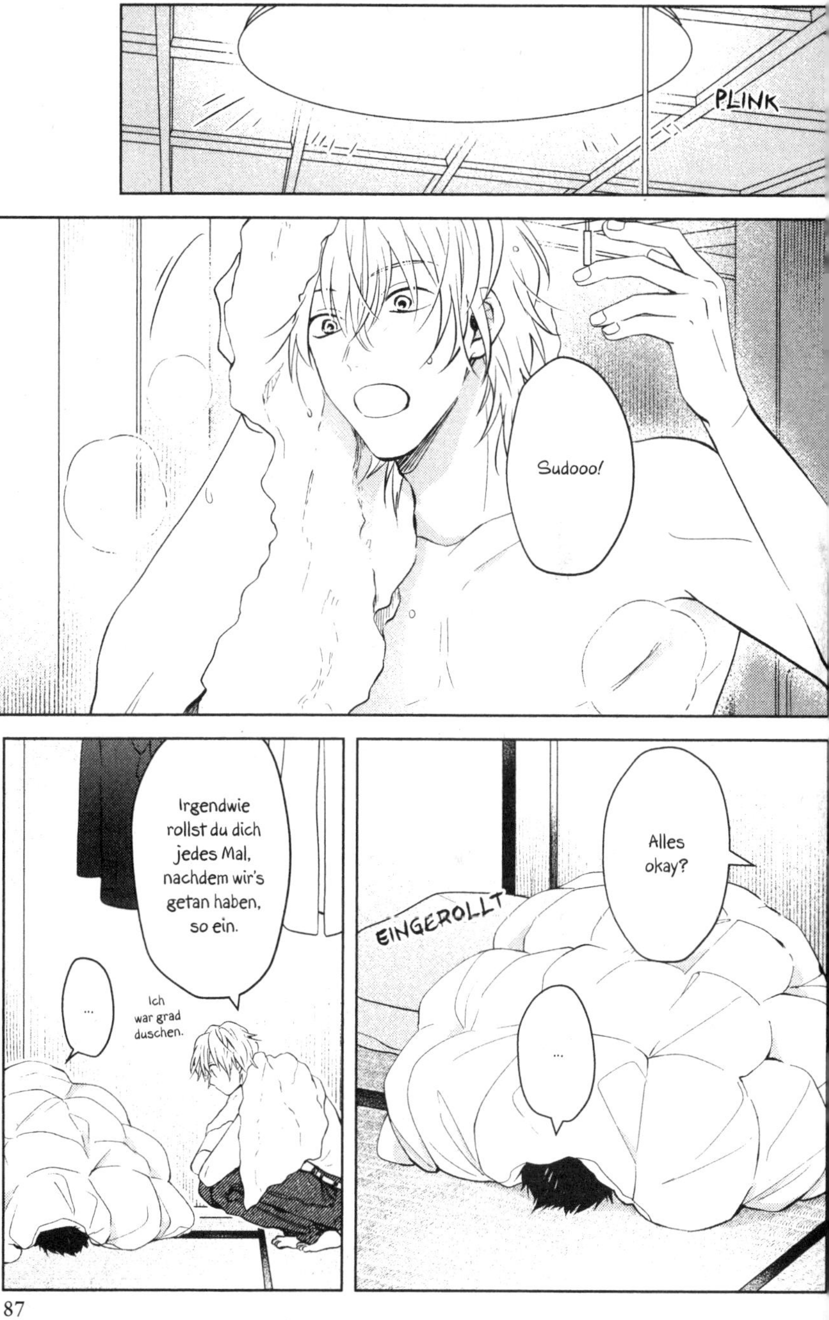

PLINK

Sudooo!

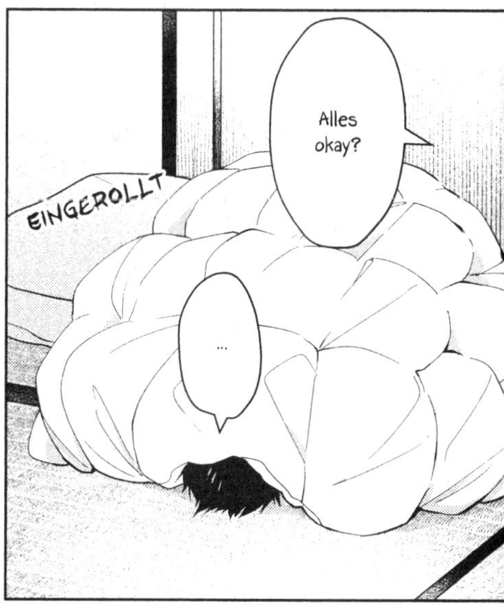

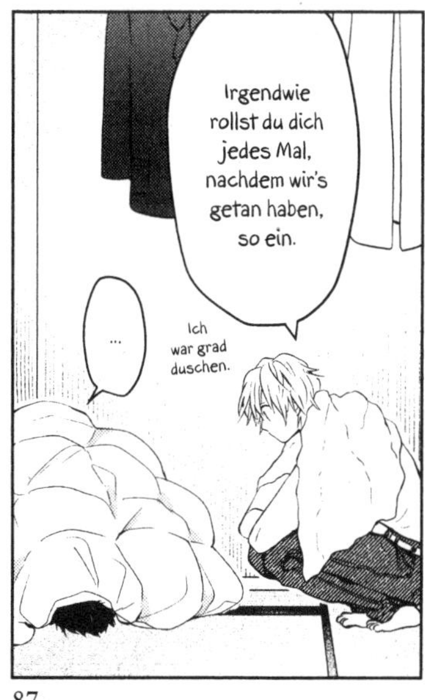

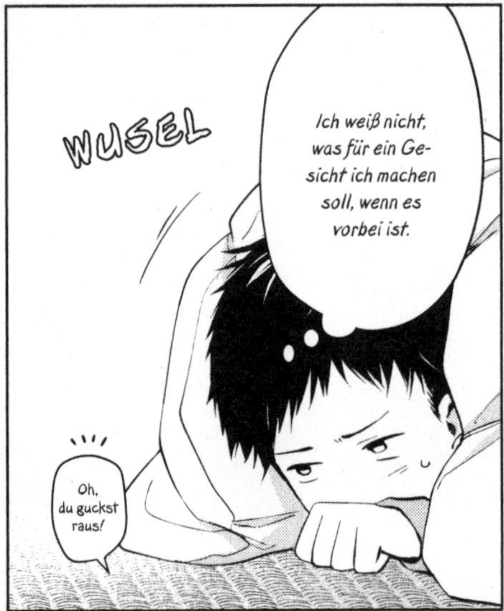

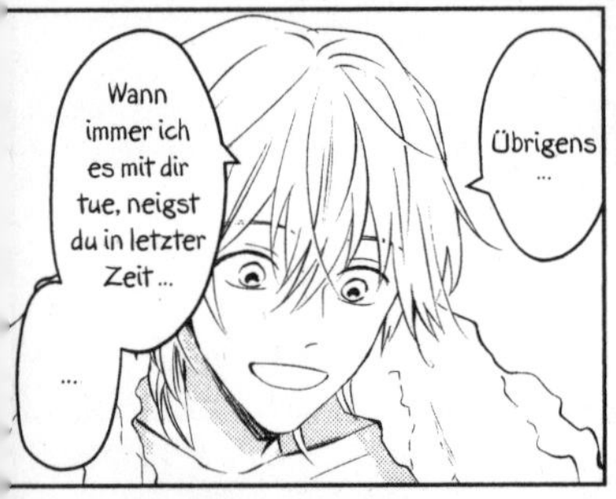

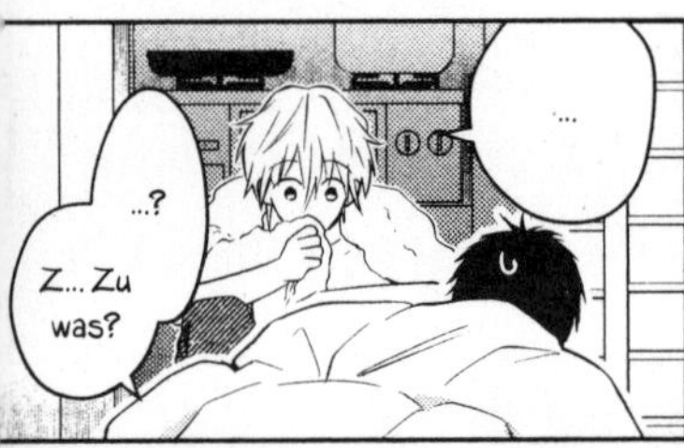

Nein, nichts weiter ...

Zu was? Sag schon!

Sonst mach ich mir Gedanken.

Nein, es ist echt nichts.

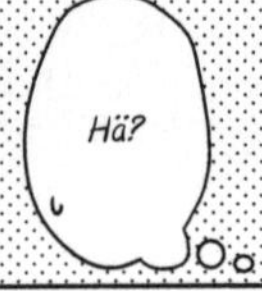

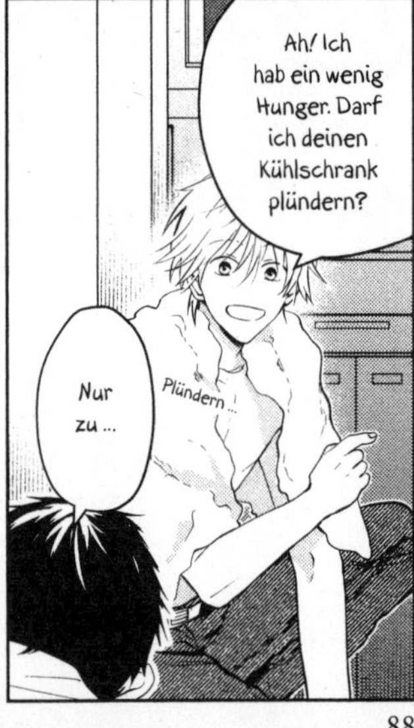

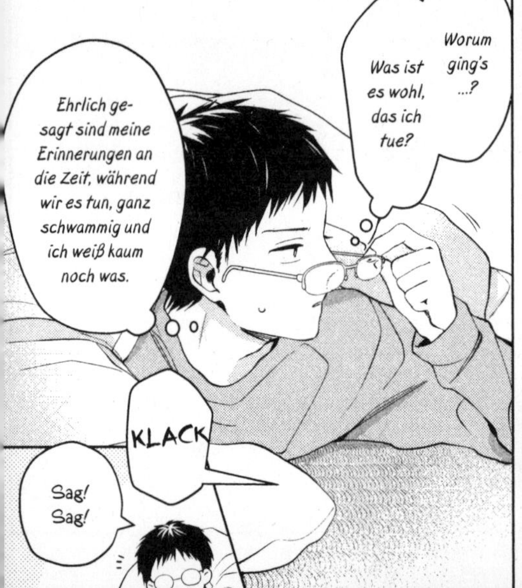

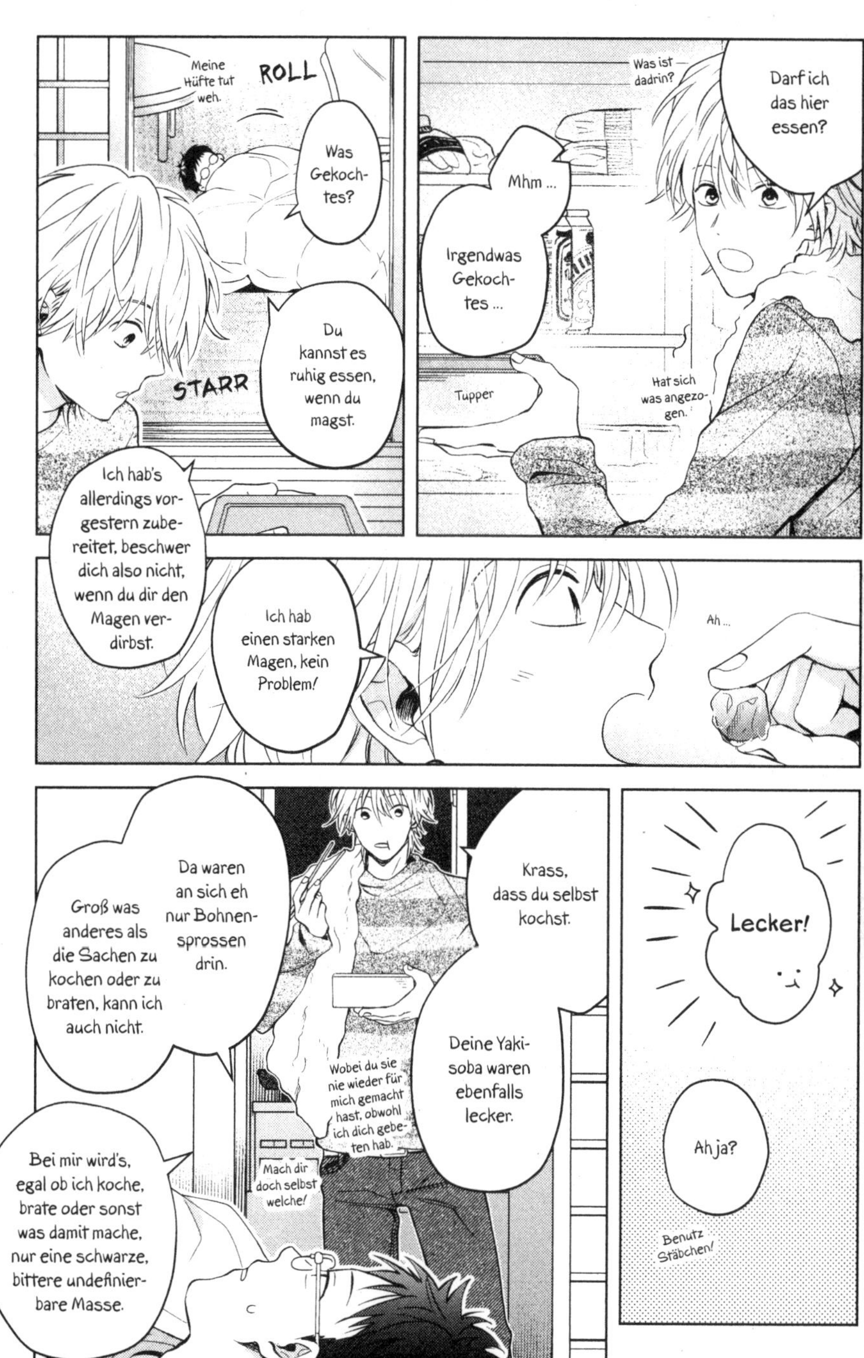
Darf ich das hier essen?
Was ist dadrin?
Mhm ...
Irgendwas Gekochtes ...
Hat sich was angezogen.
Tupper
Meine Hüfte tut weh.
ROLL
Was Gekochtes?
Du kannst es ruhig essen, wenn du magst.
STARR
Ich hab's allerdings vorgestern zubereitet, beschwer dich also nicht, wenn du dir den Magen verdirbst.
Ah ...
Ich hab einen starken Magen, kein Problem!
Lecker!
Ah ja?
Benutz Stäbchen!
Krass, dass du selbst kochst.
Deine Yakisoba waren ebenfalls lecker.
Wobei du sie nie wieder für mich gemacht hast, obwohl ich dich gebeten hab.
Mach dir doch selbst welche!
Da waren an sich eh nur Bohnensprossen drin.
Groß was anderes als die Sachen zu kochen oder zu braten, kann ich auch nicht.
Bei mir wird's, egal ob ich koche, brate oder sonst was damit mache, nur eine schwarze, bittere undefinierbare Masse.

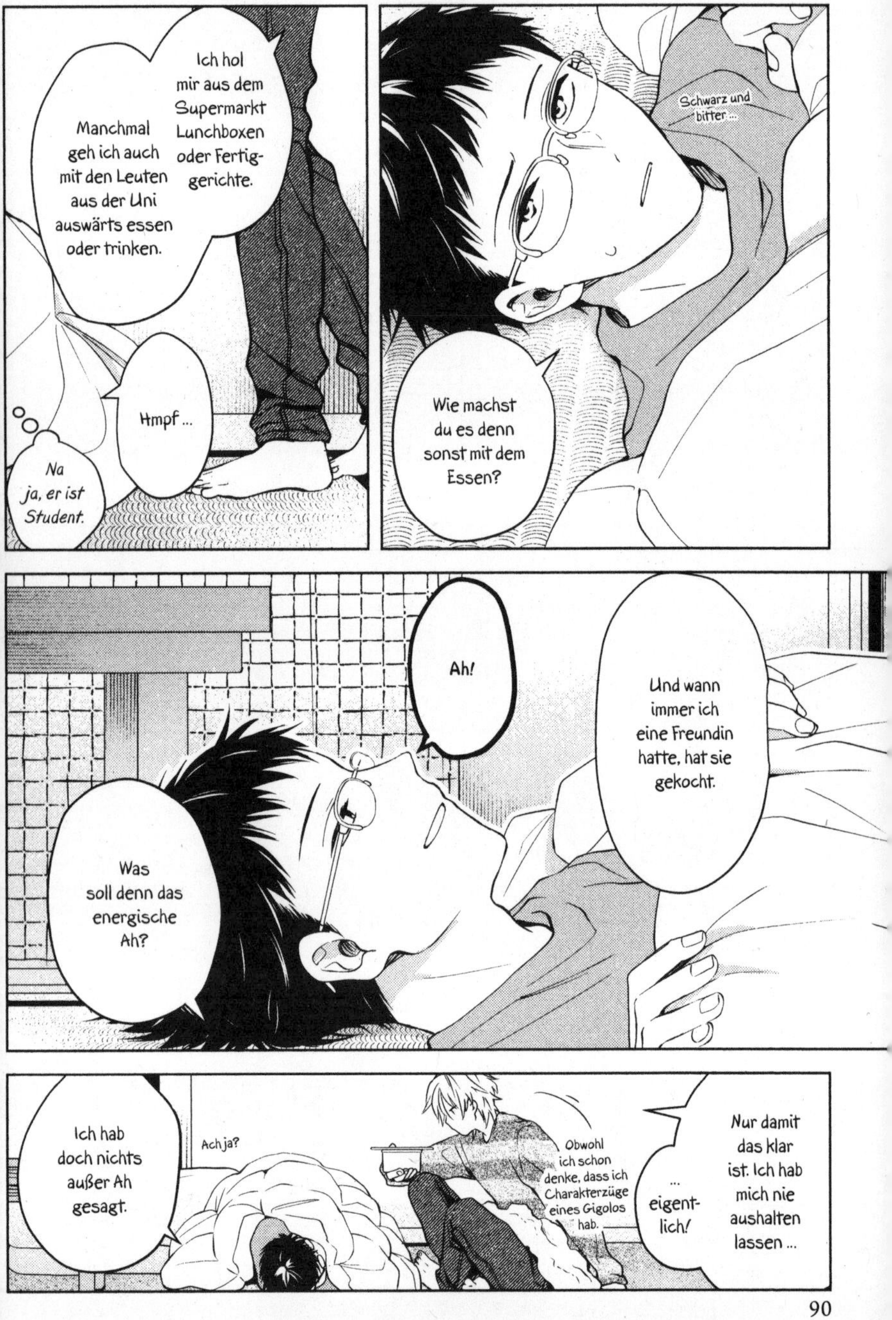

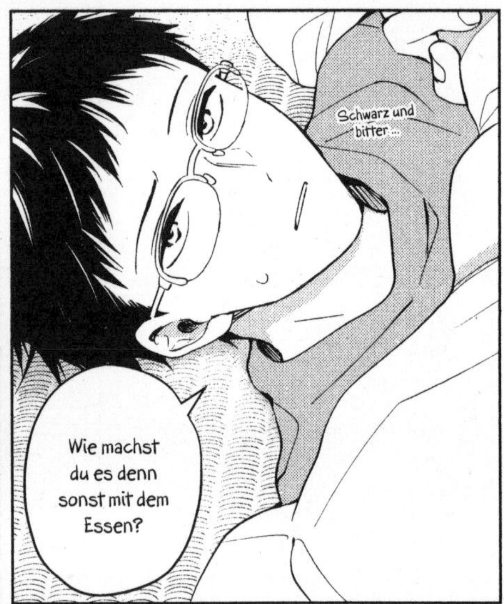

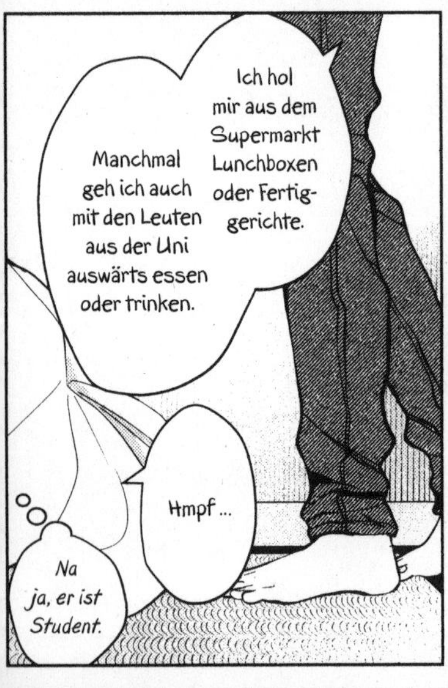

Und wann immer ich eine Freundin hatte, hat sie gekocht.

Ah!

Was soll denn das energische Ah?

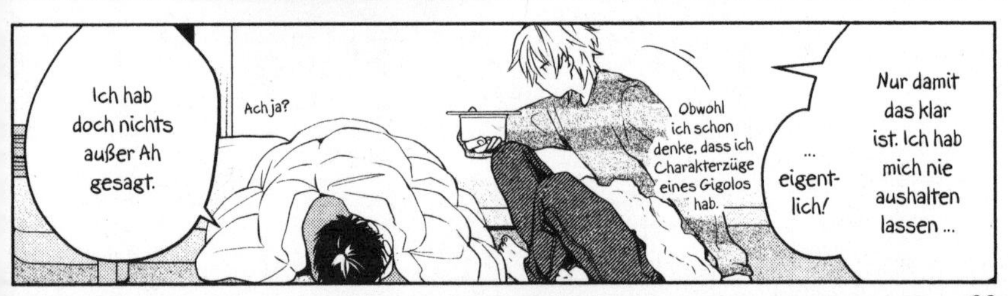

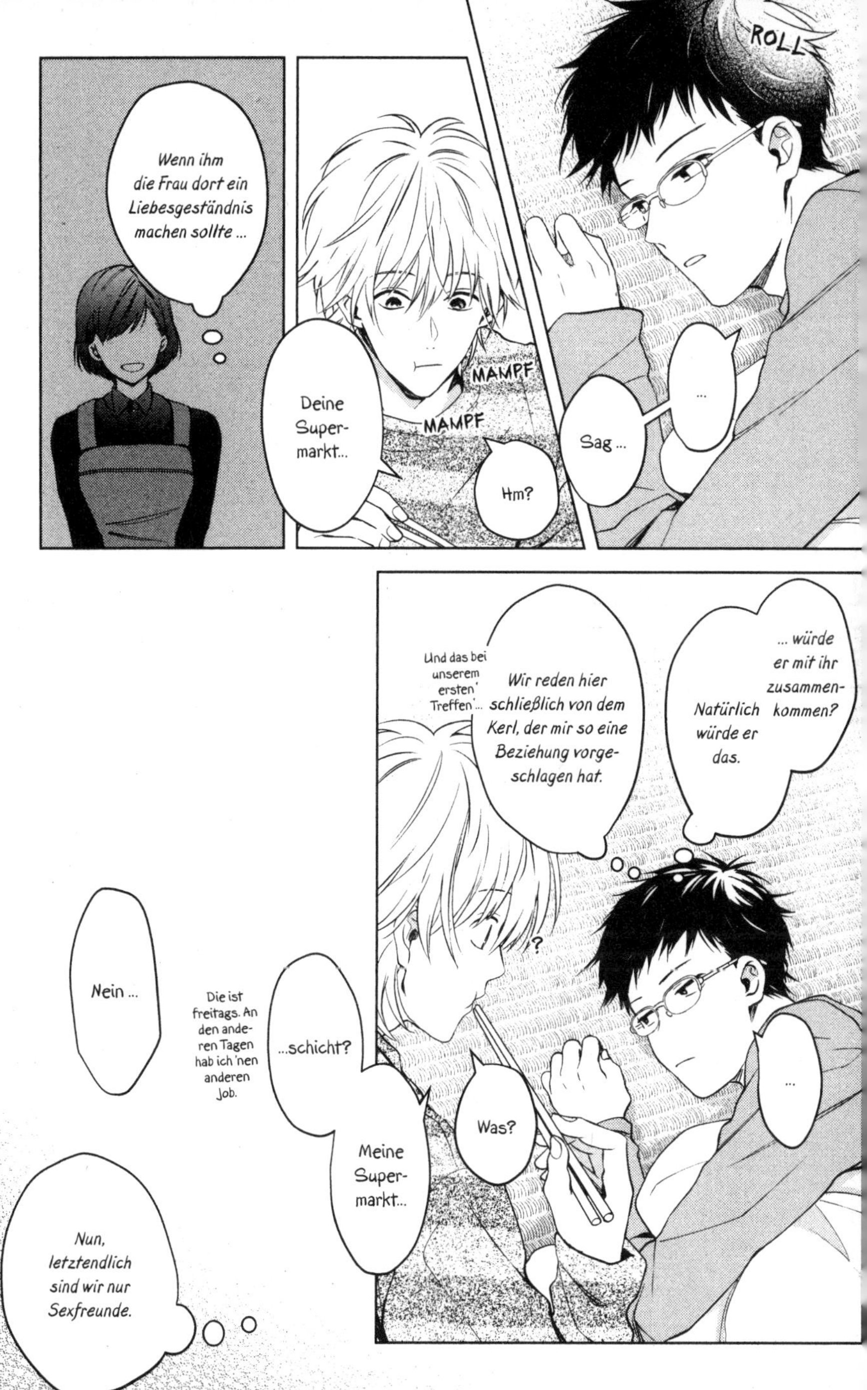
ROLL
...
Sag ...
Hm?
MAMPF
MAMPF
Deine Supermarkt...
Wenn ihm die Frau dort ein Liebesgeständnis machen sollte ...
... würde er mit ihr zusammenkommen?
Natürlich würde er das.
Wir reden hier schließlich von dem Kerl, der mir so eine Beziehung vorgeschlagen hat.
Und das bei unserem ersten' Treffen'...
?
...
Was?
Meine Supermarkt...
...schicht?
Die ist freitags. An den anderen Tagen hab ich 'nen anderen Job.
Nein ...
Nun, letztendlich sind wir nur Sexfreunde.

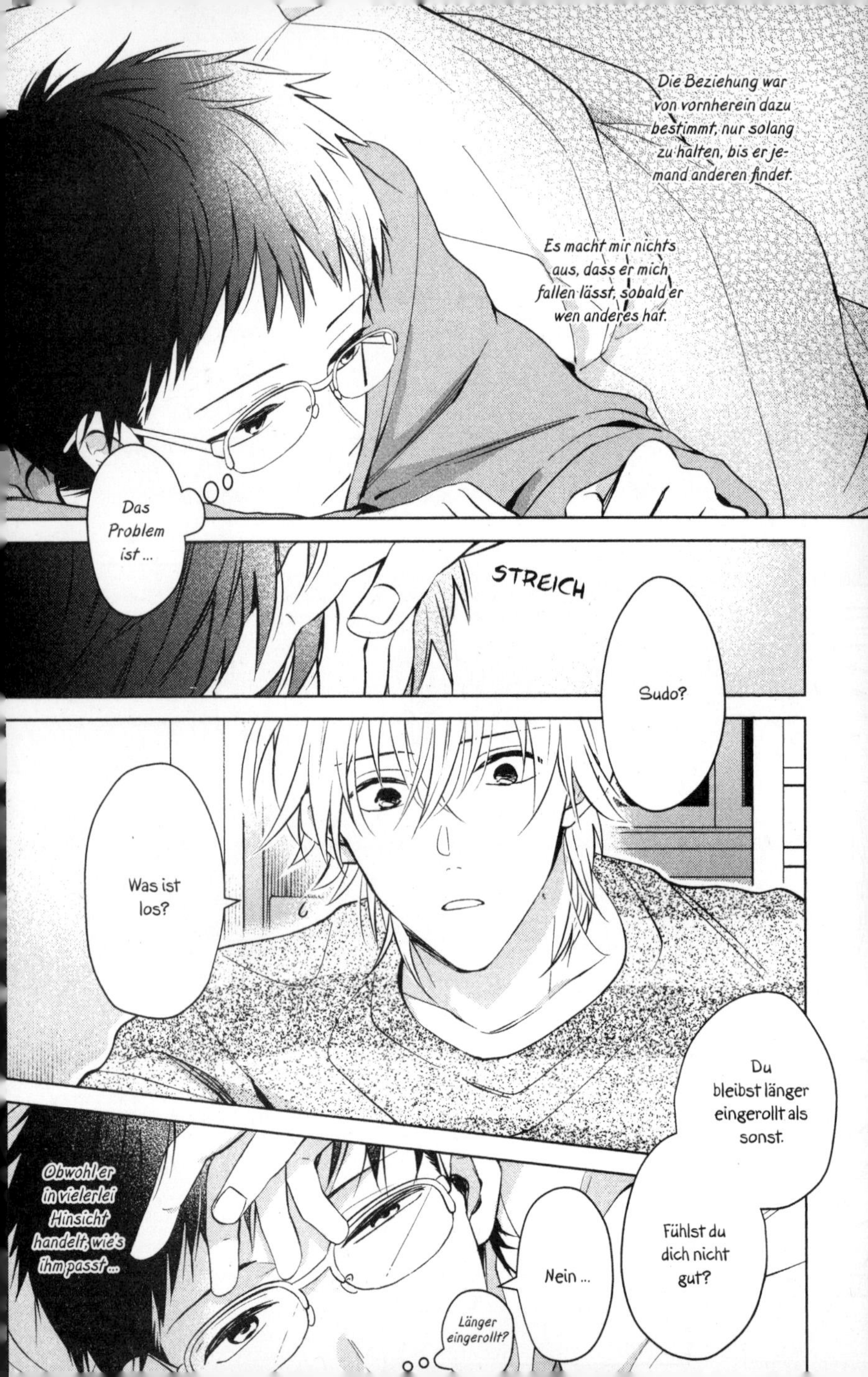
Die Beziehung war von vornherein dazu bestimmt, nur solang zu halten, bis er jemand anderen findet.
Es macht mir nichts aus, dass er mich fallen lässt, sobald er wen anderes hat.
Das Problem ist ...
STREICH
Sudo?
Was ist los?
Du bleibst länger eingerollt als sonst.
Fühlst du dich nicht gut?
Obwohl er in vielerlei Hinsicht handelt, wie's ihm passt ...
Nein ...
Länger eingerollt?

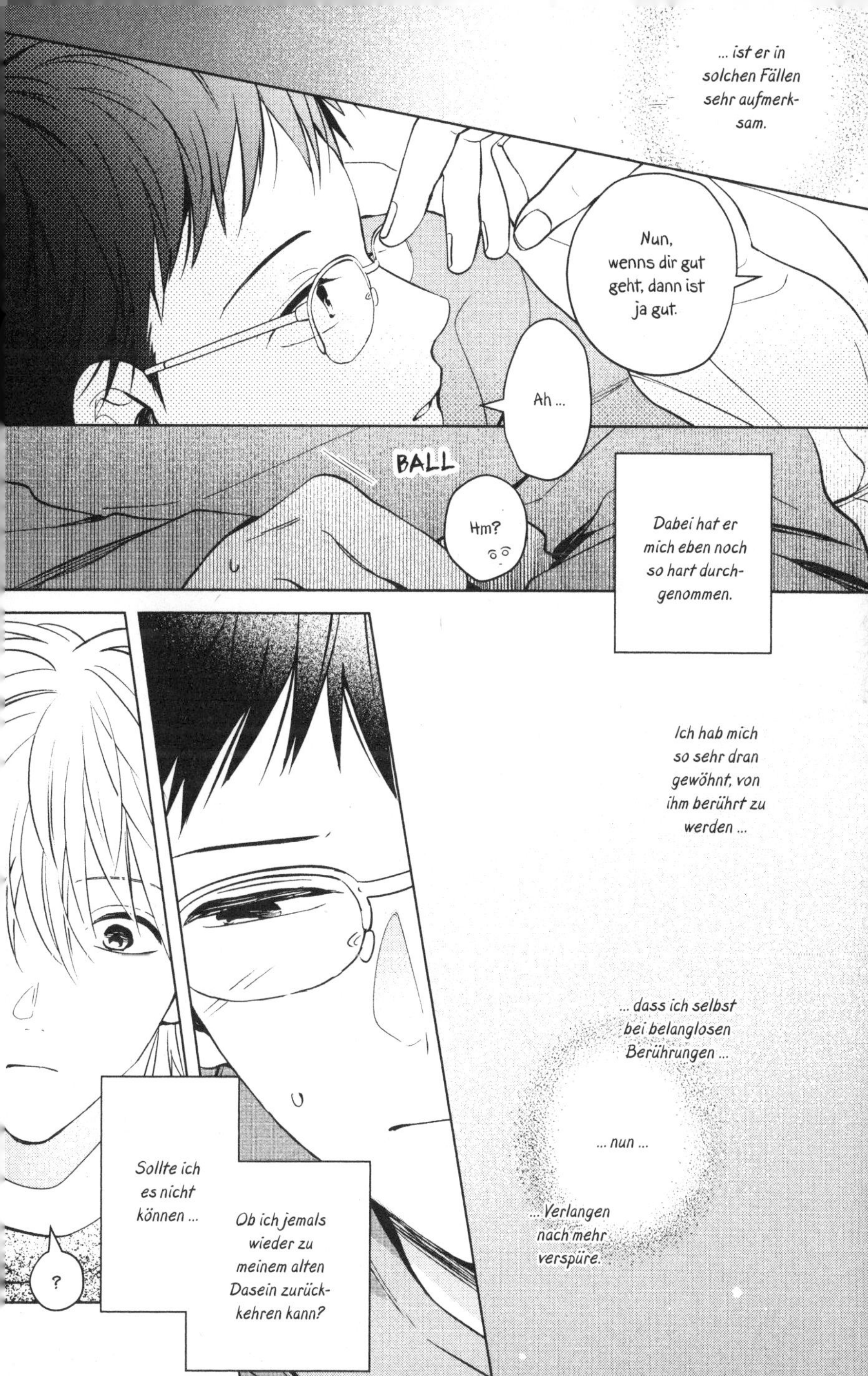

... ist er in solchen Fällen sehr aufmerk-sam.
Nun, wenns dir gut geht, dann ist ja gut.
Ah ...
BALL
Hm?
Dabei hat er mich eben noch so hart durch-genommen.
Ich hab mich so sehr dran gewöhnt, von ihm berührt zu werden ...
... dass ich selbst bei belanglosen Berührungen ...
... nun ...
... Verlangen nach mehr verspüre.
Sollte ich es nicht können ...
Ob ich jemals wieder zu meinem alten Dasein zurück-kehren kann?
?

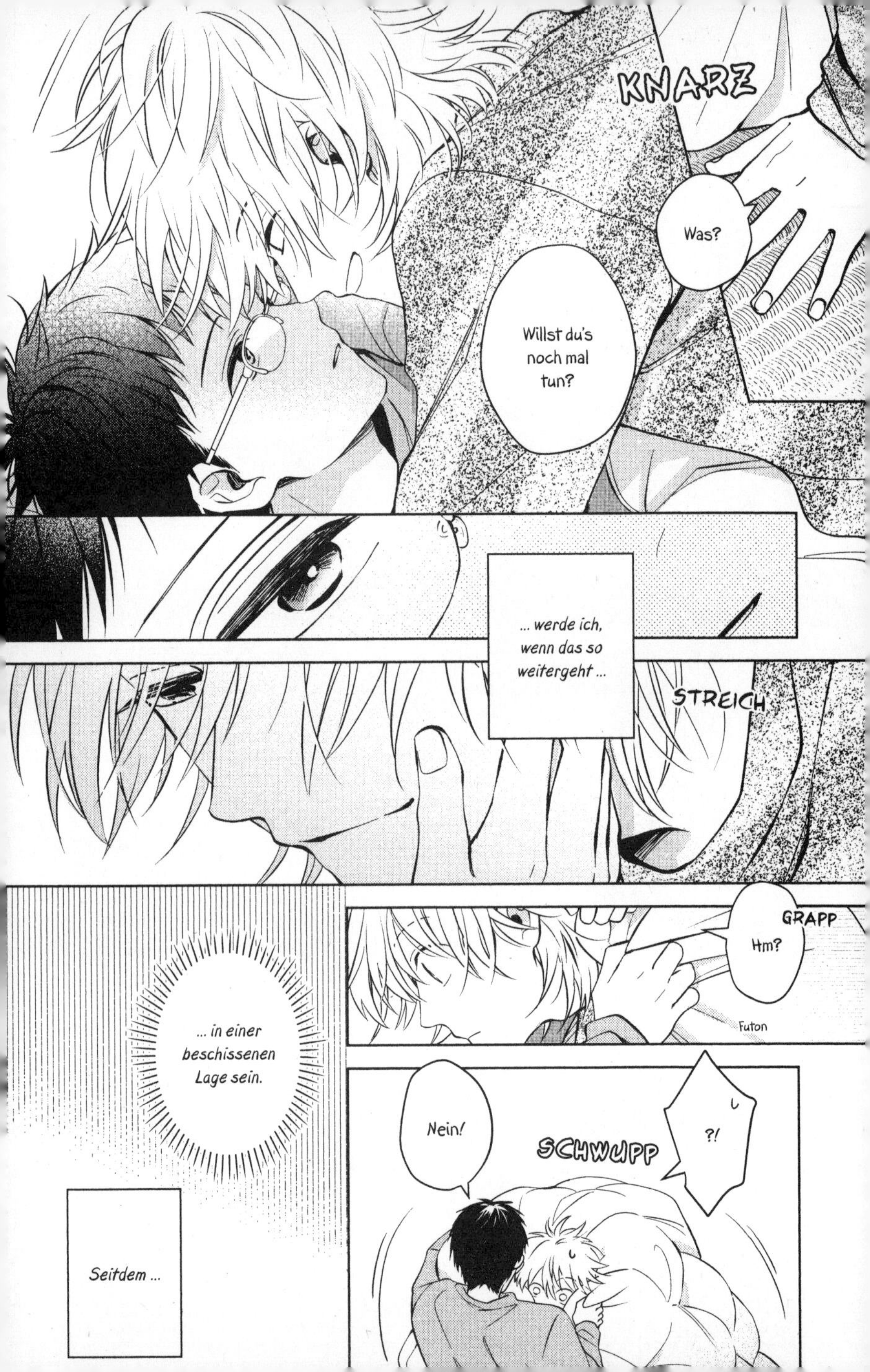
KNARZ
Was?
Willst du's noch mal tun?
... werde ich, wenn das so weitergeht ...
STREICH
GRAPP
Hm?
Futon
... in einer beschissenen Lage sein.
?!
SCHWUPP
Nein!
Seitdem ...

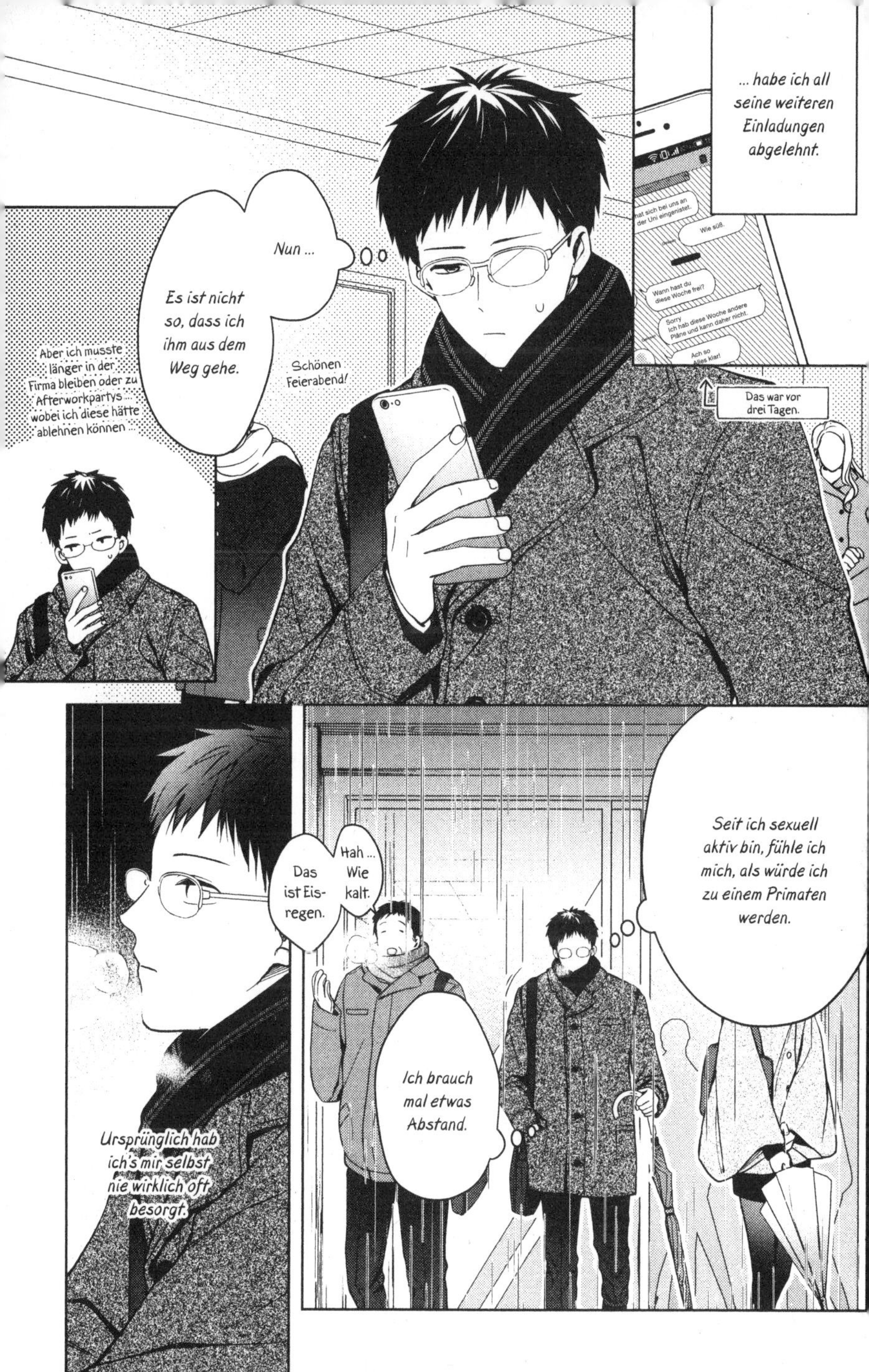
... habe ich all seine weiteren Einladungen abgelehnt.
hat sich bei uns an der Uni eingenistet.
Wie süß.
Wann hast du diese Woche frei?
Sorry Ich hab diese Woche andere Pläne und kann daher nicht.
Ach so Alles klar!
Das war vor drei Tagen.
Nun ...
Es ist nicht so, dass ich ihm aus dem Weg gehe.
Schönen Feierabend!
Aber ich musste länger in der Firma bleiben oder zu Afterworkpartys ... wobei ich diese hätte ablehnen können ...
Seit ich sexuell aktiv bin, fühle ich mich, als würde ich zu einem Primaten werden.
Hah ... Wie kalt.
Das ist Eisregen.
Ich brauch mal etwas Abstand.
Ursprünglich hab ich's mir selbst nie wirklich oft besorgt.

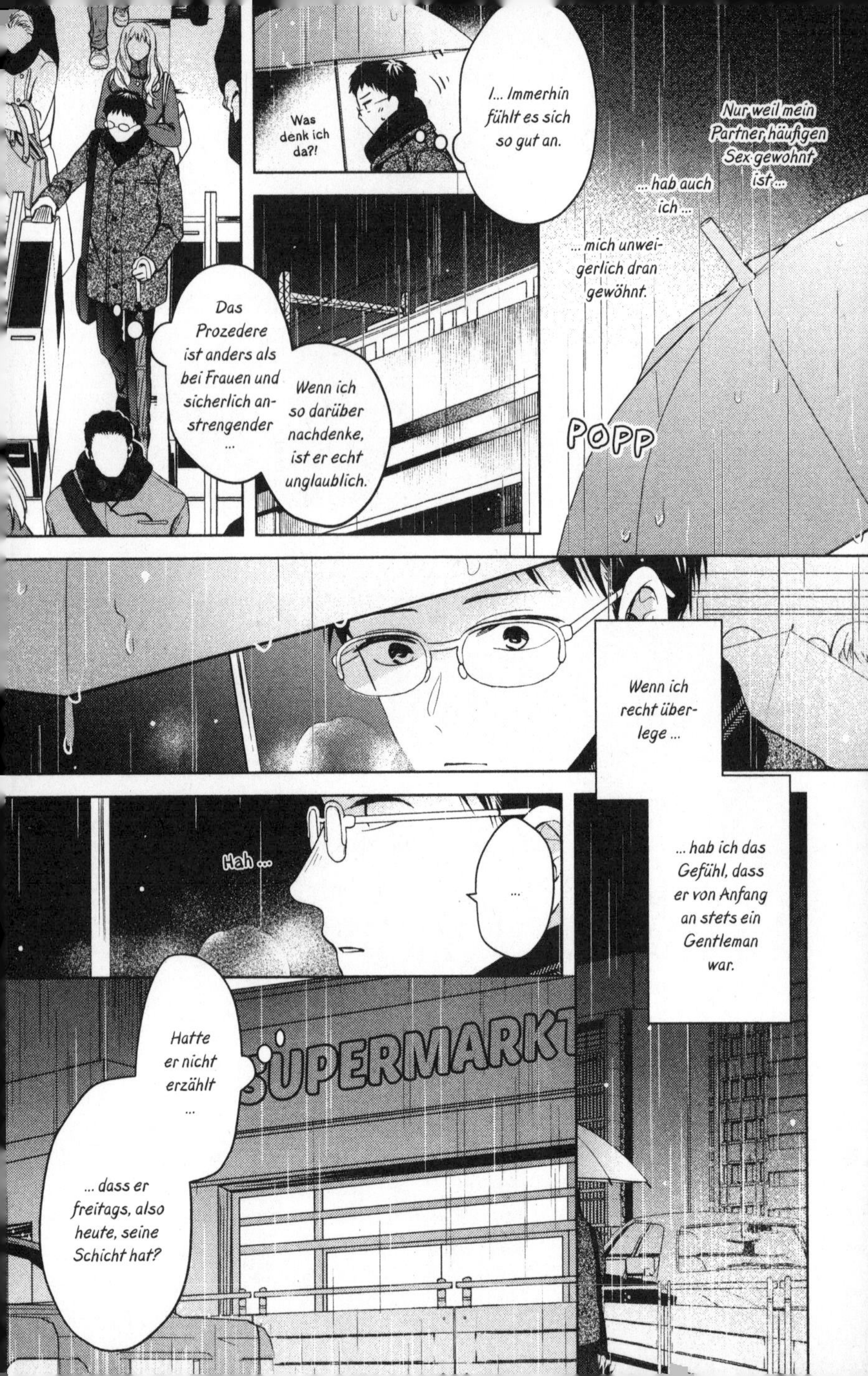
I... Immerhin fühlt es sich so gut an.
Was denk ich da?!
Nur weil mein Partner häufigen Sex gewohnt ist ...
... hab auch ich ...
... mich unweigerlich dran gewöhnt.
Das Prozedere ist anders als bei Frauen und sicherlich anstrengender ...
Wenn ich so darüber nachdenke, ist er echt unglaublich.
POPP
Wenn ich recht überlege ...
... hab ich das Gefühl, dass er von Anfang an stets ein Gentleman war.
Hah ...
...
SUPERMARKT
Hatte er nicht erzählt ...
... dass er freitags, also heute, seine Schicht hat?

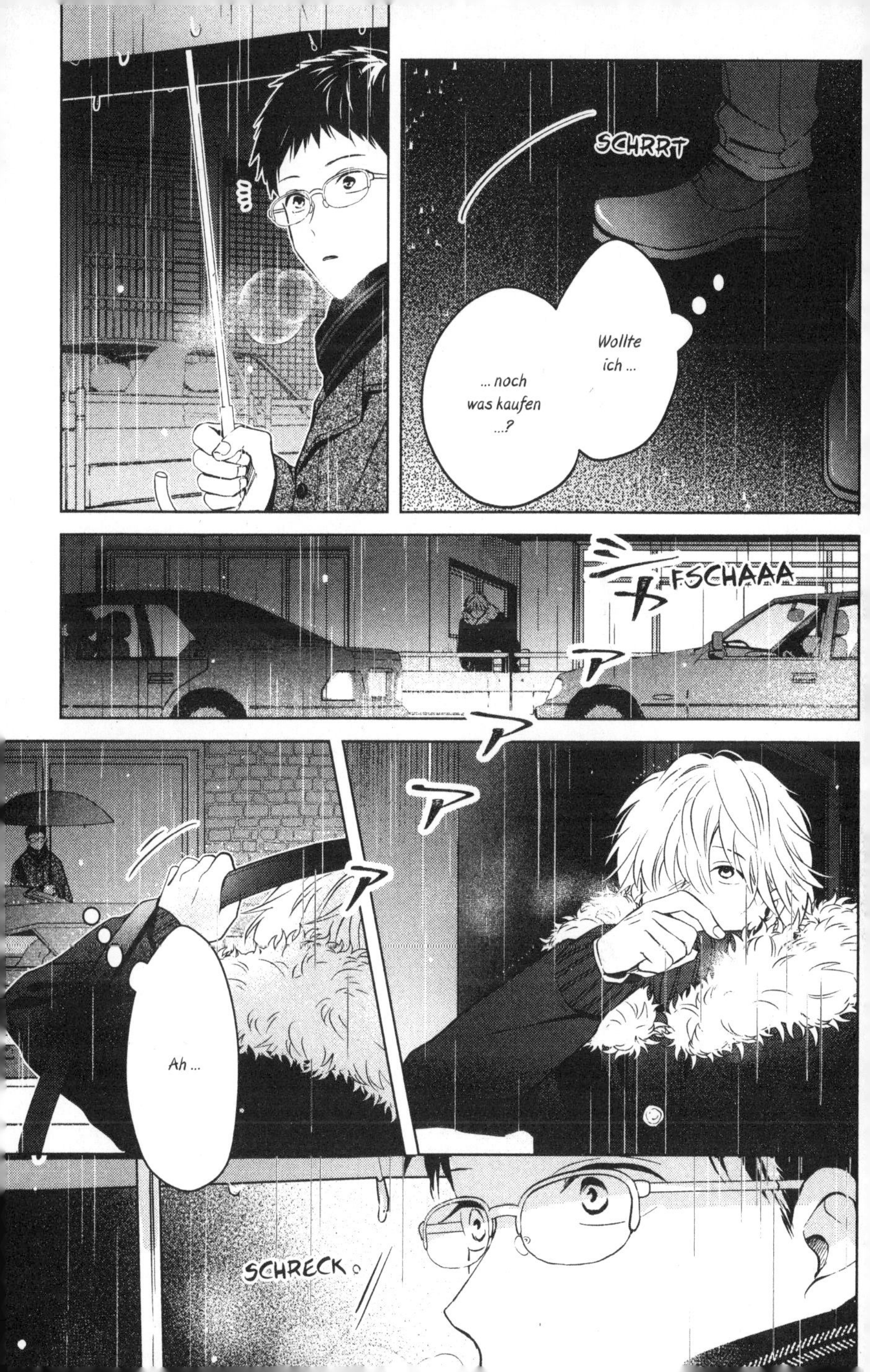

SCHRRT
Wollte ich ...
... noch was kaufen ...?
FSCHAAA
Ah ...
SCHRECK

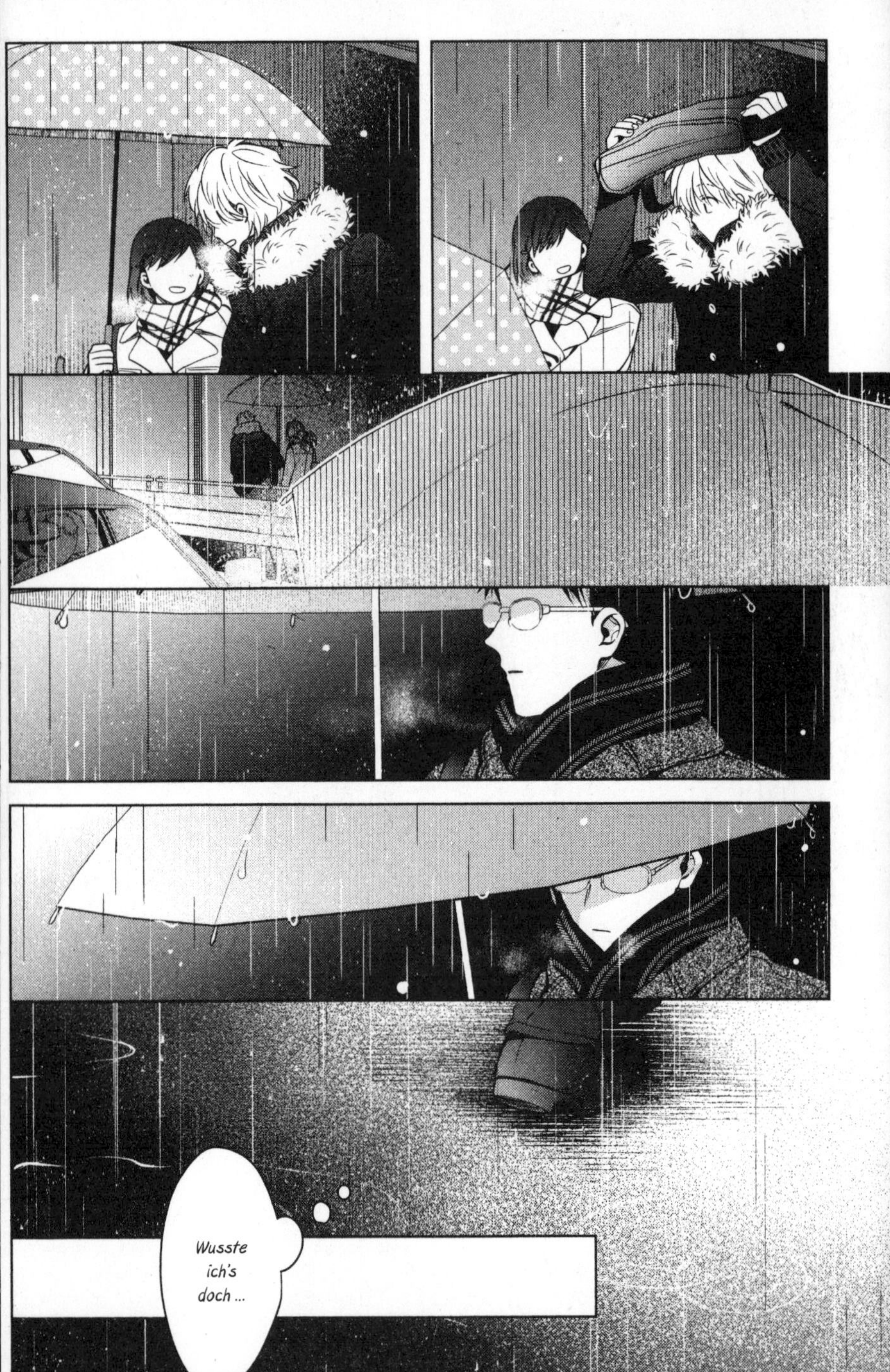
Wusste
ich's
doch ...

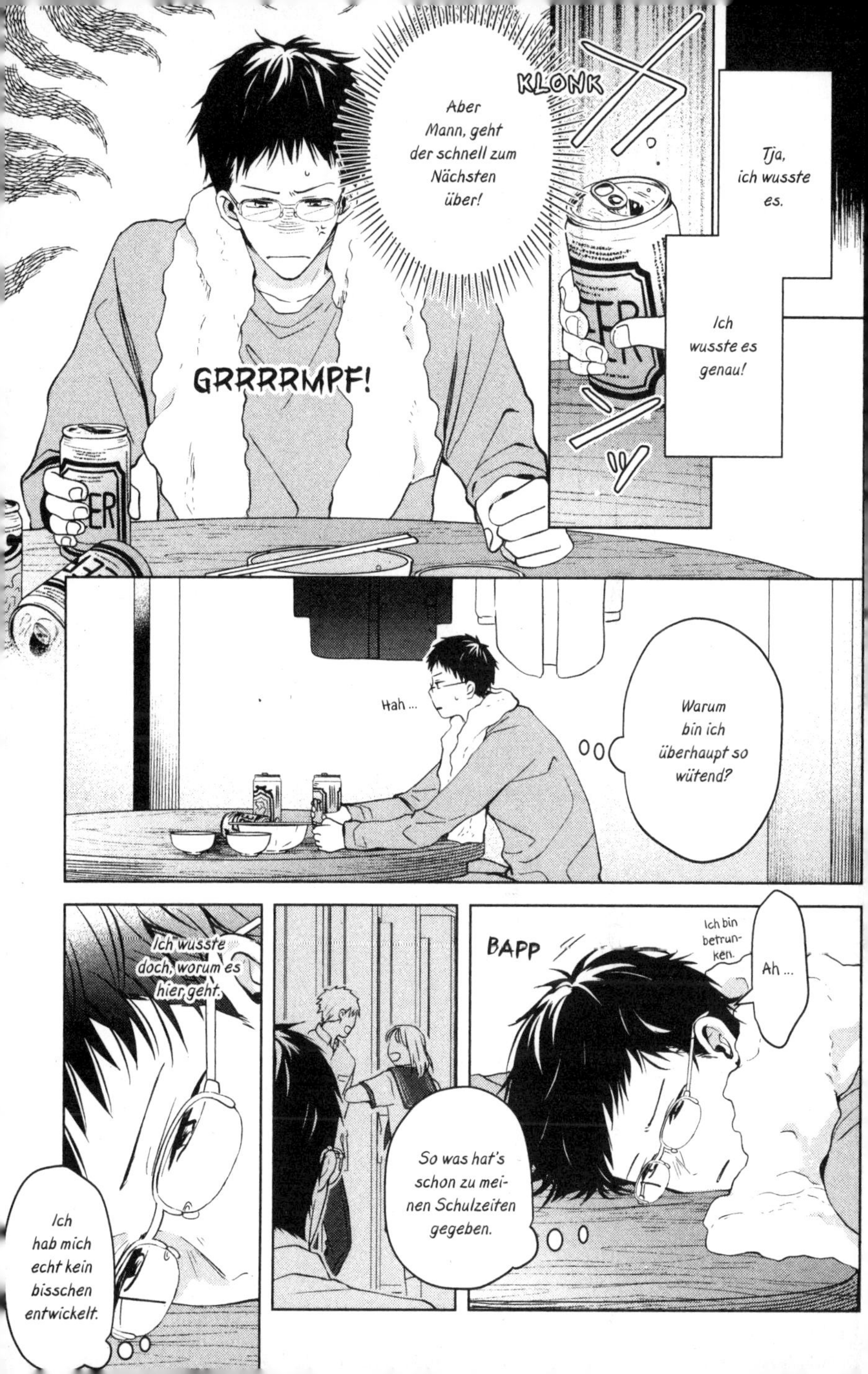
Tja, ich wusste es.
Ich wusste es genau!
KLONK
Aber Mann, geht der schnell zum Nächsten über!
GRRRRMPF!
Warum bin ich überhaupt so wütend?
Hah ...
Ah ...
Ich bin betrunken.
BAPP
So was hat's schon zu meinen Schulzeiten gegeben.
Ich wusste doch, worum es hier geht.
Ich hab mich echt kein bisschen entwickelt.

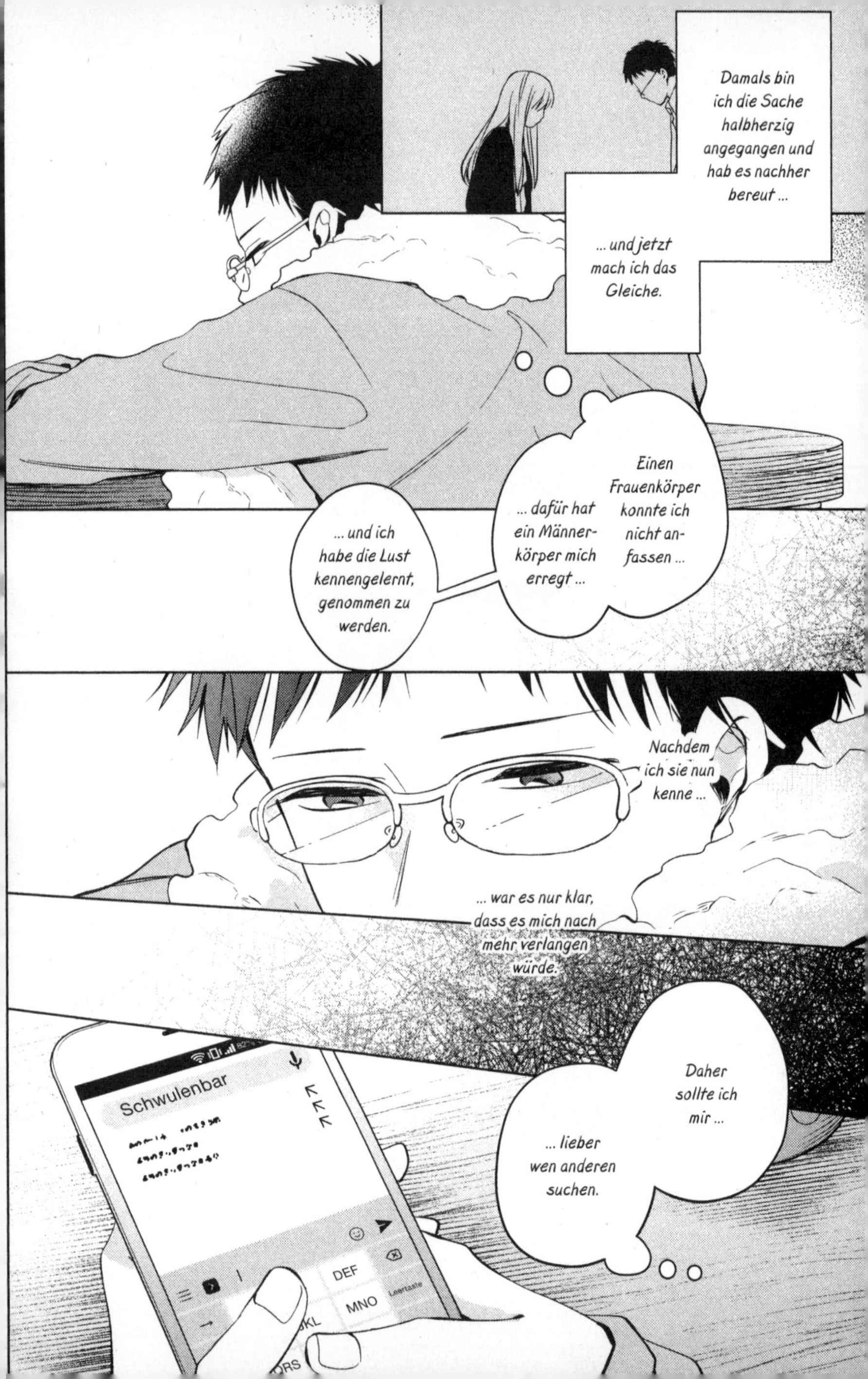
Damals bin ich die Sache halbherzig angegangen und hab es nachher bereut ...
... und jetzt mach ich das Gleiche.
Einen Frauenkörper konnte ich nicht anfassen ...
... dafür hat ein Männerkörper mich erregt ...
... und ich habe die Lust kennengelernt, genommen zu werden.
Nachdem ich sie nun kenne ...
... war es nur klar, dass es mich nach mehr verlangen würde.
Schwulenbar
DEF
MNO
Daher sollte ich mir ...
... lieber wen anderen suchen.

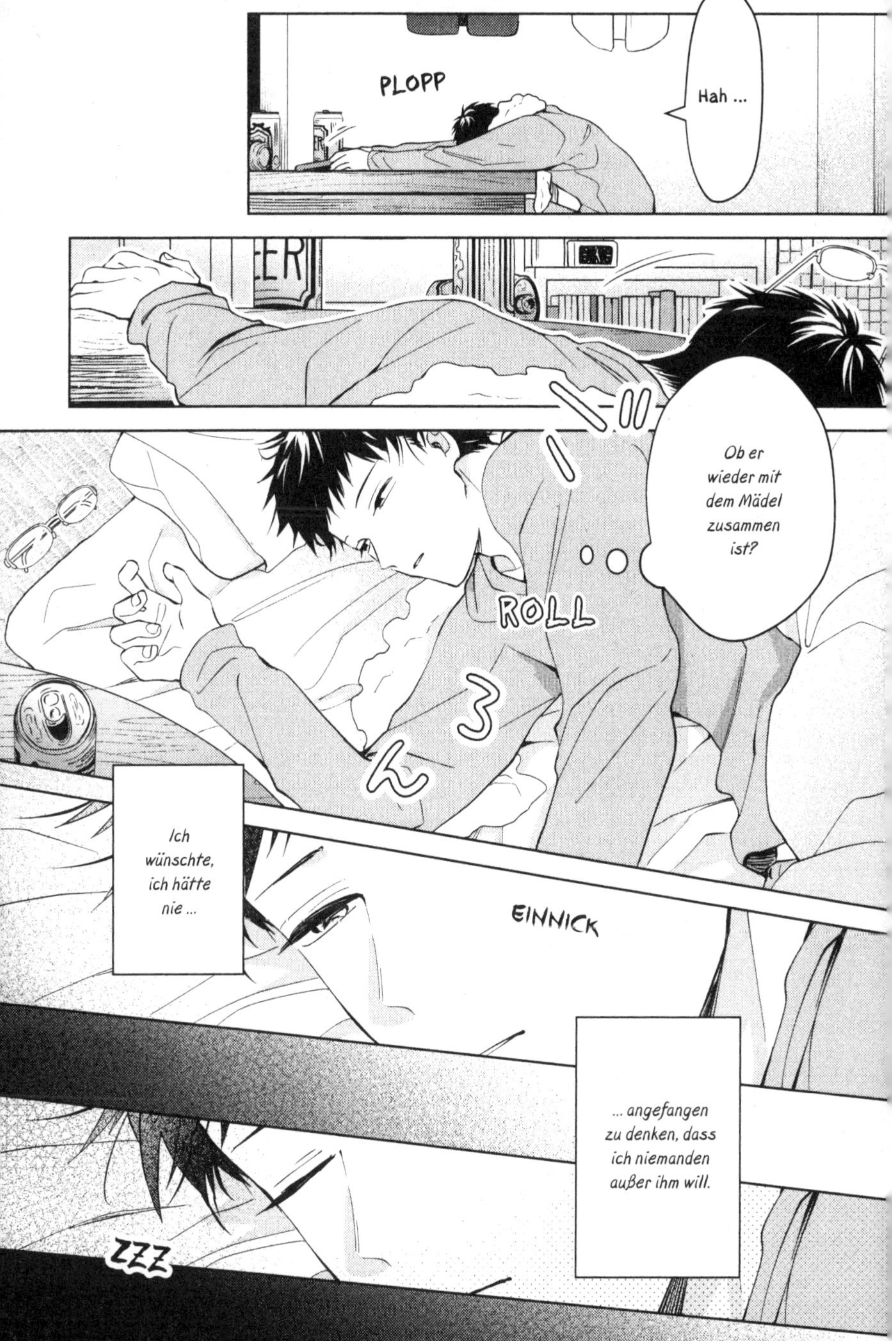
Hah ...
PLOPP
Ob er wieder mit dem Mädel zusammen ist?
ROLL
Ich wünschte, ich hätte nie ...
EINNICK
... angefangen zu denken, dass ich niemanden außer ihm will.
ZZZ

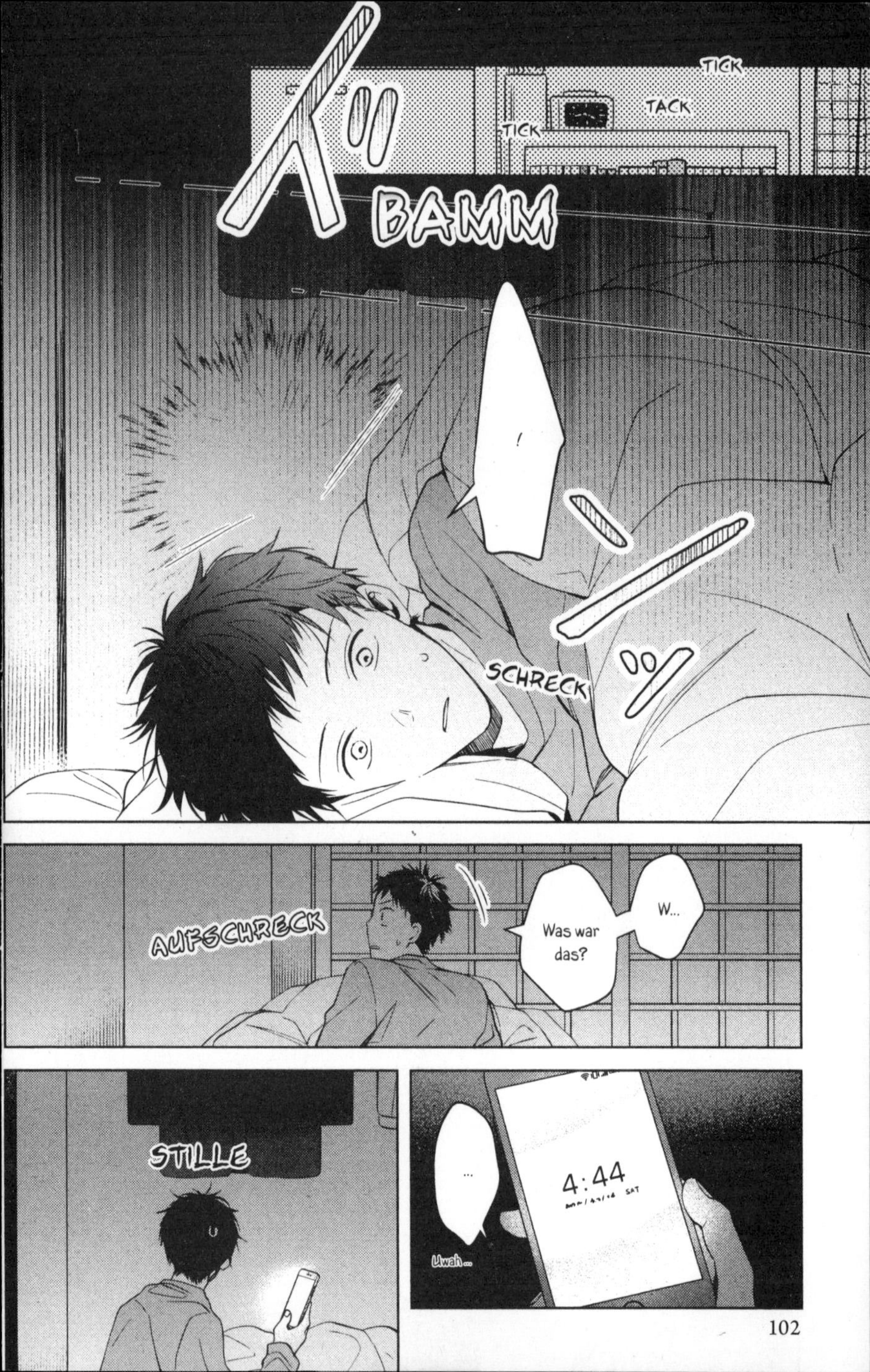

TICK
TACK
TICK
BAMM
!
SCHRECK

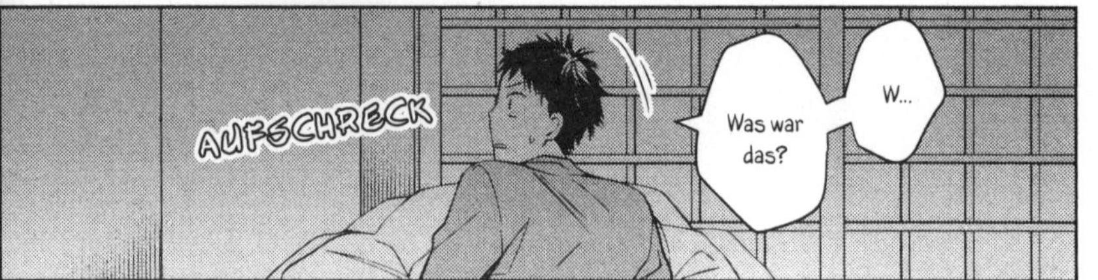

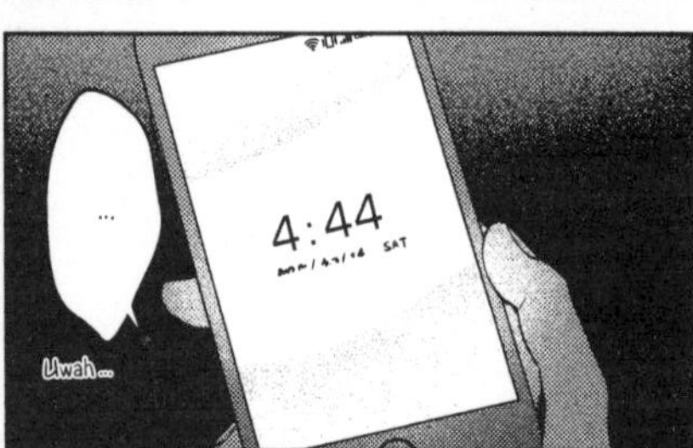

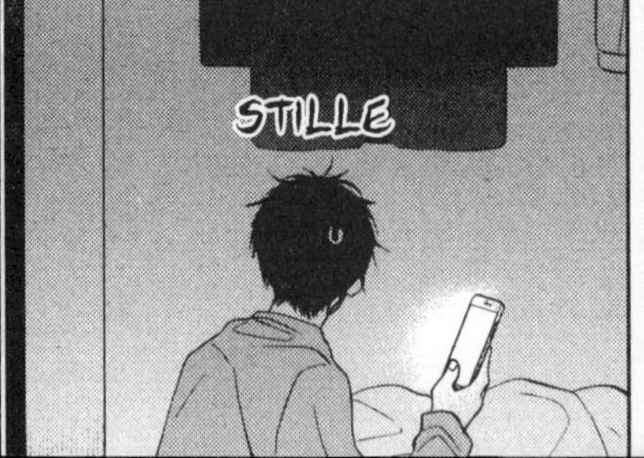

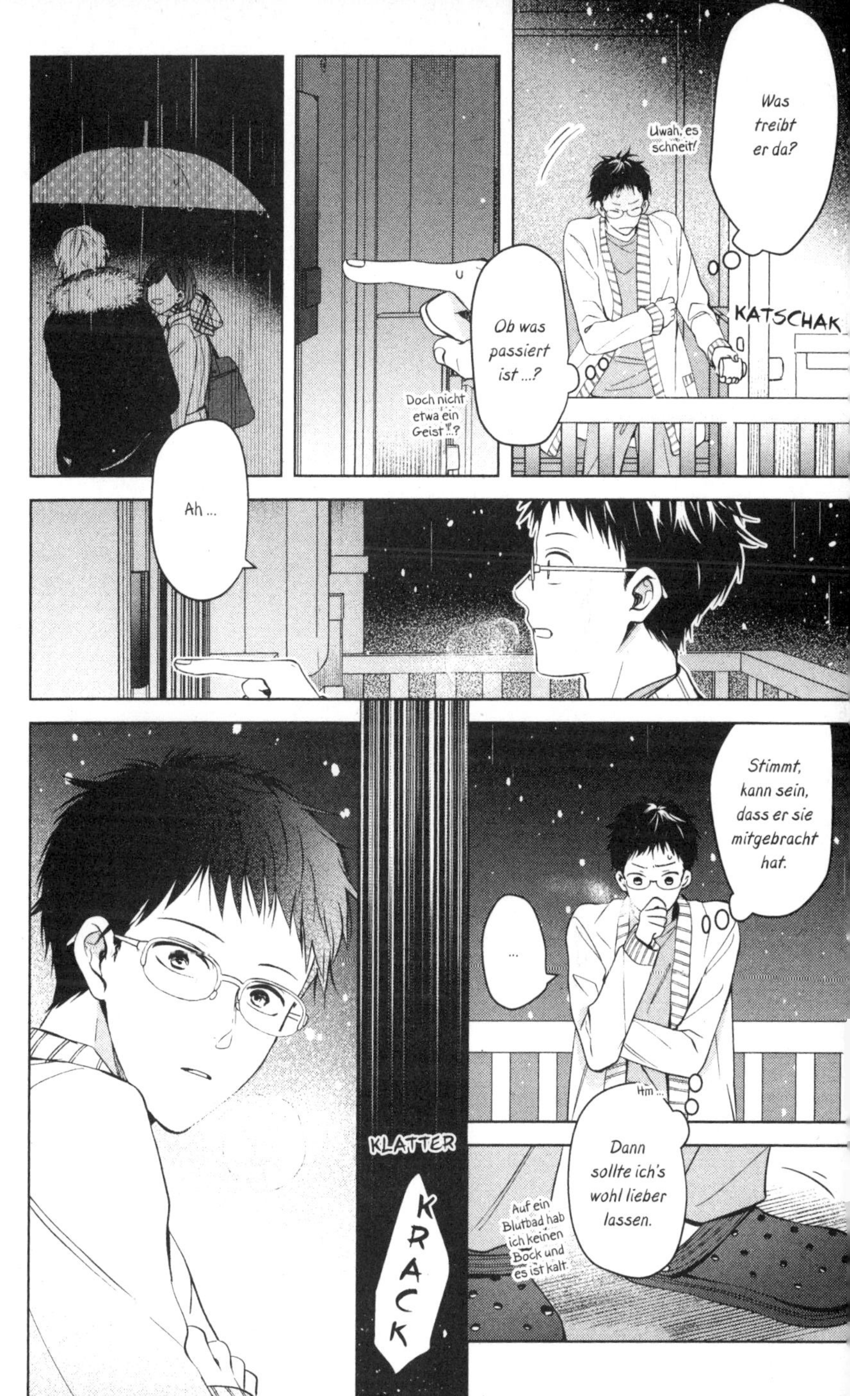

Was treibt er da?
Uwah, es schneit!
KATSCHAK
Ob was passiert ist ...?
Doch nicht etwa ein Geist ...?
Ah ...
Stimmt, kann sein, dass er sie mitgebracht hat.
...
Hm ...
Dann sollte ich's wohl lieber lassen.
Auf ein Blutbad hab ich keinen Bock und es ist kalt.
KLATTER
KRACK

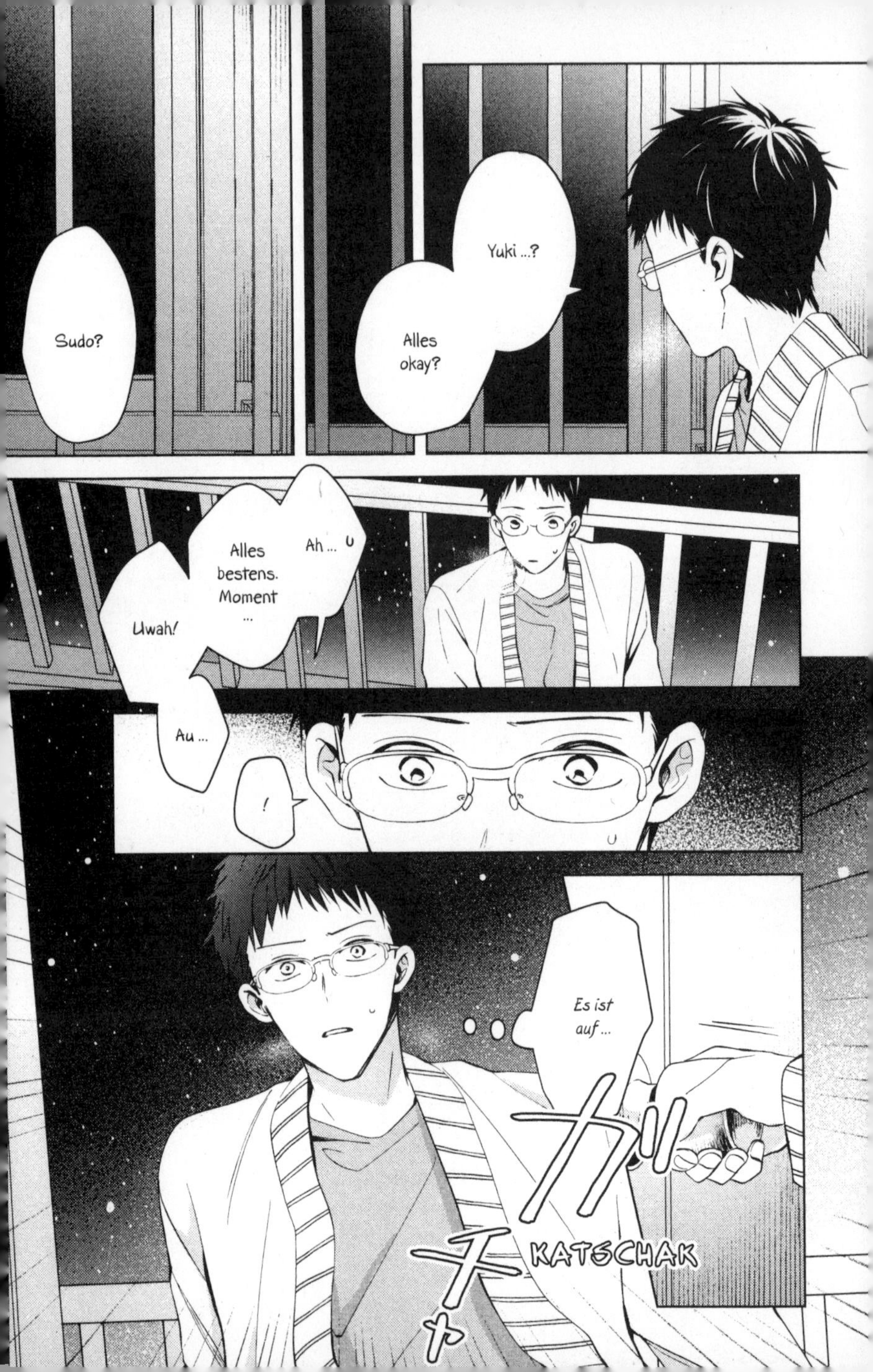
Yuki ...?
Alles okay?
Sudo?
Ah ...
Alles bestens. Moment ...
Uwah!
Au ...
!
Es ist auf ...
...
KATSCHAK

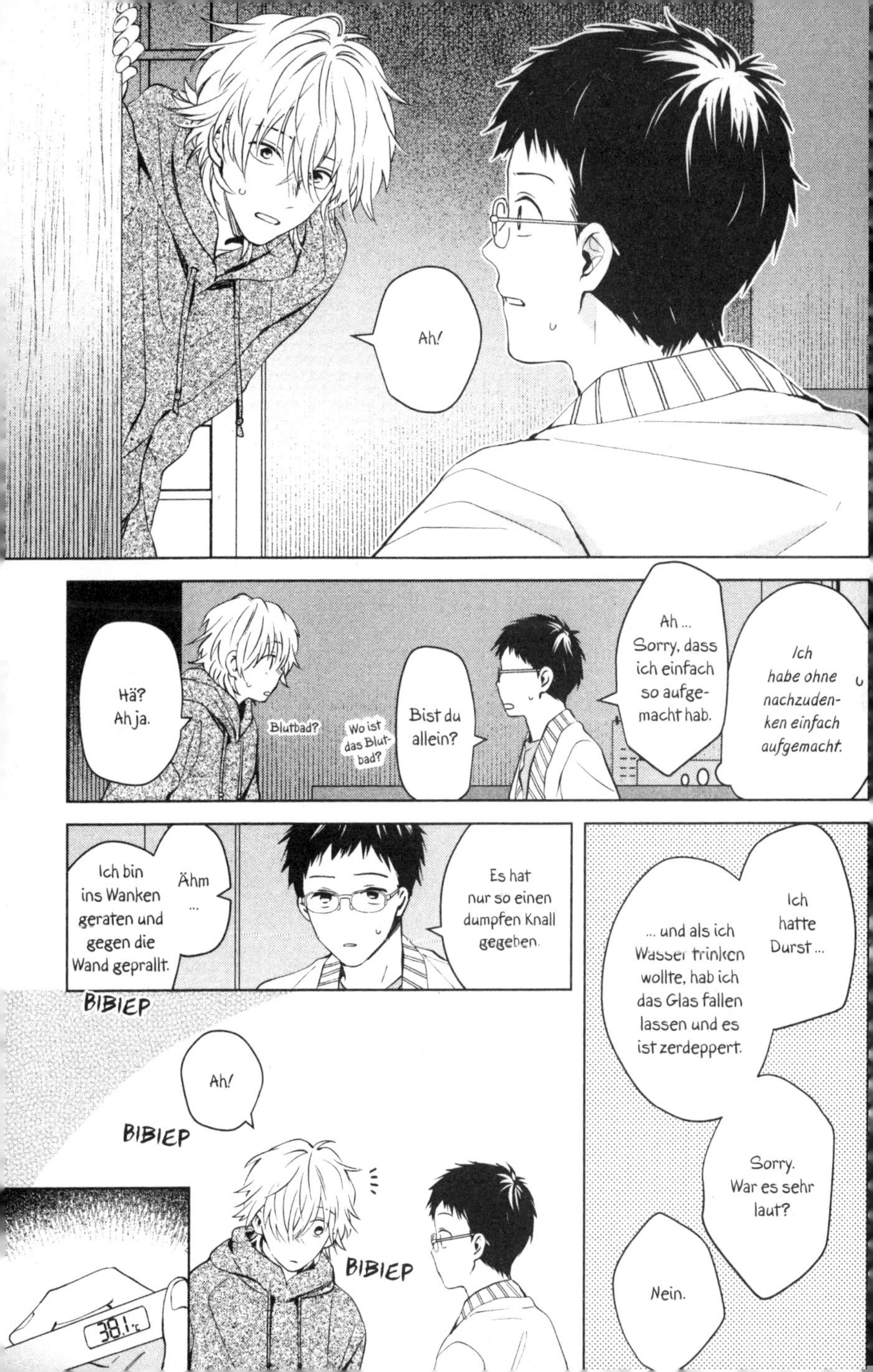
Ah!
Ich habe ohne nachzudenken einfach aufgemacht.
Ah ... Sorry, dass ich einfach so aufgemacht hab.
Bist du allein?
Wo ist das Blutbad?
Blutbad?
Hä? Ah ja.
Ich hatte Durst ...
... und als ich Wasser trinken wollte, hab ich das Glas fallen lassen und es ist zerdeppert.
Sorry. War es sehr laut?
Nein.
Es hat nur so einen dumpfen Knall gegeben.
Ähm ...
Ich bin ins Wanken geraten und gegen die Wand geprallt.
BIBIEP
Ah!
BIBIEP
BIBIEP
38.1 °C

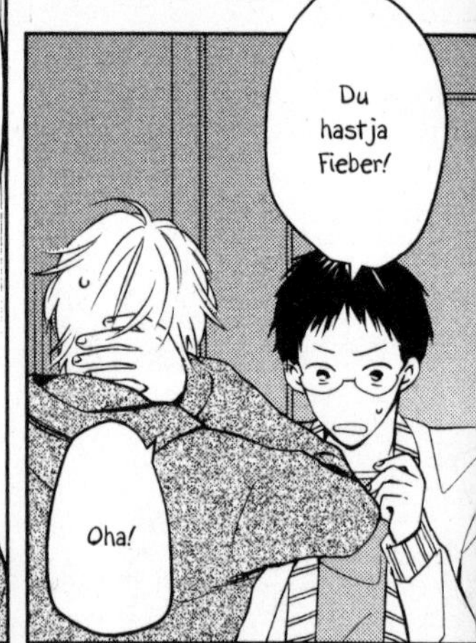
Du hast ja Fieber!
Oha!

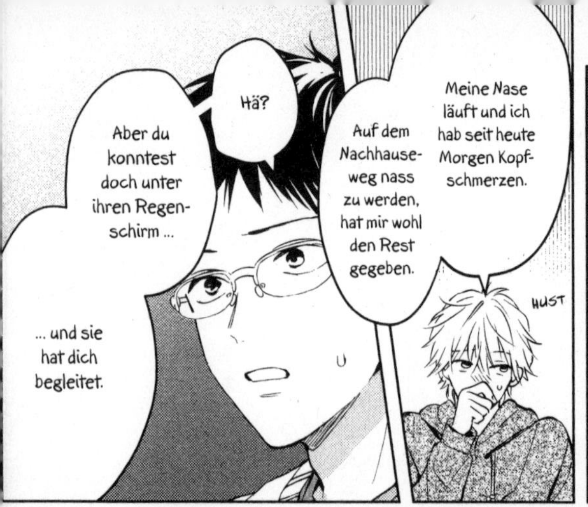
Meine Nase läuft und ich hab seit heute Morgen Kopfschmerzen.
HUST
Auf dem Nachhauseweg nass zu werden, hat mir wohl den Rest gegeben.
Hä?
Aber du konntest doch unter ihren Regenschirm ...
... und sie hat dich begleitet.

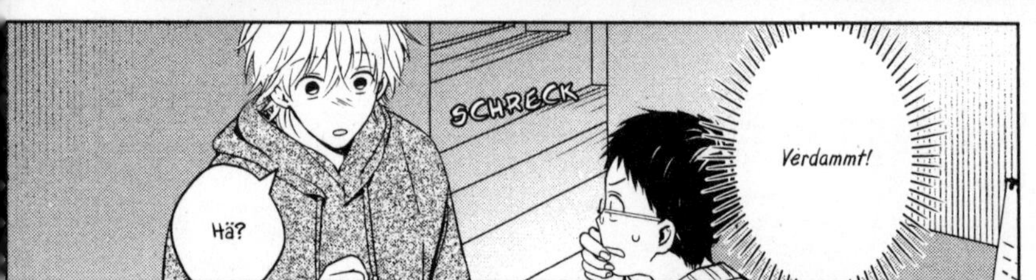
Verdammt!
SCHRECK
Hä?

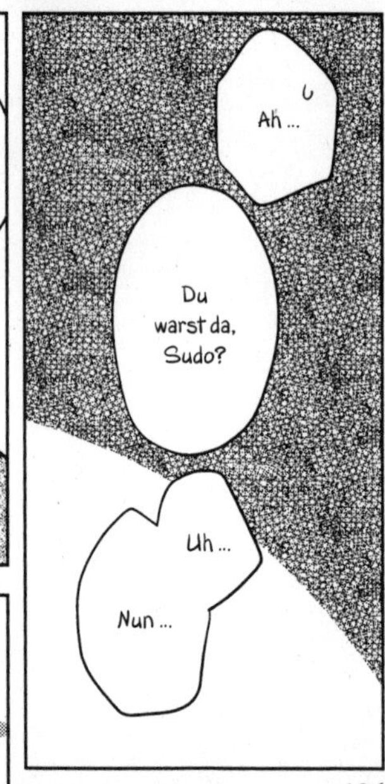
Ah ...
Du warst da, Sudo?
Uh ...
Nun ...

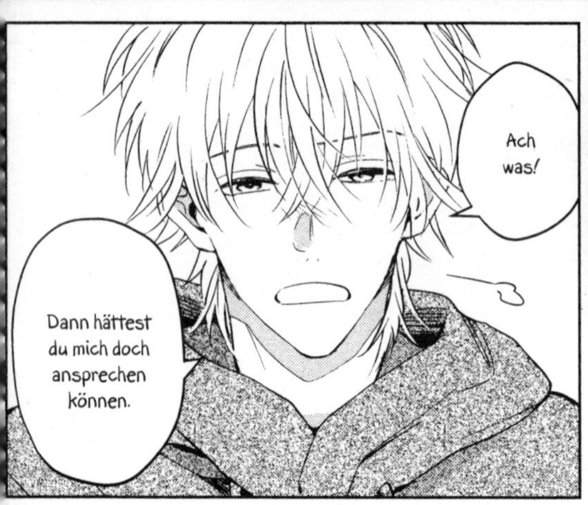
Ach was!
Dann hättest du mich doch ansprechen können.

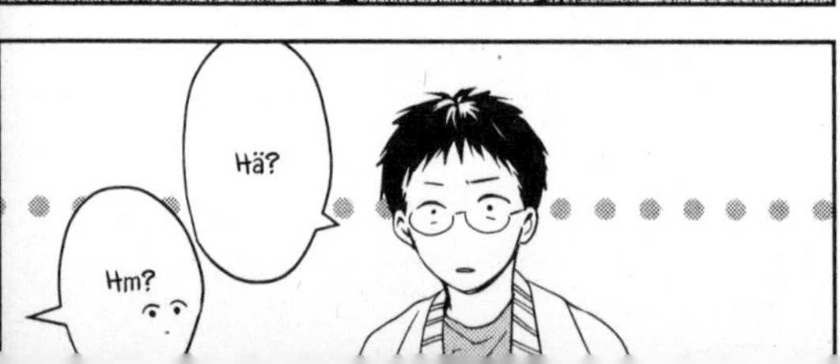
Hä?
Hm?

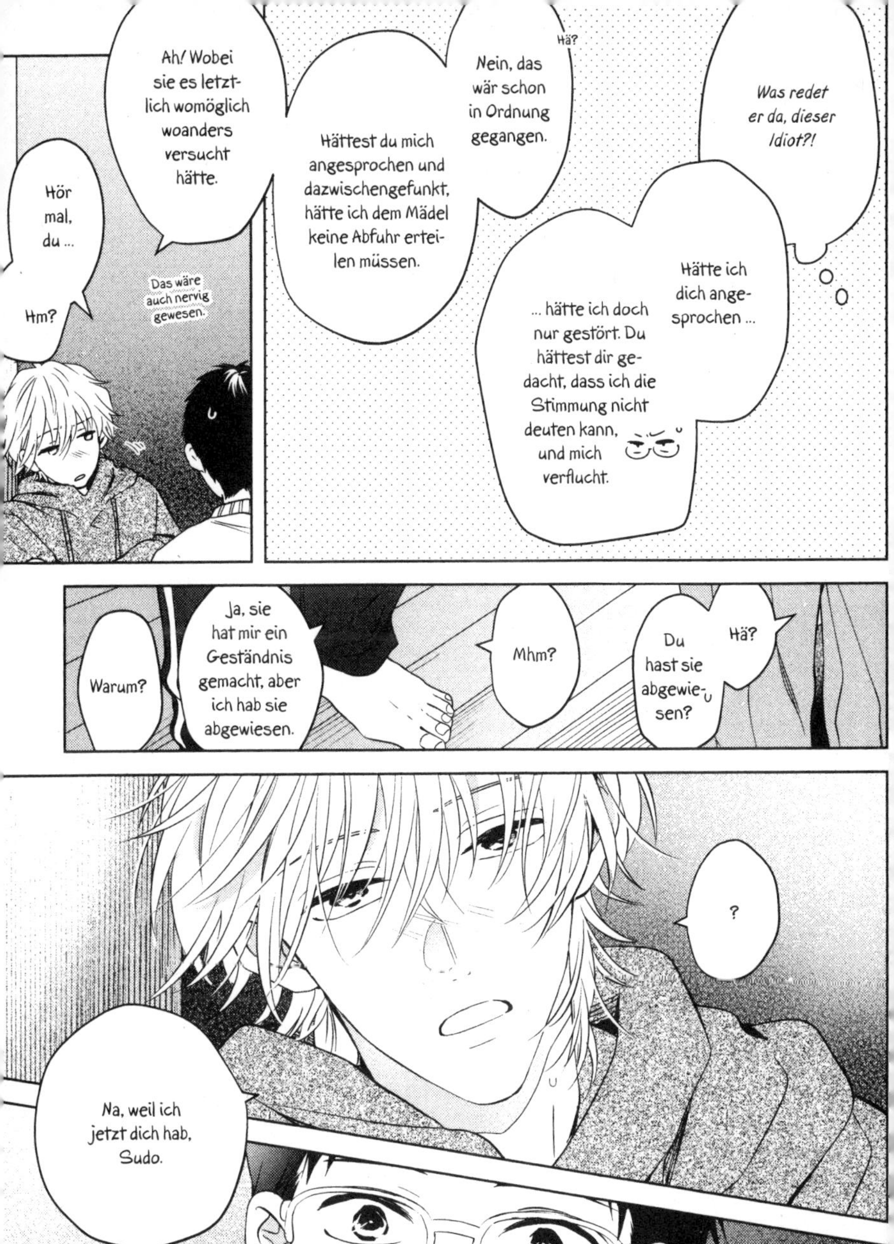
Hätte ich dich angesprochen ...
... hätte ich doch nur gestört. Du hättest dir gedacht, dass ich die Stimmung nicht deuten kann, und mich verflucht.
Nein, das wär schon in Ordnung gegangen.
Hättest du mich angesprochen und dazwischengefunkt, hätte ich dem Mädel keine Abfuhr erteilen müssen.
Hä?
Was redet er da, dieser Idiot?!
Ah! Wobei sie es letztlich womöglich woanders versucht hätte.
Das wäre auch nervig gewesen.
Hör mal, du ...
Hm?
Hä?
Du hast sie abgewiesen?
Mhm?
Ja, sie hat mir ein Geständnis gemacht, aber ich hab sie abgewiesen.
Warum?
?
Na, weil ich jetzt dich hab, Sudo.

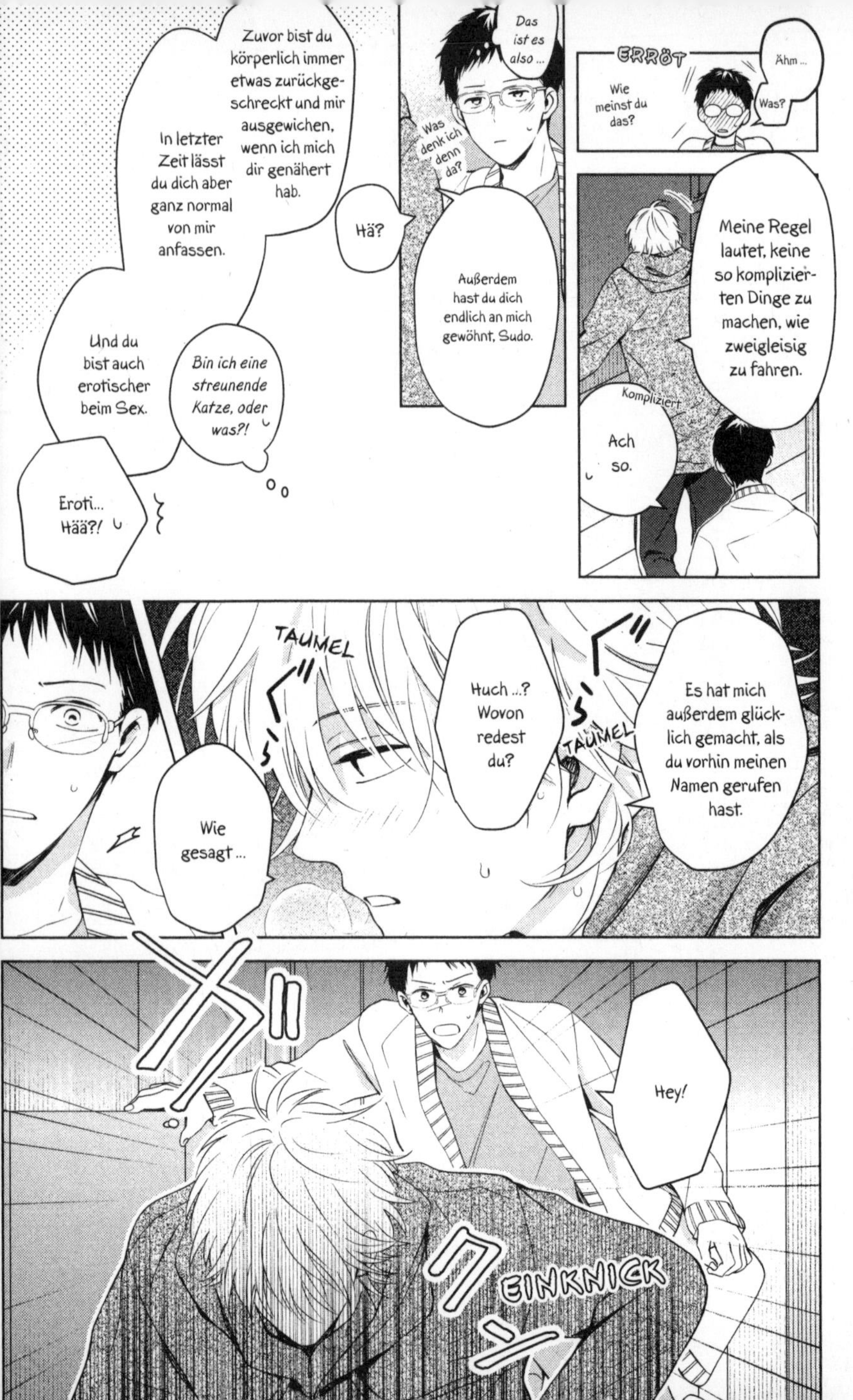

ERRÖT
Ähm ...
Was?
Wie meinst du das?
Meine Regel lautet, keine so komplizierten Dinge zu machen, wie zweigleisig zu fahren.
Kompliziert
Ach so.
Das ist es also ...
Was denk ich denn da?
Außerdem hast du dich endlich an mich gewöhnt, Sudo.
Hä?
Zuvor bist du körperlich immer etwas zurückgeschreckt und mir ausgewichen, wenn ich mich dir genähert hab.
In letzter Zeit lässt du dich aber ganz normal von mir anfassen.
Und du bist auch erotischer beim Sex.
Bin ich eine streunende Katze, oder was?!
Eroti... Hää?!
Es hat mich außerdem glücklich gemacht, als du vorhin meinen Namen gerufen hast.
TAUMEL
Huch ...? Wovon redest du?
TAUMEL
Wie gesagt ...
Hey!
EINKNICK

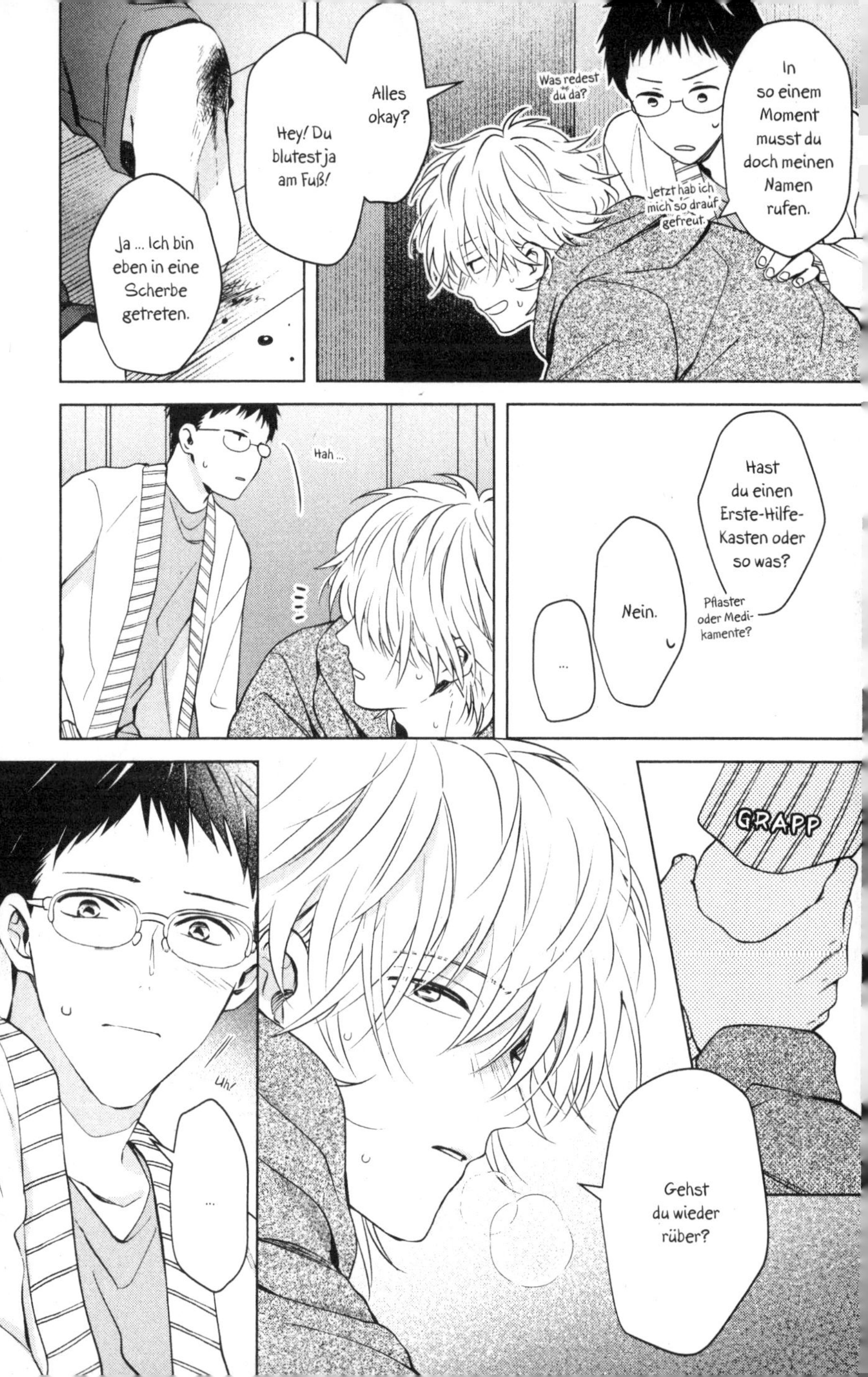
In so einem Moment musst du doch meinen Namen rufen.
Jetzt hab ich mich so drauf gefreut.
Was redest du da?
Alles okay?
Hey! Du blutest ja am Fuß!
Ja ... Ich bin eben in eine Scherbe getreten.
Hast du einen Erste-Hilfe-Kasten oder so was?
Pflaster oder Medikamente?
Nein.
...
Hah ...
GRAPP
Gehst du wieder rüber?
Uh!
...

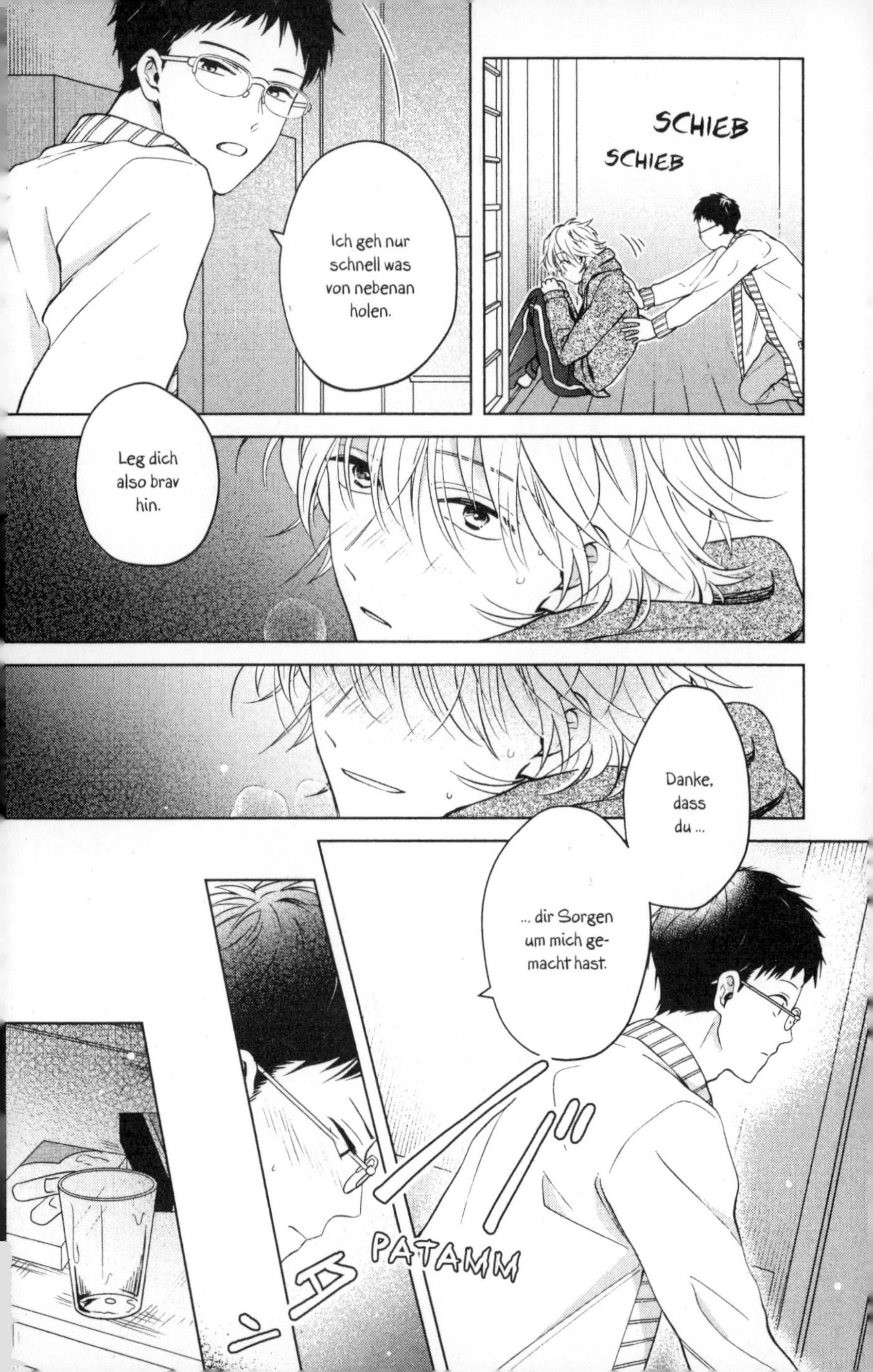
SCHIEB
SCHIEB
Ich geh nur schnell was von nebenan holen.
Leg dich also brav hin.
Danke, dass du ...
... dir Sorgen um mich gemacht hast.
PATAMM

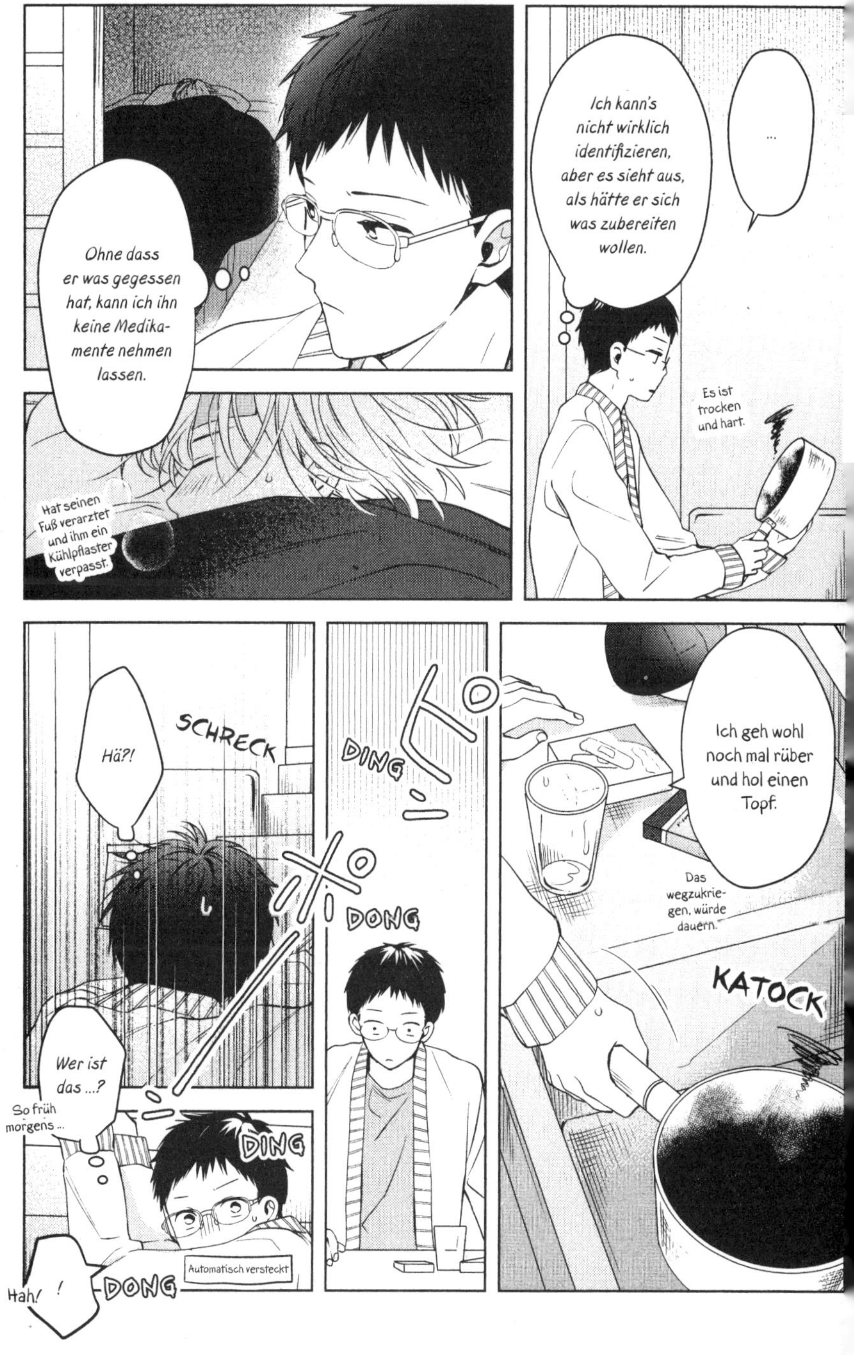

...

Ich kann's nicht wirklich identifizieren, aber es sieht aus, als hätte er sich was zubereiten wollen.

Es ist trocken und hart.

Ohne dass er was gegessen hat, kann ich ihn keine Medikamente nehmen lassen.

Hat seinen Fuß verarztet und ihm ein Kühlpflaster verpasst.

Ich geh wohl noch mal rüber und hol einen Topf.

Das wegzukriegen, würde dauern.

KATOCK

DING

DONG

SCHRECK

Hä?!

Wer ist das ...?

So früh morgens ...

DING

Automatisch versteckt

Hah! !

DONG

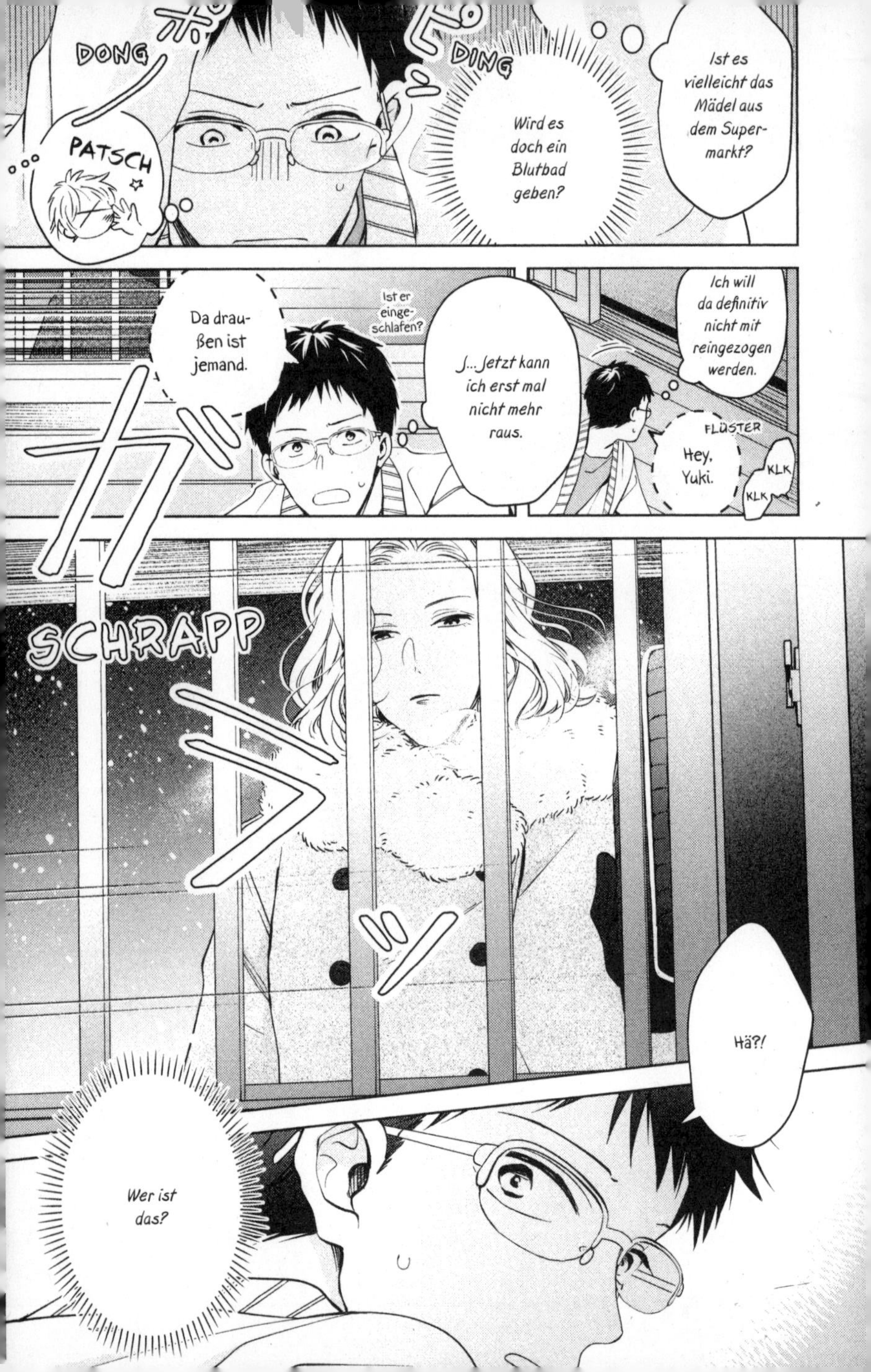
Ist es vielleicht das Mädel aus dem Supermarkt?
Wird es doch ein Blutbad geben?
DING
DONG
PATSCH
Ich will da definitiv nicht mit reingezogen werden.
FLÜSTER
Hey, Yuki.
KLK
KLK
J... Jetzt kann ich erst mal nicht mehr raus.
Ist er eingeschlafen?
Da draußen ist jemand.
SCHRAPP
Hä?!
Wer ist das?

Kapitel 4

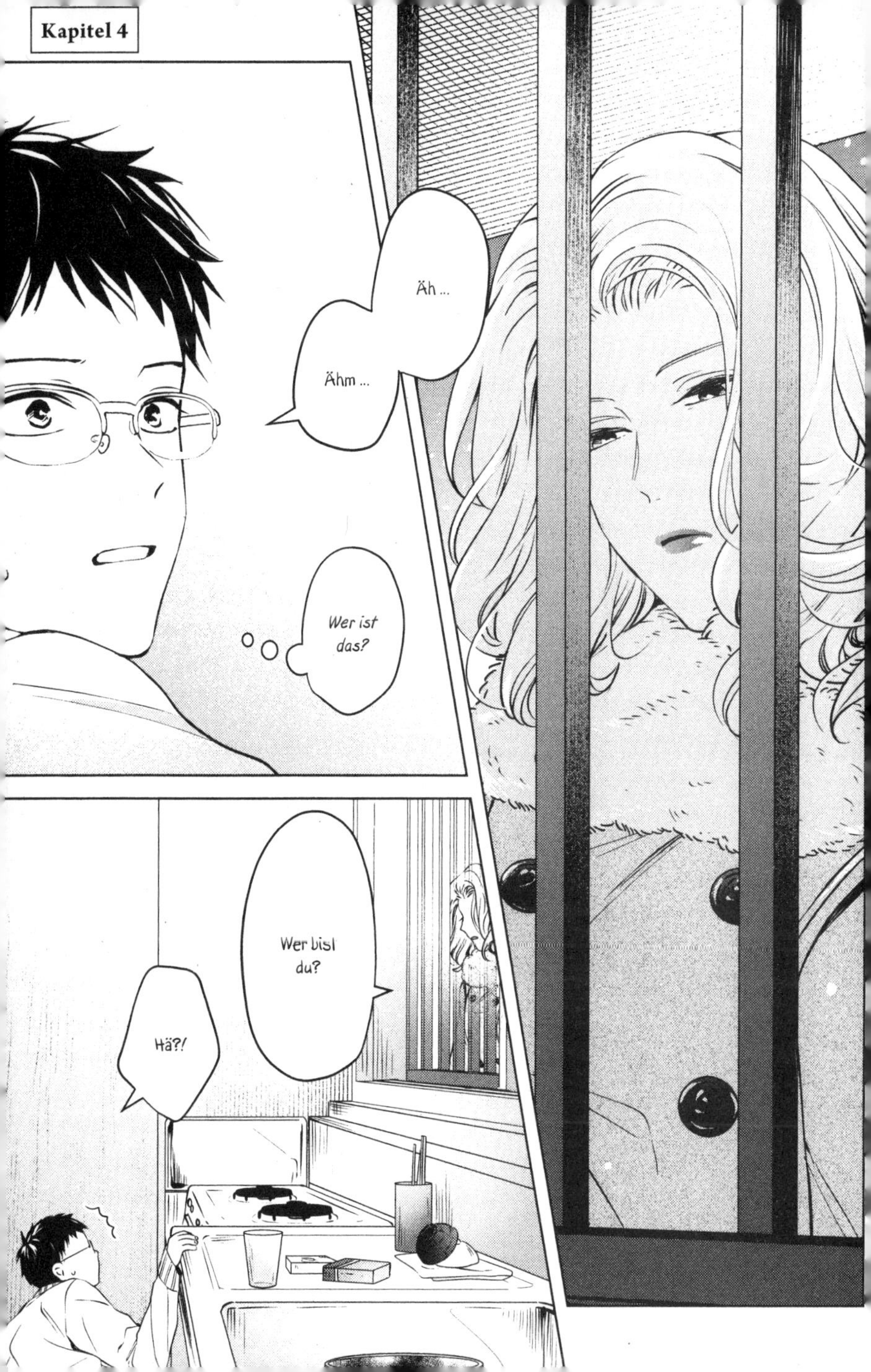

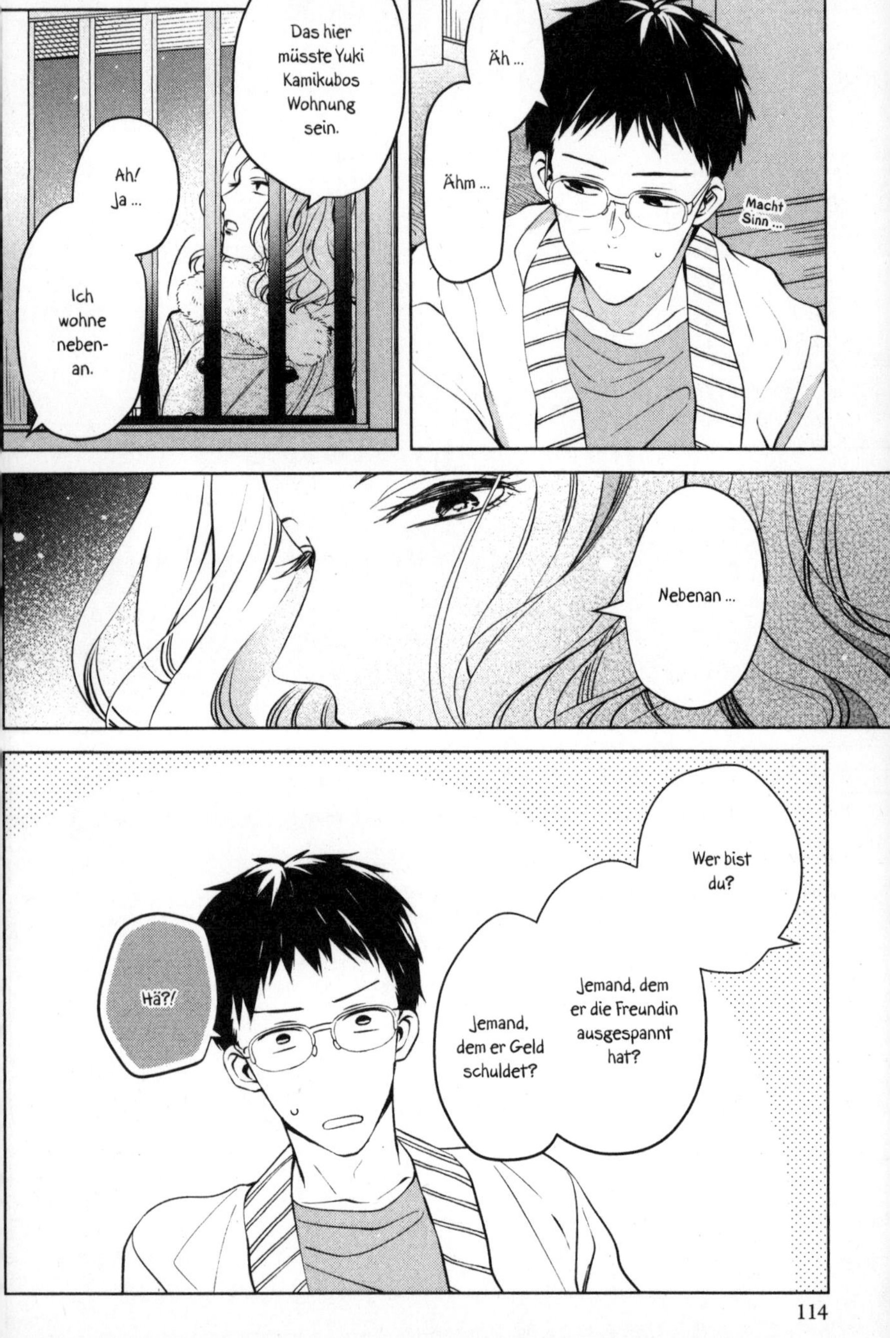

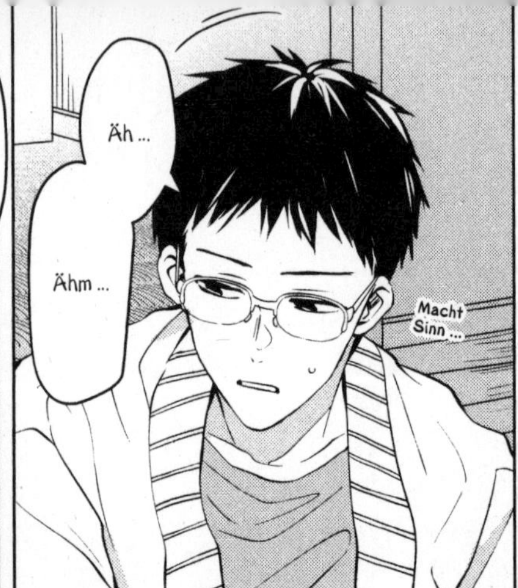

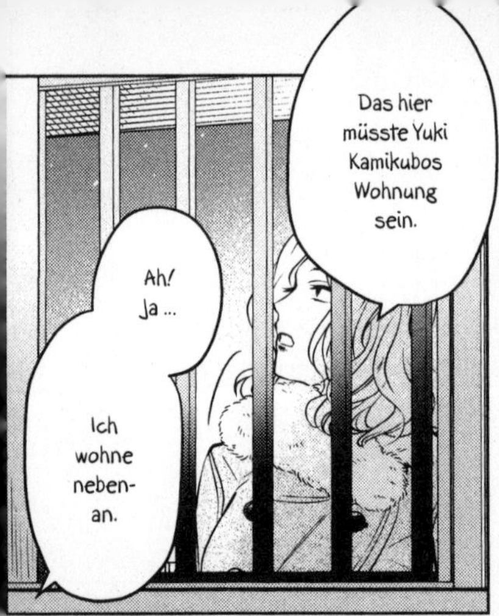

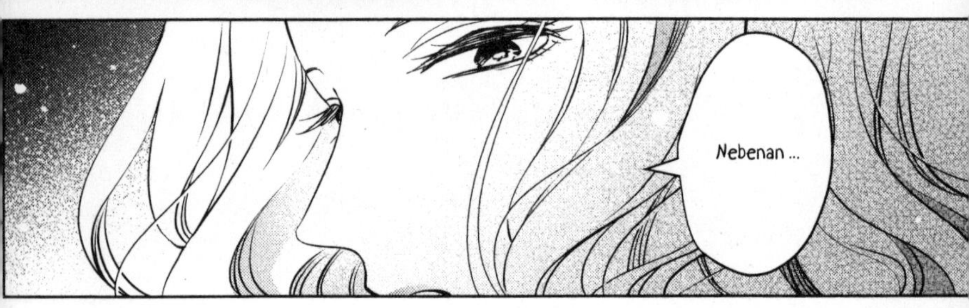

Wer bist du?

Jemand, dem er die Freundin ausgespannt hat?

Jemand, dem er Geld schuldet?

Hä?!

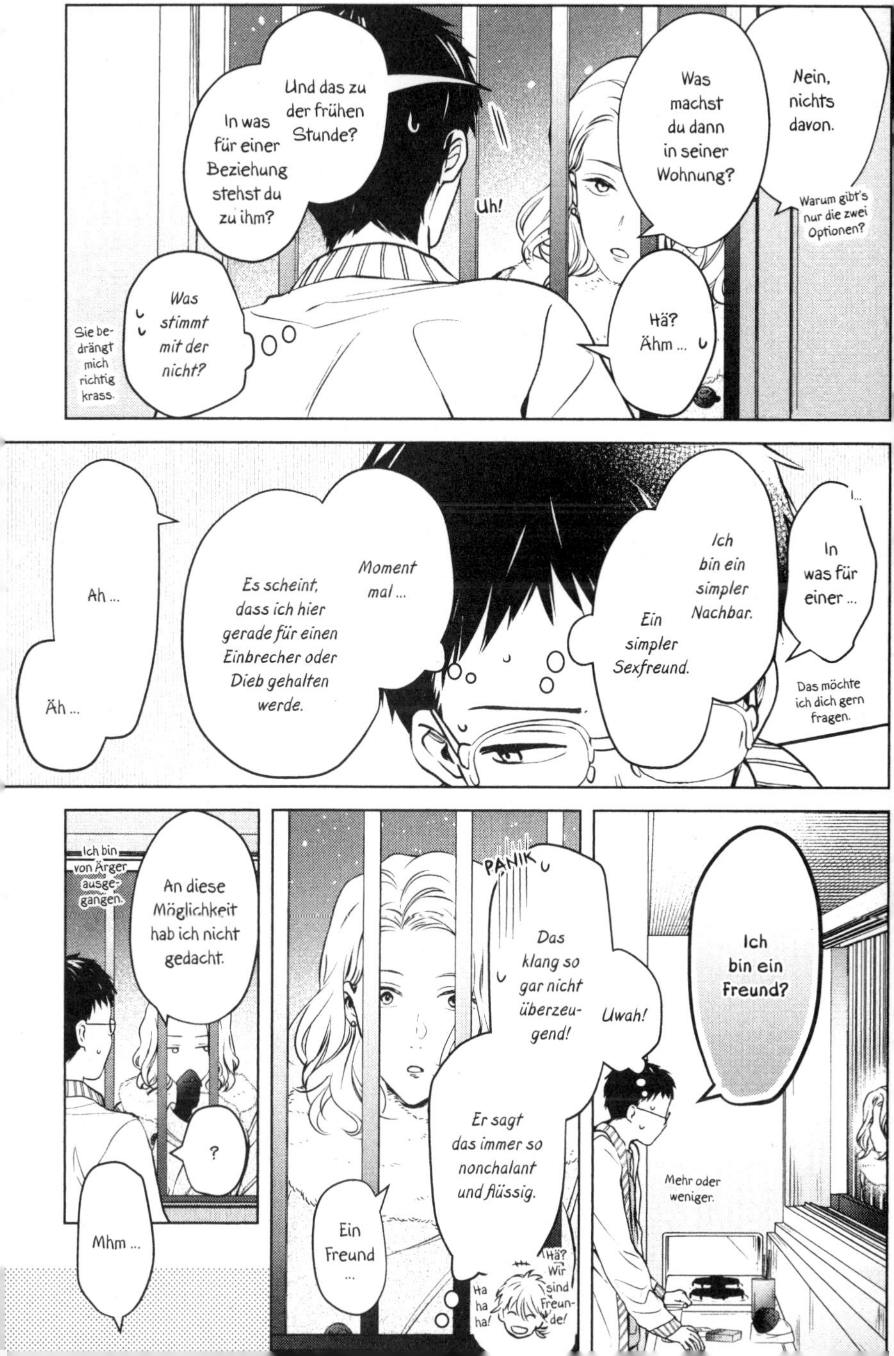

Nein, nichts davon.
Warum gibt's nur die zwei Optionen?
Was machst du dann in seiner Wohnung?
Uh!
Und das zu der frühen Stunde?
In was für einer Beziehung stehst du zu ihm?
Hä? Ähm ...
Was stimmt mit der nicht?
Sie bedrängt mich richtig krass.

I ...
In was für einer ...
Das möchte ich dich gern fragen.
Ich bin ein simpler Nachbar.
Ein simpler Sexfreund.
Moment mal ...
Es scheint, dass ich hier gerade für einen Einbrecher oder Dieb gehalten werde.
Ah ...
Äh ...

Ich bin ein Freund?
Mehr oder weniger.
PANIK
Das klang so gar nicht überzeugend!
Uwah!
Er sagt das immer so nonchalant und flüssig.
Ein Freund ...
Hä? Wir sind Freunde!
Ha ha ha!
An diese Möglichkeit hab ich nicht gedacht.
Ich bin von Ärger ausgegangen.
?
Mhm ...

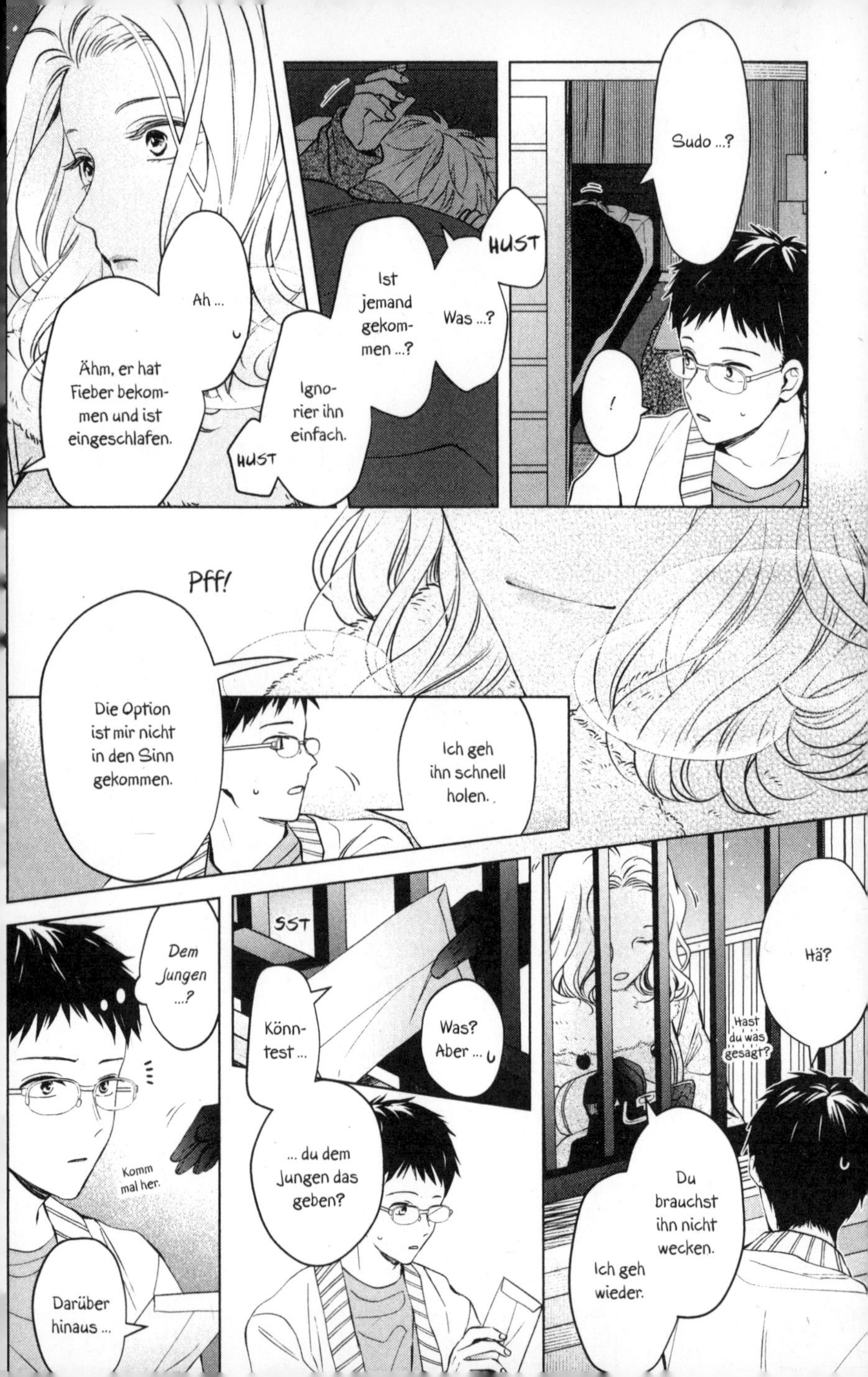
Sudo ...?
!
HUST
Was ...?
Ist jemand gekommen ...?
Ignorier ihn einfach.
HUST
Ah ...
Ähm, er hat Fieber bekommen und ist eingeschlafen.
Pff!
Ich geh ihn schnell holen.
Die Option ist mir nicht in den Sinn gekommen.
Hä?
Hast du was gesagt?
Du brauchst ihn nicht wecken.
Ich geh wieder.
SST
Was? Aber ...
Könntest ...
... du dem Jungen das geben?
Dem Jungen ...?
Komm mal her.
Darüber hinaus ...

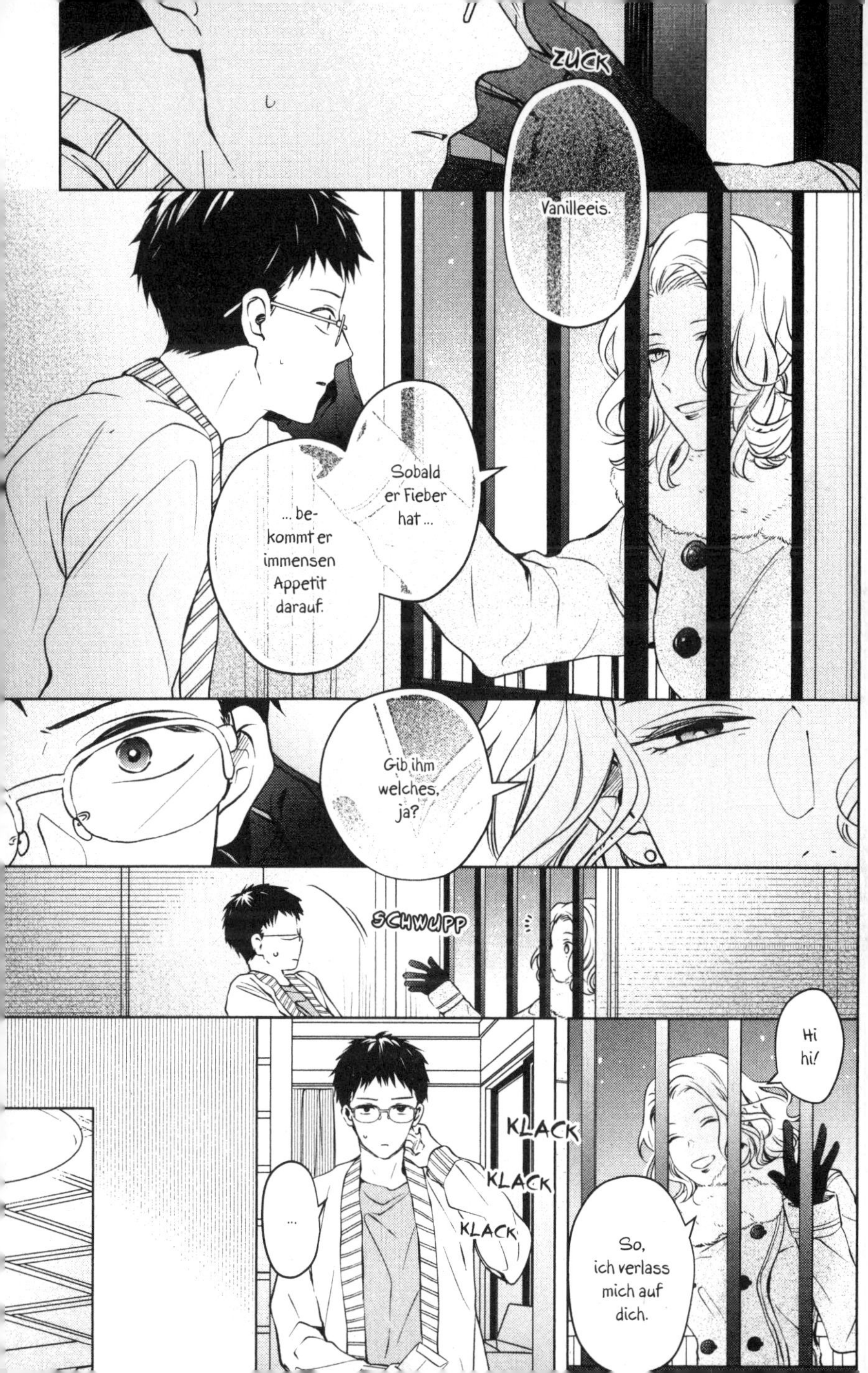
ZUCK
Vanilleeis.
Sobald er Fieber hat ...
... be-kommt er immensen Appetit darauf.
Gib ihm welches, ja?
SCHWUPP
Hi hi!
So, ich verlass mich auf dich.
KLACK
KLACK
KLACK
...

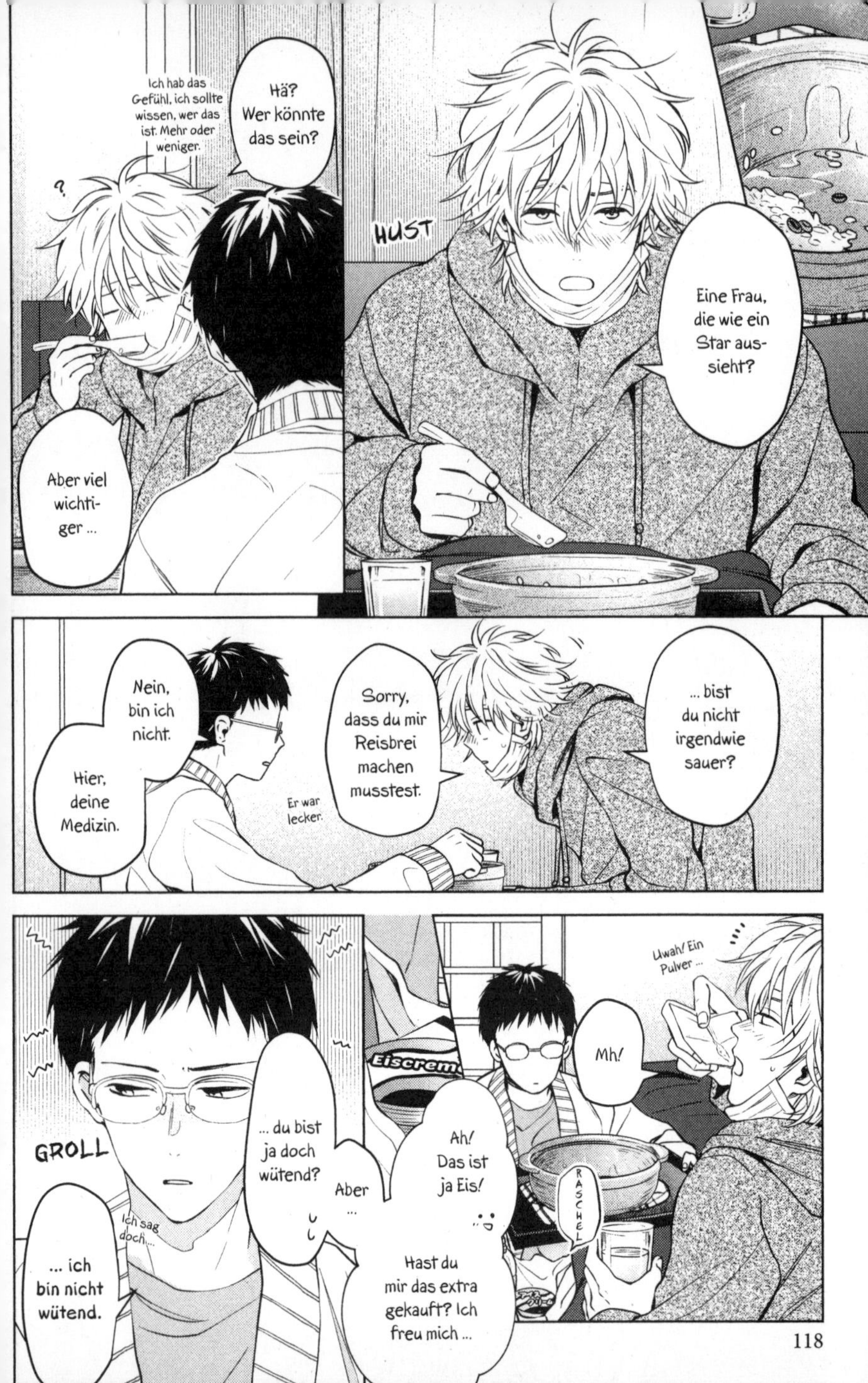
HUST
Eine Frau, die wie ein Star aussieht?
Hä? Wer könnte das sein?
Ich hab das Gefühl, ich sollte wissen, wer das ist. Mehr oder weniger.
?
Aber viel wichtiger ...
... bist du nicht irgendwie sauer?
Sorry, dass du mir Reisbrei machen musstest.
Er war lecker.
Nein, bin ich nicht.
Hier, deine Medizin.
Uwah! Ein Pulver ...
Mh!
RASCHEL
Ah! Das ist ja Eis!
Hast du mir das extra gekauft? Ich freu mich ...
Aber ...
... du bist ja doch wütend?
GROLL
Ich sag doch ...
... ich bin nicht wütend.

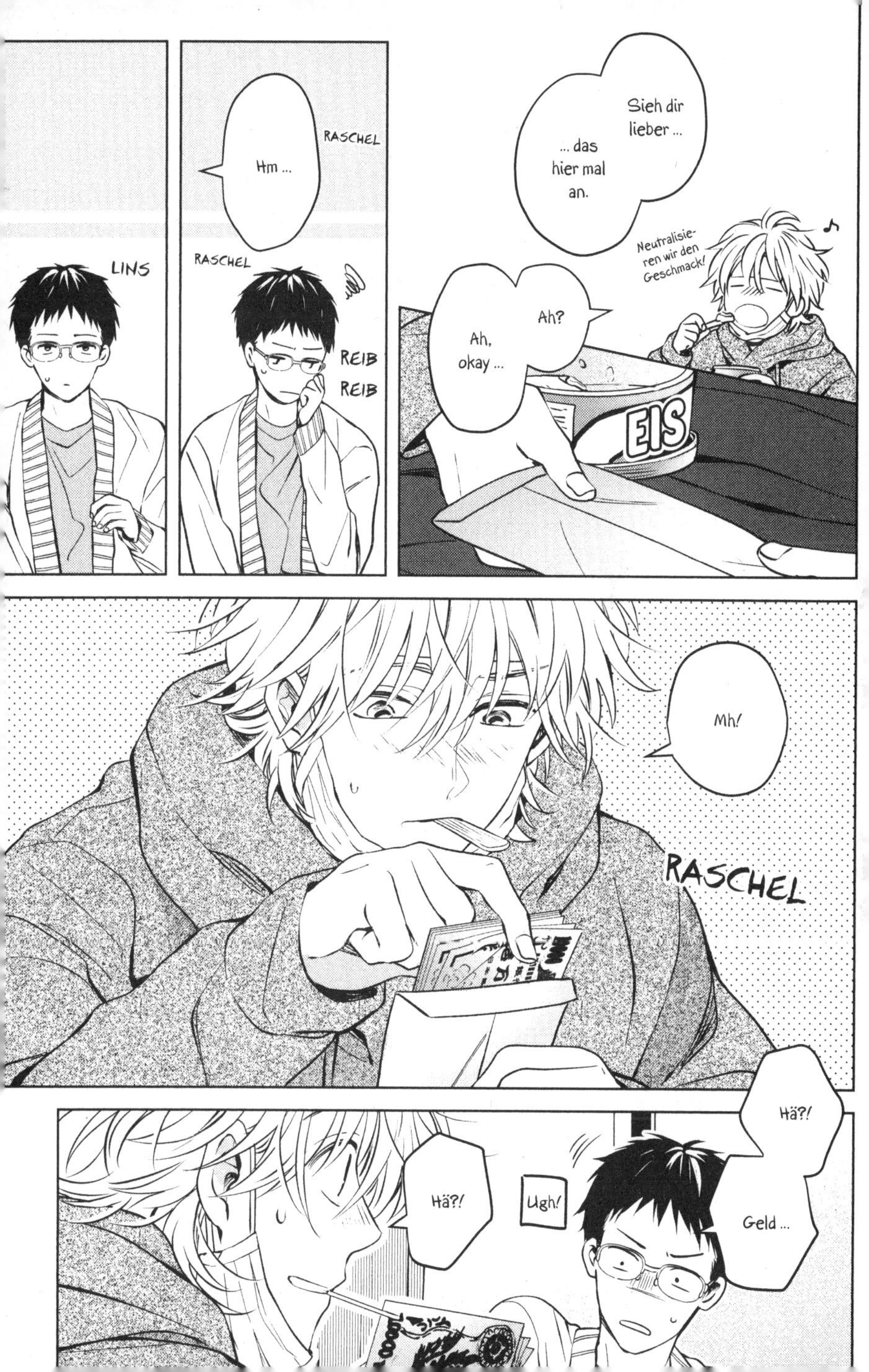

Sieh dir lieber ...
... das hier mal an.
Neutralisieren wir den Geschmack!
Ah?
Ah, okay ...
EIS
RASCHEL
Hm ...
RASCHEL
REIB REIB
LINS
Mh!
RASCHEL
Hä?!
Geld ...
Ugh!
Hä?!

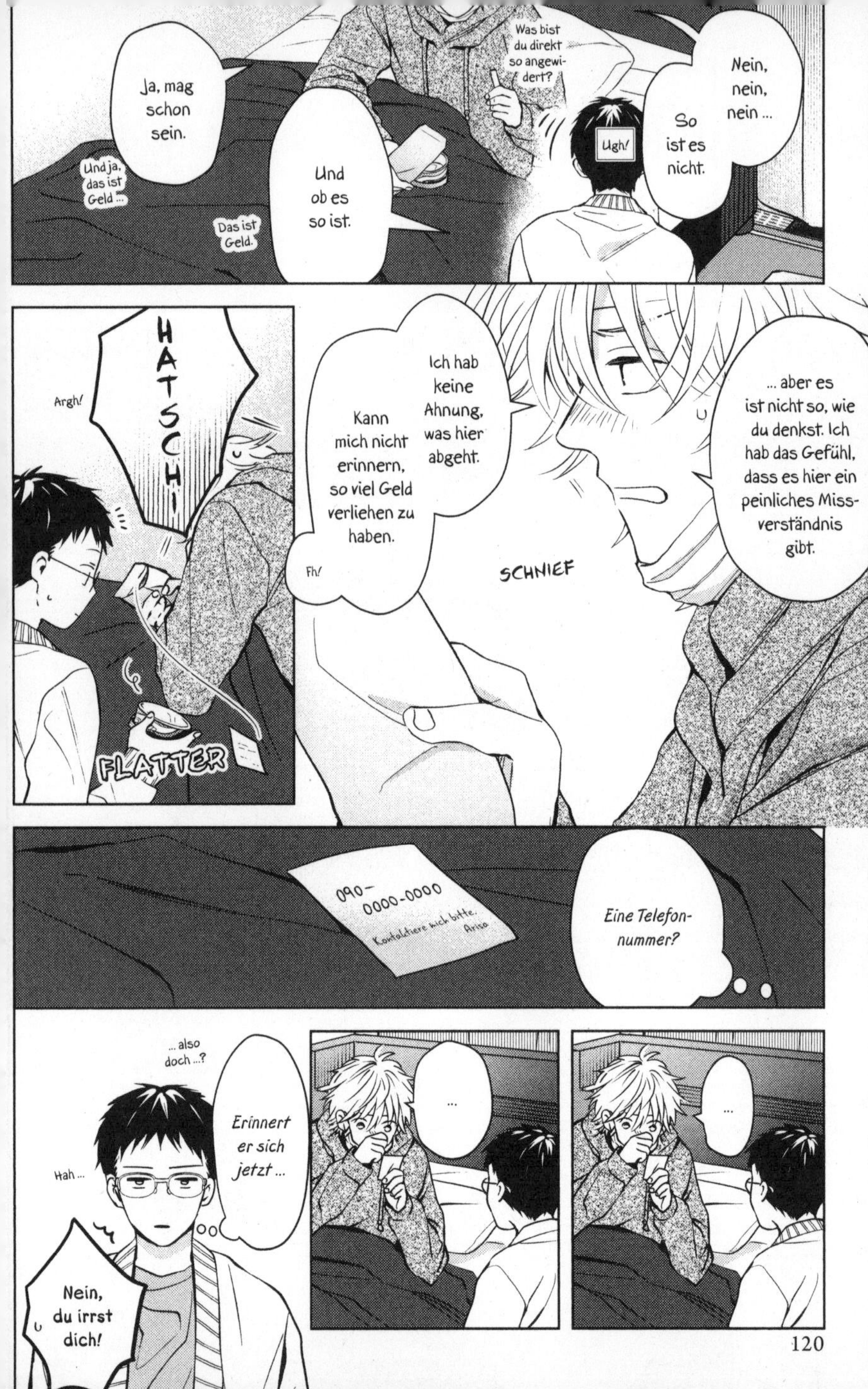
Nein, nein, nein ...
So ist es nicht.
Ugh!
Was bist du direkt so angewidert?
Und ob es so ist.
Ja, mag schon sein.
Und ja, das ist Geld ...
Das ist Geld.
... aber es ist nicht so, wie du denkst. Ich hab das Gefühl, dass es hier ein peinliches Missverständnis gibt.
SCHNIEF
Ich hab keine Ahnung, was hier abgeht.
Kann mich nicht erinnern, so viel Geld verliehen zu haben.
Fh!
HATSCHI
Argh!
FLATTER
Eine Telefonnummer?
090-
0000-0000
Kontaktiere mich bitte.
Ariso
...
...
Erinnert er sich jetzt ...
... also doch ...?
Hah ...
Nein, du irrst dich!

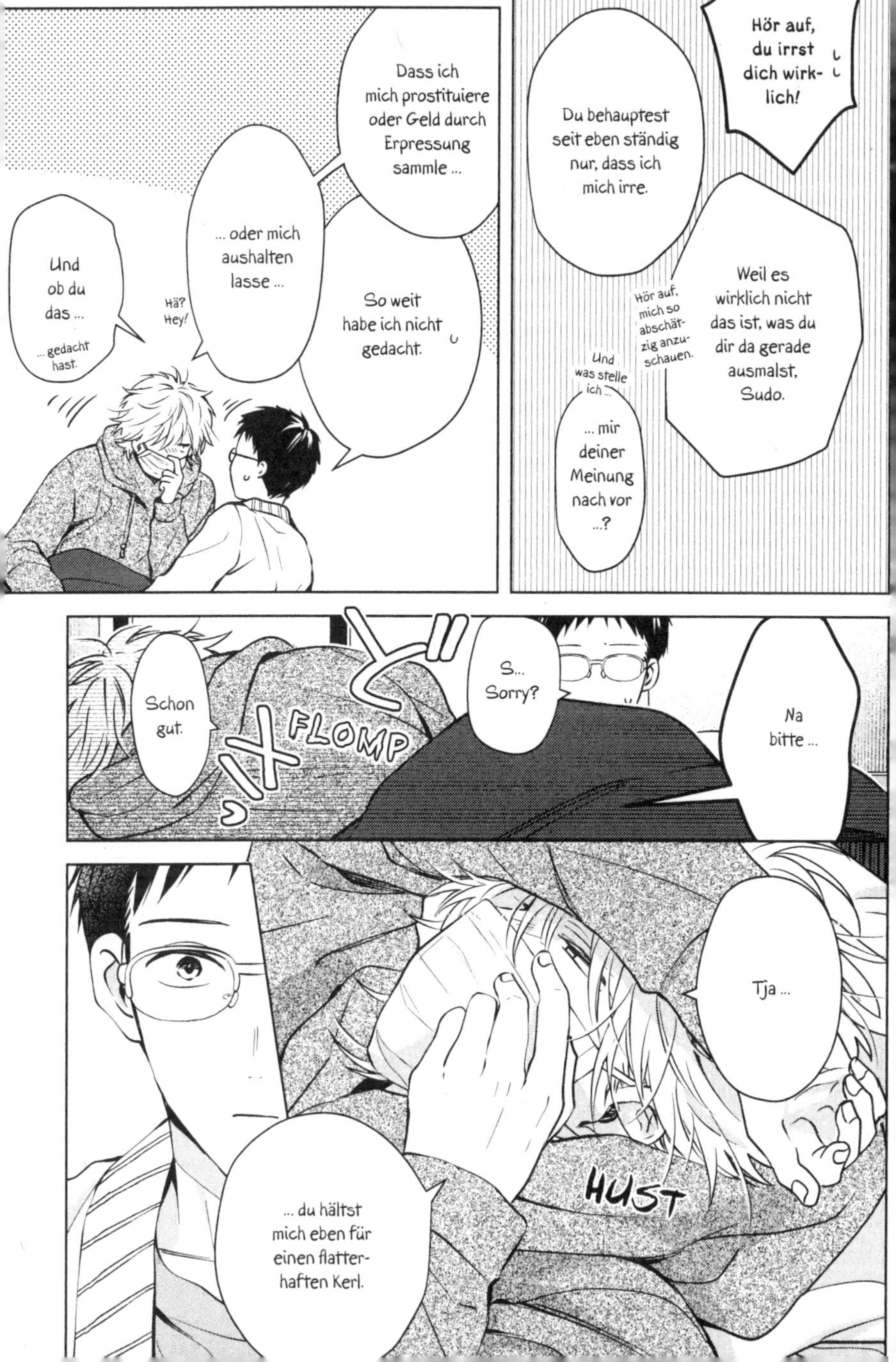

Hör auf, du irrst dich wirklich!
Du behauptest seit eben ständig nur, dass ich mich irre.
Weil es wirklich nicht das ist, was du dir da gerade ausmalst, Sudo.
Hör auf, mich so abschätzig anzuschauen.
Und was stelle ich ...
... mir deiner Meinung nach vor ...?
Dass ich mich prostituiere oder Geld durch Erpressung sammle ...
So weit habe ich nicht gedacht.
... oder mich aushalten lasse ...
Hä? Hey!
Und ob du das ...
... gedacht hast.
Na bitte ...
S... Sorry?
FLOMP
Schon gut.
Tja ...
HUST
... du hältst mich eben für einen flatterhaften Kerl.

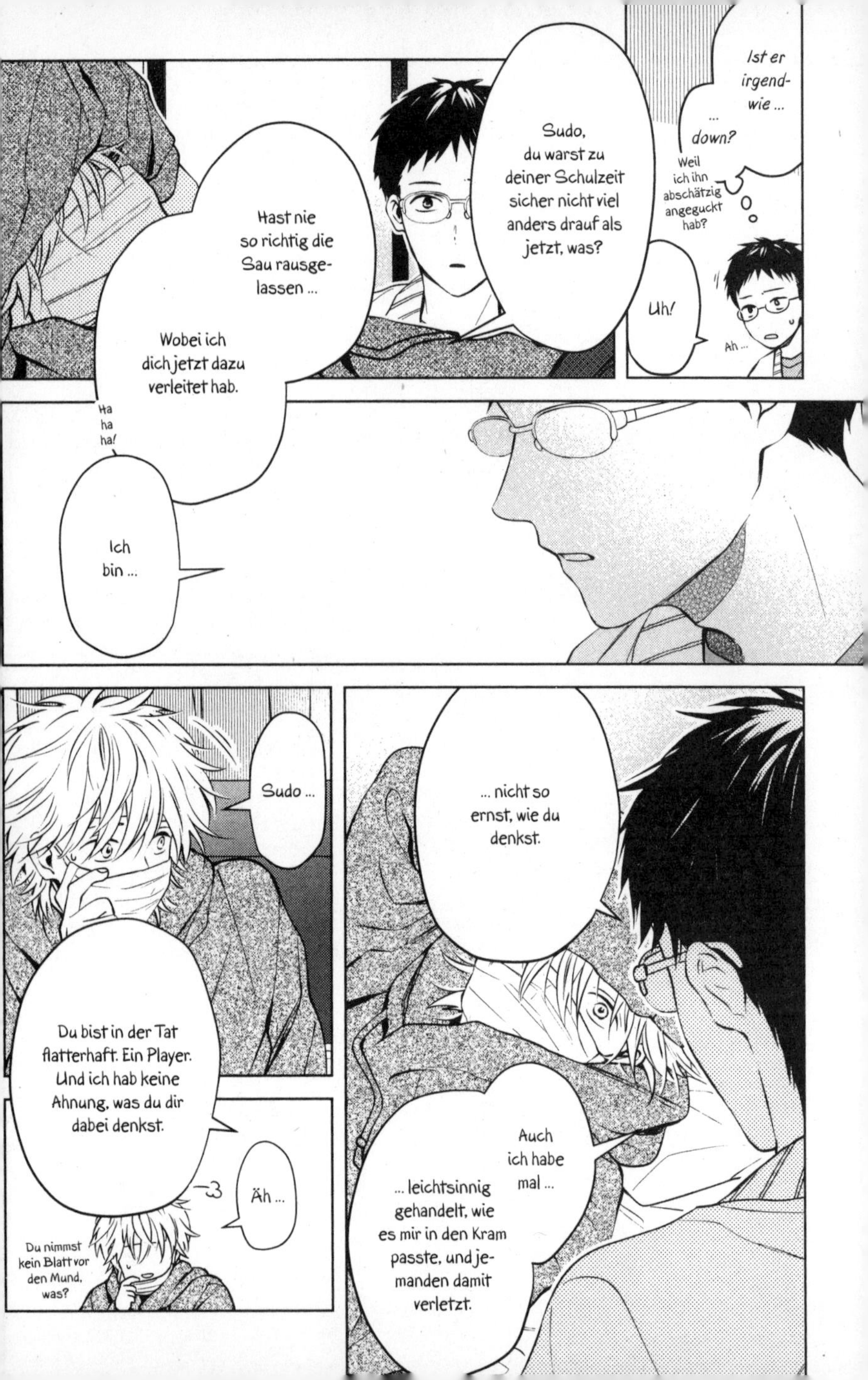

Ist er irgendwie ...
... down?
Weil ich ihn abschätzig angeguckt hab?
Uh!
Ah ...
Sudo, du warst zu deiner Schulzeit sicher nicht viel anders drauf als jetzt, was?
Hast nie so richtig die Sau rausgelassen ...
Wobei ich dich jetzt dazu verleitet hab.
Ha ha ha!
Ich bin ...
... nicht so ernst, wie du denkst.
Auch ich habe mal ...
... leichtsinnig gehandelt, wie es mir in den Kram passte, und jemanden damit verletzt.
Sudo ...
Du bist in der Tat flatterhaft. Ein Player. Und ich hab keine Ahnung, was du dir dabei denkst.
Äh ...
Du nimmst kein Blatt vor den Mund, was?

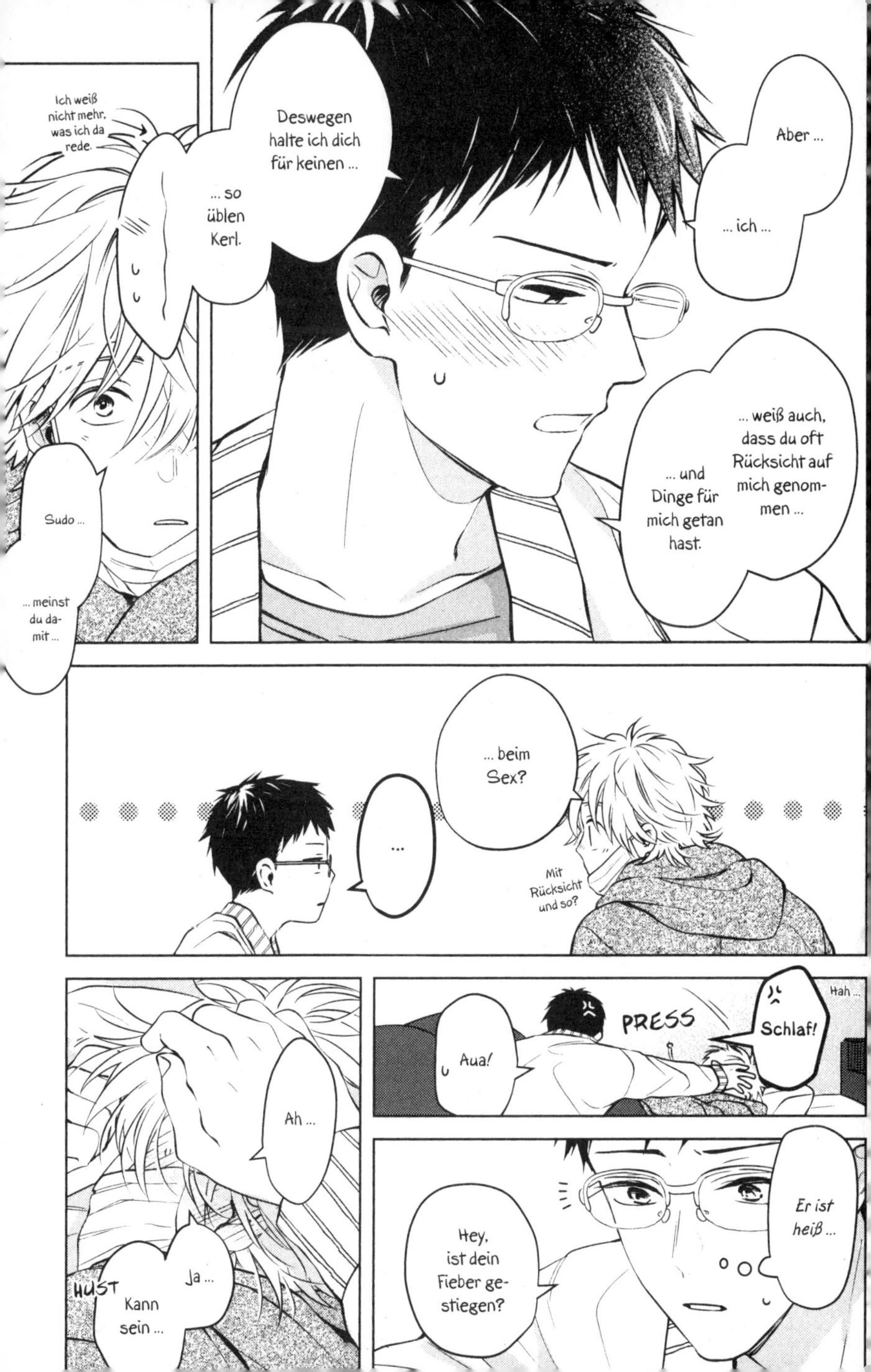

Aber ...
... ich ...
... weiß auch, dass du oft Rücksicht auf mich genommen ...
... und Dinge für mich getan hast.
Deswegen halte ich dich für keinen ...
... so üblen Kerl.
Ich weiß nicht mehr, was ich da rede.
Sudo ...
... meinst du damit ...
... beim Sex?
Mit Rücksicht und so?
...
Hah ...
Schlaf!
PRESS
Aua!
Er ist heiß ...
Hey, ist dein Fieber gestiegen?
Ah ...
Ja ...
HUST
Kann sein ...

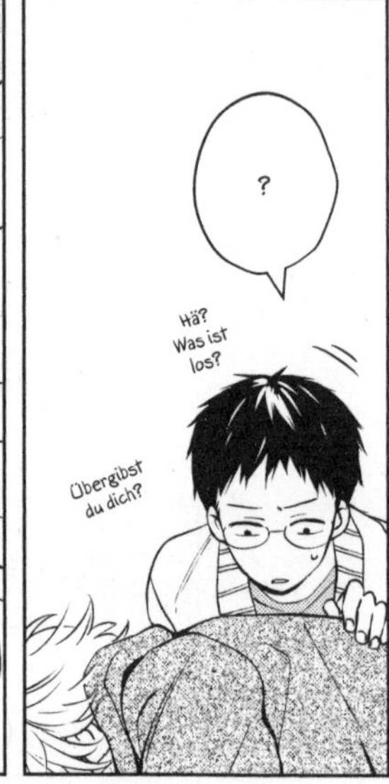
?
Hä?
Was ist
los?
Übergibst
du dich?

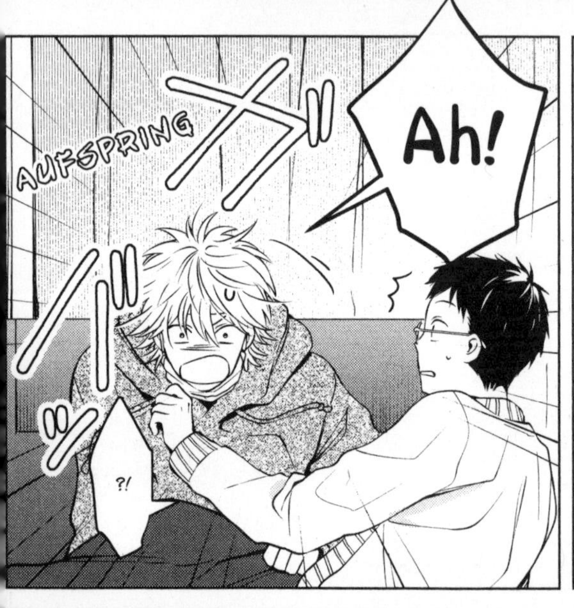
Ah!
AUFSPRING
?!

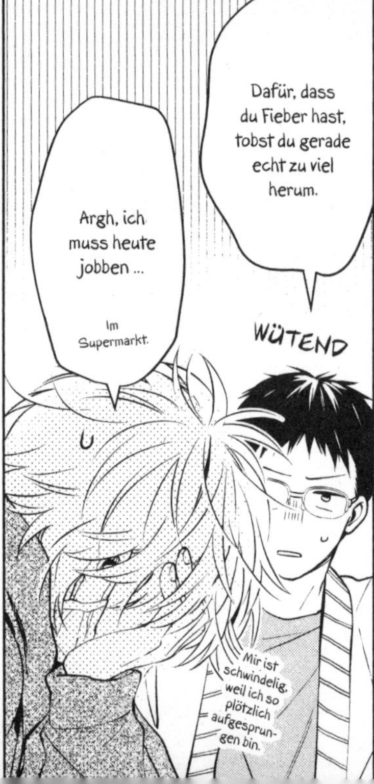
Dafür, dass du Fieber hast, tobst du gerade echt zu viel herum.
WÜTEND
Argh, ich muss heute jobben ...
Im Supermarkt.
Mir ist schwindelig, weil ich so plötzlich aufgesprungen bin.

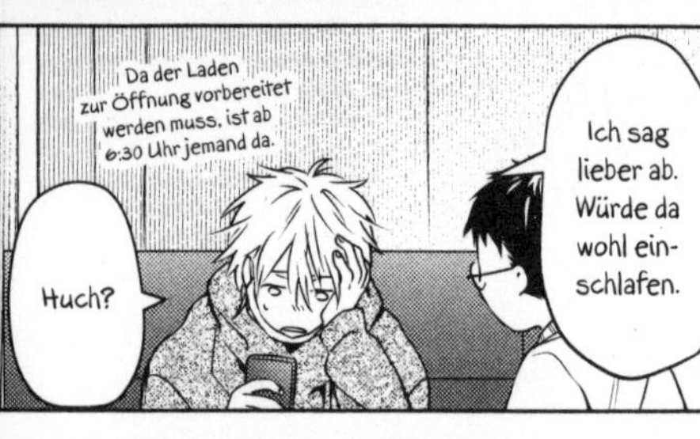
Ich sag lieber ab. Würde da wohl einschlafen.
Da der Laden zur Öffnung vorbereitet werden muss, ist ab 6:30 Uhr jemand da.
Huch?

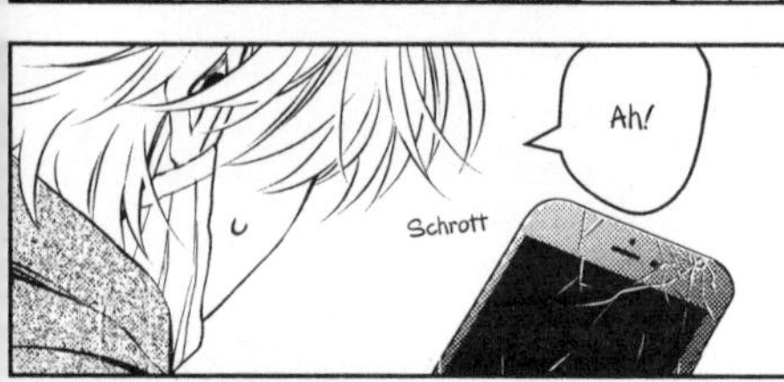
Ah!
Schrott

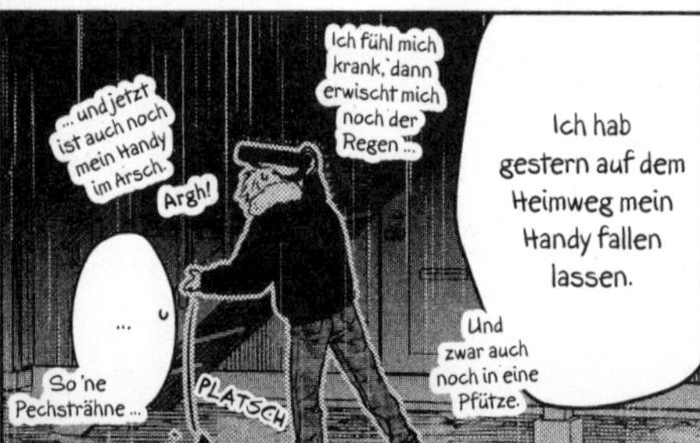
Ich hab gestern auf dem Heimweg mein Handy fallen lassen.
Und zwar auch noch in eine Pfütze.
Ich fühl mich krank, dann erwischt mich noch der Regen ...
... und jetzt ist auch noch mein Handy im Arsch.
Argh!
...
So 'ne Pechsträhne ...
PLATSCH

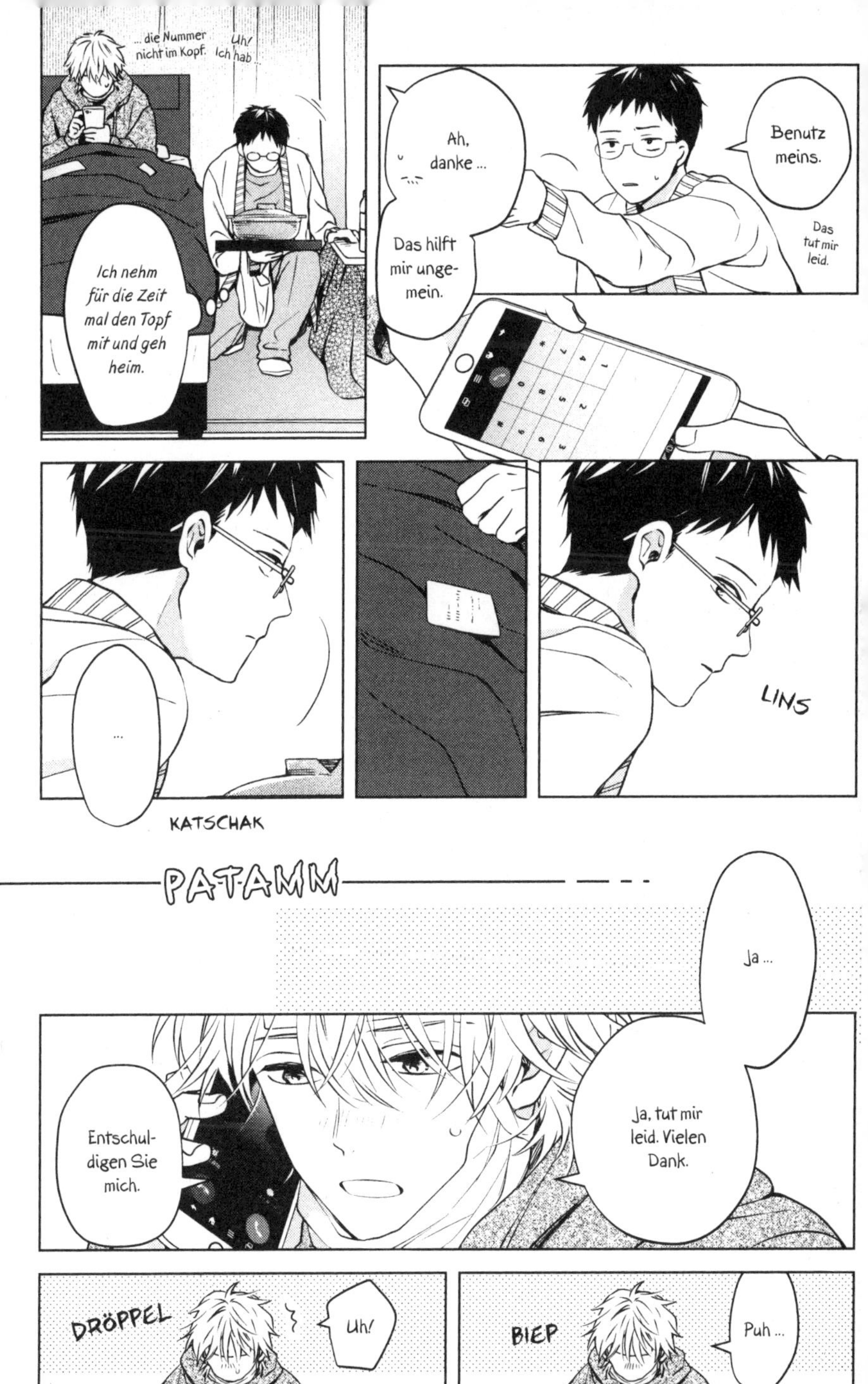
Uh! Ich hab ...
... die Nummer nicht im Kopf.
Ich nehm für die Zeit mal den Topf mit und geh heim.
Benutz meins.
Das tut mir leid.
Ah, danke ...
Das hilft mir ungemein.
LINS
...
KATSCHAK
PATAMM
Ja ...
Ja, tut mir leid. Vielen Dank.
Entschuldigen Sie mich.
Puh ...
BIEP
Uh!
DRÖPPEL

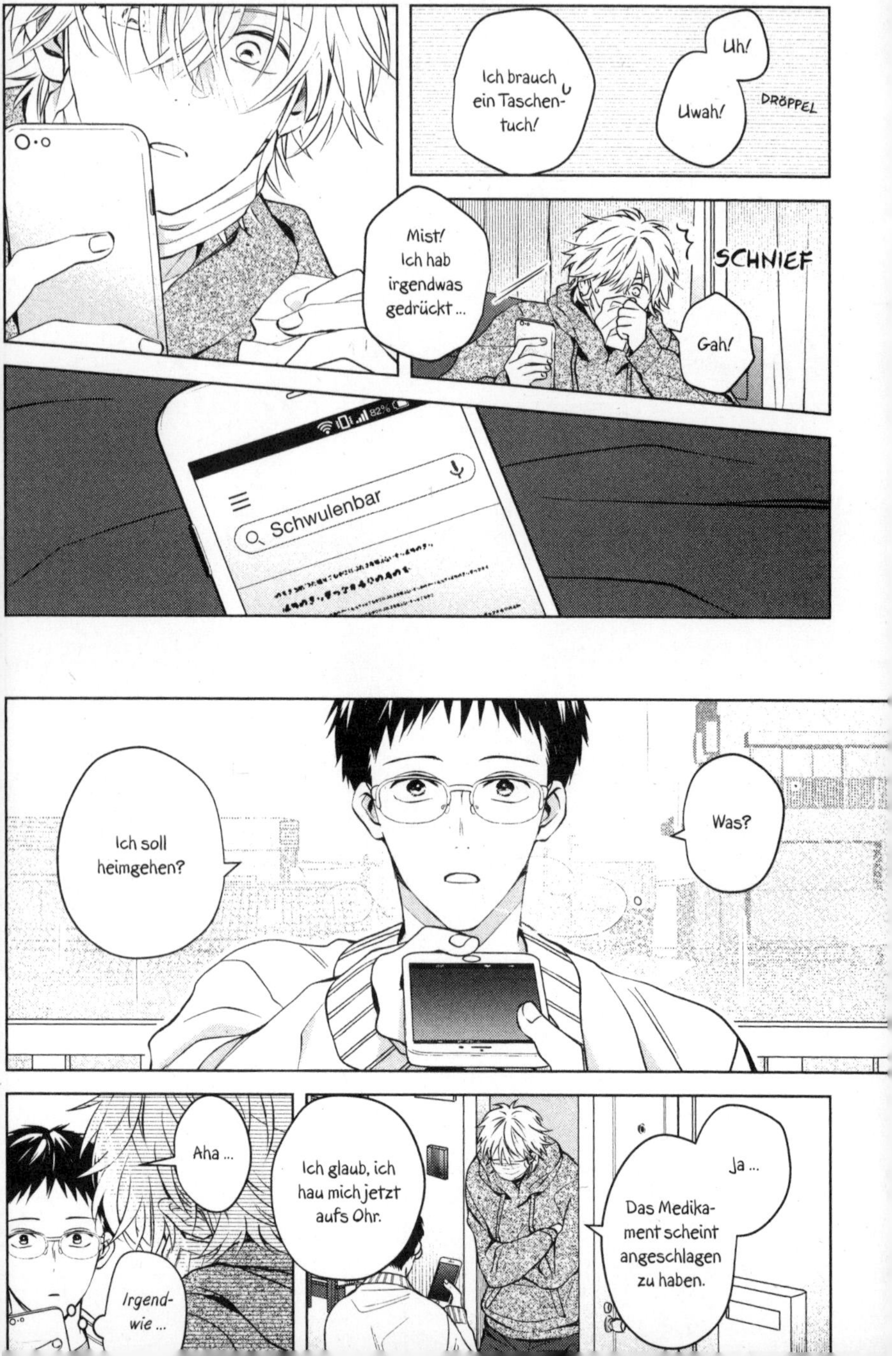

Uh!
Uwah!
DRÖPPEL
Ich brauch ein Taschentuch!
SCHNIEF
Gah!
Mist! Ich hab irgendwas gedrückt ...
82%
Schwulenbar
Was?
Ich soll heimgehen?
Ja ...
Das Medikament scheint angeschlagen zu haben.
Ich glaub, ich hau mich jetzt aufs Ohr.
Aha ...
Irgendwie ...

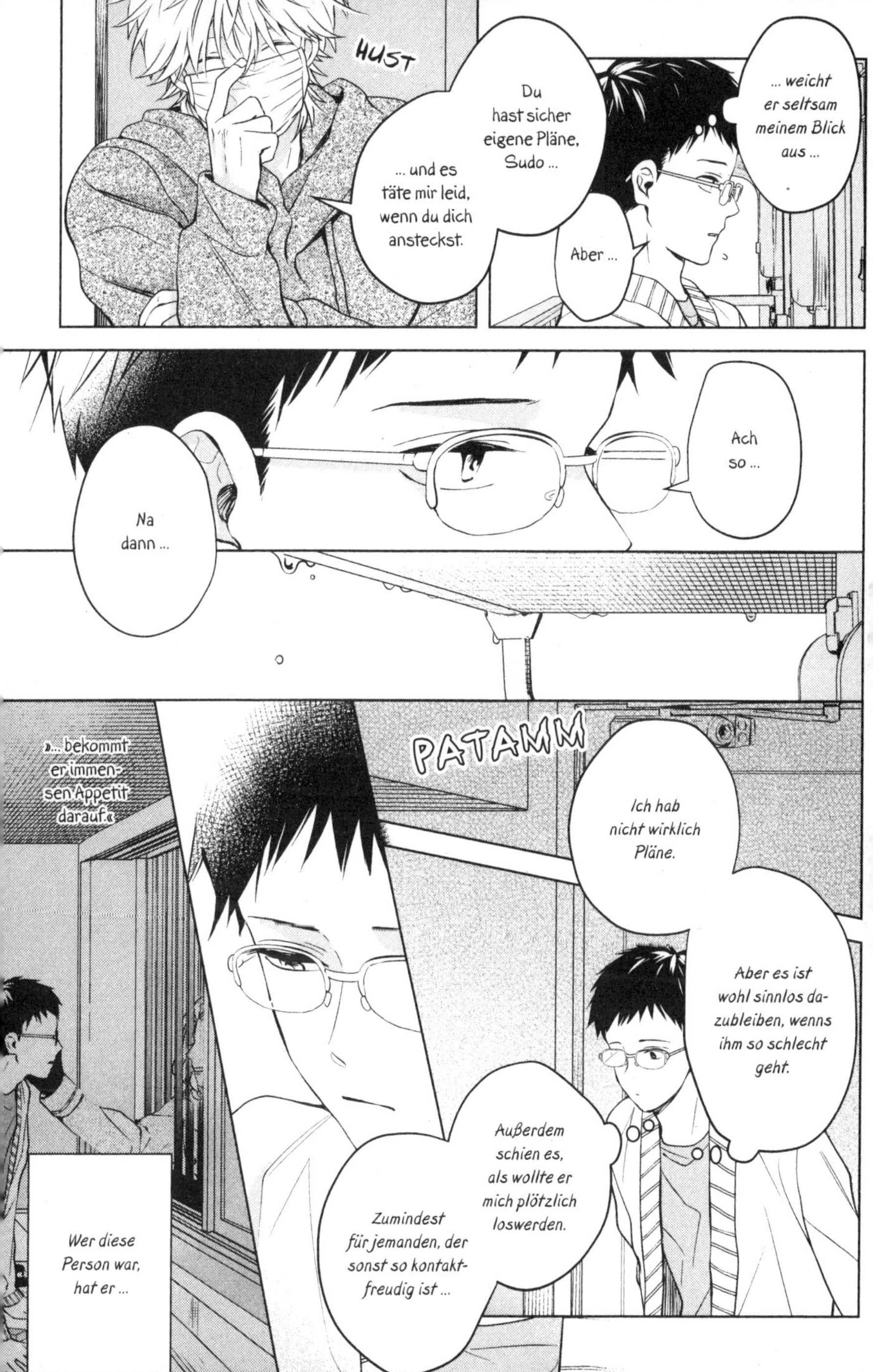
HUST
Du hast sicher eigene Pläne, Sudo ...
... und es täte mir leid, wenn du dich ansteckst.
... weicht er seltsam meinem Blick aus ...
Aber ...
Ach so ...
Na dann ...
PATAMM
»... bekommt er immensen Appetit darauf.«
Ich hab nicht wirklich Pläne.
Aber es ist wohl sinnlos dazubleiben, wenns ihm so schlecht geht.
Außerdem schien es, als wollte er mich plötzlich loswerden.
Zumindest für jemanden, der sonst so kontaktfreudig ist ...
Wer diese Person war, hat er ...

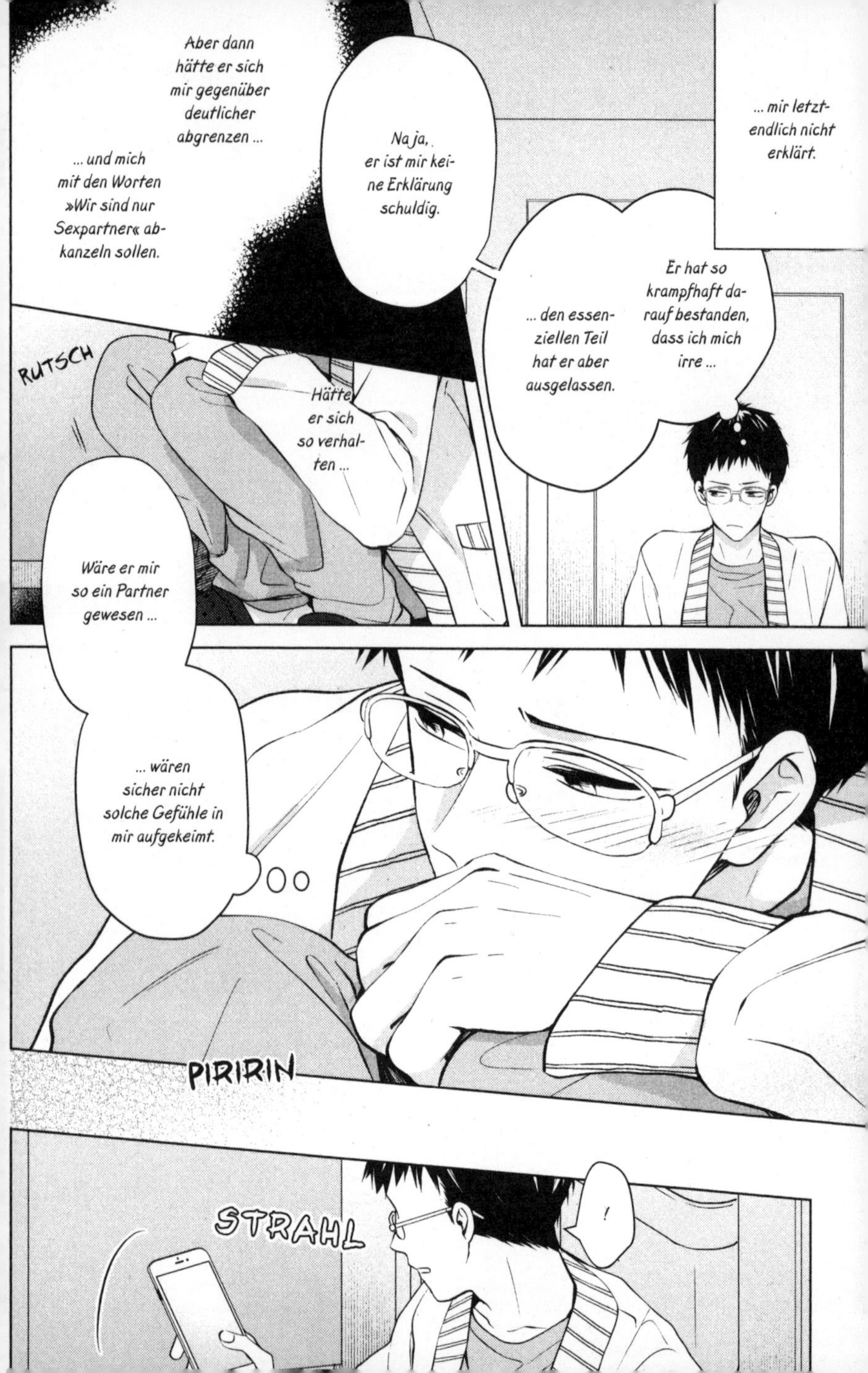
... mir letztendlich nicht erklärt.
Na ja, er ist mir keine Erklärung schuldig.
Aber dann hätte er sich mir gegenüber deutlicher abgrenzen ...
... und mich mit den Worten »Wir sind nur Sexpartner« abkanzeln sollen.
Er hat so krampfhaft darauf bestanden, dass ich mich irre ...
... den essenziellen Teil hat er aber ausgelassen.
Hätte er sich so verhalten ...
RUTSCH
Wäre er mir so ein Partner gewesen ...
... wären sicher nicht solche Gefühle in mir aufgekeimt.
PIRIRIN
!
STRAHL

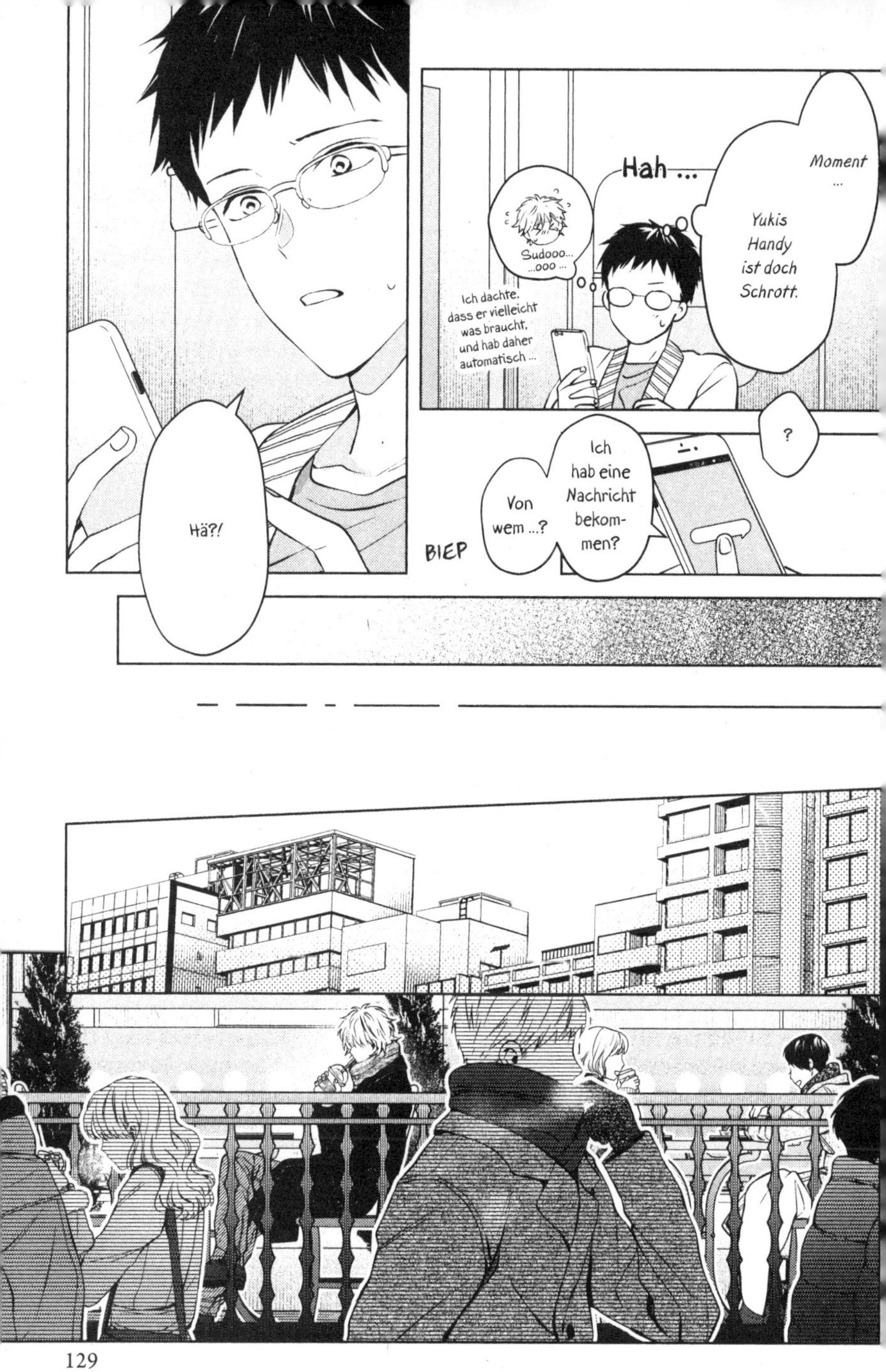

Moment ... Yukis Handy ist doch Schrott.

Hah ...

Sudooo... ...ooo ...

Ich dachte, dass er vielleicht was braucht, und hab daher automatisch ...

?

Ich hab eine Nachricht bekom-men?

Von wem ...?

BIEP

Hä?!

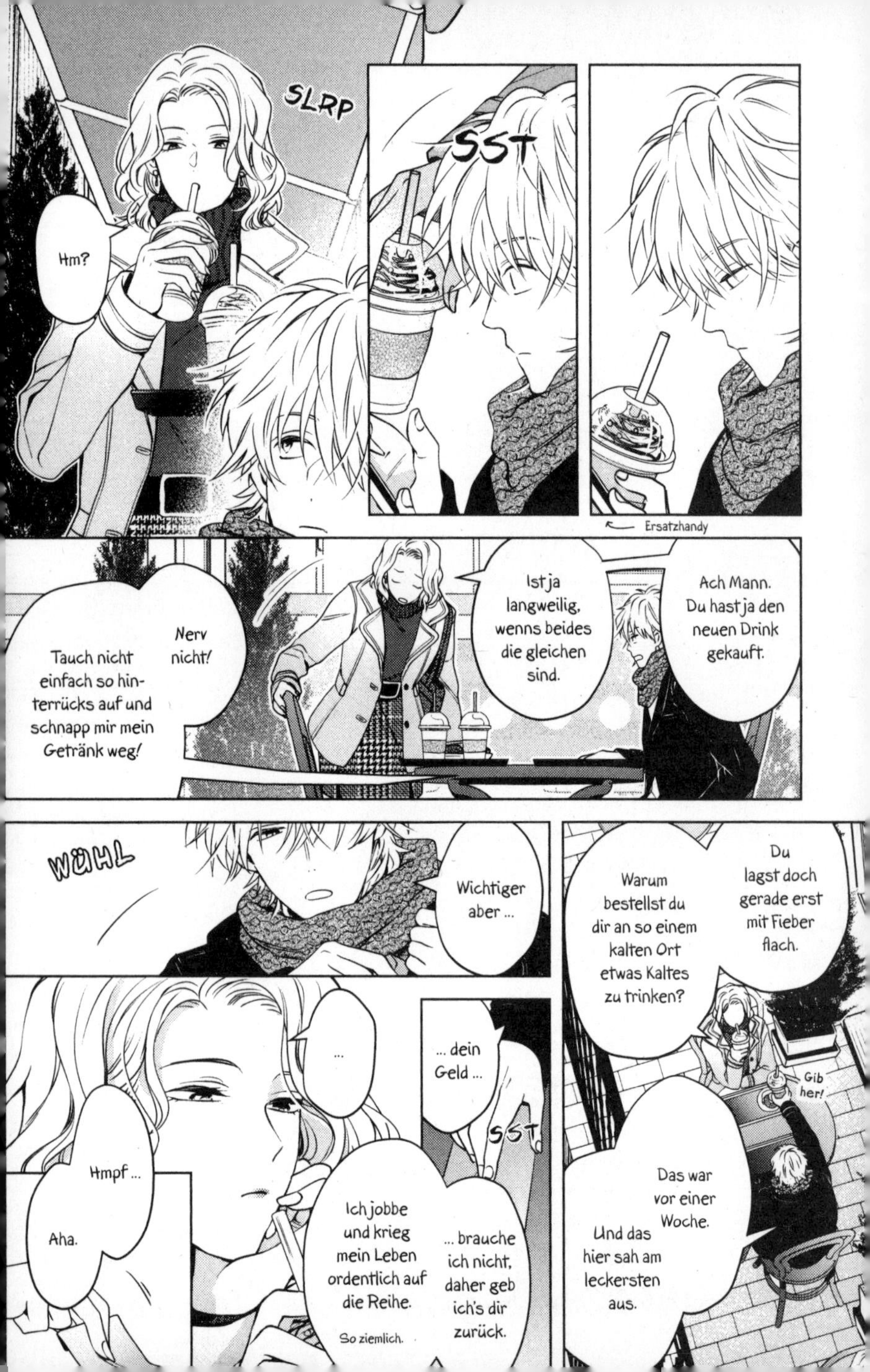

SST

SLRP

Hm?

← Ersatzhandy

Ach Mann. Du hast ja den neuen Drink gekauft.

Ist ja langweilig, wenns beides die gleichen sind.

Nerv nicht!

Tauch nicht einfach so hinterrücks auf und schnapp mir mein Getränk weg!

Du lagst doch gerade erst mit Fieber flach.

Warum bestellst du dir an so einem kalten Ort etwas Kaltes zu trinken?

Gib her!

Das war vor einer Woche.

Und das hier sah am leckersten aus.

WÜHL

Wichtiger aber ...

... dein Geld ...

...

SST

... brauche ich nicht, daher geb ich's dir zurück.

Ich jobbe und krieg mein Leben ordentlich auf die Reihe.

So ziemlich.

Hmpf ...

Aha.

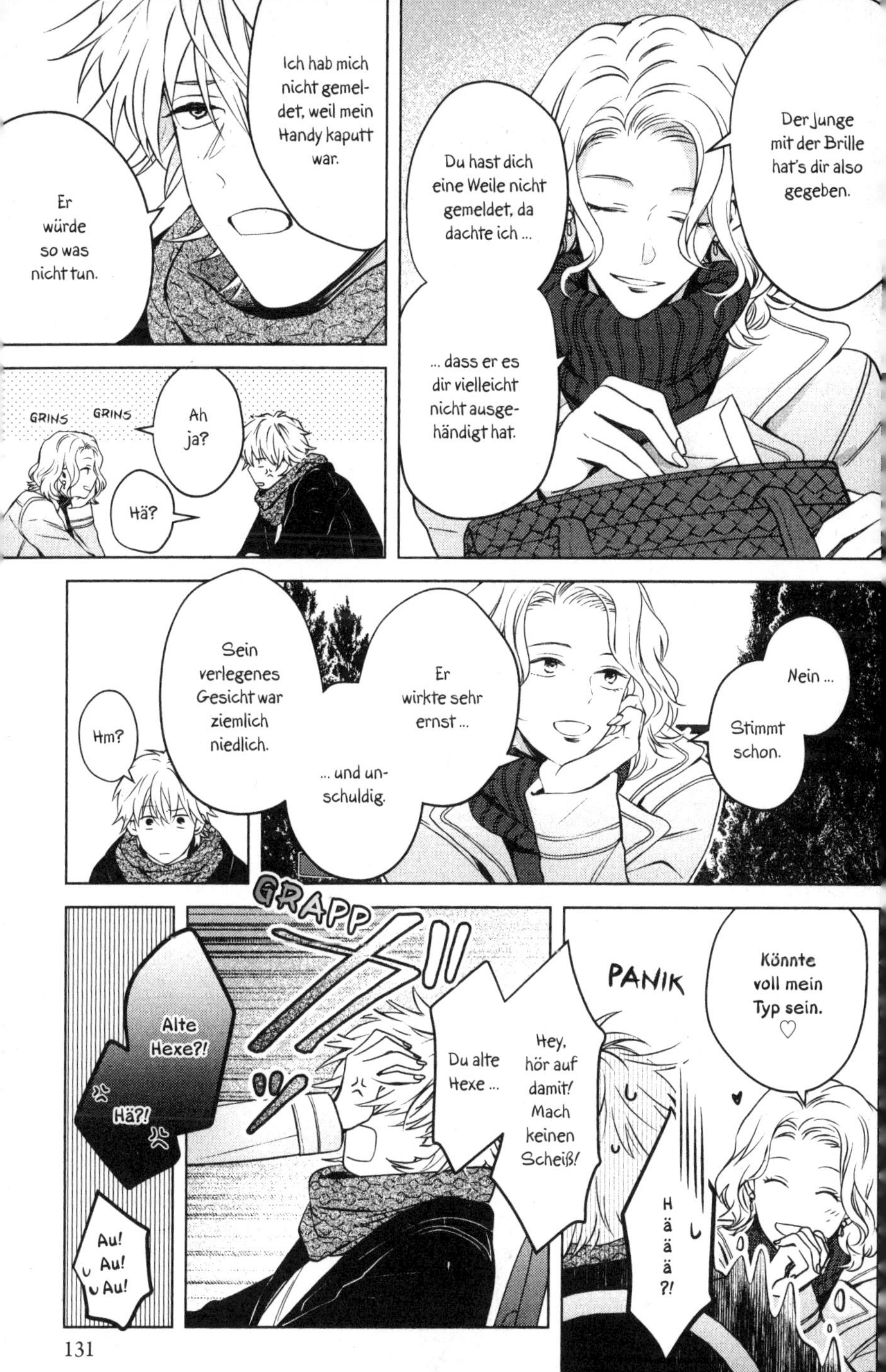
Der Junge mit der Brille hat's dir also gegeben.
Du hast dich eine Weile nicht gemeldet, da dachte ich ...
... dass er es dir vielleicht nicht ausgehändigt hat.
Ich hab mich nicht gemeldet, weil mein Handy kaputt war.
Er würde so was nicht tun.
Ah ja?
GRINS
GRINS
Hä?
Nein ...
Stimmt schon.
Er wirkte sehr ernst ...
... und unschuldig.
Sein verlegenes Gesicht war ziemlich niedlich.
Hm?
Könnte voll mein Typ sein. ♡
PANIK
Häää?!
Hey, hör auf damit! Mach keinen Scheiß!
Du alte Hexe ...
GRAPP
Alte Hexe?!
Hä?!
Au! Au! Au!

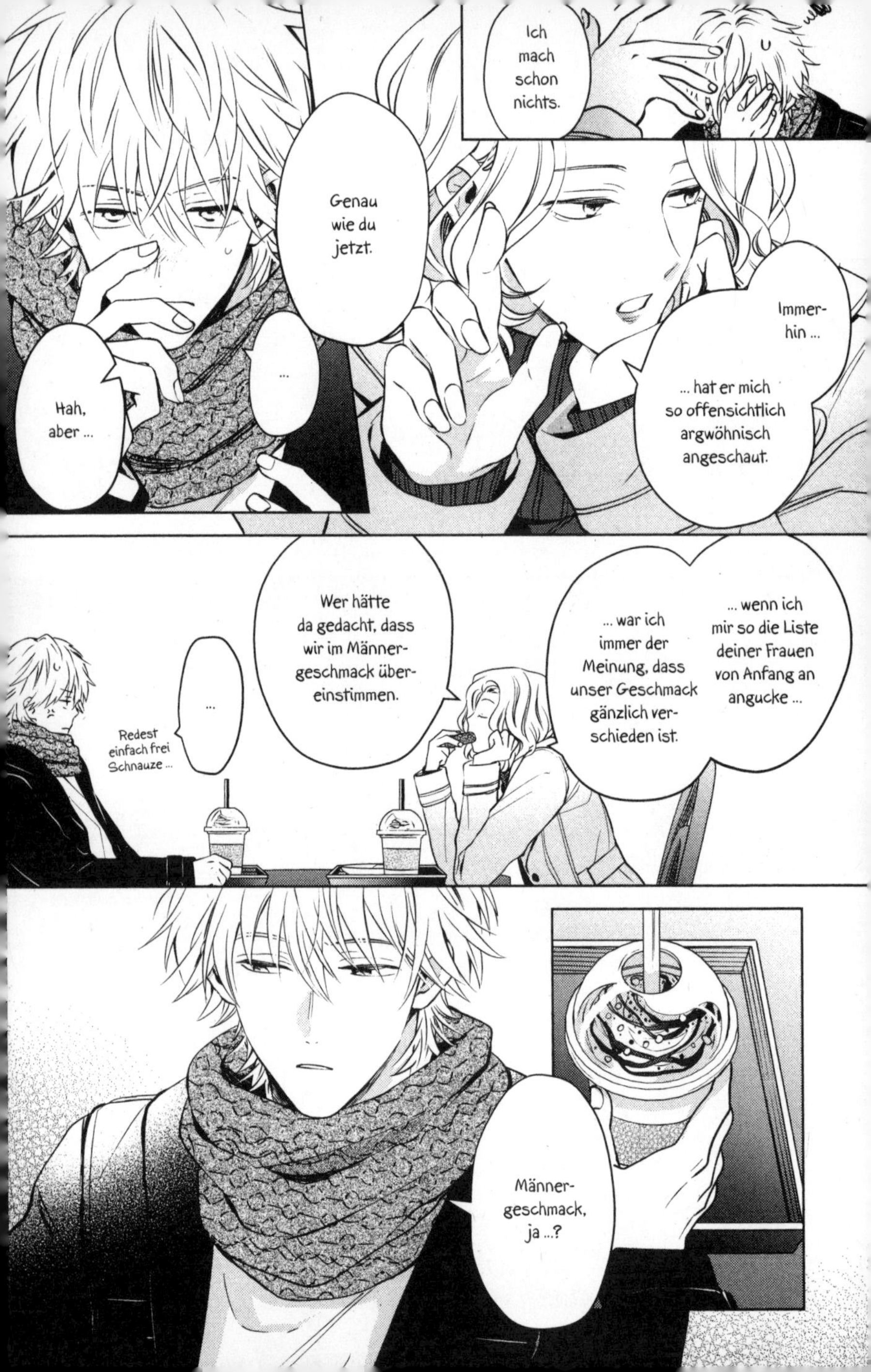
Ich mach schon nichts.
Immerhin ...
... hat er mich so offensichtlich argwöhnisch angeschaut.
Genau wie du jetzt.
...
Hah, aber ...
... wenn ich mir so die Liste deiner Frauen von Anfang an angucke ...
... war ich immer der Meinung, dass unser Geschmack gänzlich verschieden ist.
Wer hätte da gedacht, dass wir im Männergeschmack übereinstimmen.
...
Redest einfach frei Schnauze ...
Männergeschmack, ja ...?

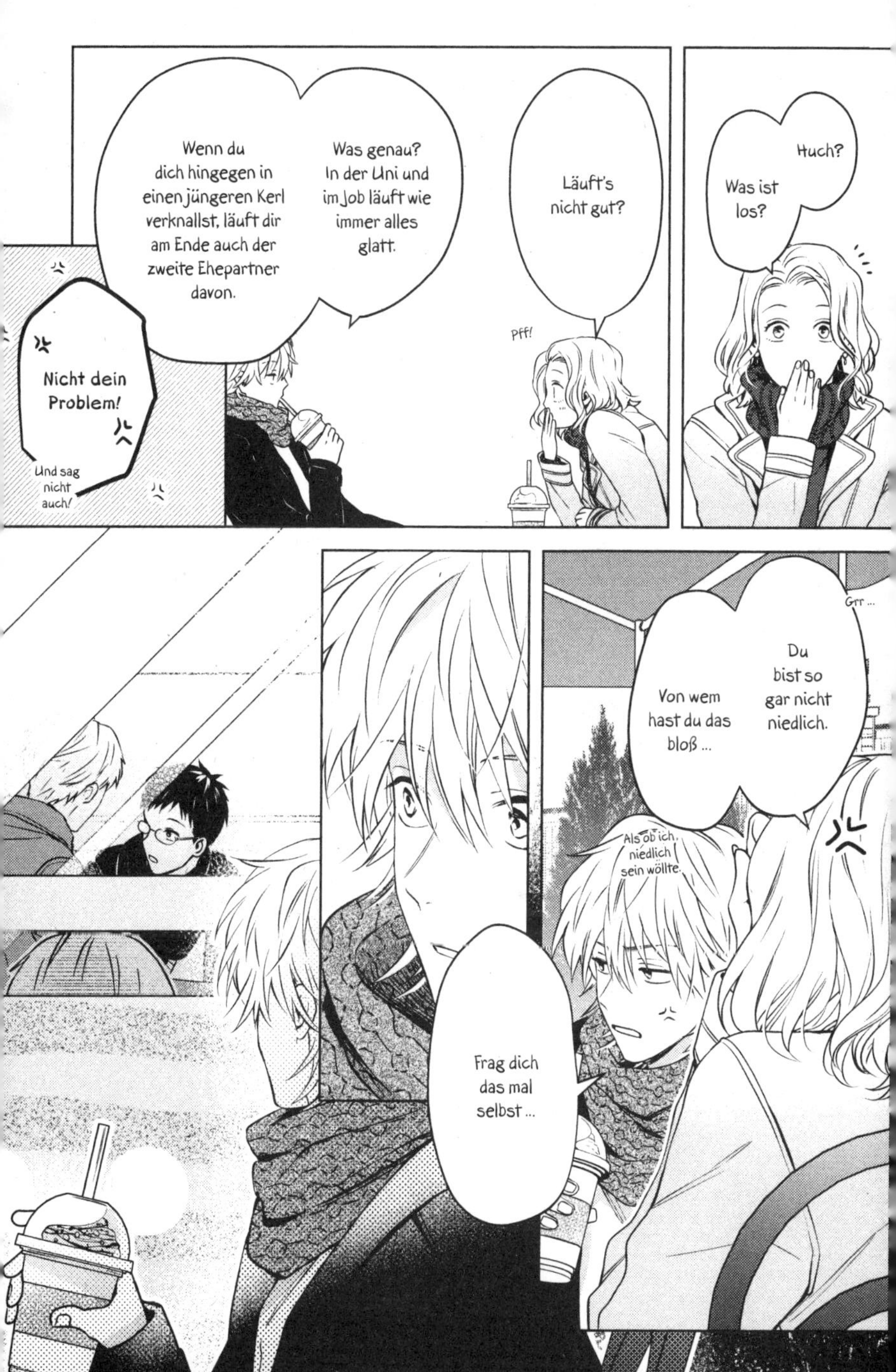
Huch?
Was ist los?
Läuft's nicht gut?
Pff!
Was genau? In der Uni und im Job läuft wie immer alles glatt.
Wenn du dich hingegen in einen jüngeren Kerl verknallst, läuft dir am Ende auch der zweite Ehepartner davon.
Nicht dein Problem!
Und sag nicht auch!
Grr ...
Du bist so gar nicht niedlich.
Von wem hast du das bloß ...
Als ob ich niedlich sein wollte.
Frag dich das mal selbst ...

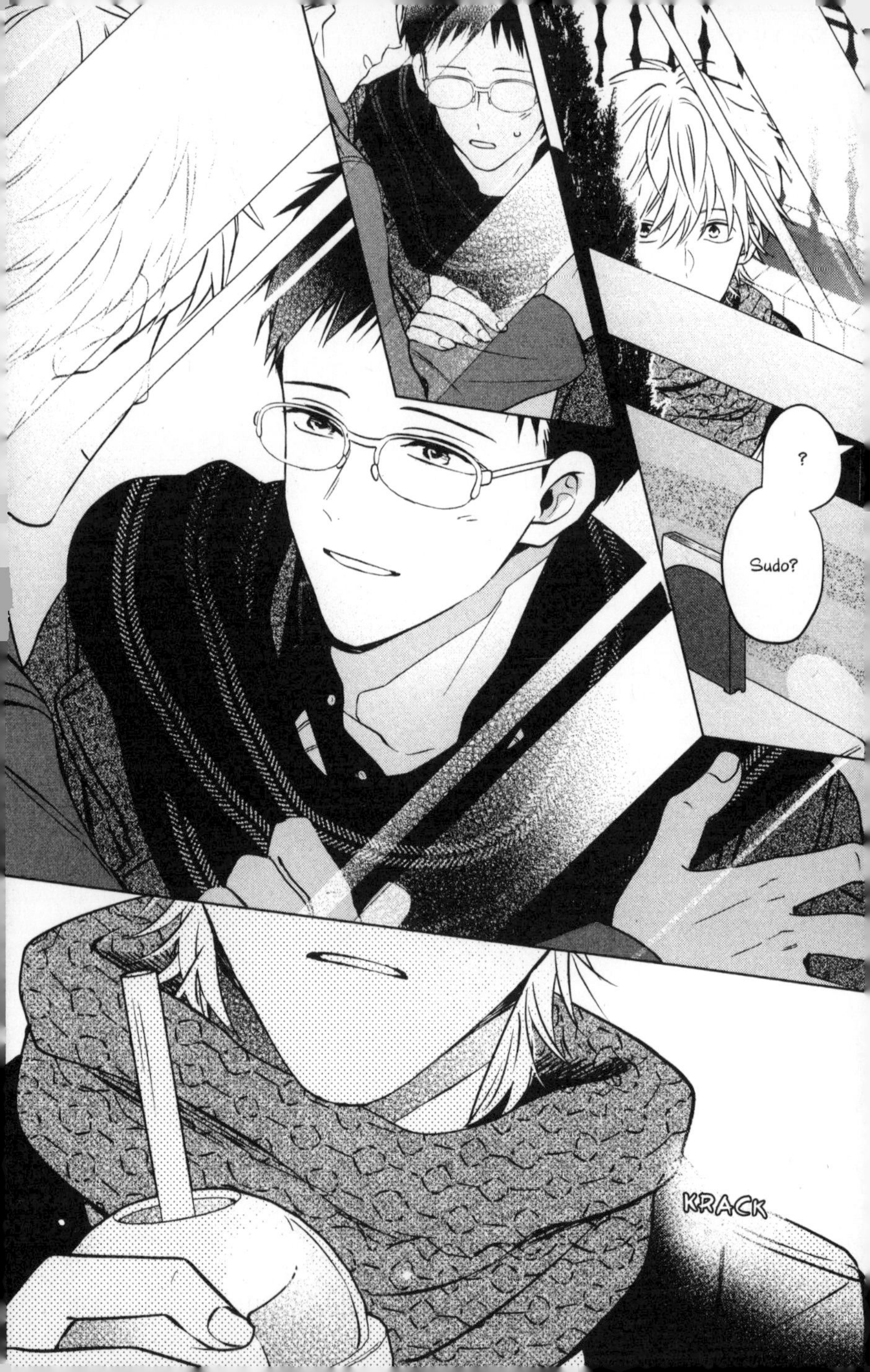
?
Sudo?
KRACK

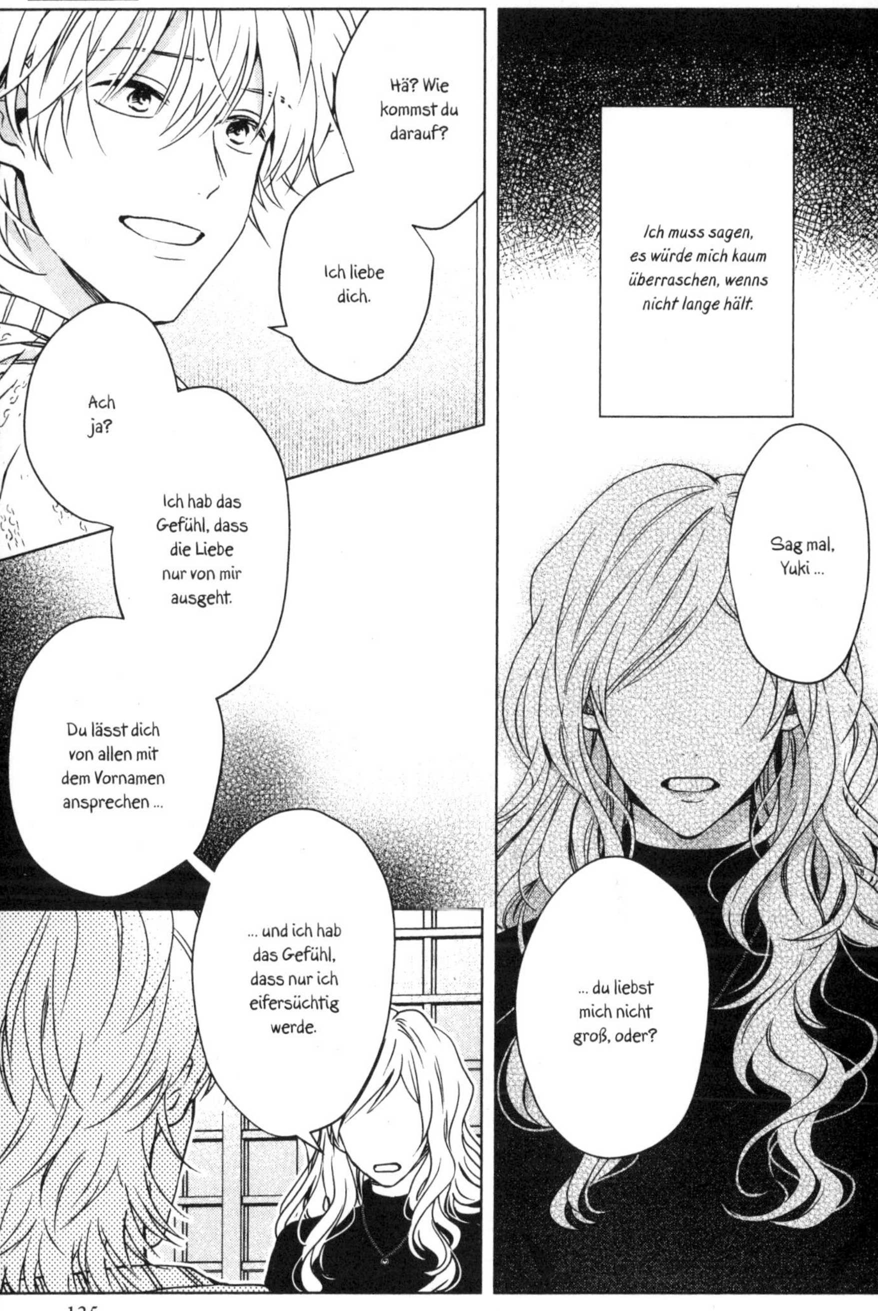
Ich muss sagen, es würde mich kaum überraschen, wenns nicht lange hält.
Sag mal, Yuki ...
... du liebst mich nicht groß, oder?
Hä? Wie kommst du darauf?
Ich liebe dich.
Ach ja?
Ich hab das Gefühl, dass die Liebe nur von mir ausgeht.
Du lässt dich von allen mit dem Vornamen ansprechen ...
... und ich hab das Gefühl, dass nur ich eifersüchtig werde.

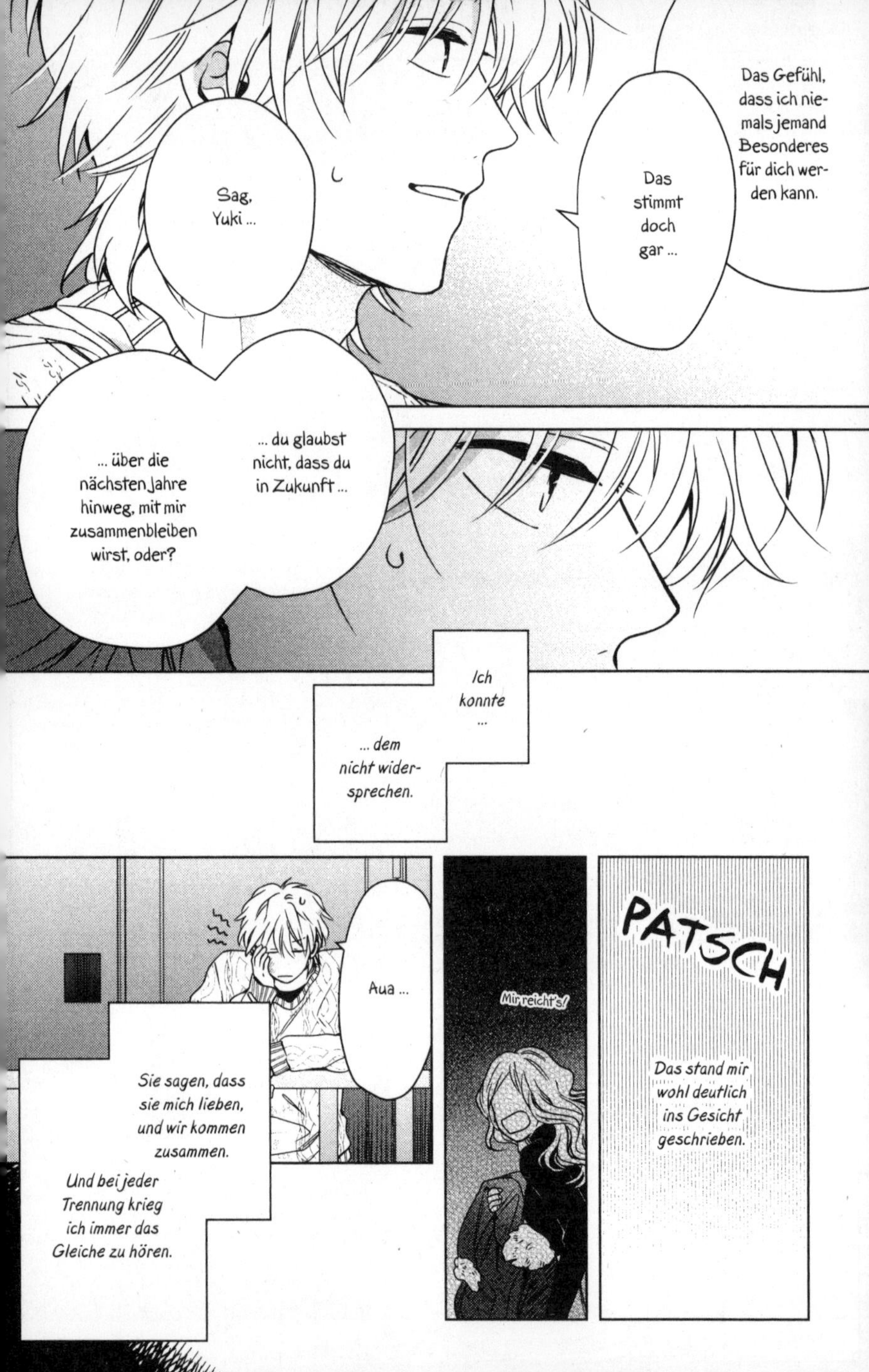
Das Gefühl, dass ich niemals jemand Besonderes für dich werden kann.
Das stimmt doch gar ...
Sag, Yuki ...
... du glaubst nicht, dass du in Zukunft ...
... über die nächsten Jahre hinweg, mit mir zusammenbleiben wirst, oder?
Ich konnte ...
... dem nicht widersprechen.
PATSCH
Das stand mir wohl deutlich ins Gesicht geschrieben.
Mir reicht's!
Aua ...
Sie sagen, dass sie mich lieben, und wir kommen zusammen.
Und bei jeder Trennung krieg ich immer das Gleiche zu hören.

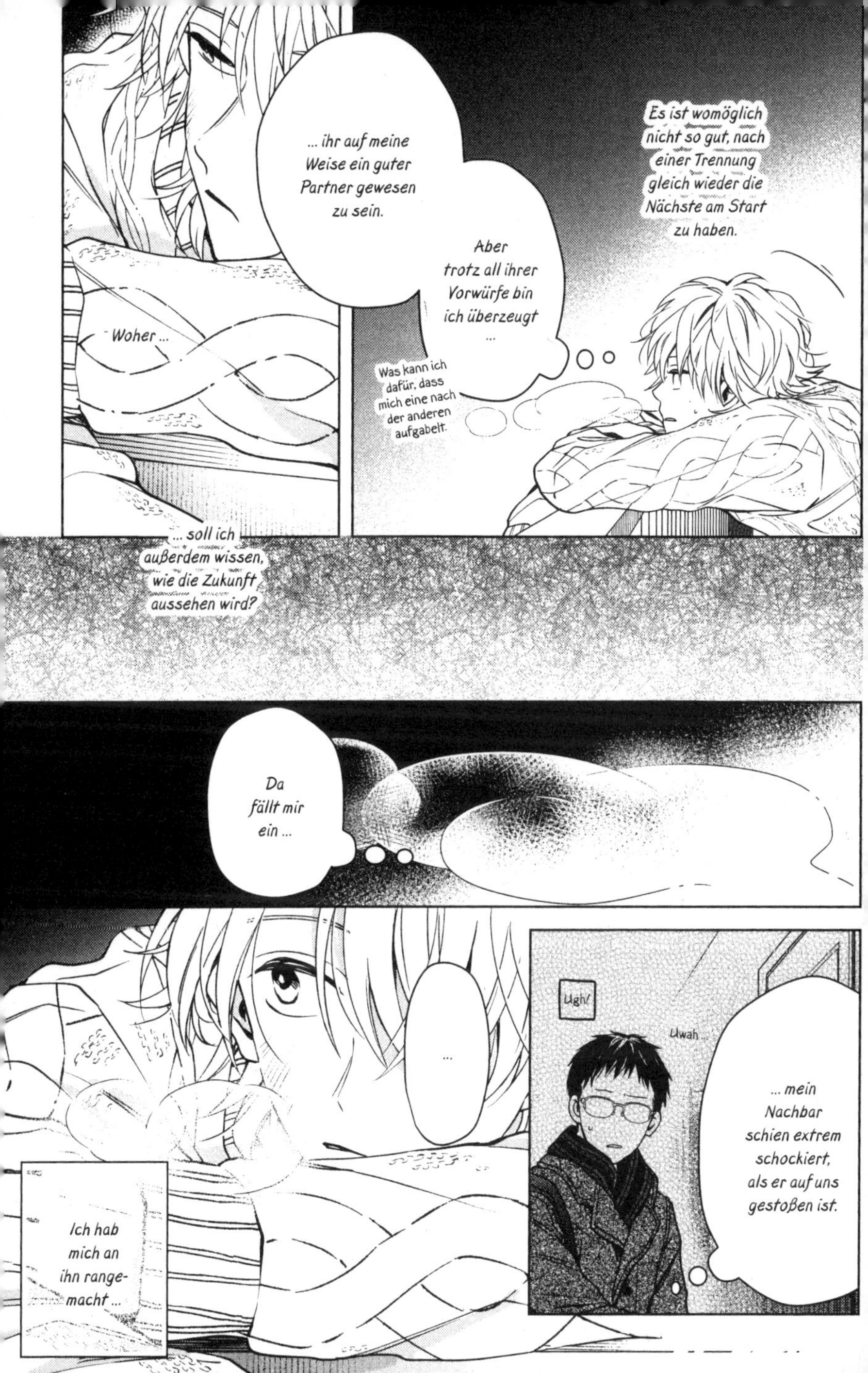
Es ist womöglich nicht so gut, nach einer Trennung gleich wieder die Nächste am Start zu haben.
... ihr auf meine Weise ein guter Partner gewesen zu sein.
Aber trotz all ihrer Vorwürfe bin ich überzeugt ...
Was kann ich dafür, dass mich eine nach der anderen aufgabelt.
Woher ...
... soll ich außerdem wissen, wie die Zukunft aussehen wird?
Da fällt mir ein ...
Ugh!
Uwah ...
... mein Nachbar schien extrem schockiert, als er auf uns gestoßen ist.
...
Ich hab mich an ihn rangemacht ...

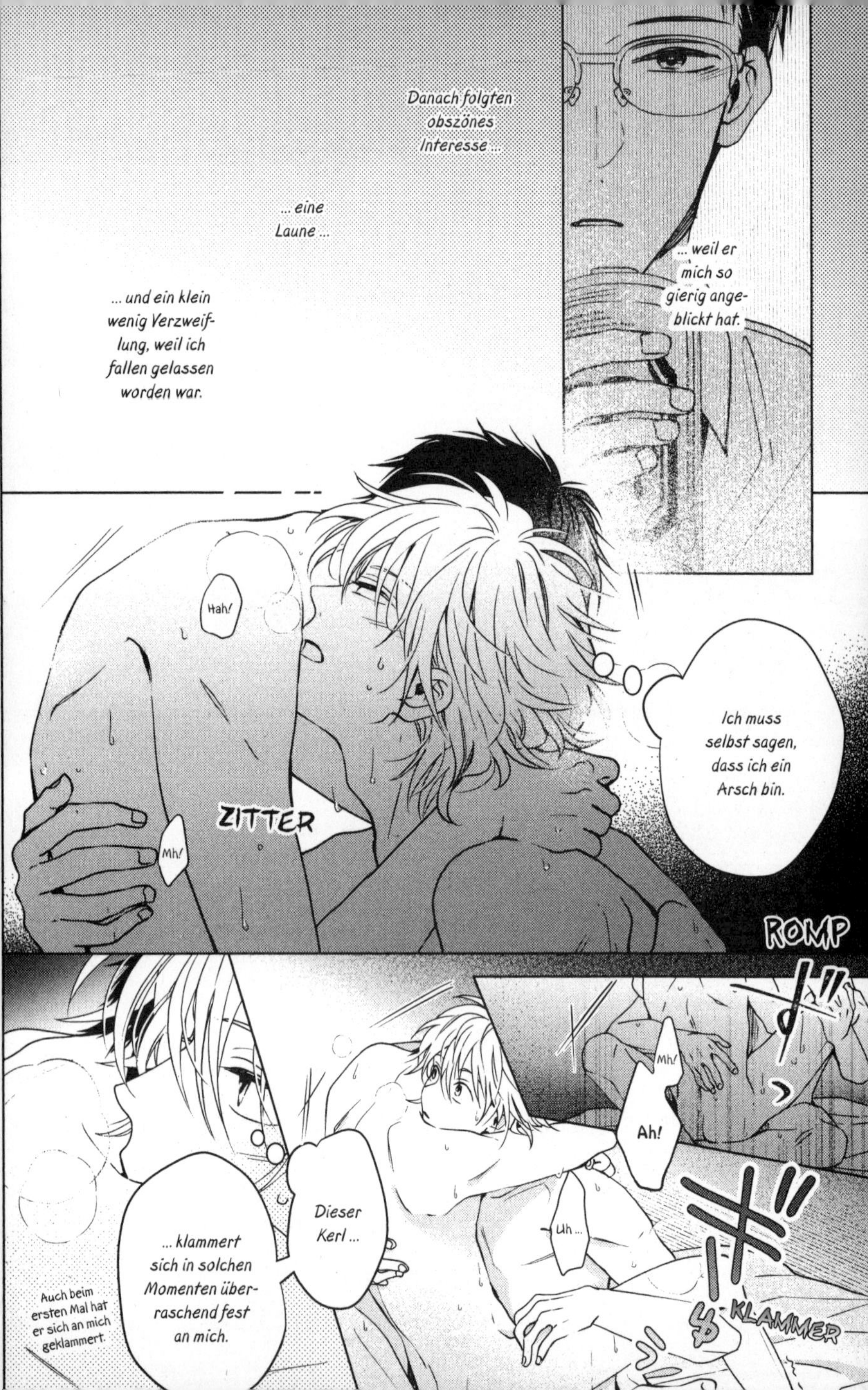
Danach folgten obszönes Interesse ...
... eine Laune ...
... und ein klein wenig Verzweif-lung, weil ich fallen gelassen worden war.
... weil er mich so gierig ange-blickt hat.
Hah!
Ich muss selbst sagen, dass ich ein Arsch bin.
ZITTER
Mh!
ROMP
Mh!
Ah!
Dieser Kerl ...
... klammert sich in solchen Momenten über-raschend fest an mich.
Uh ...
Auch beim ersten Mal hat er sich an mich geklammert.
KLAMMER

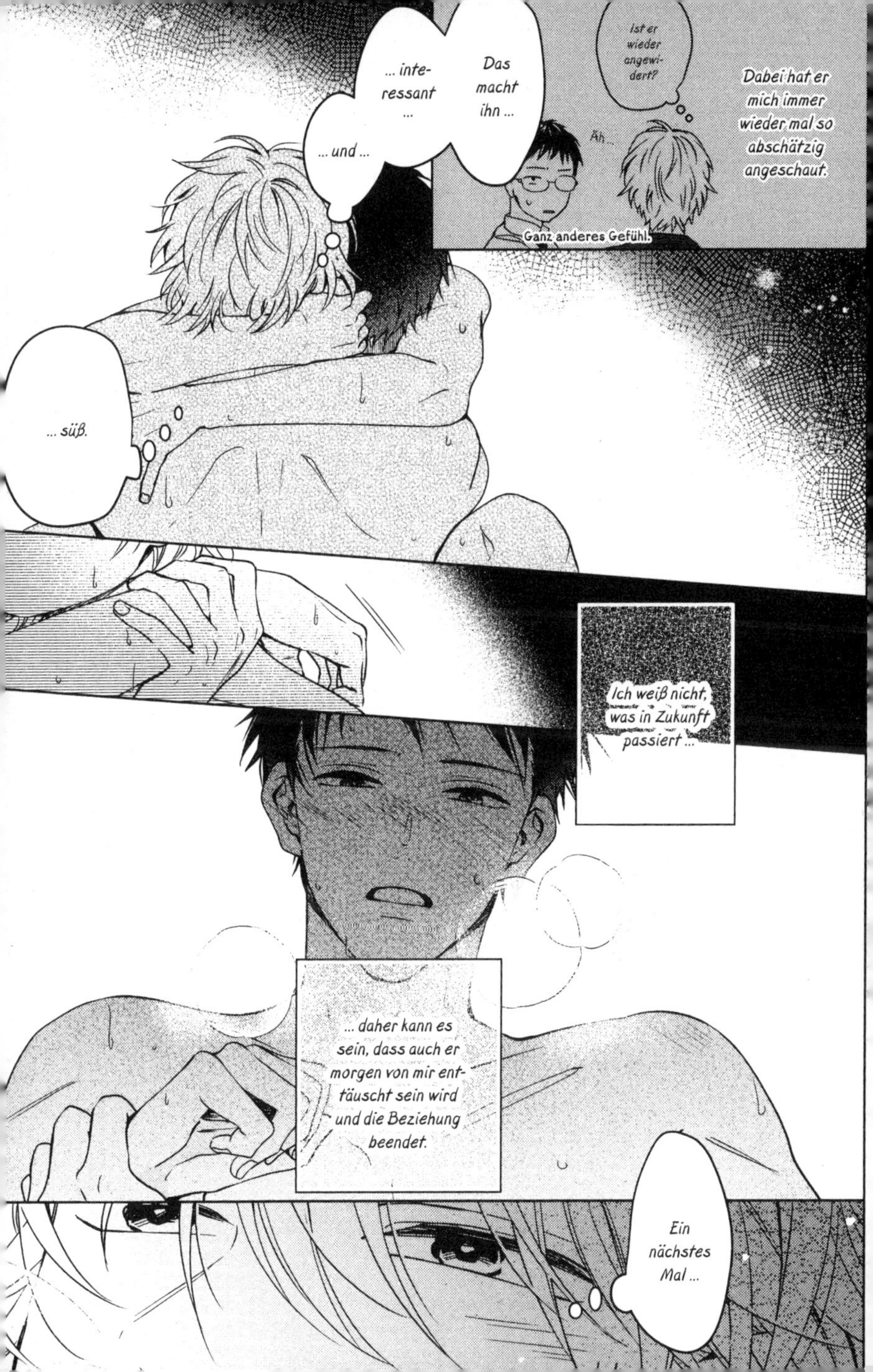
Dabei hat er mich immer wieder mal so abschätzig angeschaut.
Ist er wieder angewidert?
Äh ...
Ganz anderes Gefühl.
Das macht ihn ...
... interessant ...
... und ...
... süß.
Ich weiß nicht, was in Zukunft passiert ...
... daher kann es sein, dass auch er morgen von mir enttäuscht sein wird und die Beziehung beendet.
Ein nächstes Mal ...

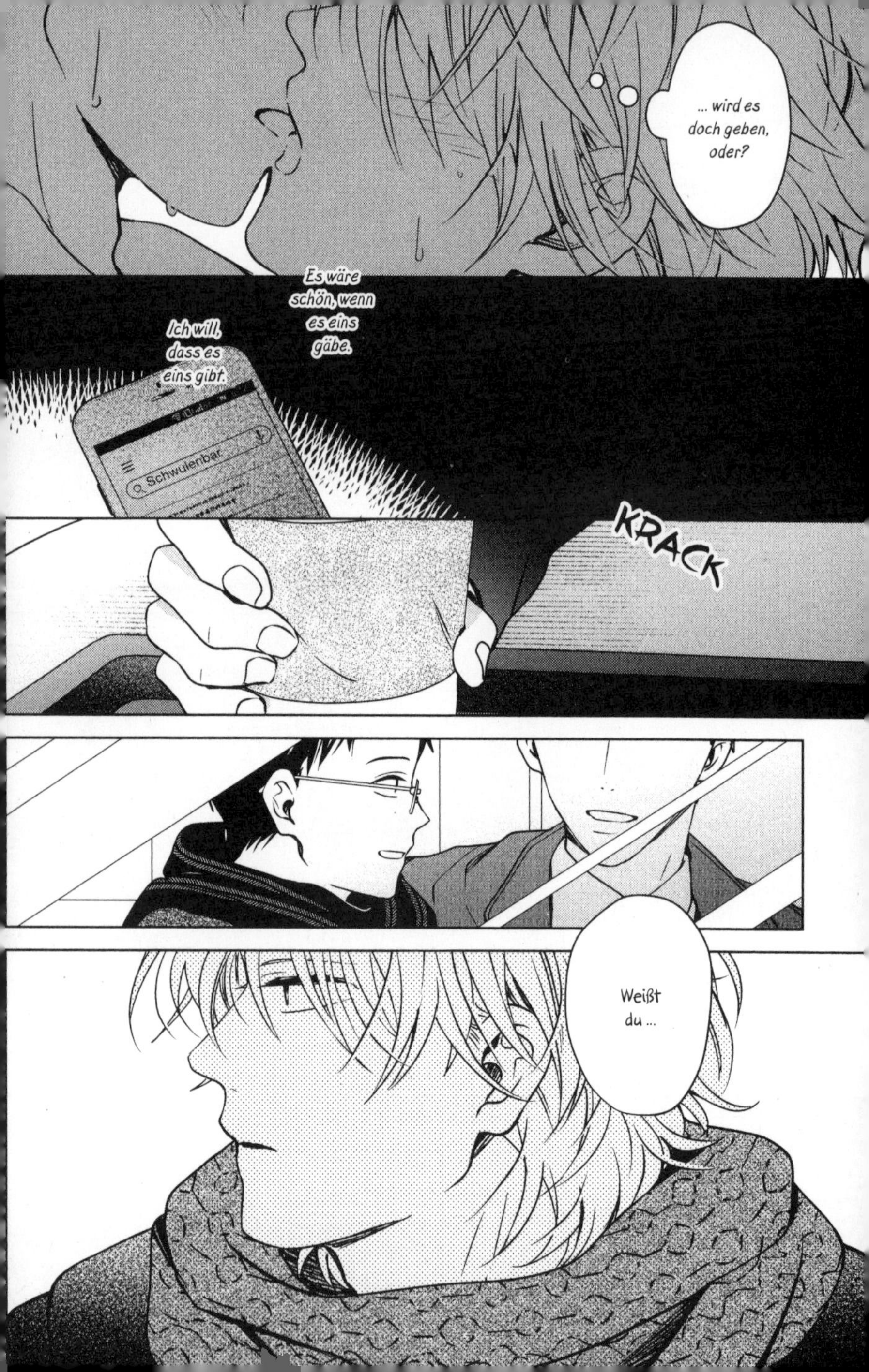

... wird es doch geben, oder?
Es wäre schön, wenn es eins gäbe.
Ich will, dass es eins gibt.
Schwulenbar
KRACK
Weißt du ...

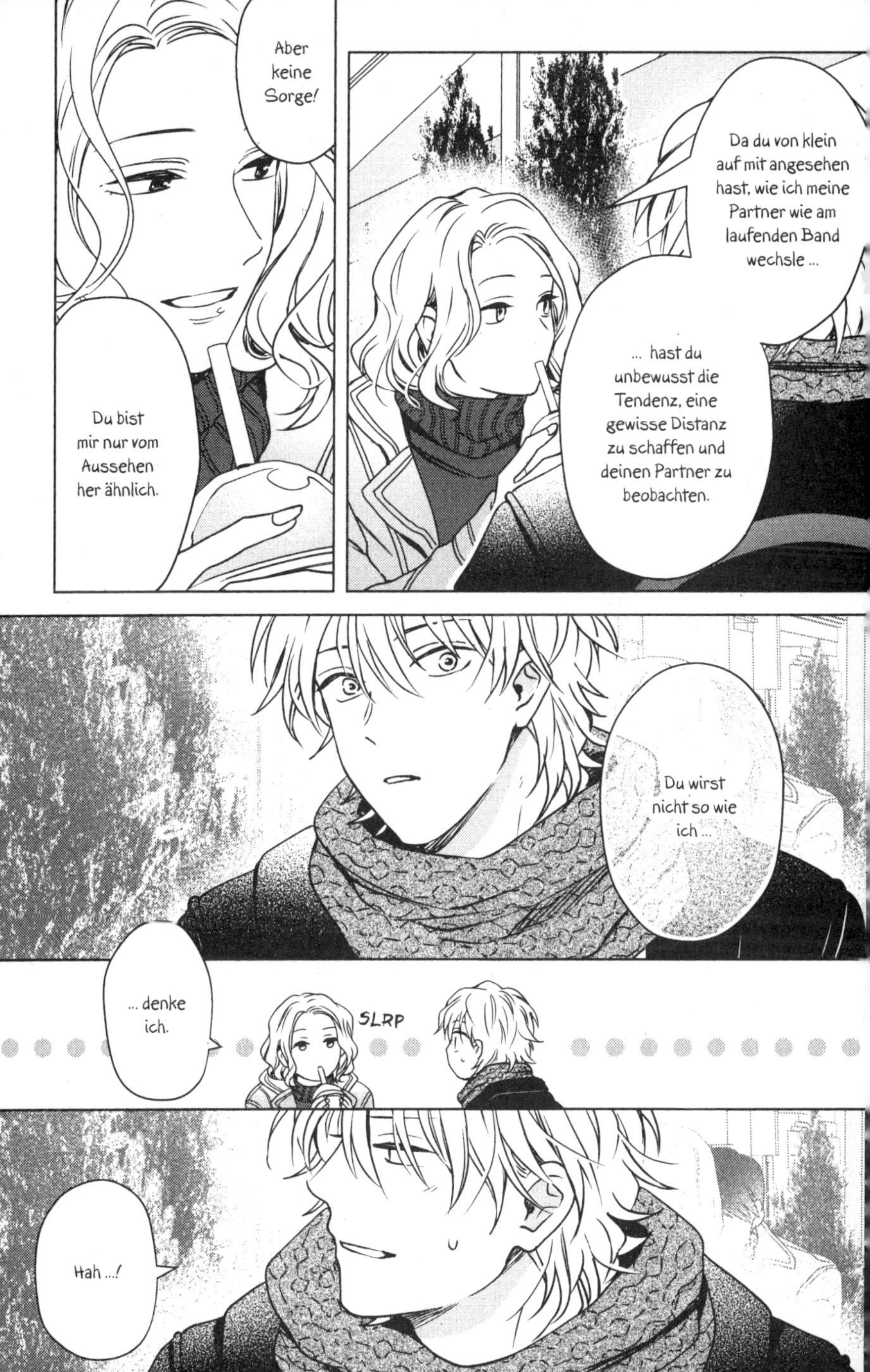
Da du von klein auf mit angesehen hast, wie ich meine Partner wie am laufenden Band wechsle ...
... hast du unbewusst die Tendenz, eine gewisse Distanz zu schaffen und deinen Partner zu beobachten.
Aber keine Sorge!
Du bist mir nur vom Aussehen her ähnlich.
Du wirst nicht so wie ich ...
... denke ich.
SLRP
Hah ...!

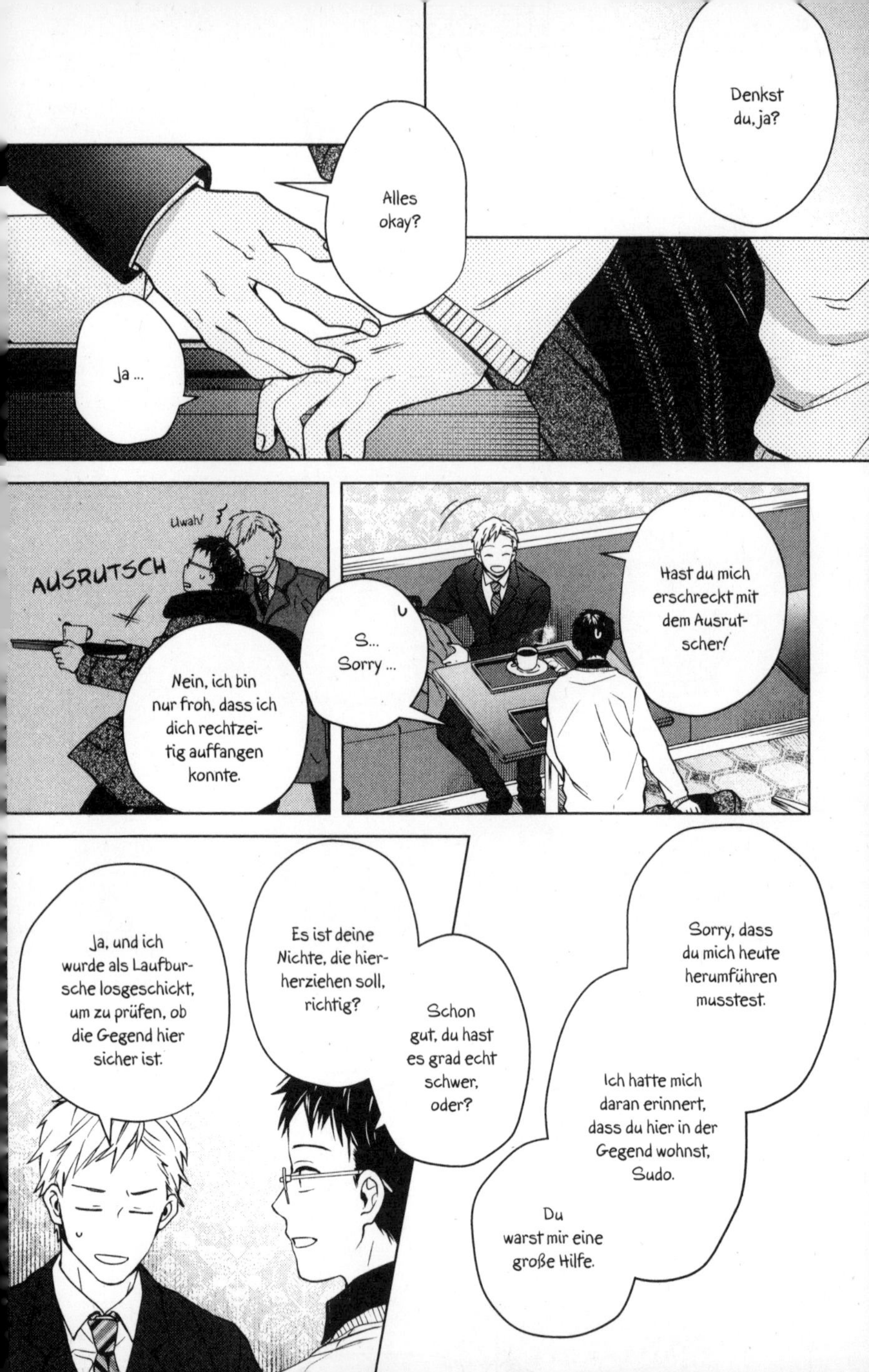
Denkst du, ja?
Alles okay?
Ja ...
Hast du mich erschreckt mit dem Ausrutscher!
S... Sorry ...
Uwah!
AUSRUTSCH
Nein, ich bin nur froh, dass ich dich rechtzeitig auffangen konnte.
Sorry, dass du mich heute herumführen musstest.
Ich hatte mich daran erinnert, dass du hier in der Gegend wohnst, Sudo.
Du warst mir eine große Hilfe.
Schon gut, du hast es grad echt schwer, oder?
Es ist deine Nichte, die hierherziehen soll, richtig?
Ja, und ich wurde als Laufbursche losgeschickt, um zu prüfen, ob die Gegend hier sicher ist.

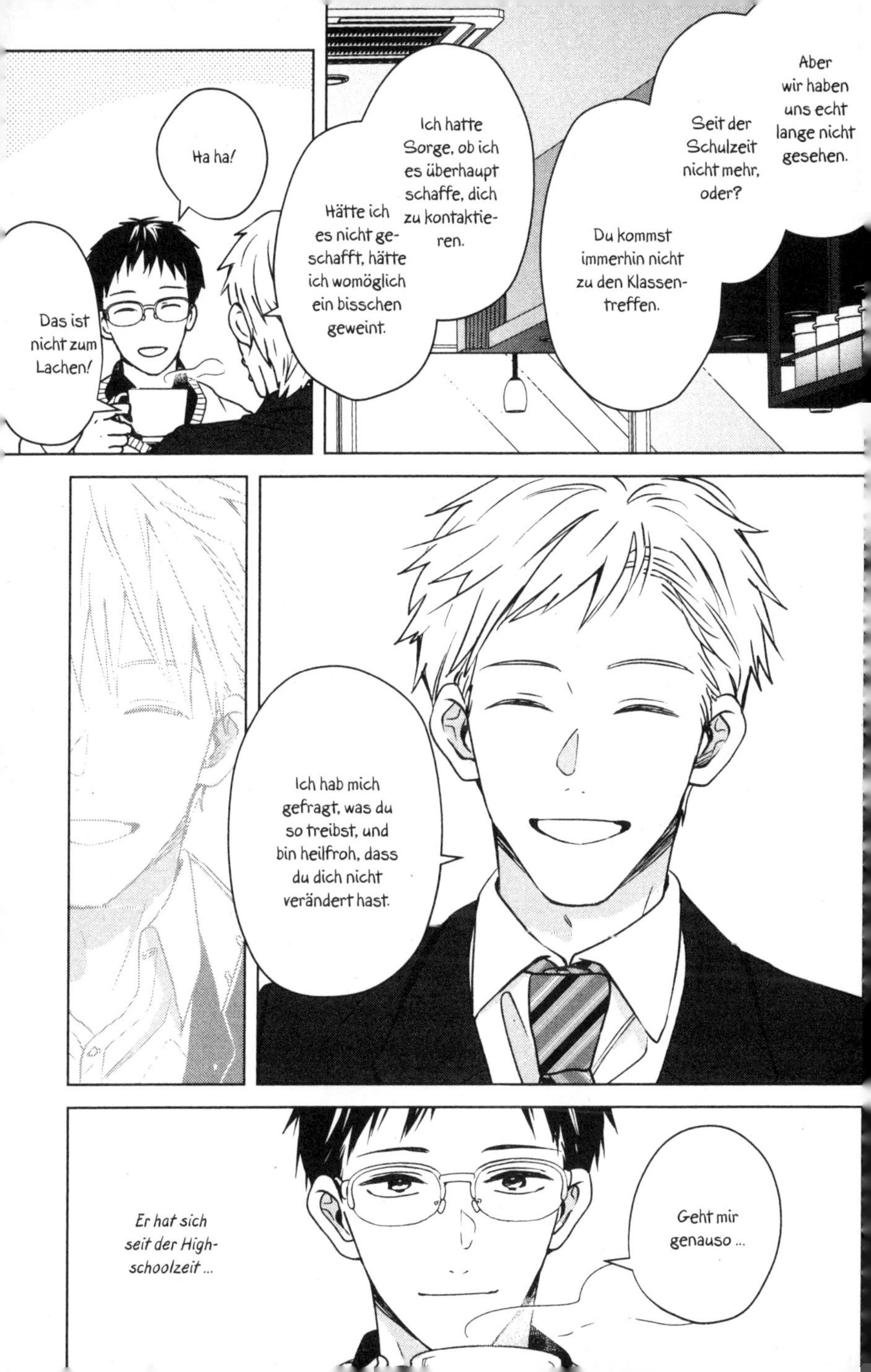

Aber wir haben uns echt lange nicht gesehen.

Seit der Schulzeit nicht mehr, oder?

Du kommst immerhin nicht zu den Klassentreffen.

Ich hatte Sorge, ob ich es überhaupt schaffe, dich zu kontaktieren.

Hätte ich es nicht geschafft, hätte ich womöglich ein bisschen geweint.

Ha ha!

Das ist nicht zum Lachen!

Ich hab mich gefragt, was du so treibst, und bin heilfroh, dass du dich nicht verändert hast.

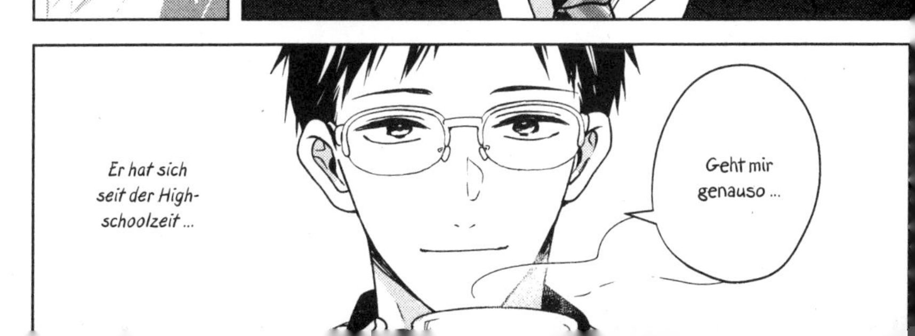

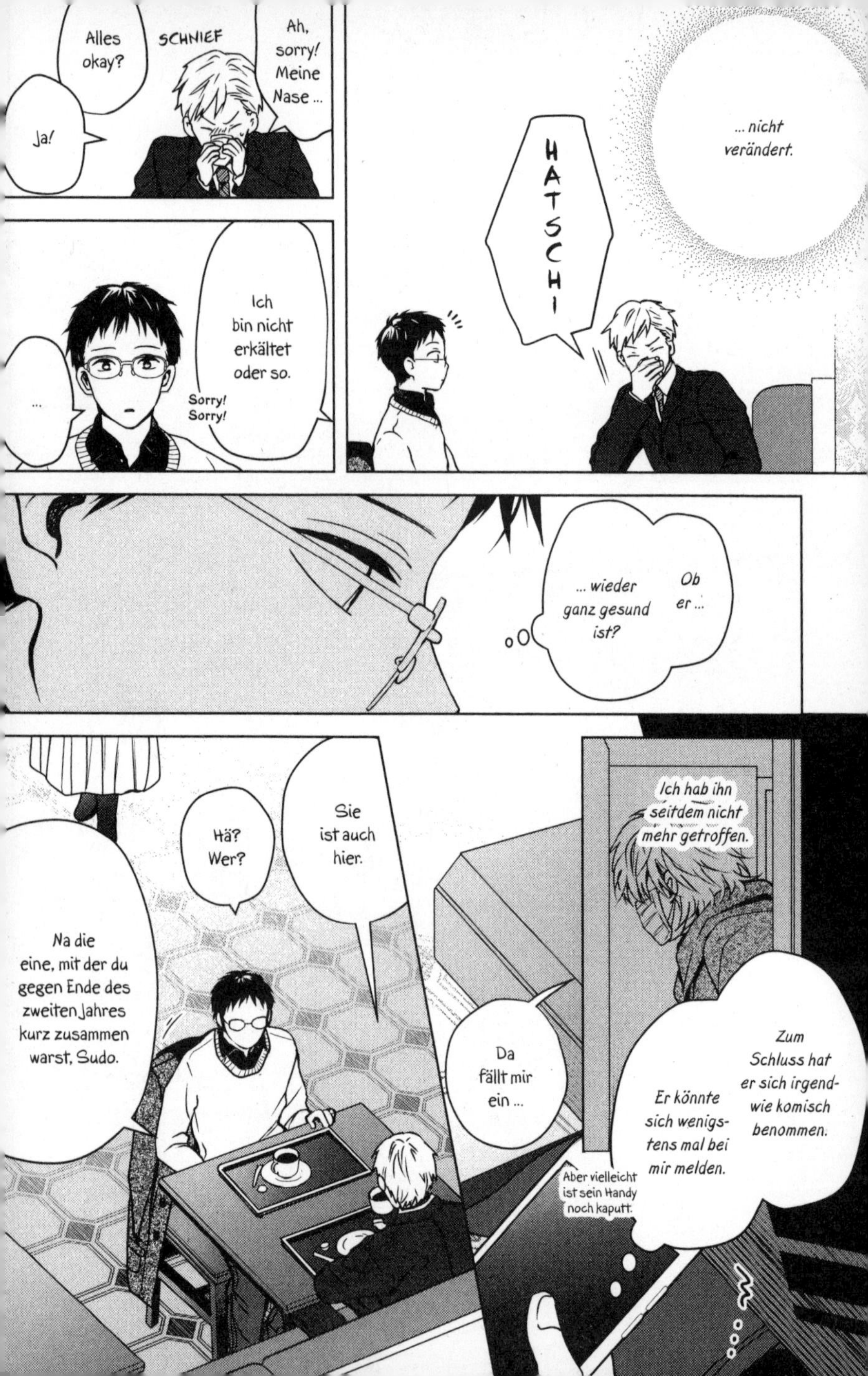

... nicht verändert.
HATSCHI
Ah, sorry! Meine Nase ...
SCHNIEF
Alles okay?
Ja!
Ich bin nicht erkältet oder so.
Sorry! Sorry!
...
Ob er ...
... wieder ganz gesund ist?
Ich hab ihn seitdem nicht mehr getroffen.
Zum Schluss hat er sich irgendwie komisch benommen.
Er könnte sich wenigstens mal bei mir melden.
Aber vielleicht ist sein Handy noch kaputt.
Da fällt mir ein ...
Sie ist auch hier.
Hä? Wer?
Na die eine, mit der du gegen Ende des zweiten Jahres kurz zusammen warst, Sudo.

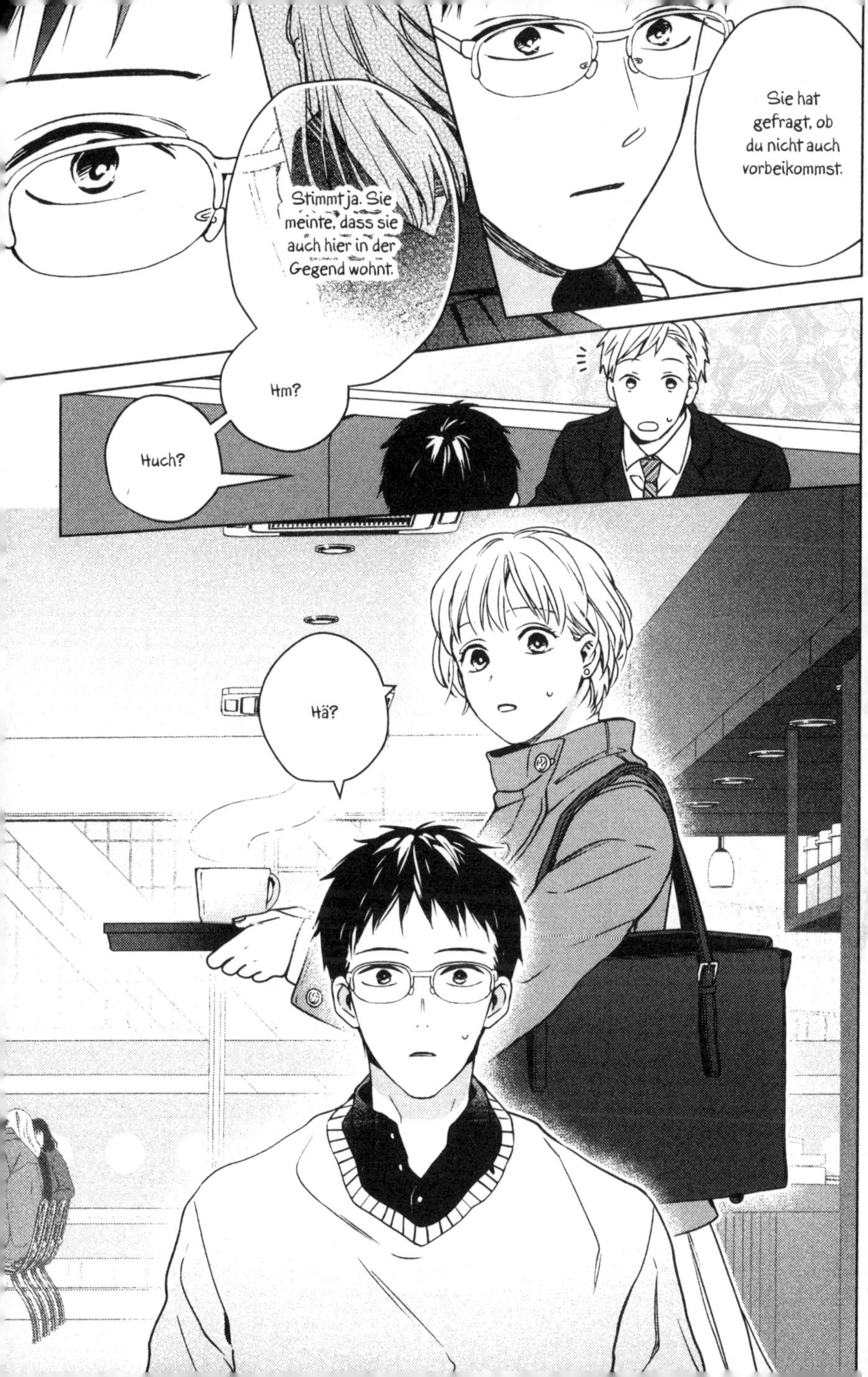

Sie hat gefragt, ob du nicht auch vorbeikommst.
Stimmt ja. Sie meinte, dass sie auch hier in der Gegend wohnt.
Hm?
Huch?
Hä?

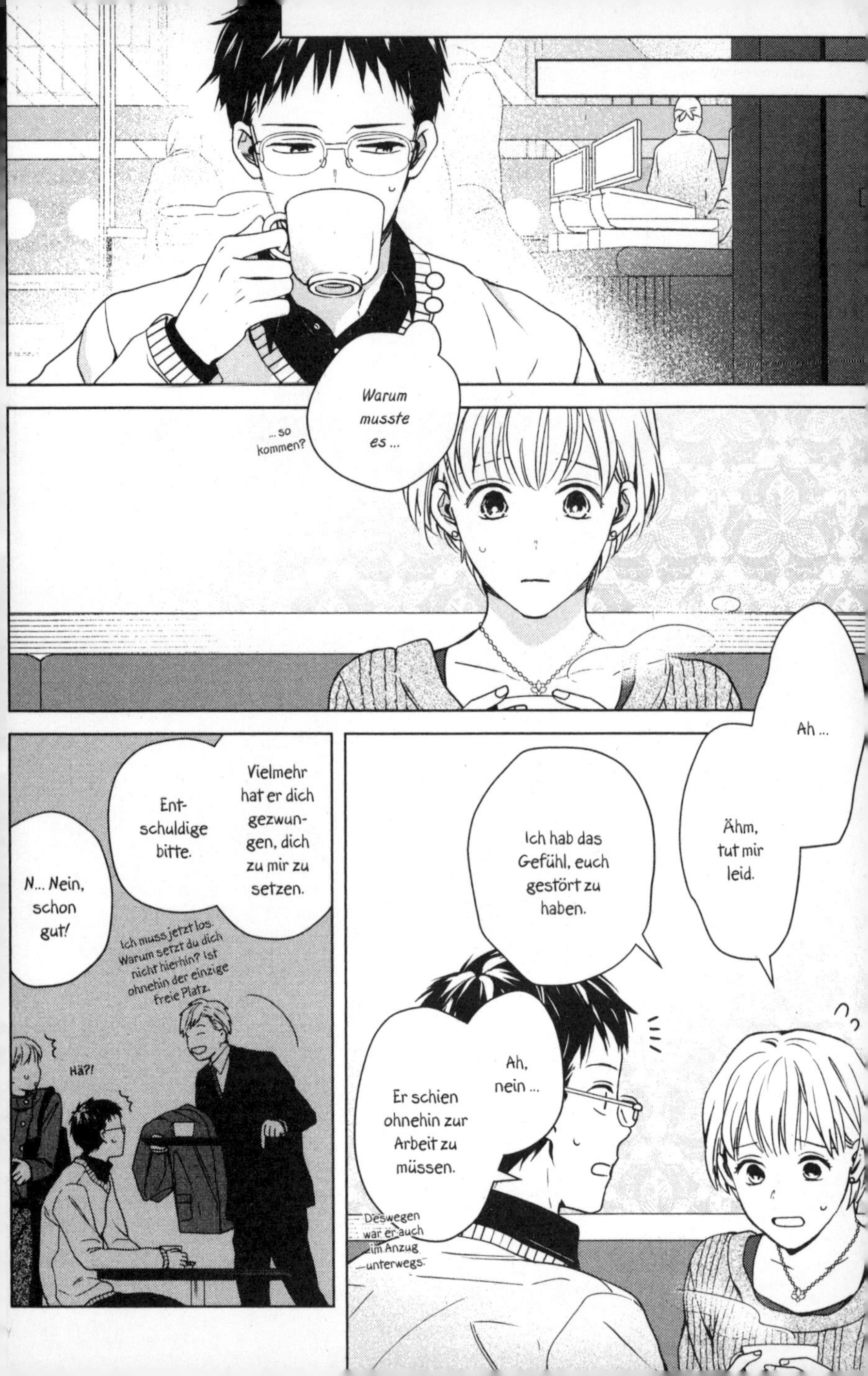
Warum musste es ...
... so kommen?
Ah ...
Ähm, tut mir leid.
Ich hab das Gefühl, euch gestört zu haben.
Ah, nein ...
Er schien ohnehin zur Arbeit zu müssen.
Deswegen war er auch im Anzug unterwegs.
Vielmehr hat er dich gezwungen, dich zu mir zu setzen.
Entschuldige bitte.
N... Nein, schon gut!
Ich muss jetzt los. Warum setzt du dich nicht hierhin? Ist ohnehin der einzige freie Platz.
Hä?!

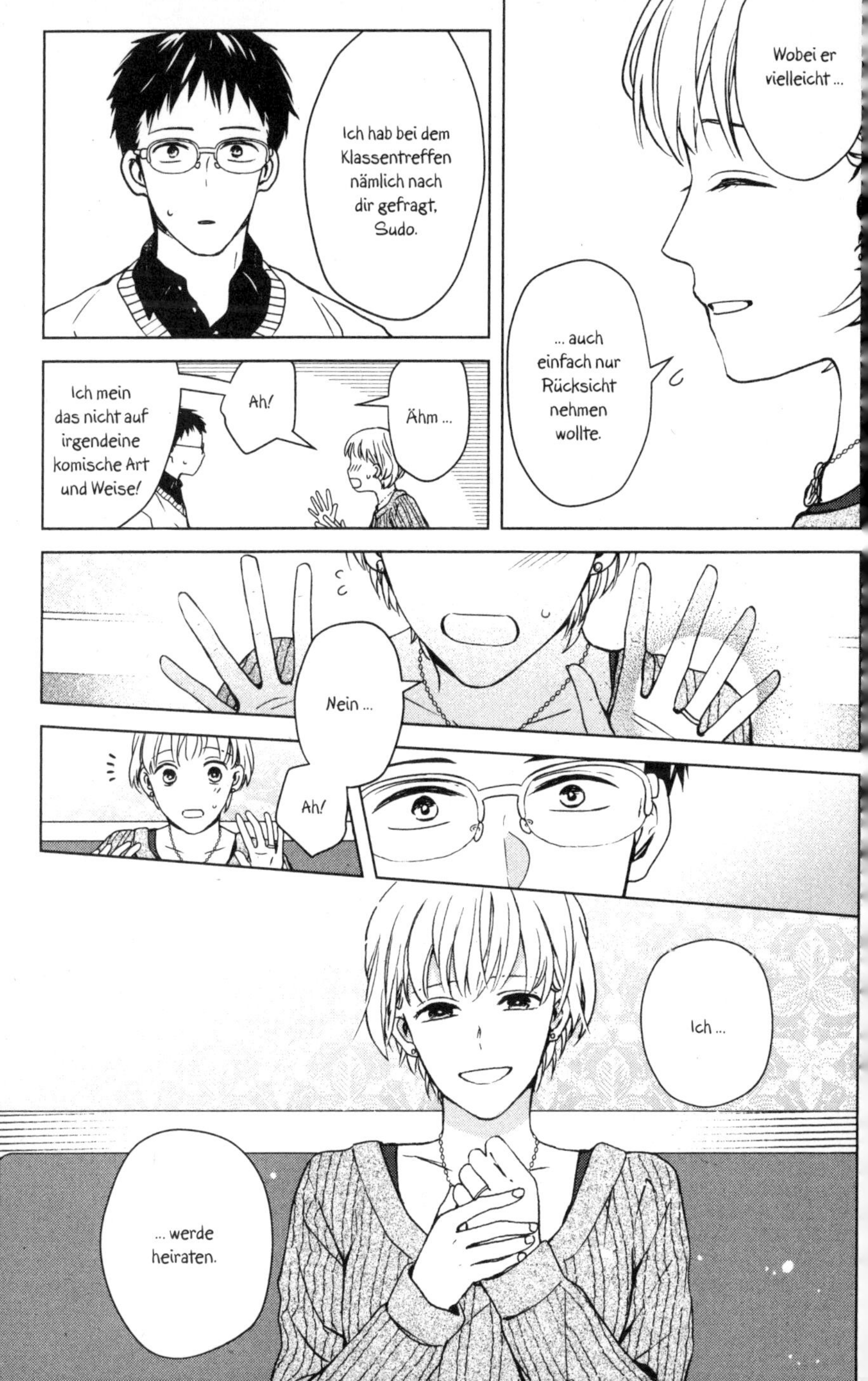
Wobei er vielleicht ...
... auch einfach nur Rücksicht nehmen wollte.
Ich hab bei dem Klassentreffen nämlich nach dir gefragt, Sudo.
Ähm ...
Ah!
Ich mein das nicht auf irgendeine komische Art und Weise!
Nein ...
Ah!
Ich ...
... werde heiraten.

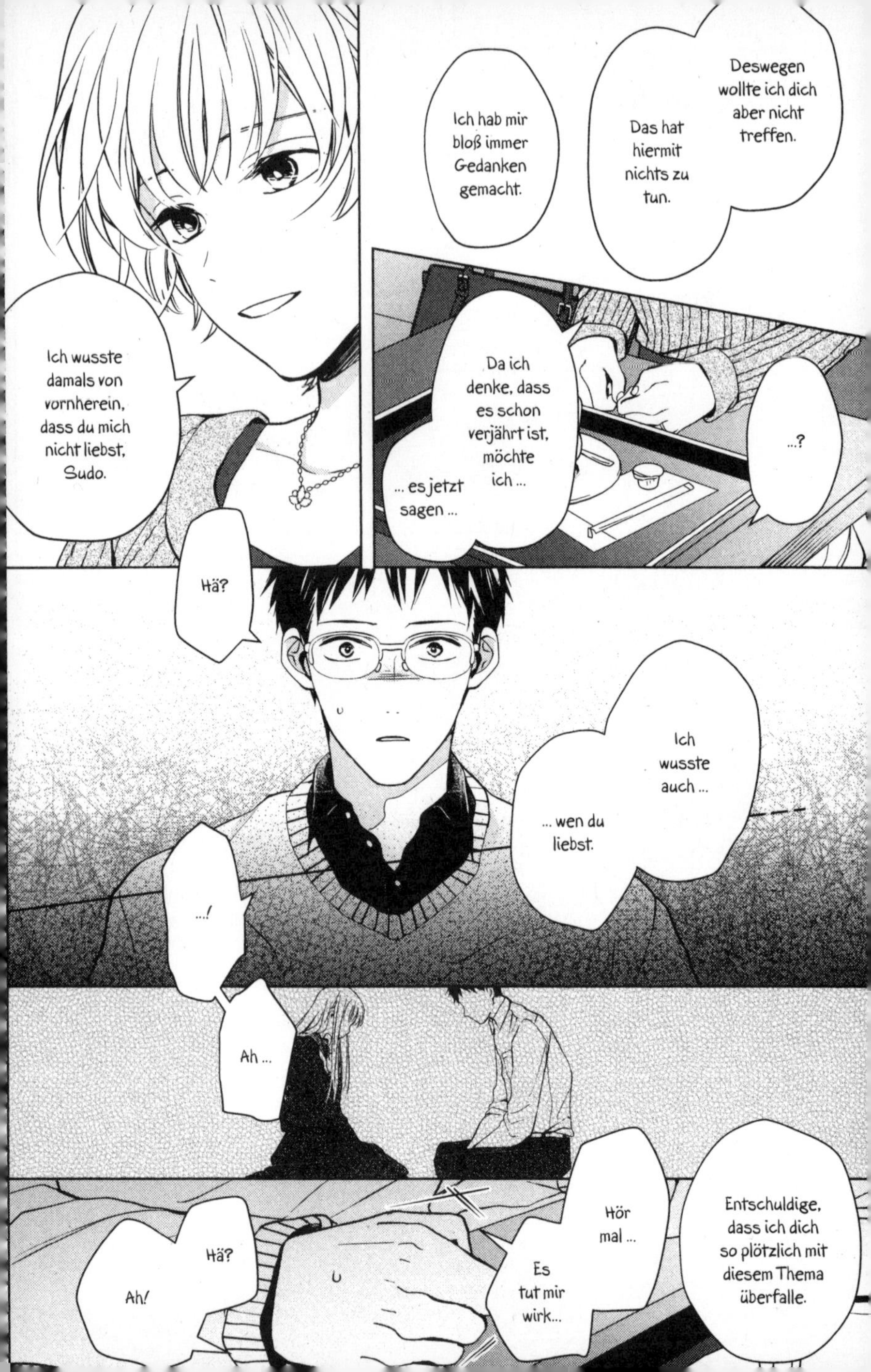

Deswegen wollte ich dich aber nicht treffen.
Das hat hiermit nichts zu tun.
Ich hab mir bloß immer Gedanken gemacht.
...?
Da ich denke, dass es schon verjährt ist, möchte ich ...
... es jetzt sagen ...
Ich wusste damals von vornherein, dass du mich nicht liebst, Sudo.
Hä?
Ich wusste auch ...
... wen du liebst.
...!
Ah ...
Entschuldige, dass ich dich so plötzlich mit diesem Thema überfalle.
Hör mal ...
Es tut mir wirk...
Hä?
Ah!

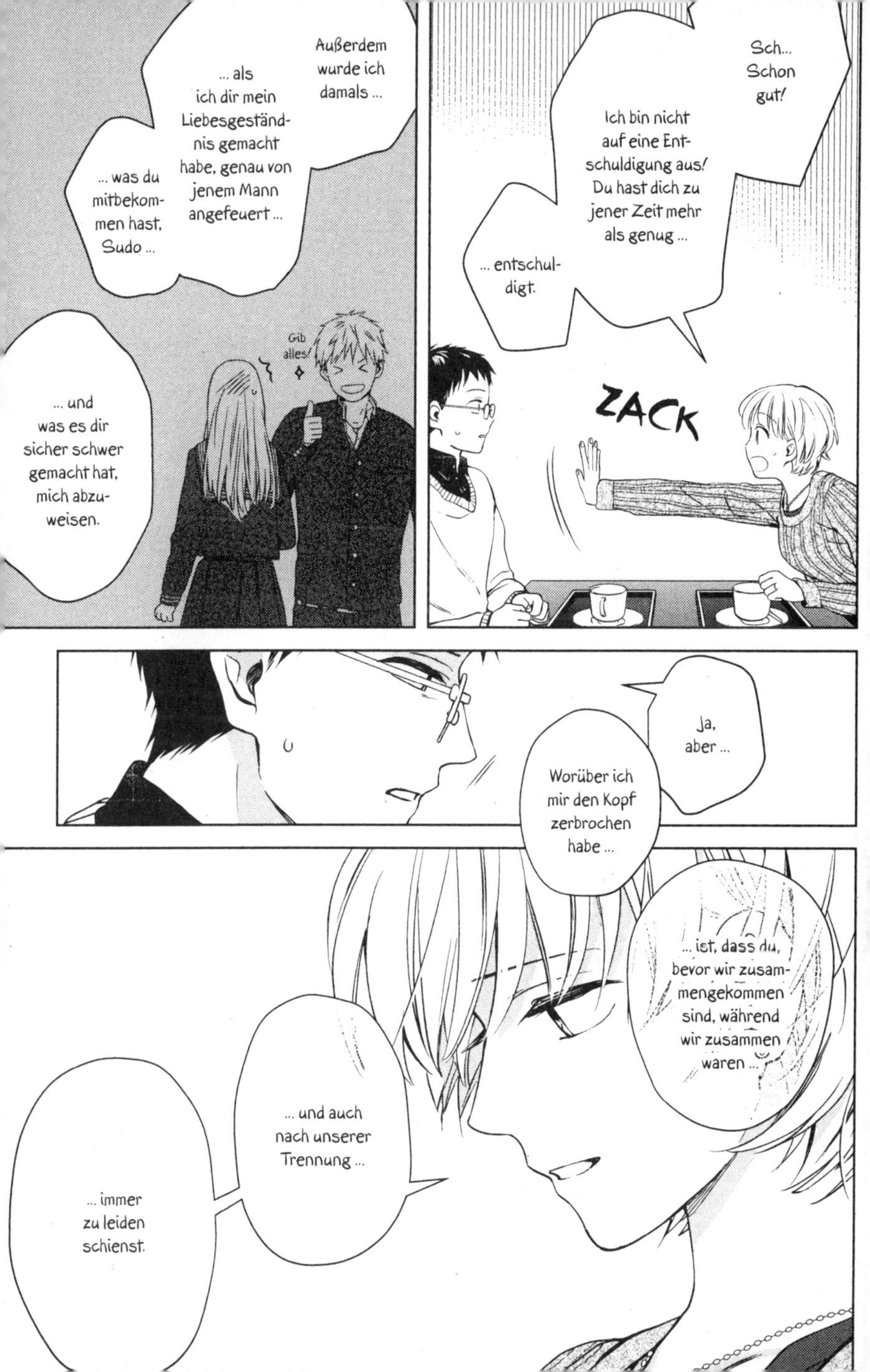
Sch... Schon gut!
Ich bin nicht auf eine Entschuldigung aus! Du hast dich zu jener Zeit mehr als genug ...
... entschuldigt.
ZACK
Außerdem wurde ich damals ...
... als ich dir mein Liebesgeständnis gemacht habe, genau von jenem Mann angefeuert ...
... was du mitbekommen hast, Sudo ...
Gib alles!
... und was es dir sicher schwer gemacht hat, mich abzuweisen.
Ja, aber ...
Worüber ich mir den Kopf zerbrochen habe ...
... ist, dass du, bevor wir zusammengekommen sind, während wir zusammen waren ...
... und auch nach unserer Trennung ...
... immer zu leiden schienst.

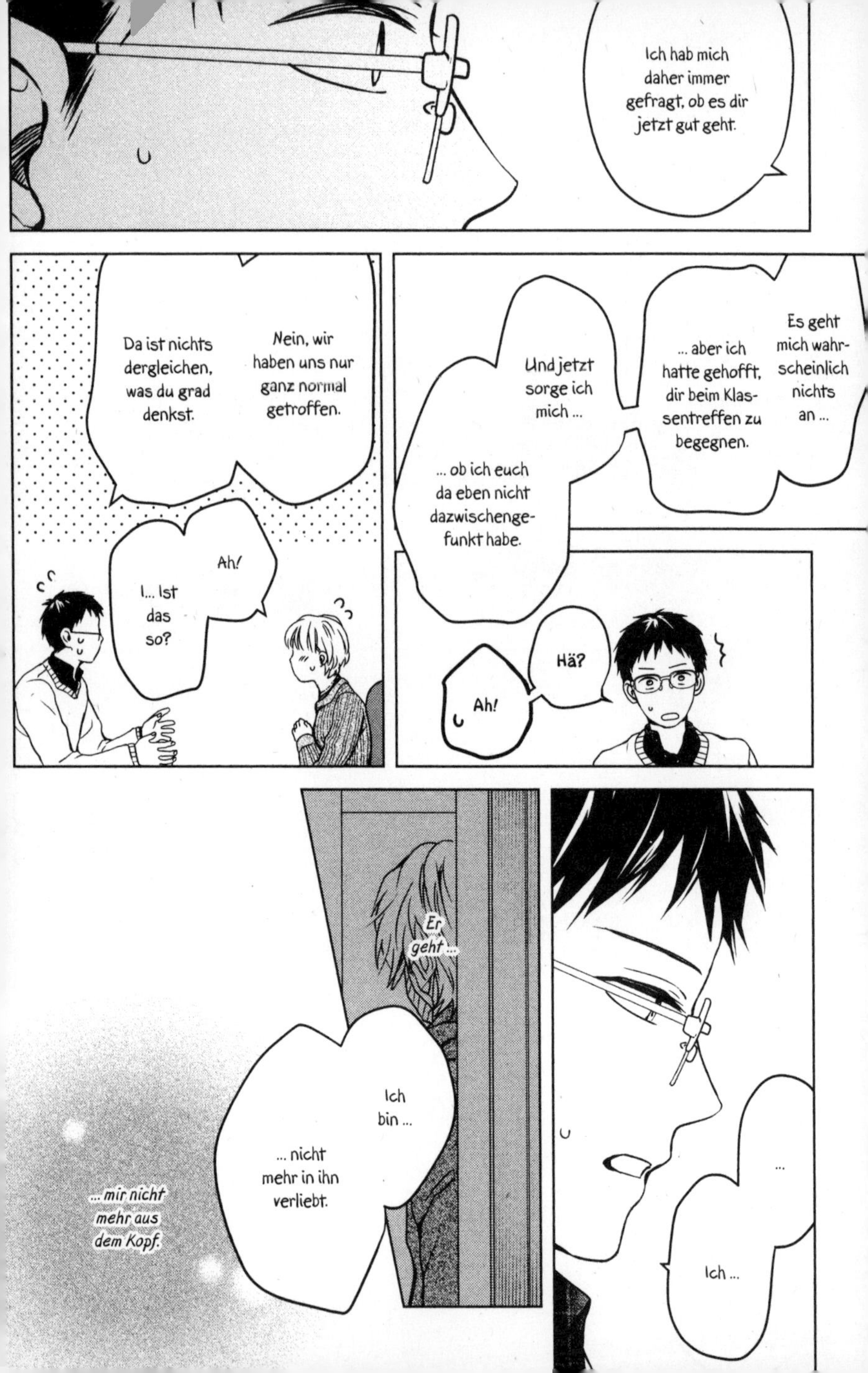
Ich hab mich daher immer gefragt, ob es dir jetzt gut geht.
Es geht mich wahrscheinlich nichts an ...
... aber ich hatte gehofft, dir beim Klassentreffen zu begegnen.
Und jetzt sorge ich mich ...
... ob ich euch da eben nicht dazwischengefunkt habe.
Hä?
Ah!
Nein, wir haben uns nur ganz normal getroffen.
Da ist nichts dergleichen, was du grad denkst.
Ah!
I... Ist das so?
...
Ich ...
Er geht ...
Ich bin ...
... nicht mehr in ihn verliebt.
... mir nicht mehr aus dem Kopf.

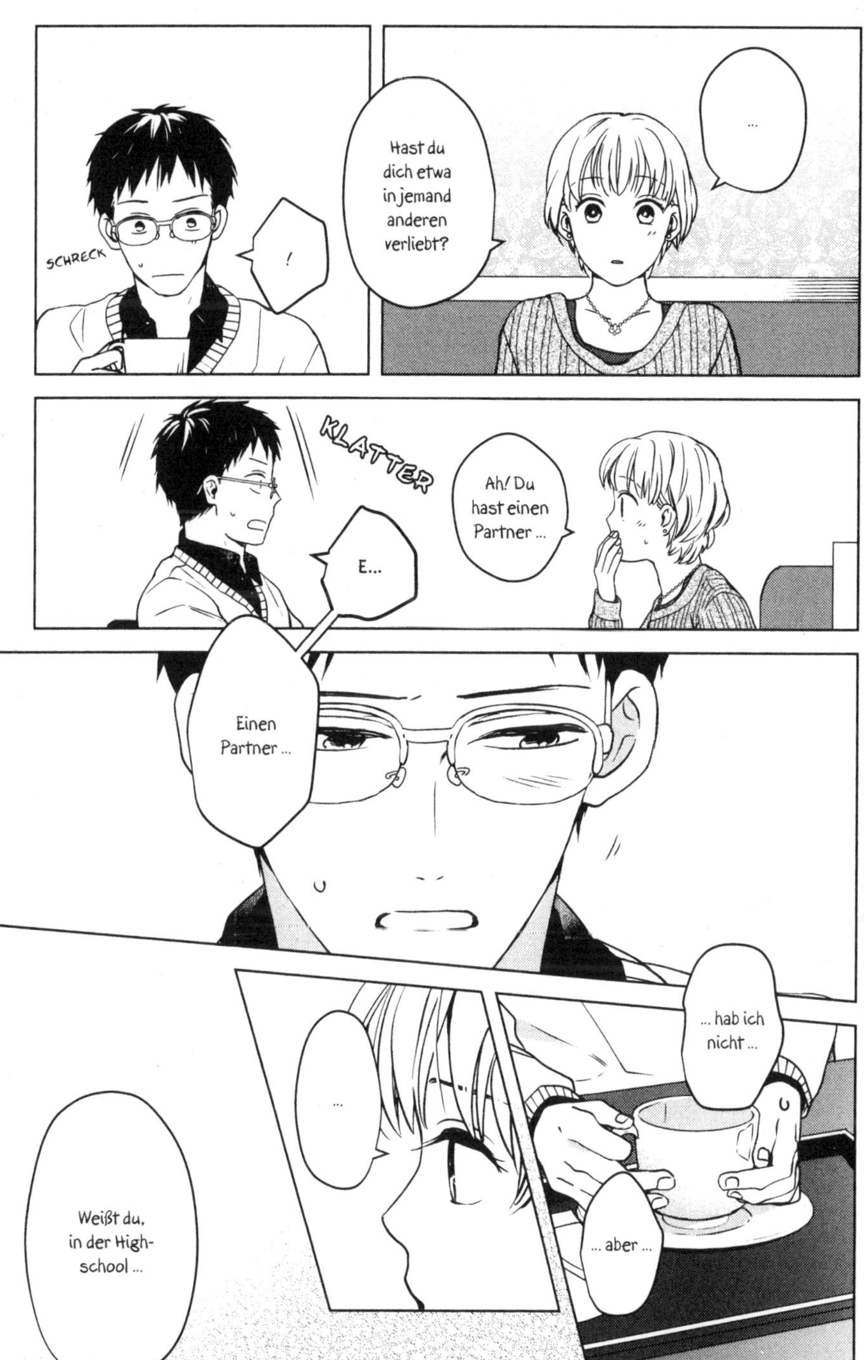
...
Hast du dich etwa in jemand anderen verliebt?
SCHRECK
!
Ah! Du hast einen Partner ...
KLATTER
E...
Einen Partner ...
... hab ich nicht ...
... aber ...
...
Weißt du, in der High-school ...

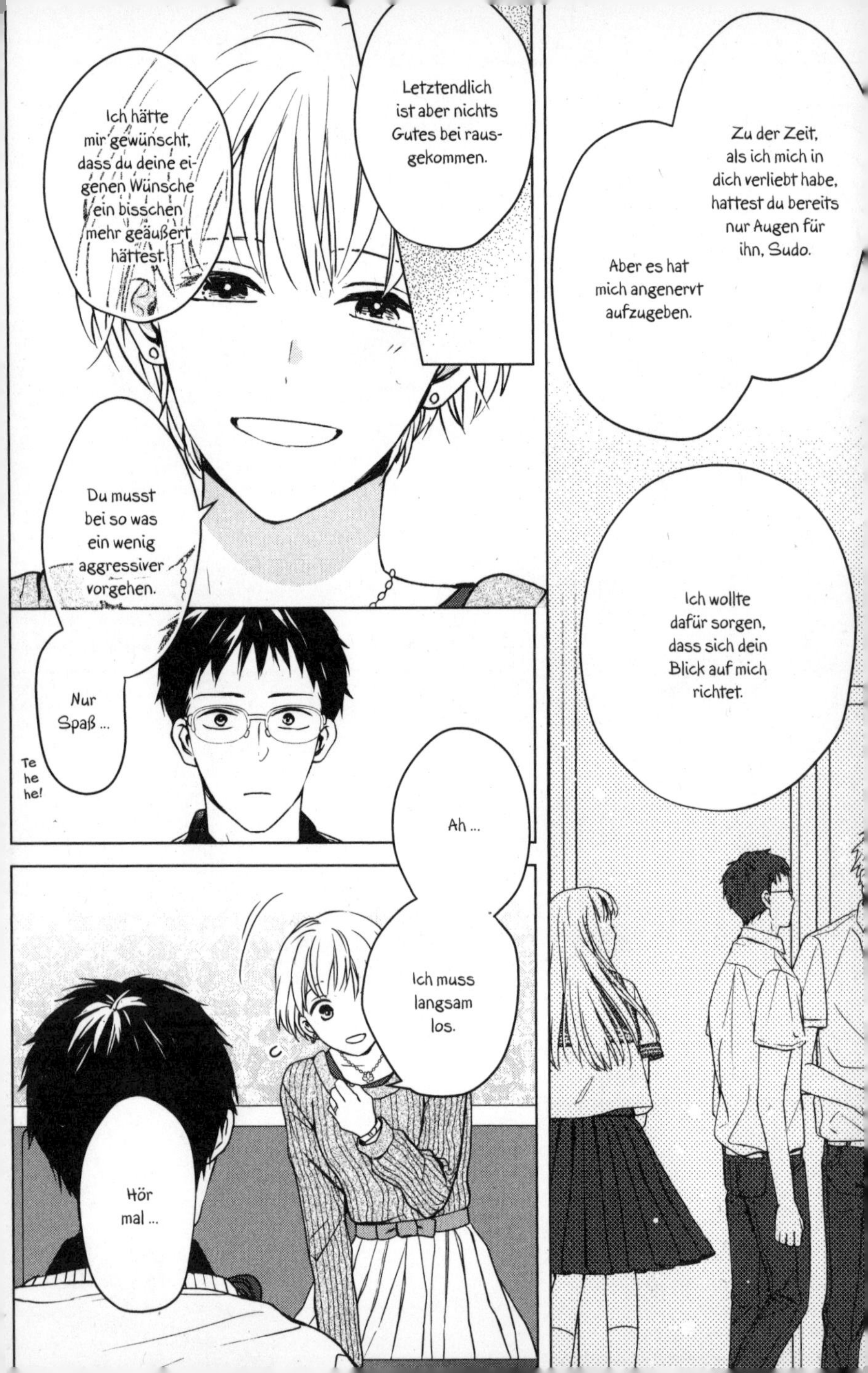
Zu der Zeit, als ich mich in dich verliebt habe, hattest du bereits nur Augen für ihn, Sudo.
Aber es hat mich angenervt aufzugeben.
Ich wollte dafür sorgen, dass sich dein Blick auf mich richtet.
Letztendlich ist aber nichts Gutes bei rausgekommen.
Ich hätte mir gewünscht, dass du deine eigenen Wünsche ein bisschen mehr geäußert hättest.
Du musst bei so was ein wenig aggressiver vorgehen.
Nur Spaß ...
Te he he!
Ah ...
Ich muss langsam los.
Hör mal ...

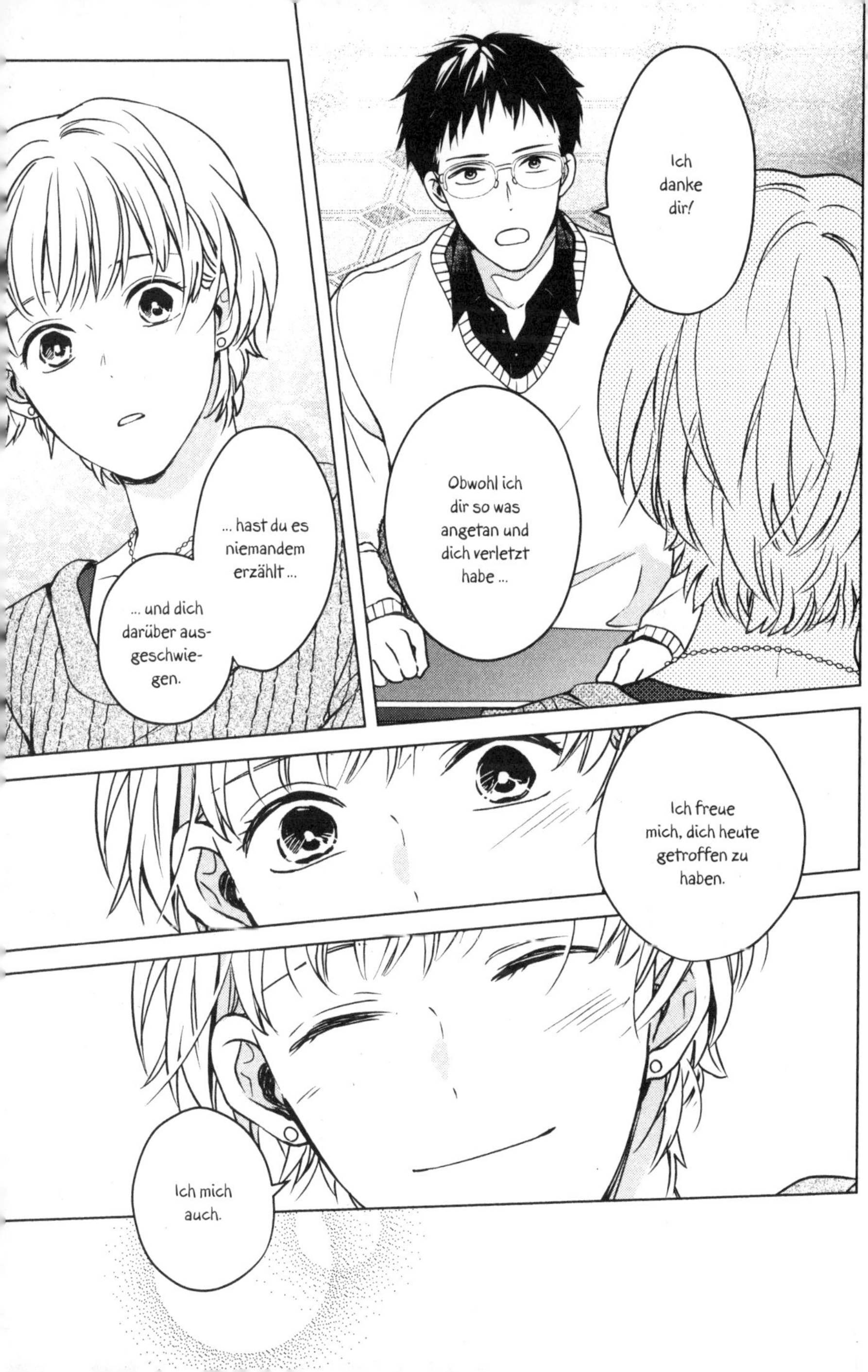
Ich danke dir!
Obwohl ich dir so was angetan und dich verletzt habe ...
... hast du es niemandem erzählt ...
... und dich darüber ausgeschwiegen.
Ich freue mich, dich heute getroffen zu haben.
Ich mich auch.

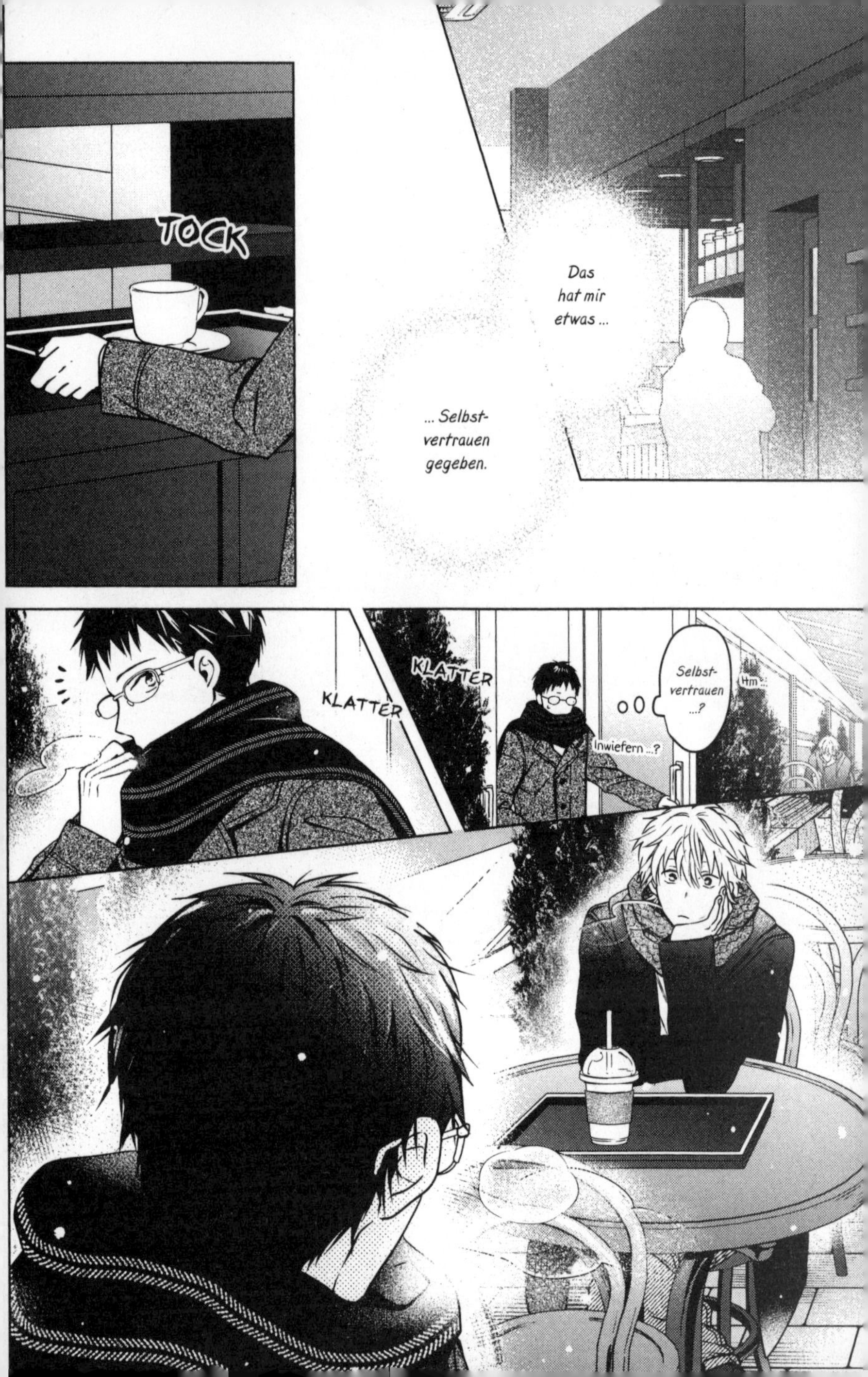

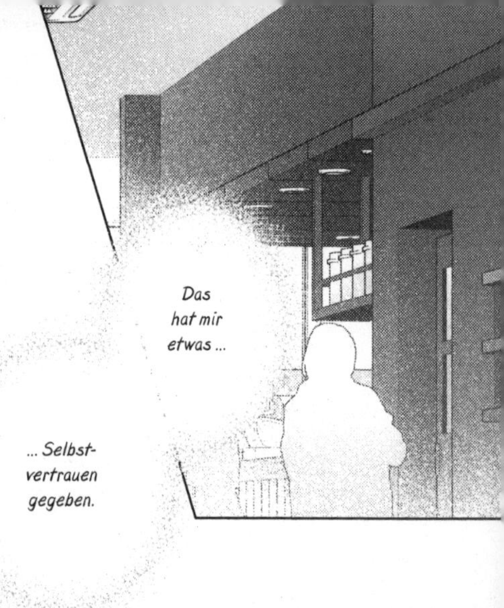

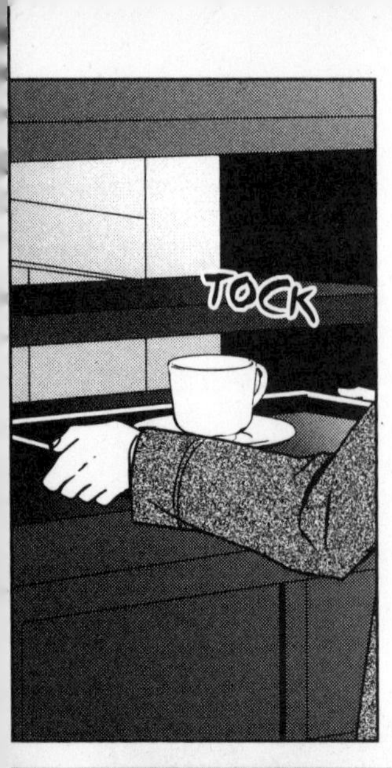

... Selbst-
vertrauen
gegeben.

Selbst-
vertrauen
...?

Hm ...

Inwiefern ...?

KLATTER

KLATTER

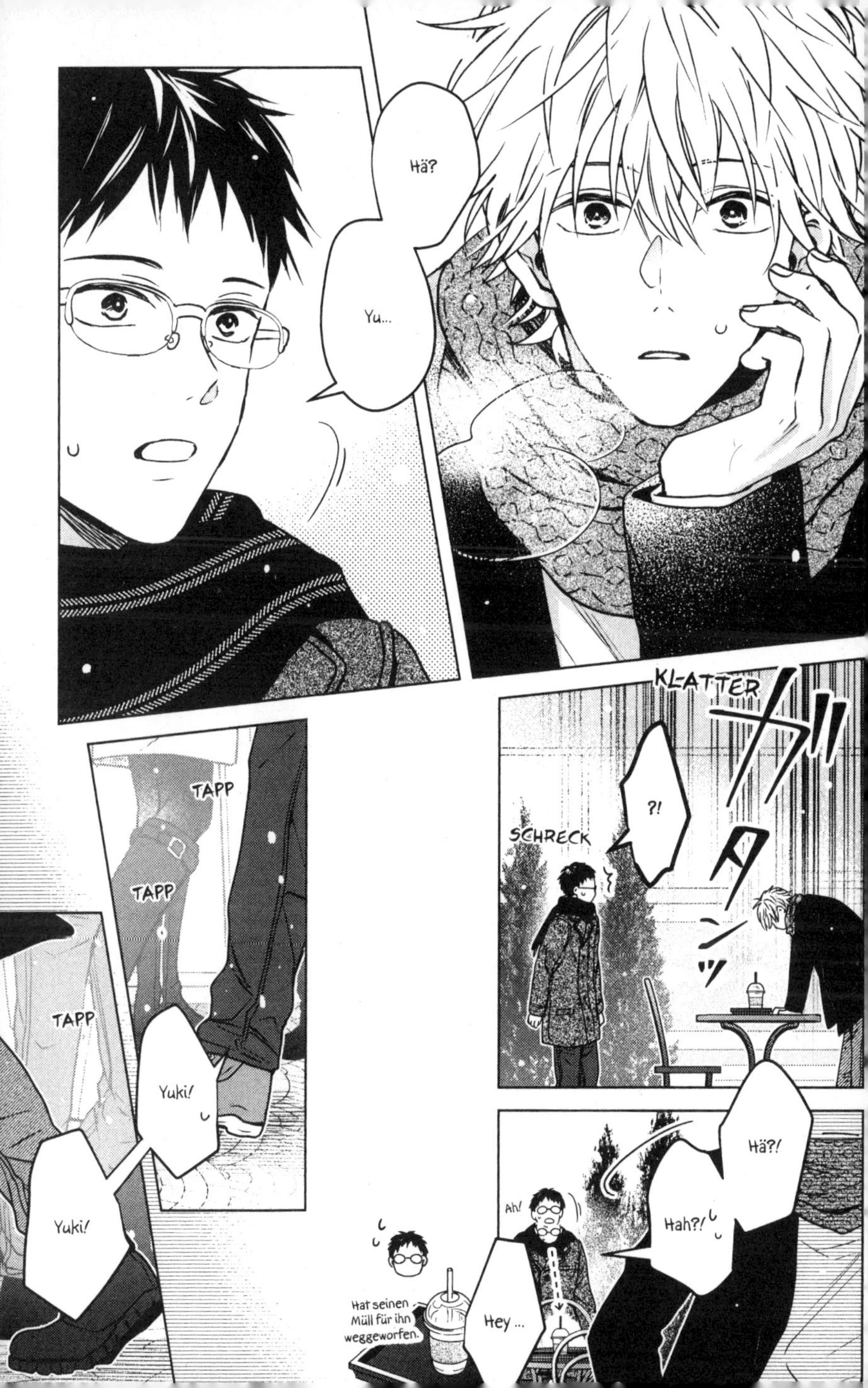

Hä?
Yu...
KLATTER
?!
SCHRECK
TAPP
TAPP
TAPP
Yuki!
Yuki!
Hä?!
Hah?!
Ah!
Hey ...
Hat seinen Müll für ihn weggeworfen.

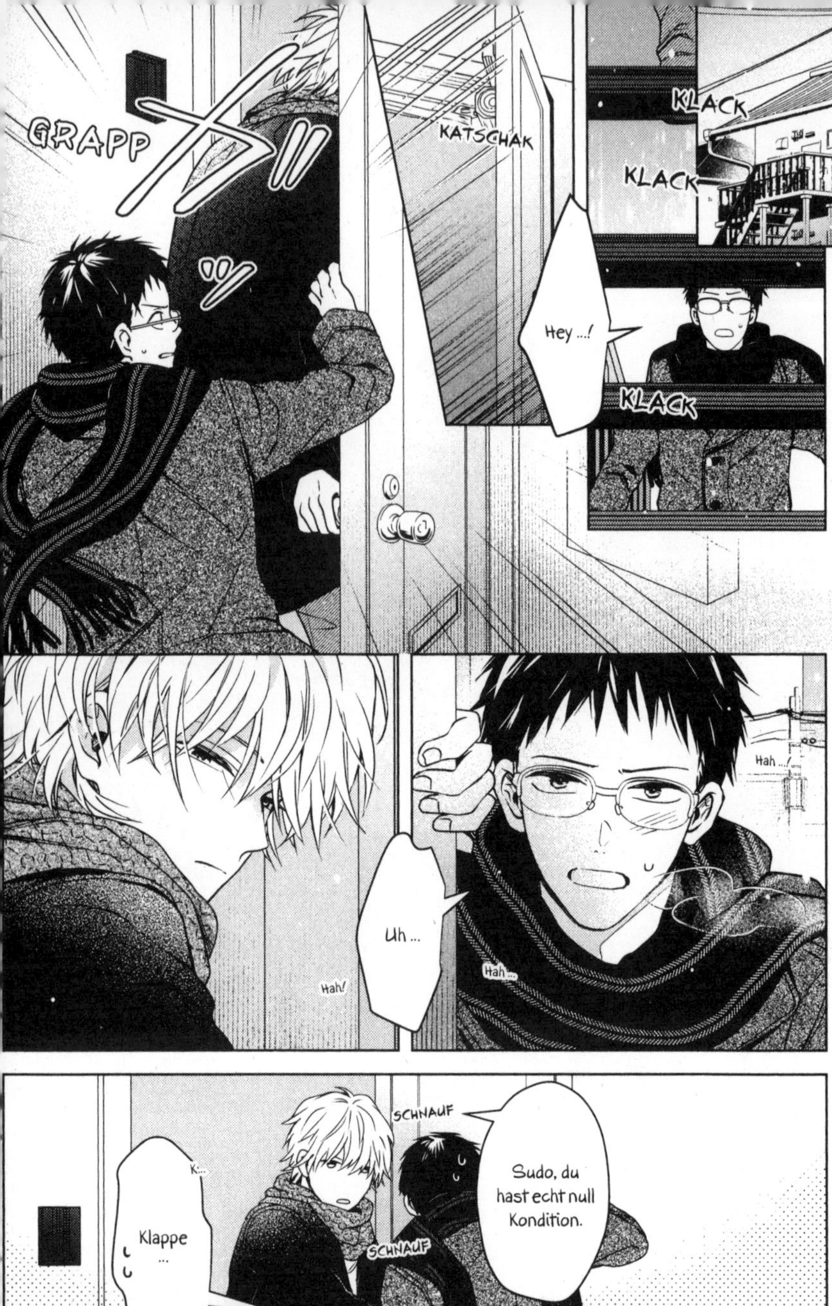

KLACK
KLACK
Hey ...!
KLACK
KATSCHAK
GRAPP
Hah ...
Uh ...
Hah ...
Hah!

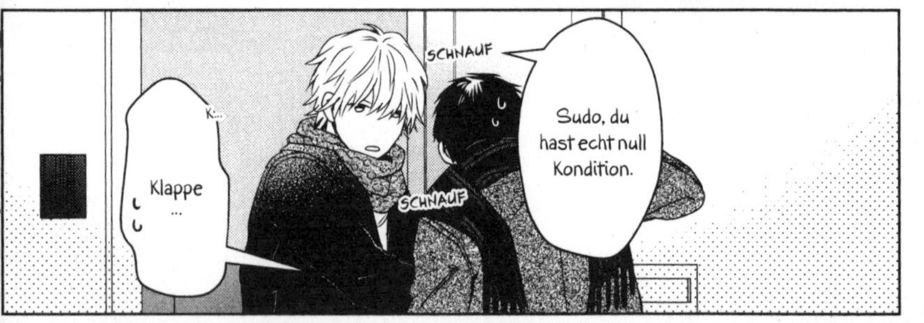

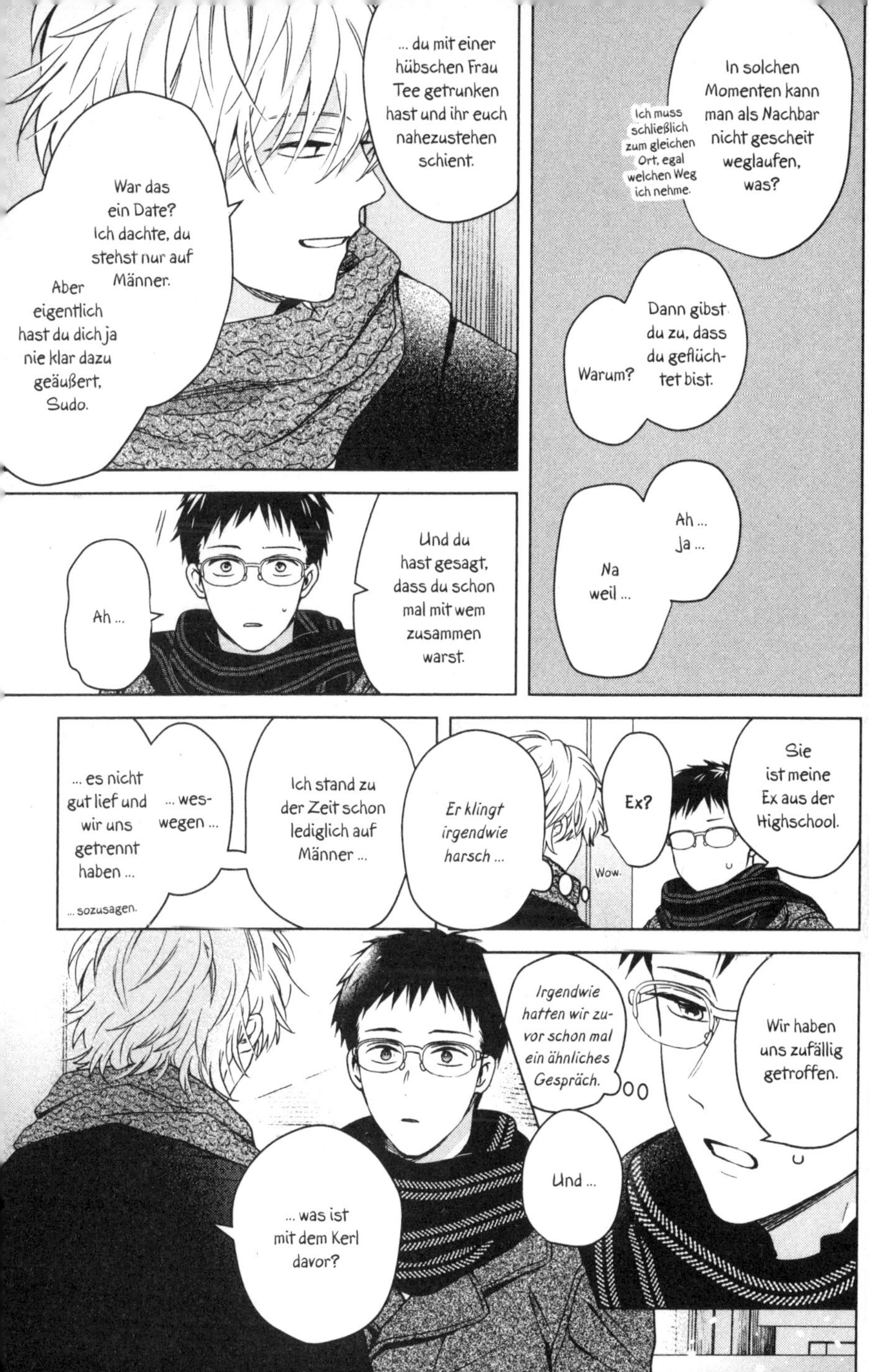
In solchen Momenten kann man als Nachbar nicht gescheit weglaufen, was?
Ich muss schließlich zum gleichen Ort, egal welchen Weg ich nehme.
Dann gibst du zu, dass du geflüchtet bist.
Warum?
Ah ... Ja ...
Na weil ...
... du mit einer hübschen Frau Tee getrunken hast und ihr euch nahezustehen schient.
War das ein Date? Ich dachte, du stehst nur auf Männer.
Aber eigentlich hast du dich ja nie klar dazu geäußert, Sudo.
Und du hast gesagt, dass du schon mal mit wem zusammen warst.
Ah ...
Sie ist meine Ex aus der Highschool.
Ex?
Wow.
Er klingt irgendwie harsch ...
Ich stand zu der Zeit schon lediglich auf Männer ...
... wes-wegen ...
... es nicht gut lief und wir uns getrennt haben ...
... sozusagen.
Wir haben uns zufällig getroffen.
Irgendwie hatten wir zuvor schon mal ein ähnliches Gespräch.
Und ...
... was ist mit dem Kerl davor?

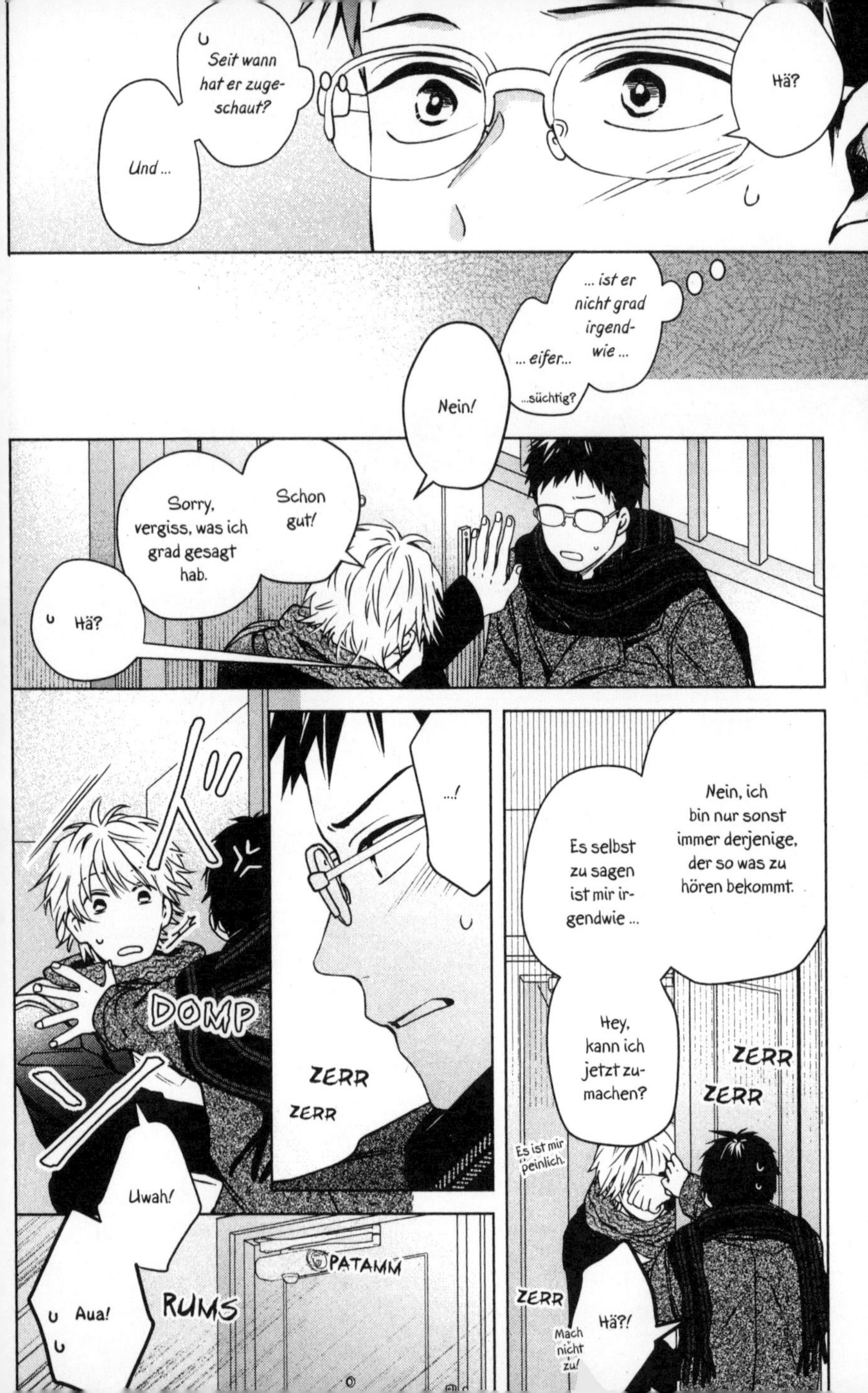

Hä?
Seit wann hat er zugeschaut?
Und ...
... ist er nicht grad irgendwie ...
... eifer...
...süchtig?
Nein!
Schon gut!
Sorry, vergiss, was ich grad gesagt hab.
Hä?
Nein, ich bin nur sonst immer derjenige, der so was zu hören bekommt.
Es selbst zu sagen ist mir irgendwie ...
...!
DOMP
ZERR
ZERR
Uwah!
Hey, kann ich jetzt zumachen?
ZERR
ZERR
Es ist mir peinlich.
PATAMM
RUMS
Aua!
ZERR
Hä?!
Mach nicht zu!

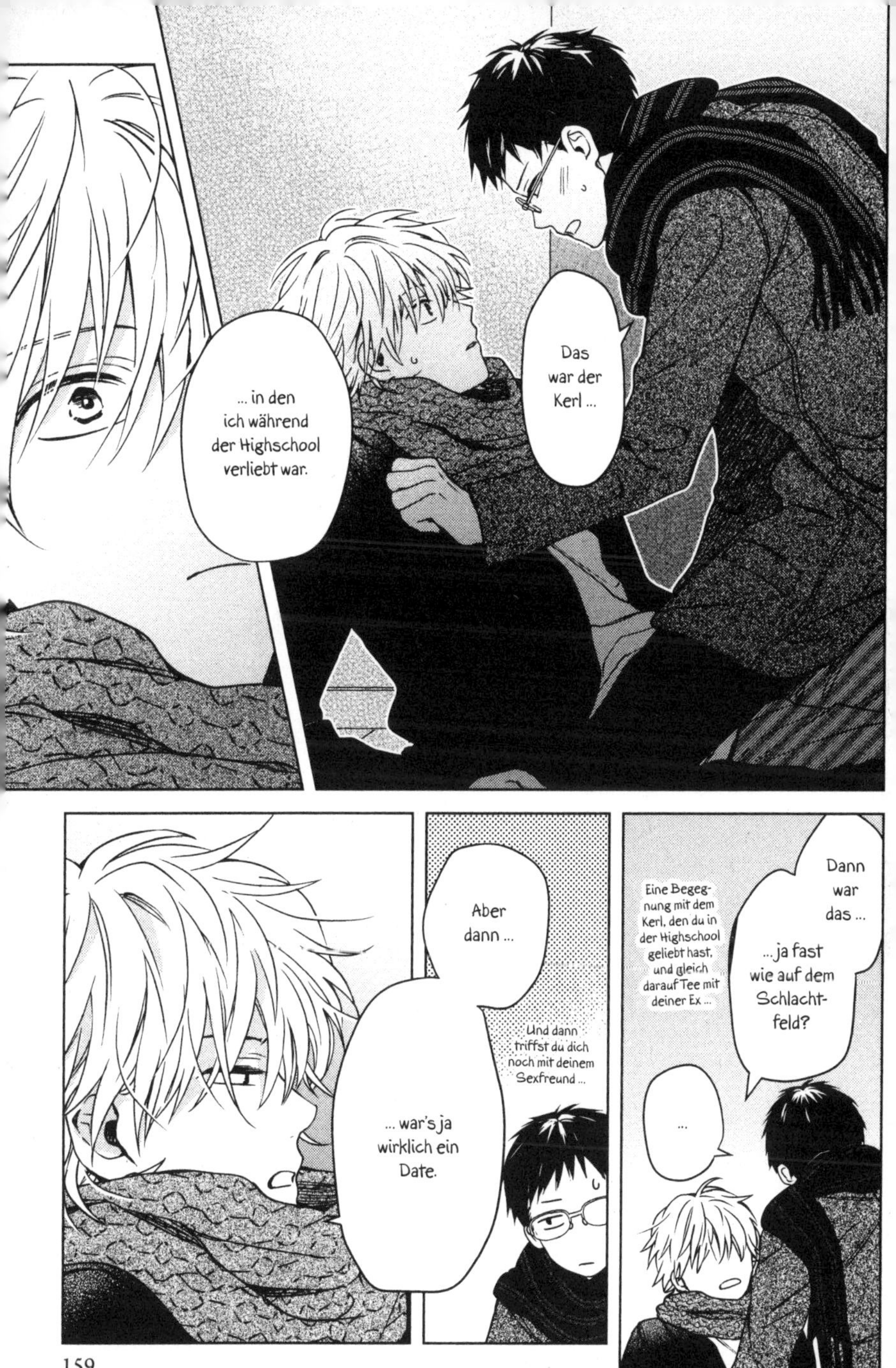

Das war der Kerl ...
... in den ich während der Highschool verliebt war.

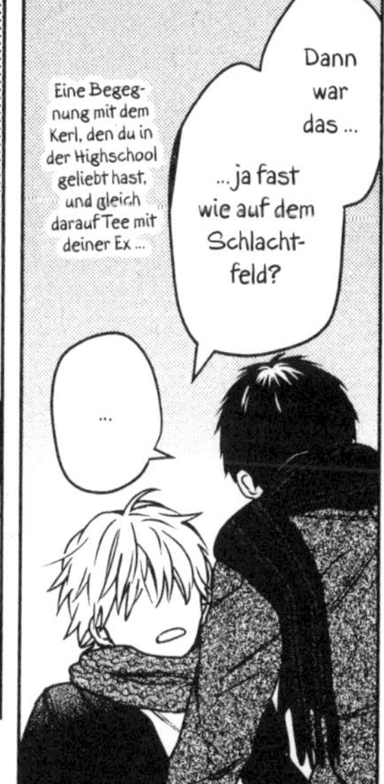

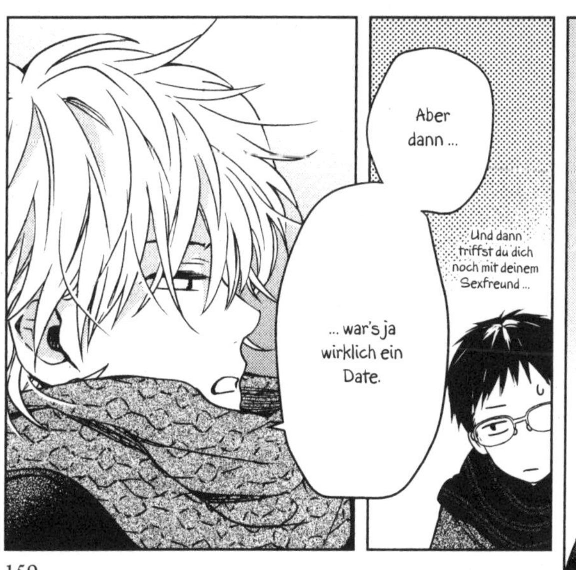

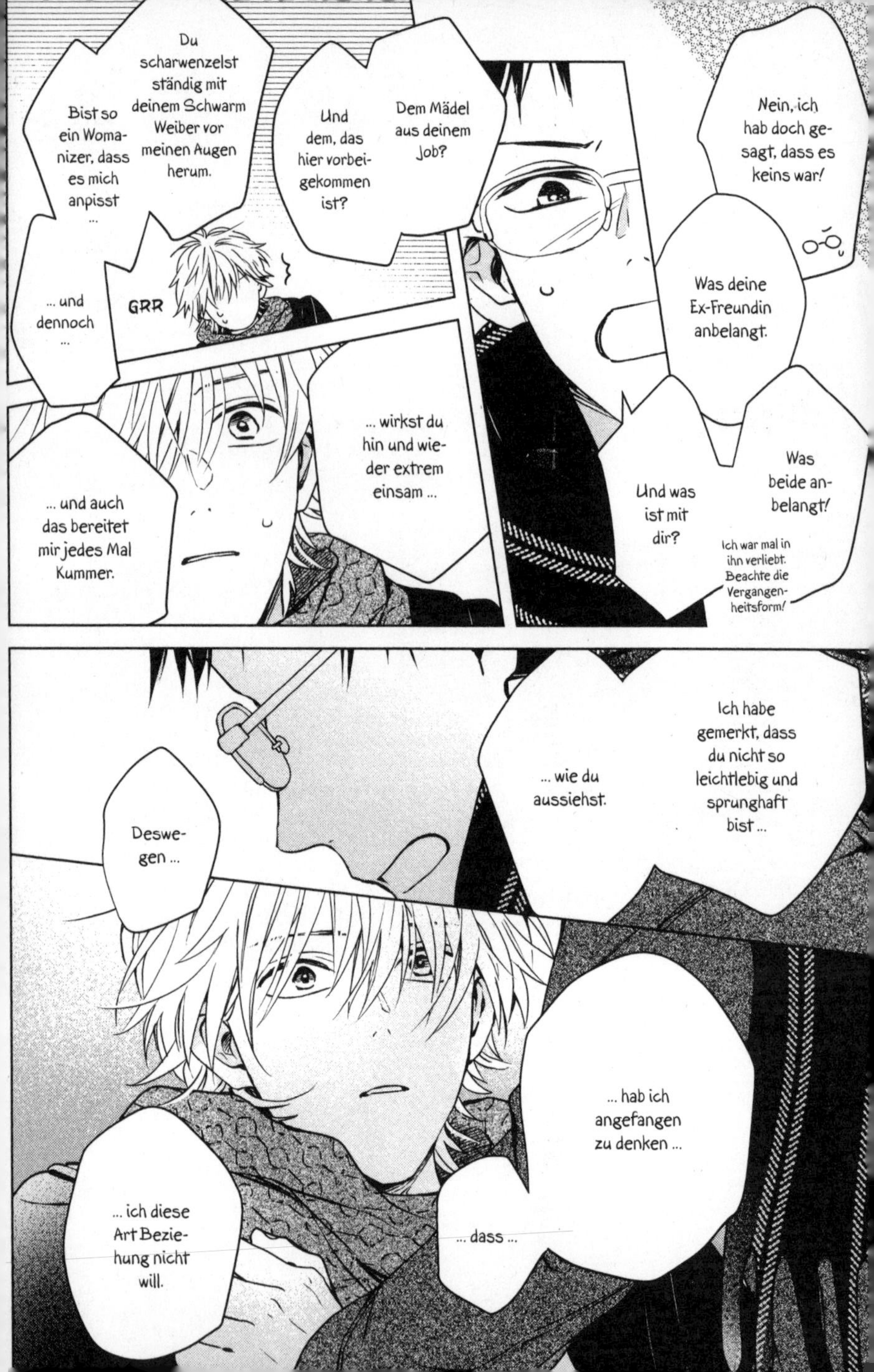

Dem Mädel aus deinem Job?
Und dem, das hier vorbeigekommen ist?
Nein, ich hab doch gesagt, dass es keins war!
Was deine Ex-Freundin anbelangt.
Und was ist mit dir?
Was beide anbelangt!
Ich war mal in ihn verliebt. Beachte die Vergangenheitsform!
Du scharwenzelst ständig mit deinem Schwarm Weiber vor meinen Augen herum.
Bist so ein Womanizer, dass es mich anpisst …
GRR
… und dennoch …
… wirkst du hin und wieder extrem einsam …
… und auch das bereitet mir jedes Mal Kummer.
Ich habe gemerkt, dass du nicht so leichtlebig und sprunghaft bist …
… wie du aussiehst.
Deswegen …
… hab ich angefangen zu denken …
… dass …
… ich diese Art Beziehung nicht will.

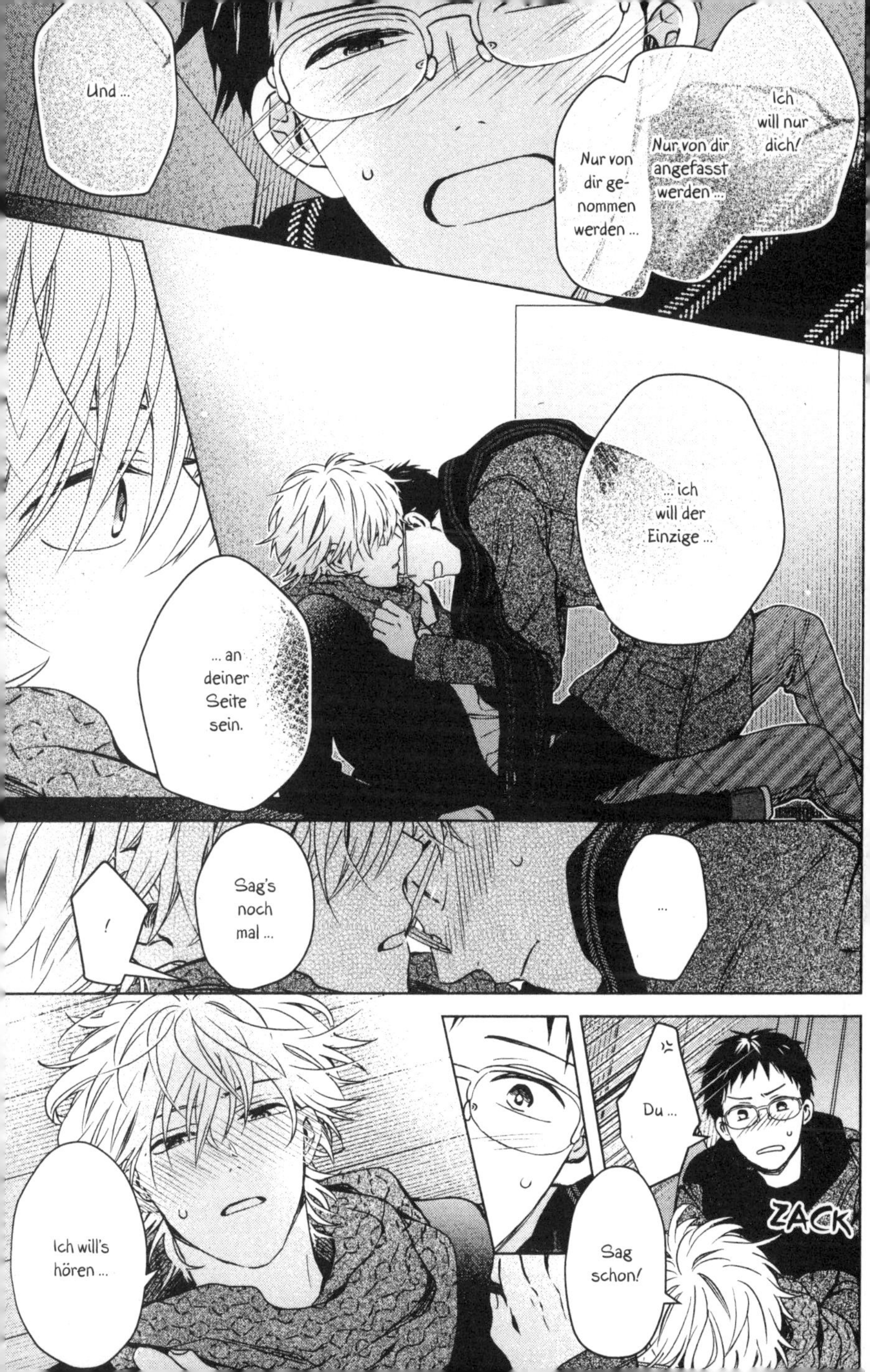
Ich will nur dich!
Nur von dir angefasst werden ...
Nur von dir ge-nommen werden ...
Und ...
... ich will der Einzige ...
... an deiner Seite sein.
...
Sag's noch mal ...
!
Du ...
ZACK
Sag schon!
Ich will's hören ...

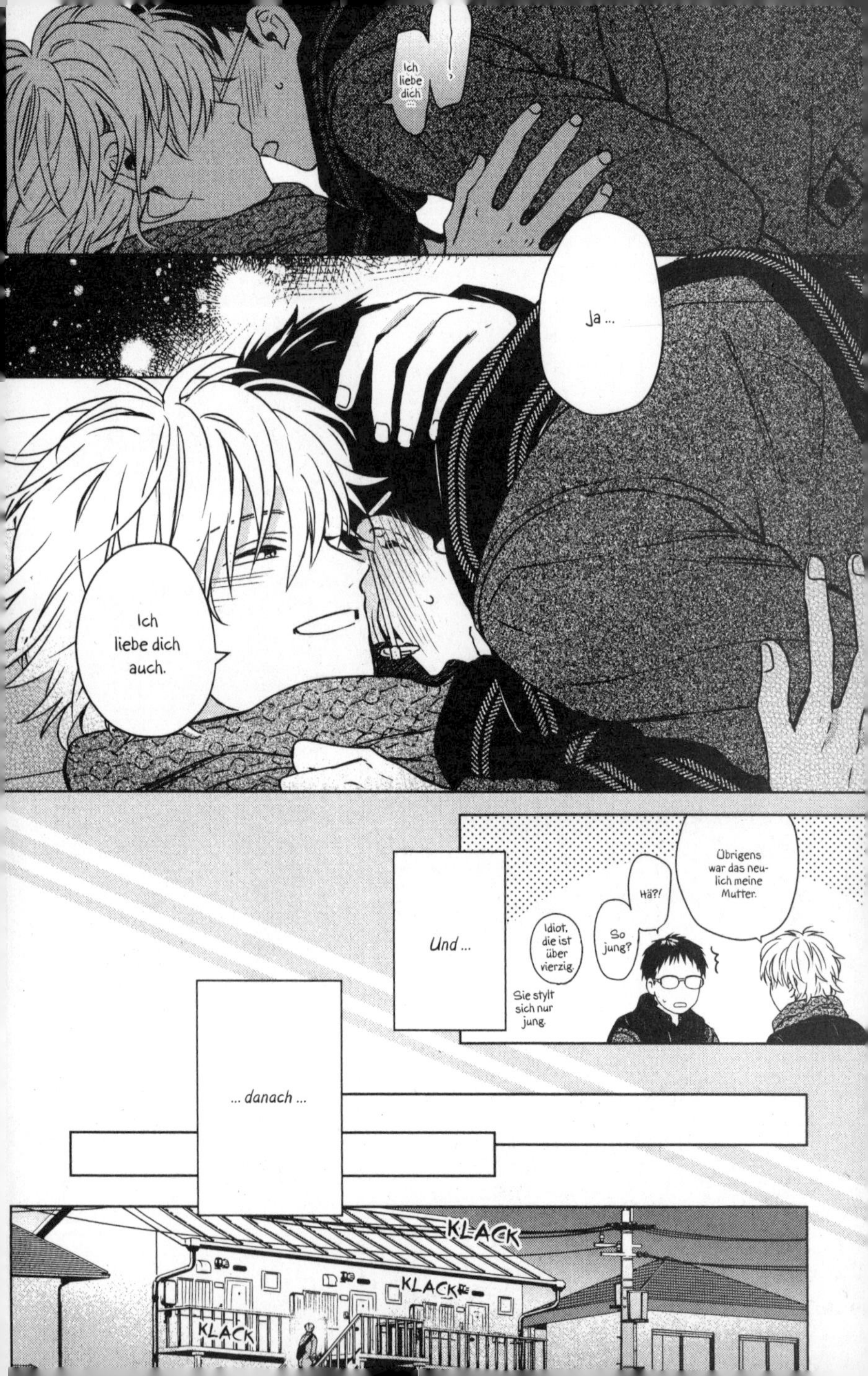
―――!
Ich liebe dich …
Ja …
Ich liebe dich auch.
Und …
Übrigens war das neulich meine Mutter.
Hä?!
So jung?
Idiot, die ist über vierzig.
Sie stylt sich nur jung.
… danach …
KLACK
KLACK
KLACK

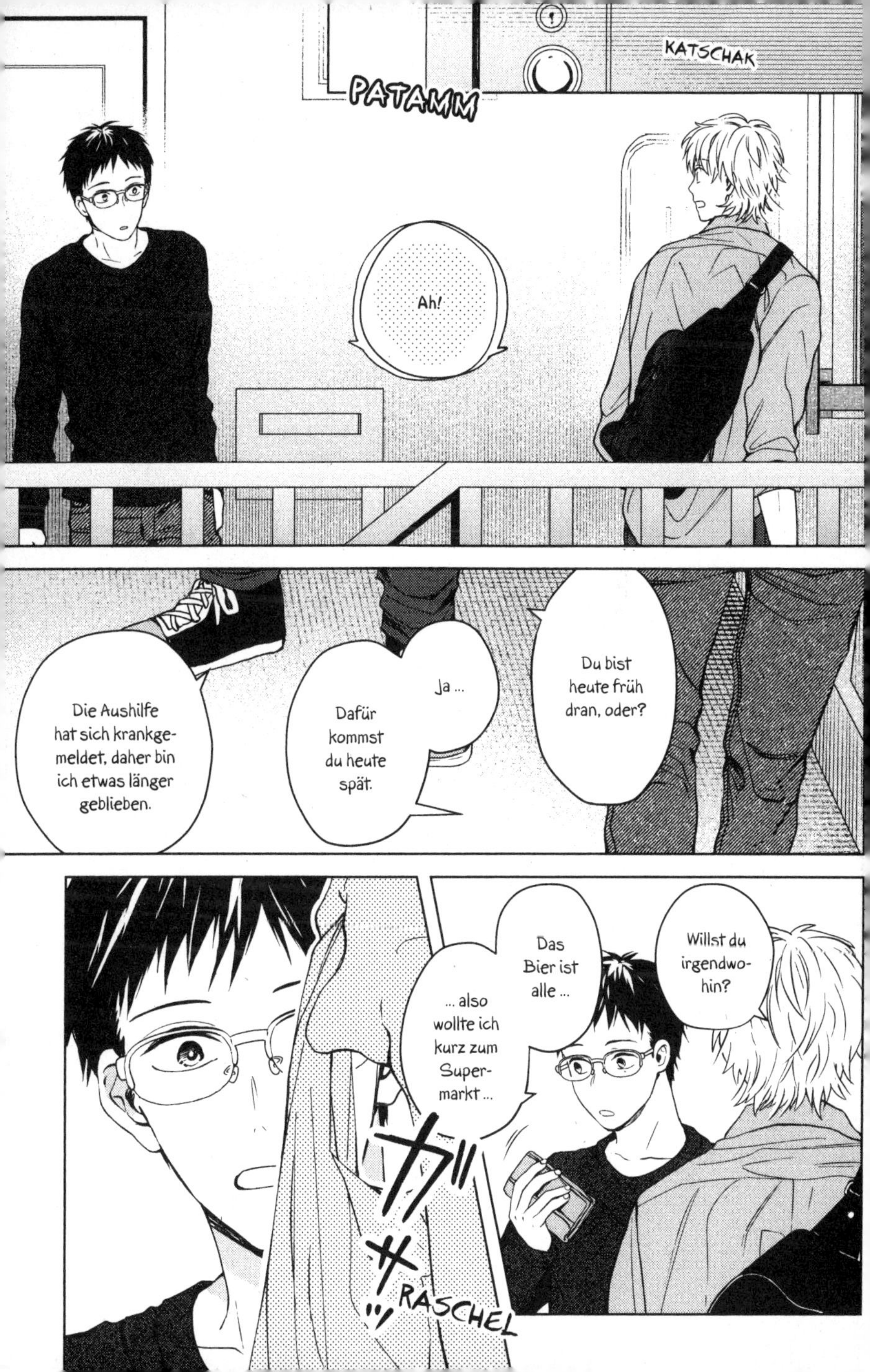
KATSCHAK
PATAMM
Ah!
Du bist heute früh dran, oder?
Ja ...
Dafür kommst du heute spät.
Die Aushilfe hat sich krankgemeldet, daher bin ich etwas länger geblieben.
Willst du irgendwohin?
Das Bier ist alle ...
... also wollte ich kurz zum Supermarkt ...
RASCHEL

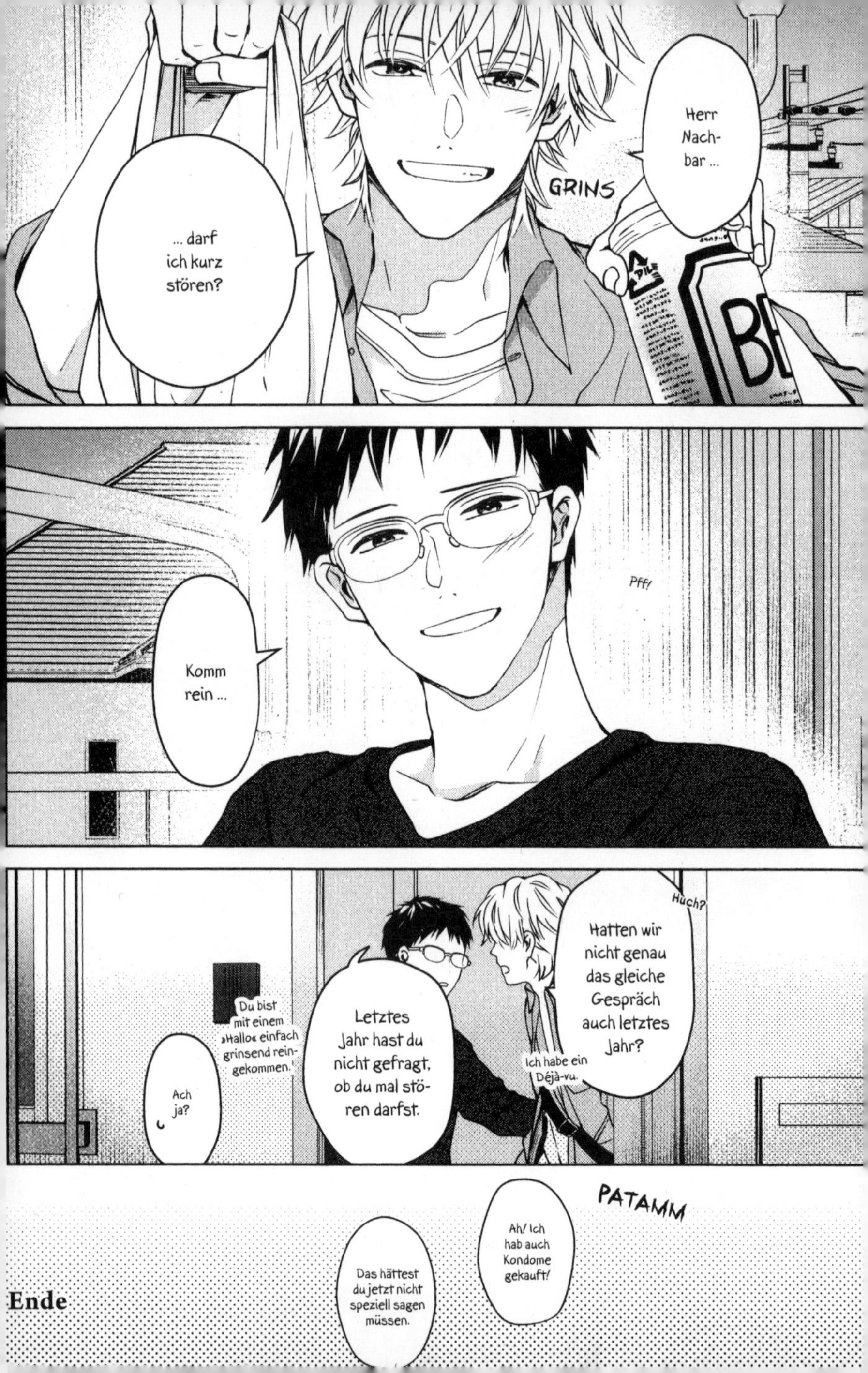

Herr Nachbar ...

GRINS

... darf ich kurz stören?

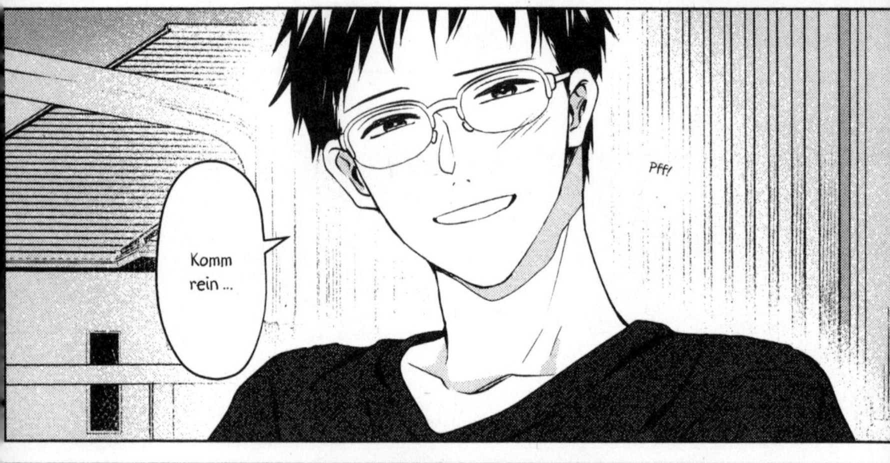

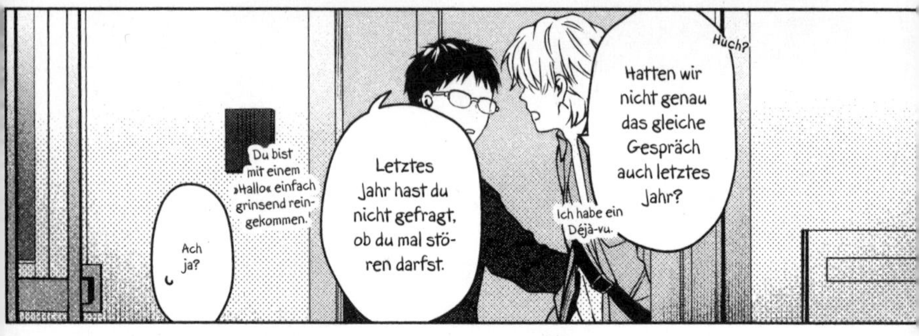

PATAMM

Ah! Ich hab auch Kondome gekauft!

Das hättest du jetzt nicht speziell sagen müssen.

Ende

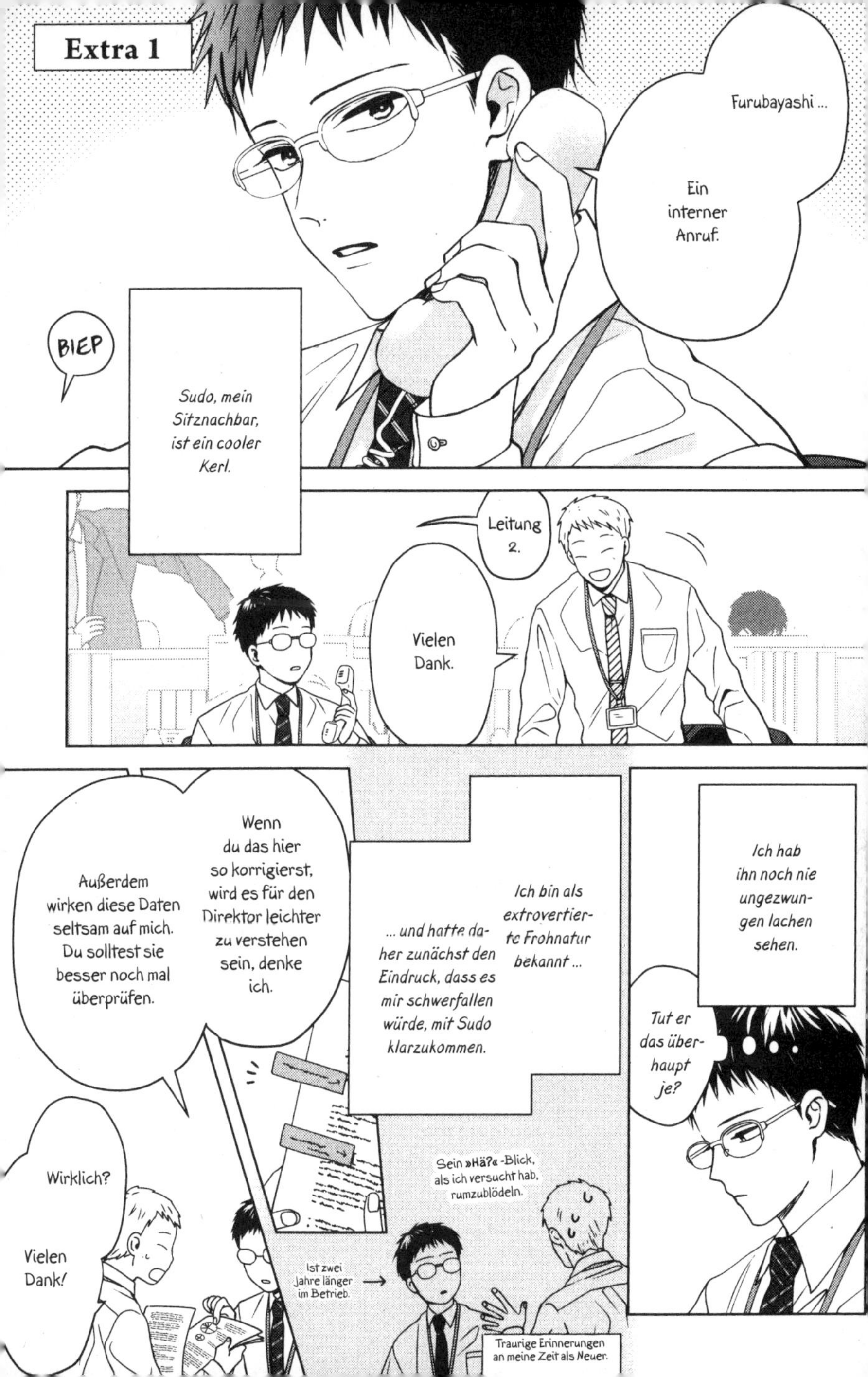
Extra 1
Furubayashi ...
Ein interner Anruf.
BIEP
Sudo, mein Sitznachbar, ist ein cooler Kerl.
Leitung 2.
Vielen Dank.
Ich hab ihn noch nie ungezwungen lachen sehen.
Tut er das überhaupt je?
Ich bin als extrovertierte Frohnatur bekannt ...
... und hatte daher zunächst den Eindruck, dass es mir schwerfallen würde, mit Sudo klarzukommen.
Sein »Hä?« -Blick, als ich versucht hab, rumzublödeln.
Ist zwei Jahre länger im Betrieb.
Traurige Erinnerungen an meine Zeit als Neuer.
Wenn du das hier so korrigierst, wird es für den Direktor leichter zu verstehen sein, denke ich.
Außerdem wirken diese Daten seltsam auf mich. Du solltest sie besser noch mal überprüfen.
Wirklich?
Vielen Dank!

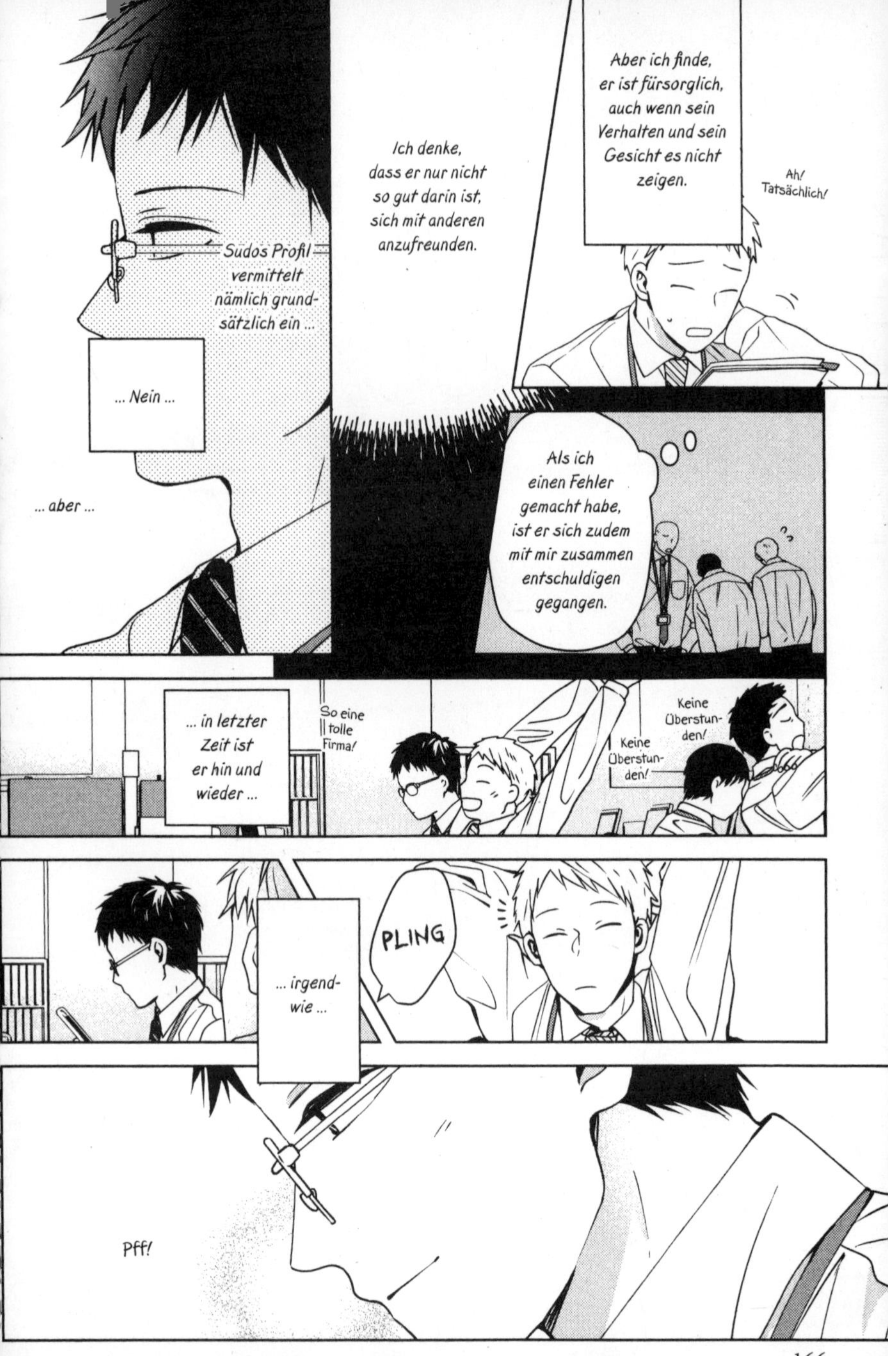
Sudos Profil vermittelt nämlich grundsätzlich ein ...
Ich denke, dass er nur nicht so gut darin ist, sich mit anderen anzufreunden.
Aber ich finde, er ist fürsorglich, auch wenn sein Verhalten und sein Gesicht es nicht zeigen.
Ah! Tatsächlich!
... Nein ...
... aber ...
Als ich einen Fehler gemacht habe, ist er sich zudem mit mir zusammen entschuldigen gegangen.
Keine Überstunden!
Keine Überstunden!
So eine tolle Firma!
... in letzter Zeit ist er hin und wieder ...
PLING
... irgend-wie ...
Pff!

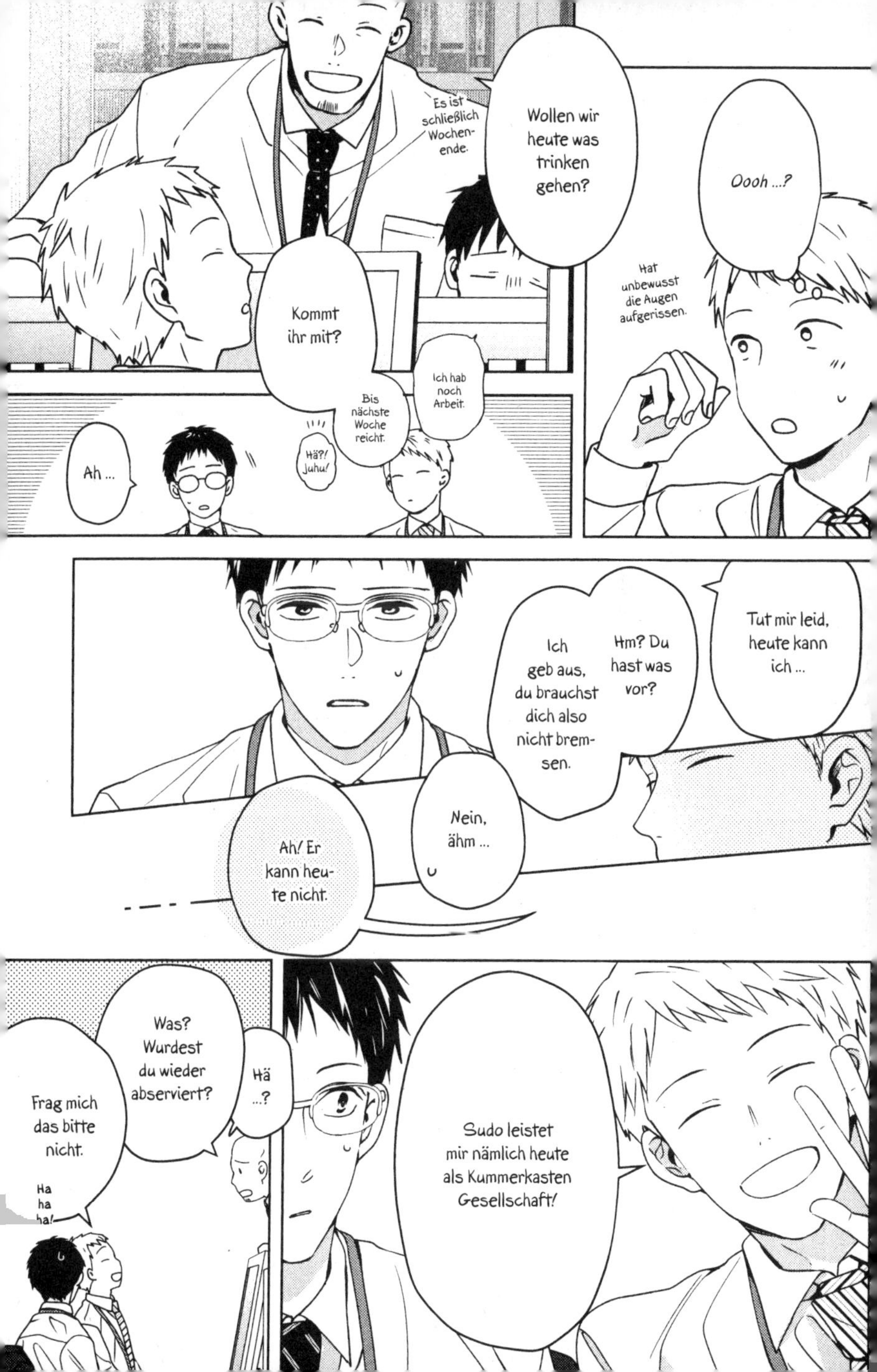

Wollen wir heute was trinken gehen?
Es ist schließlich Wochenende.
Kommt ihr mit?
Oooh ...?
Hat unbewusst die Augen aufgerissen.
Ich hab noch Arbeit.
Bis nächste Woche reicht.
Hä?! Juhu!
Ah ...
Tut mir leid, heute kann ich ...
Hm? Du hast was vor?
Ich geb aus, du brauchst dich also nicht bremsen.
Nein, ähm ...
Ah! Er kann heute nicht.
Sudo leistet mir nämlich heute als Kummerkasten Gesellschaft!
Hä ...?
Was? Wurdest du wieder abserviert?
Frag mich das bitte nicht.
Ha ha ha!

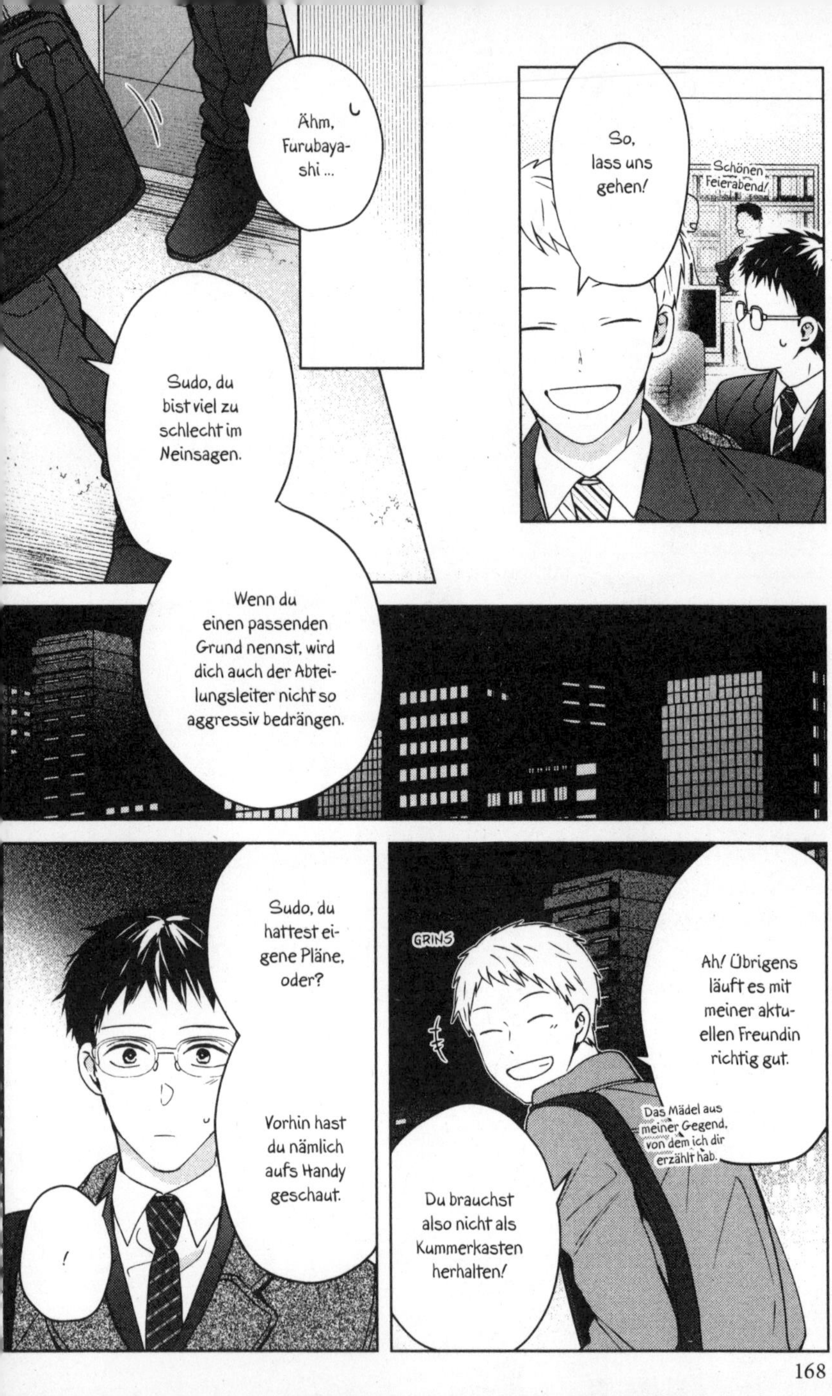

So, lass uns gehen!
Schönen Feierabend!
Ähm, Furubayashi ...
Sudo, du bist viel zu schlecht im Neinsagen.
Wenn du einen passenden Grund nennst, wird dich auch der Abteilungsleiter nicht so aggressiv bedrängen.

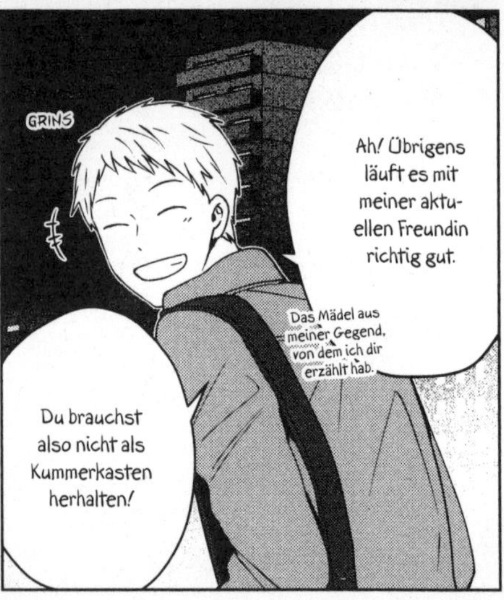

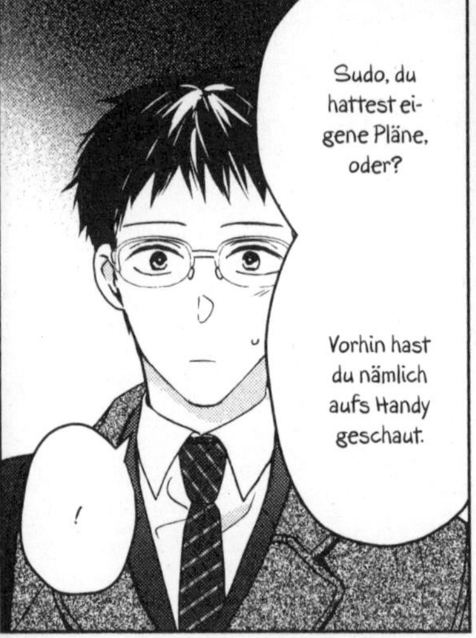

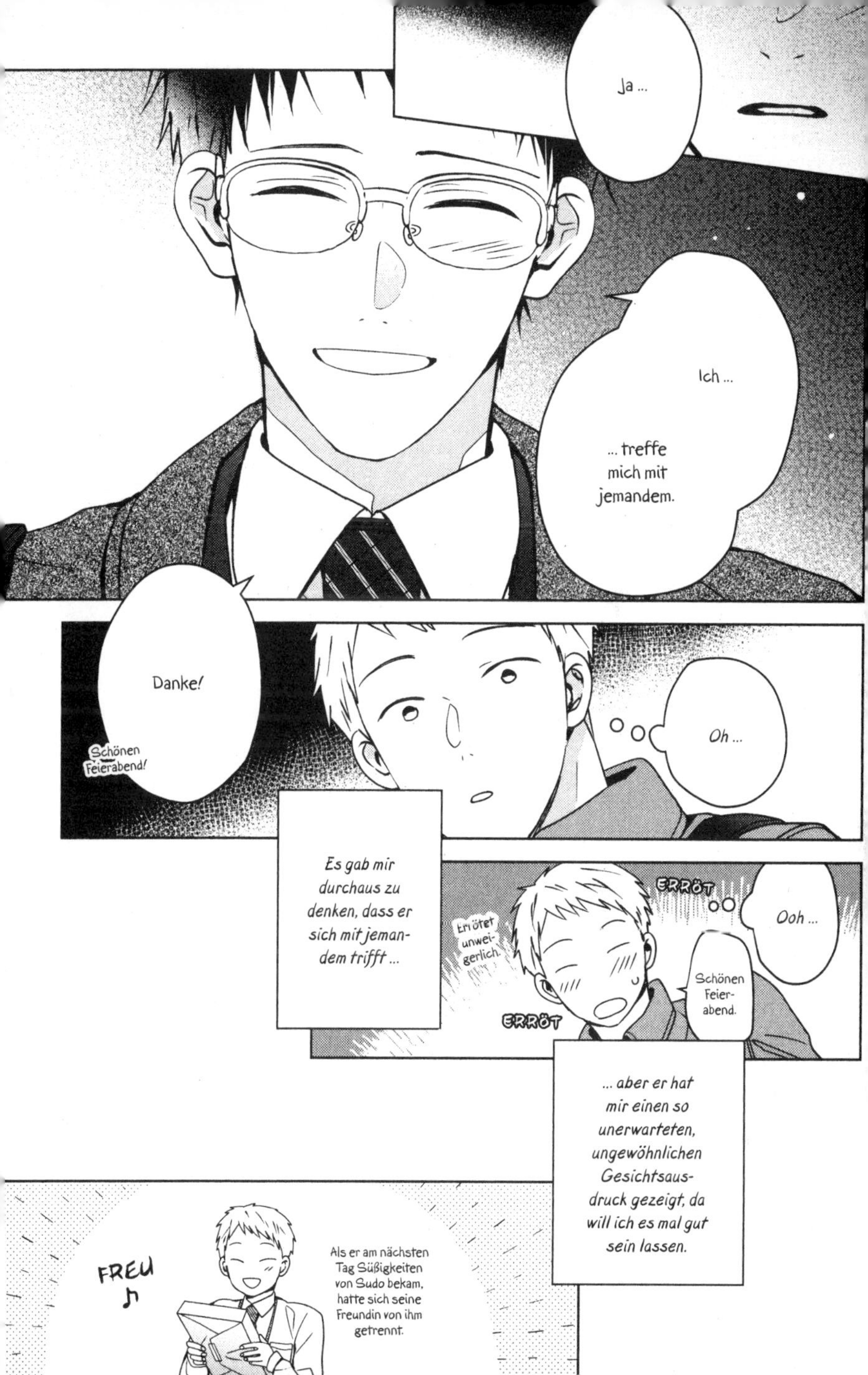
Ja …
Ich …
… treffe mich mit jemandem.
Danke!
Schönen Feierabend!
Oh …
Es gab mir durchaus zu denken, dass er sich mit jemandem trifft …
Ooh …
ERRÖT
Schönen Feier-abend.
Errötet unwei-gerlich.
ERRÖT
… aber er hat mir einen so unerwarteten, ungewöhnlichen Gesichtsaus-druck gezeigt, da will ich es mal gut sein lassen.
Als er am nächsten Tag Süßigkeiten von Sudo bekam, hatte sich seine Freundin von ihm getrennt.
FREU ♪

Extra 2

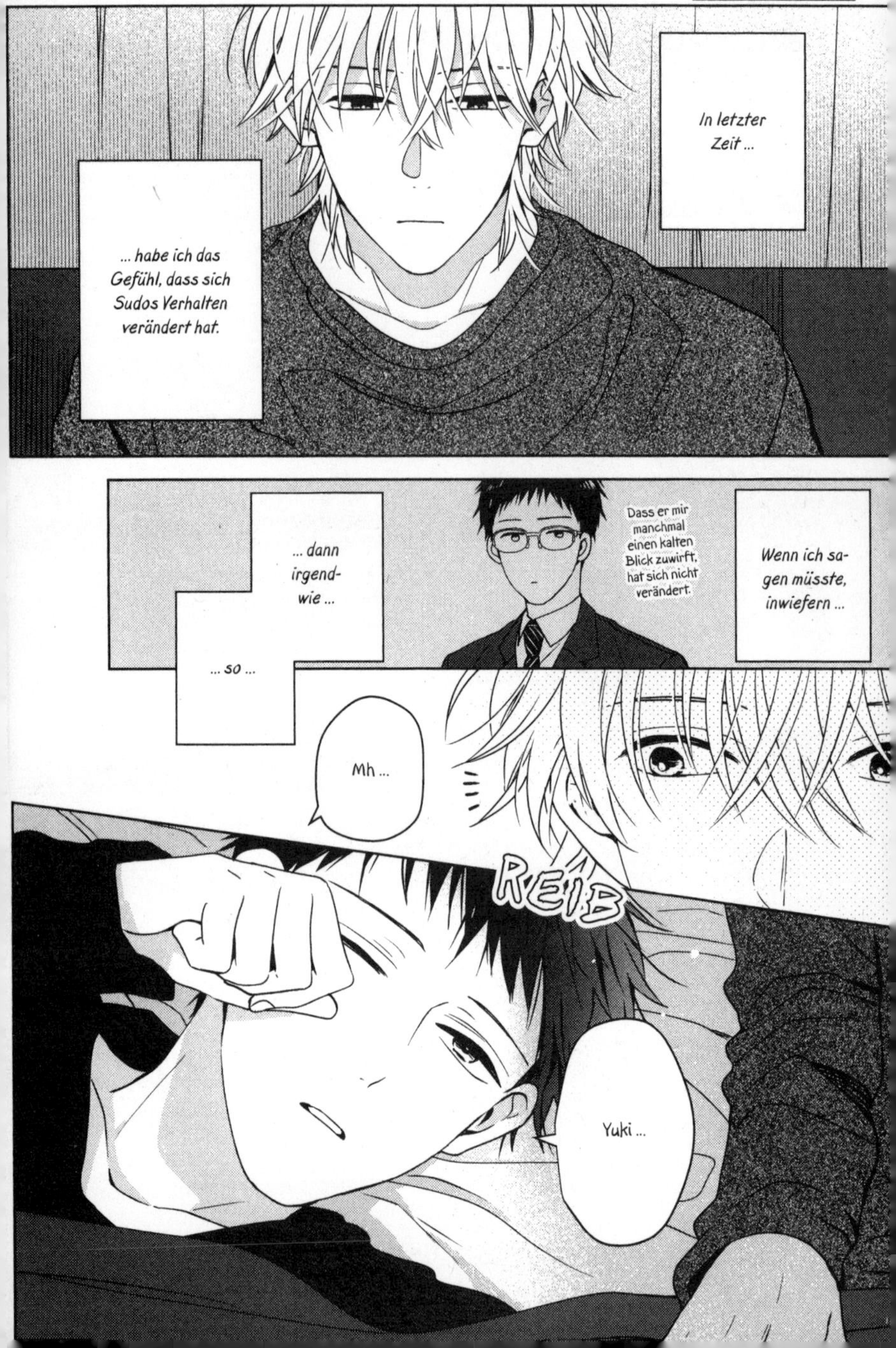

In letzter Zeit ...

... habe ich das Gefühl, dass sich Sudos Verhalten verändert hat.

Wenn ich sagen müsste, inwiefern ...

Dass er mir manchmal einen kalten Blick zuwirft, hat sich nicht verändert.

... dann irgendwie ...

... so ...

Mh ...

REIB

Yuki ...

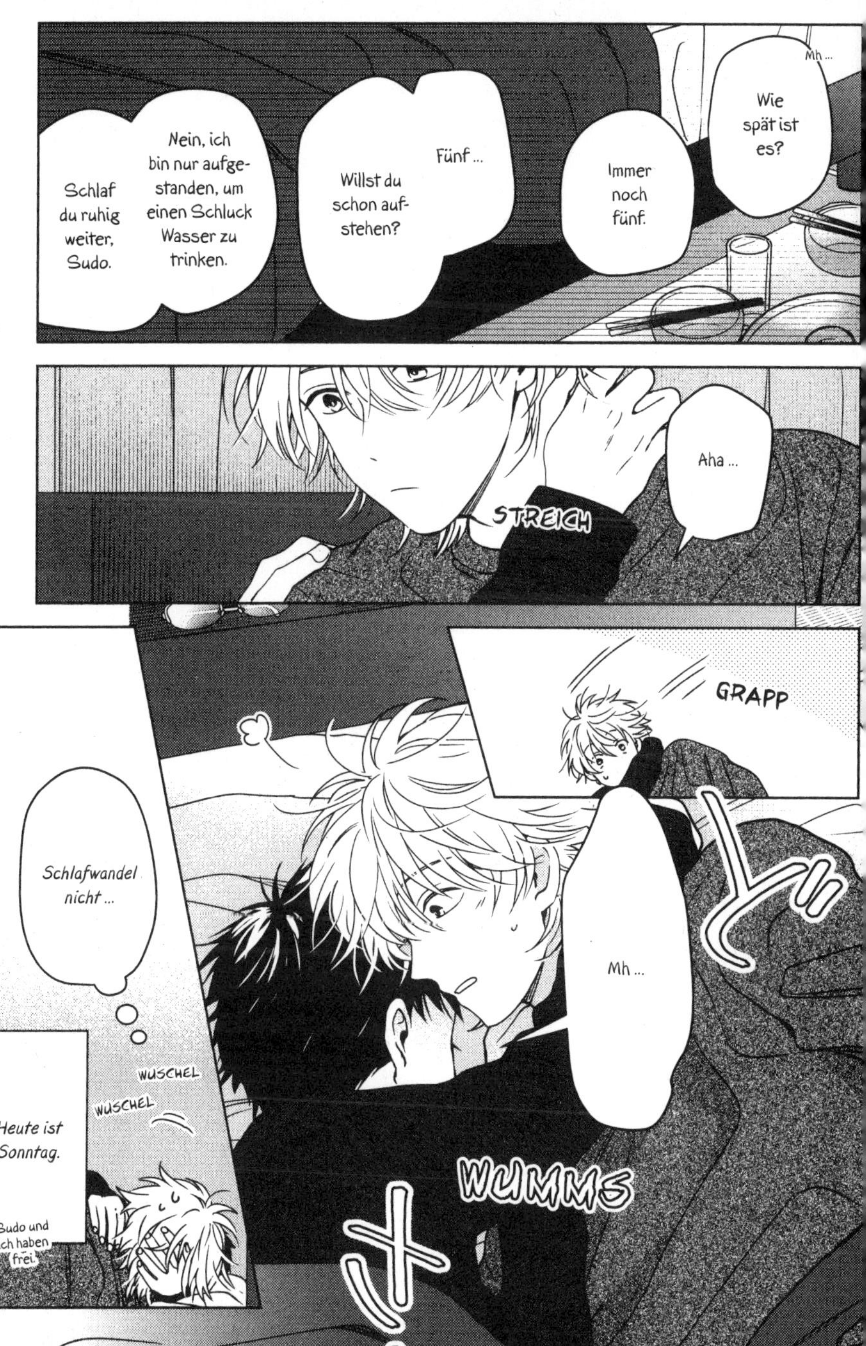
Mh ...
Wie spät ist es?
Immer noch fünf.
Fünf ...
Willst du schon auf-stehen?
Nein, ich bin nur aufge-standen, um einen Schluck Wasser zu trinken.
Schlaf du ruhig weiter, Sudo.
Aha ...
STREICH
GRAPP
Mh ...
Schlafwandel nicht ...
WUMMS
WUSCHEL
WUSCHEL
Heute ist Sonntag.
Sudo und ich haben frei.

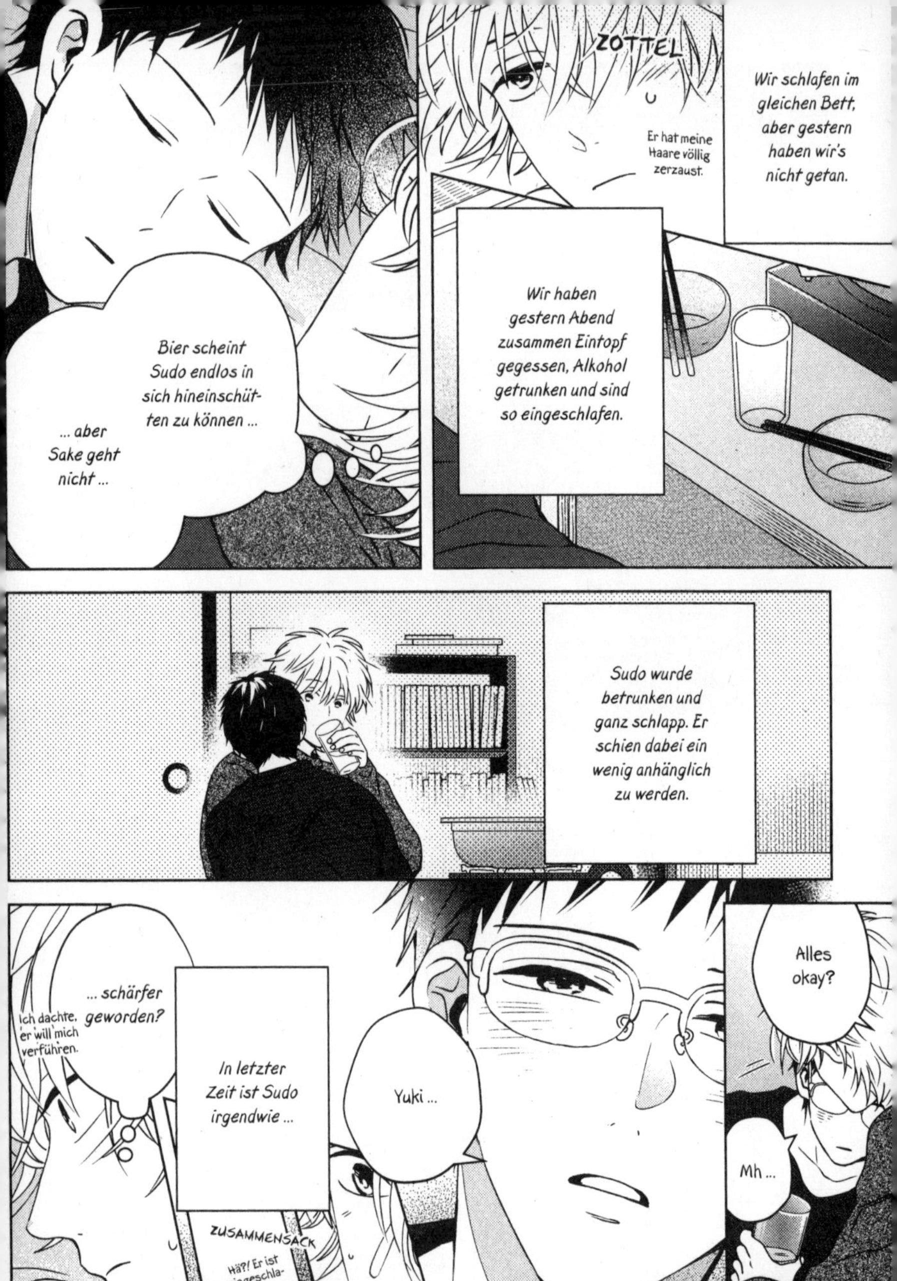

ZOTTEL
Wir schlafen im gleichen Bett, aber gestern haben wir's nicht getan.
Er hat meine Haare völlig zerzaust.
Wir haben gestern Abend zusammen Eintopf gegessen, Alkohol getrunken und sind so eingeschlafen.
Bier scheint Sudo endlos in sich hineinschütten zu können ...
... aber Sake geht nicht ...
Sudo wurde betrunken und ganz schlapp. Er schien dabei ein wenig anhänglich zu werden.
Alles okay?
Mh ...
BERAUSCHT
Yuki ...
In letzter Zeit ist Sudo irgendwie ...
... schärfer geworden?
Ich dachte, er will mich verführen.
ZUSAMMENSACK
Hä?! Er ist eingeschlafen?
POCH
Ah ...

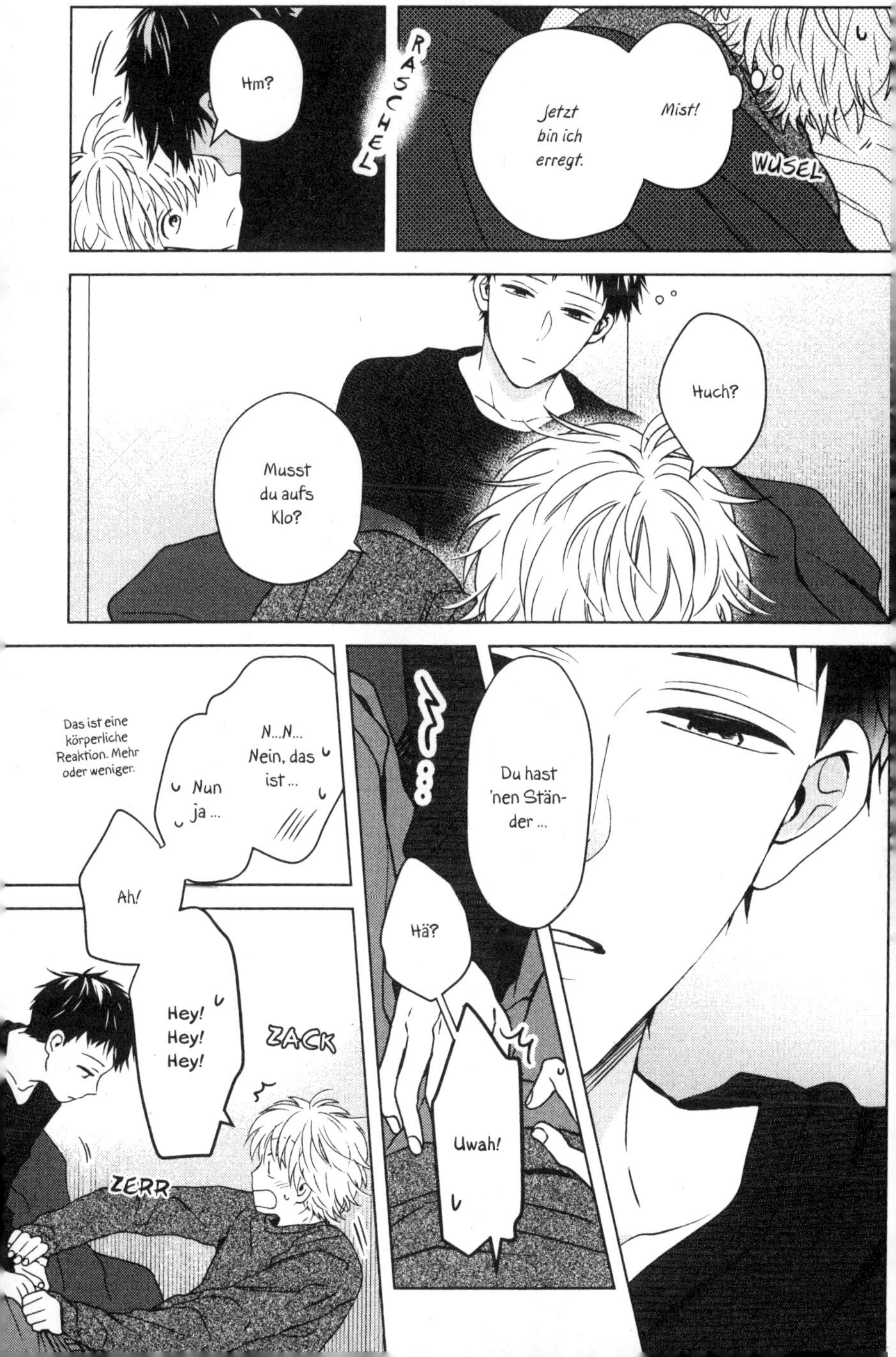

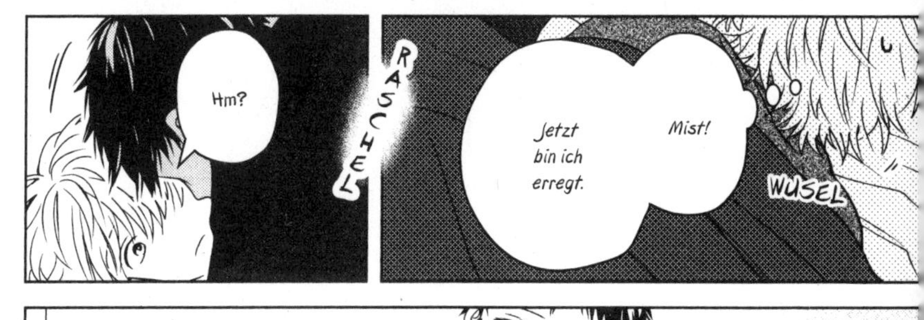

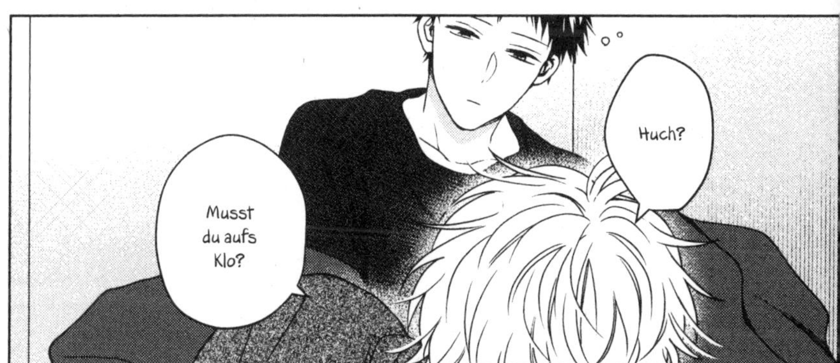

Du hast 'nen Ständer ...

Hä?

Uwah!

N...N... Nein, das ist ...

Nun ja ...

Das ist eine körperliche Reaktion. Mehr oder weniger.

Ah!

Hey! Hey! Hey!

ZACK

ZERR

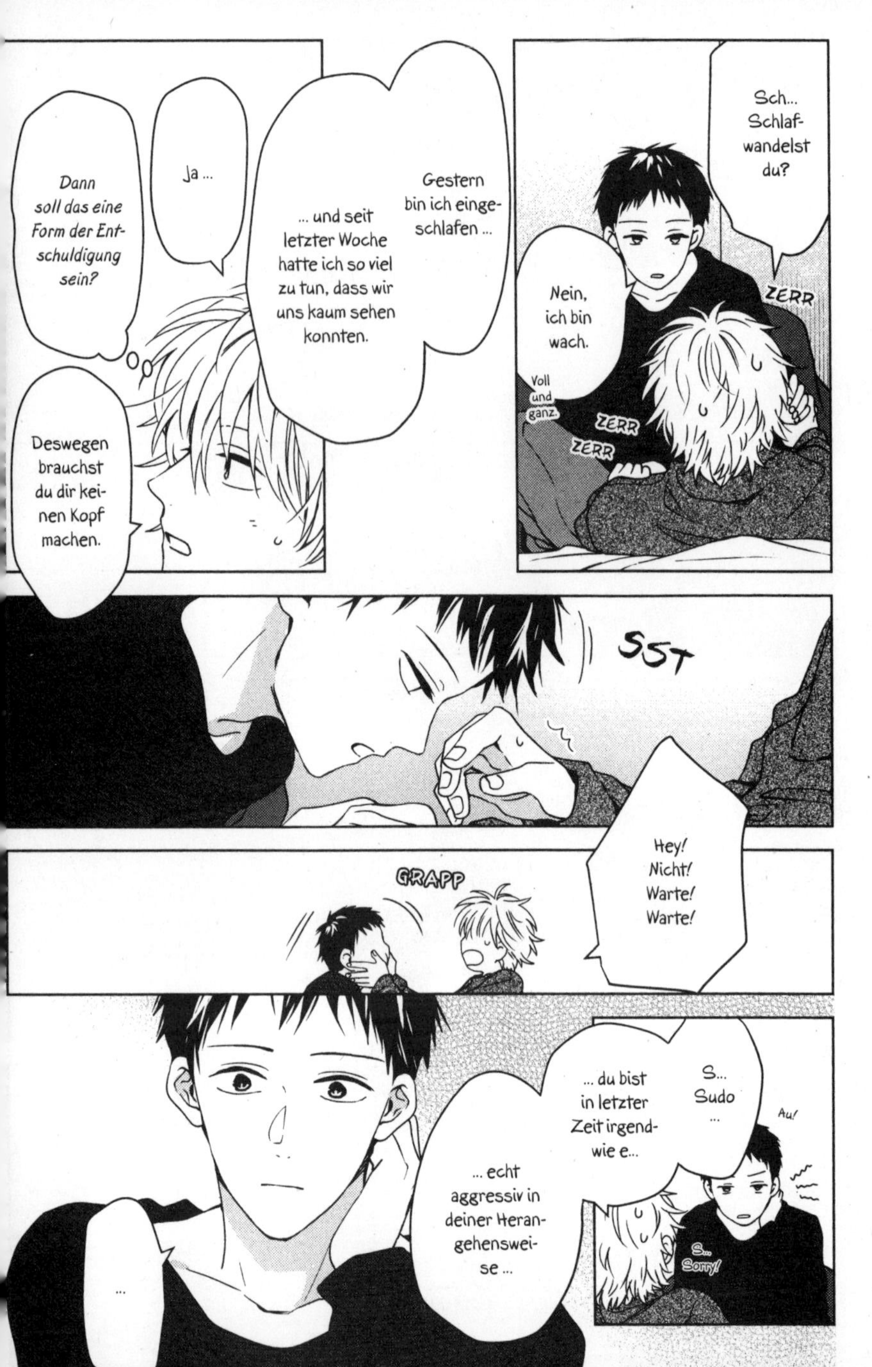

Sch... Schlafwandelst du?
ZERR
Nein, ich bin wach.
Voll und ganz.
ZERR
ZERR
Gestern bin ich eingeschlafen ...
... und seit letzter Woche hatte ich so viel zu tun, dass wir uns kaum sehen konnten.
Ja ...
Dann soll das eine Form der Entschuldigung sein?
Deswegen brauchst du dir keinen Kopf machen.
SST
Hey! Nicht! Warte! Warte!
GRAPP
S... Sudo ...
Au!
... du bist in letzter Zeit irgendwie e...
... echt aggressiv in deiner Herangehensweise ...
S... Sorry!
...

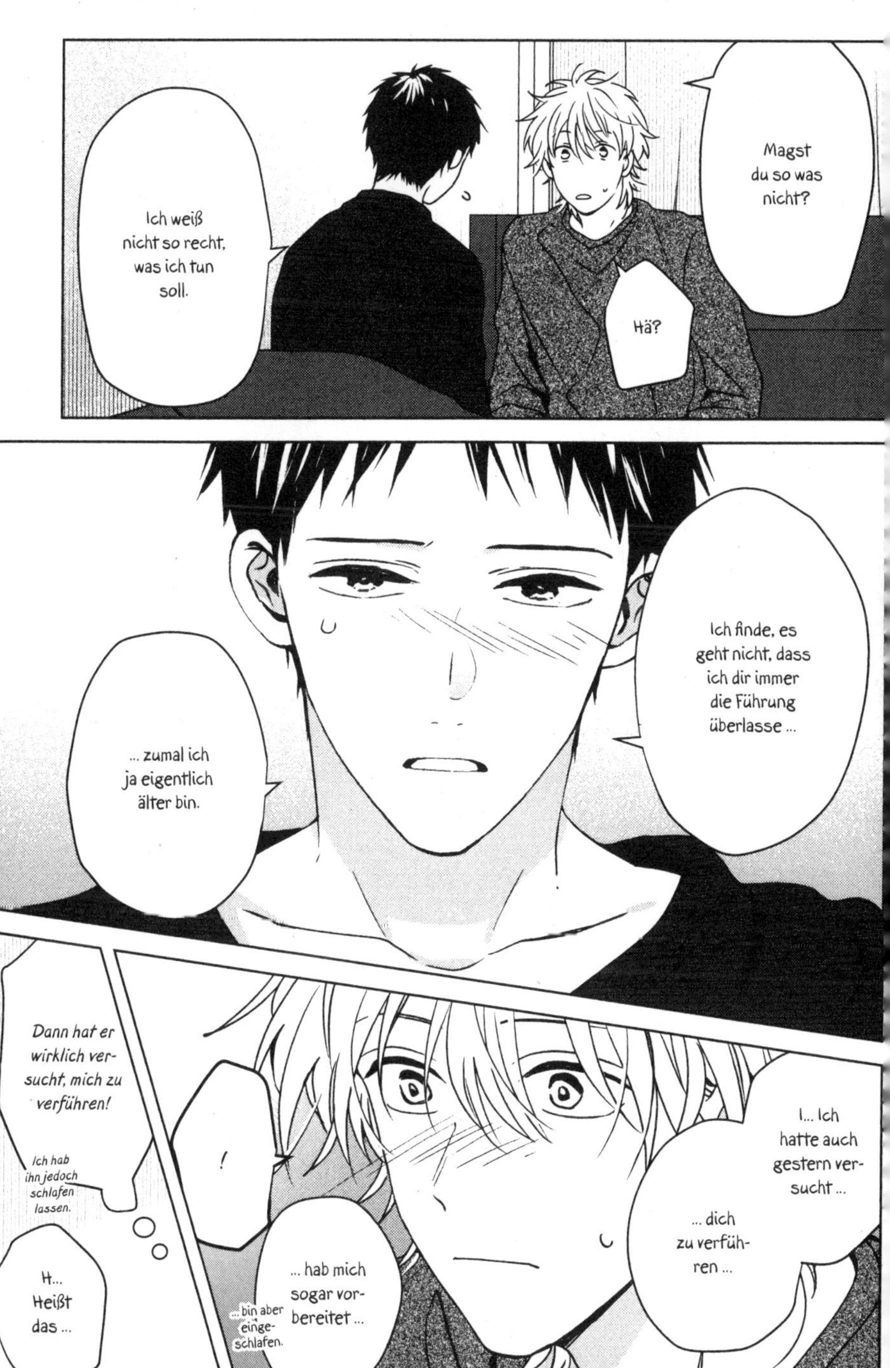
Magst du so was nicht?
Hä?
Ich weiß nicht so recht, was ich tun soll.
Ich finde, es geht nicht, dass ich dir immer die Führung überlasse ...
... zumal ich ja eigentlich älter bin.
I... Ich hatte auch gestern versucht ...
... dich zu verführen ...
... hab mich sogar vorbereitet ...
... bin aber eingeschlafen.
!
H... Heißt das ...
Dann hat er wirklich versucht, mich zu verführen!
Ich hab ihn jedoch schlafen lassen.

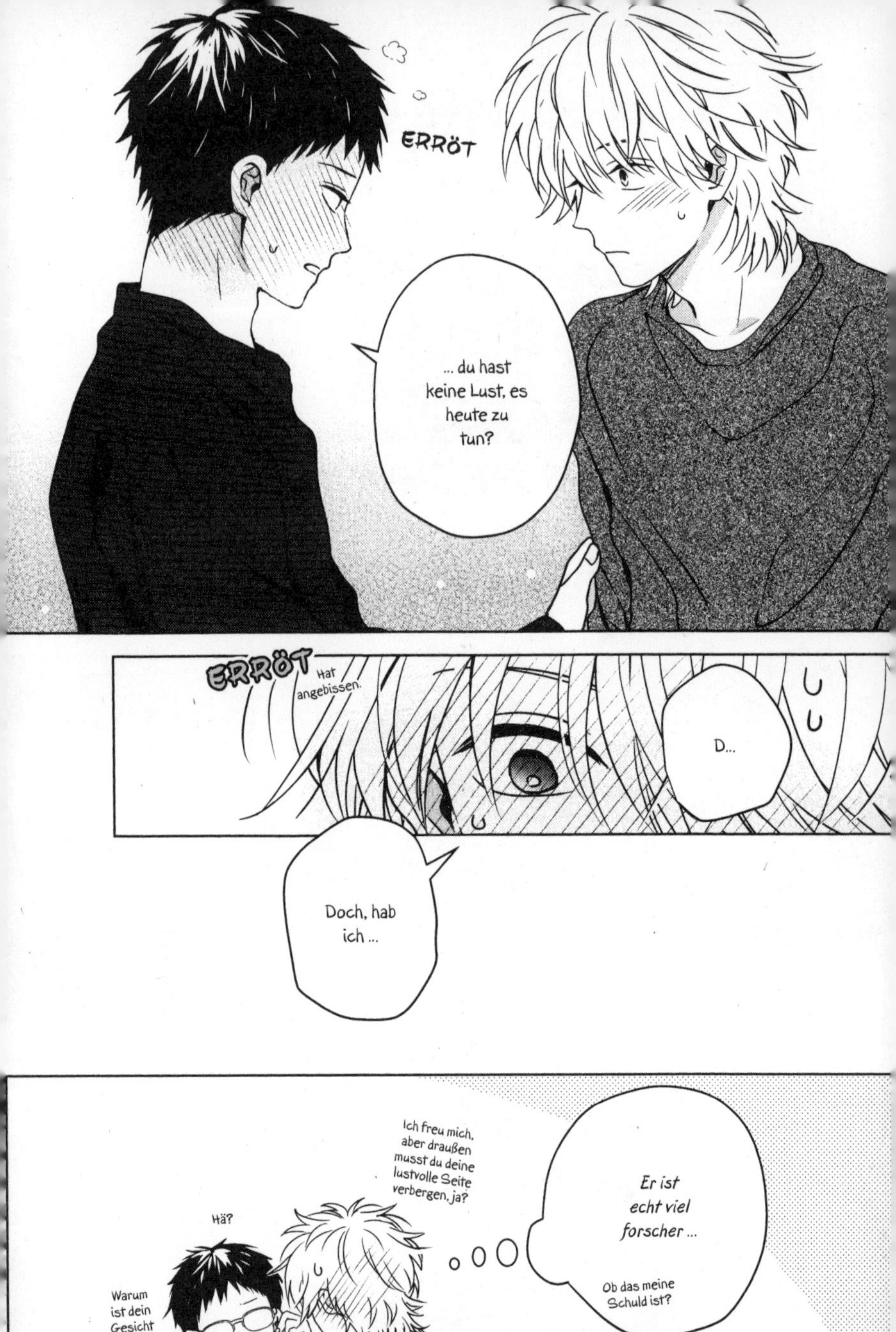
ERRÖT
... du hast keine Lust, es heute zu tun?
D...
ERRÖT
Hat angebissen.
Doch, hab ich ...
Er ist echt viel forscher ...
Ob das meine Schuld ist?
Ich freu mich, aber draußen musst du deine lustvolle Seite verbergen, ja?
Hä?
Warum ist dein Gesicht rot?

Nachwort

Vielen herzlichen Dank, dass ihr *Mein Nachbar der Herzensdieb* erworben habt!

Das ist mein drittes Werk und ich bin dankbar, dass ich weiterhin Manga zeichnen darf.

Das ist eine persönliche Info, aber ich habe mich zum ersten Mal an die Herausforderung gewagt, nicht jugendfreie Szenen einzubauen (auch wenn sie sehr soft sind), und hatte Spaß daran. Daher will ich mich bemühen, besser im Zeichnen erotischer Szenen zu werden. Ich gebe alles!

Zum Schluss möchte ich mich bei meinem Redakteur bedanken, der mir geholfen hat, wann immer ich stecken geblieben bin, bei meinem Designer und natürlich bei euch, meiner Leserschaft!

Hagi

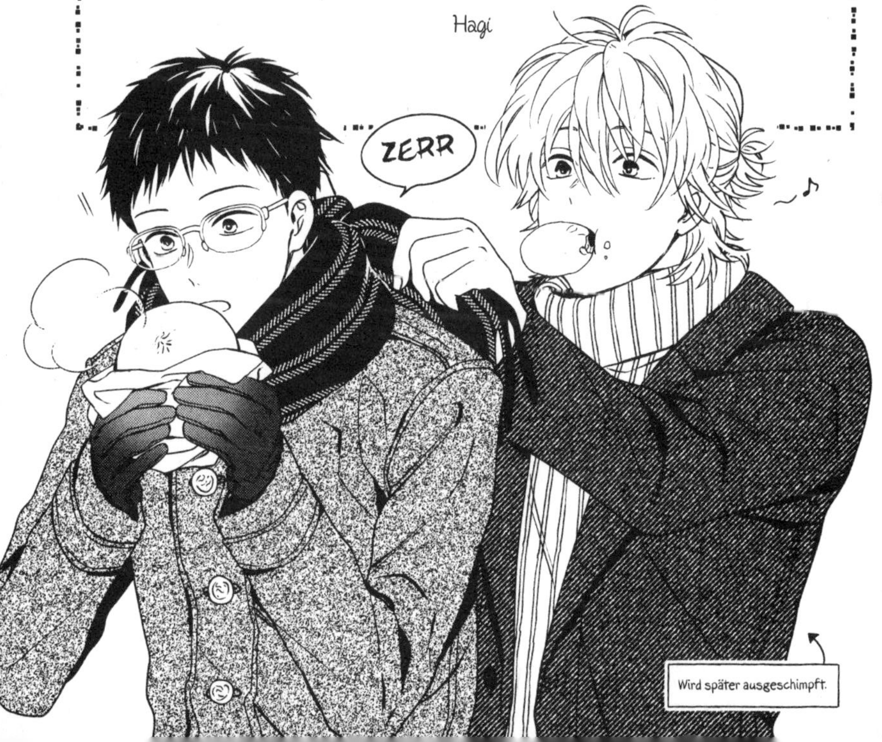

hagi

Das ist mein dritter Manga!
Ich freue mich und hoffe,
ihr hattet Spaß damit!

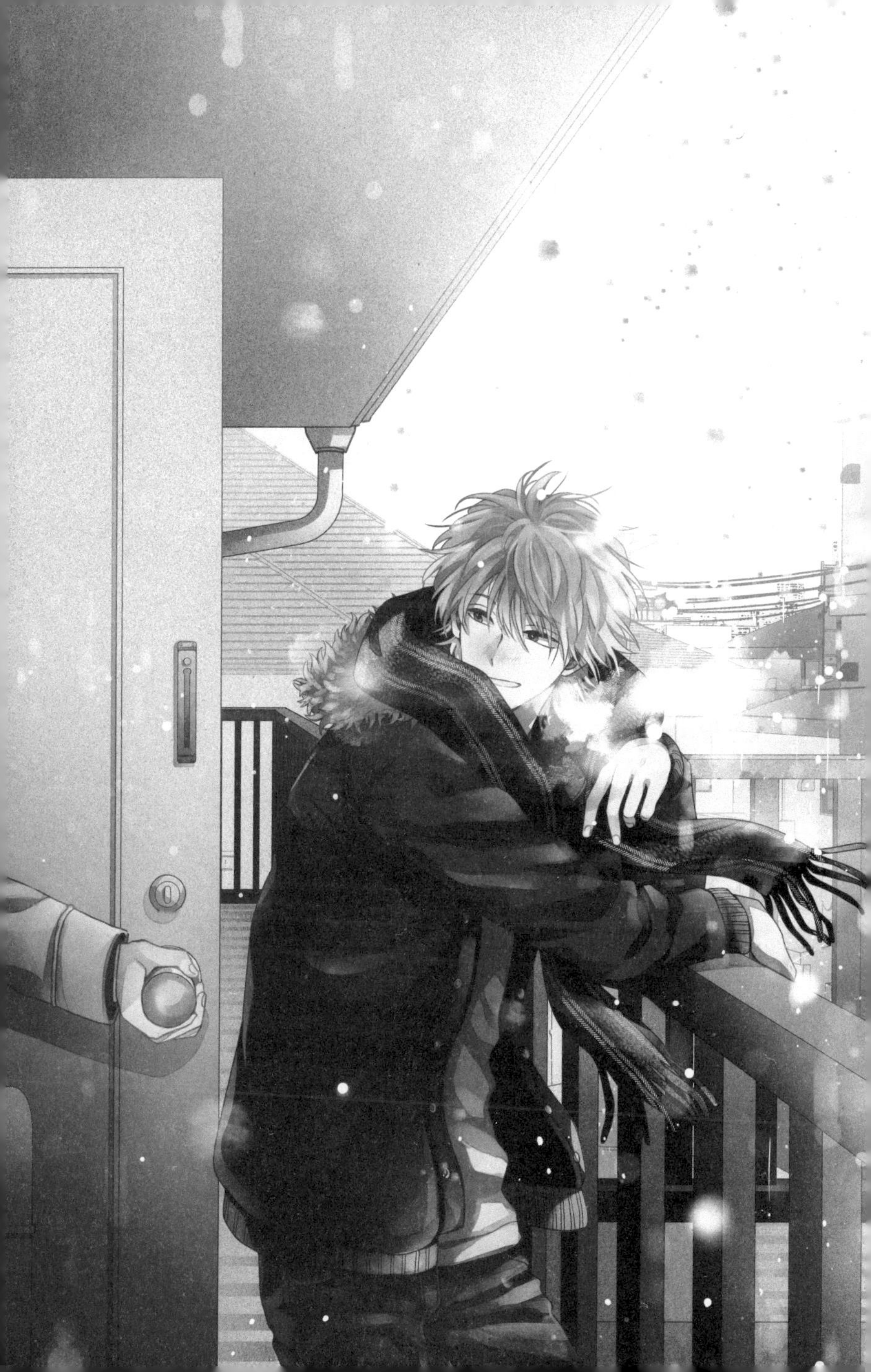

Nachwort 2

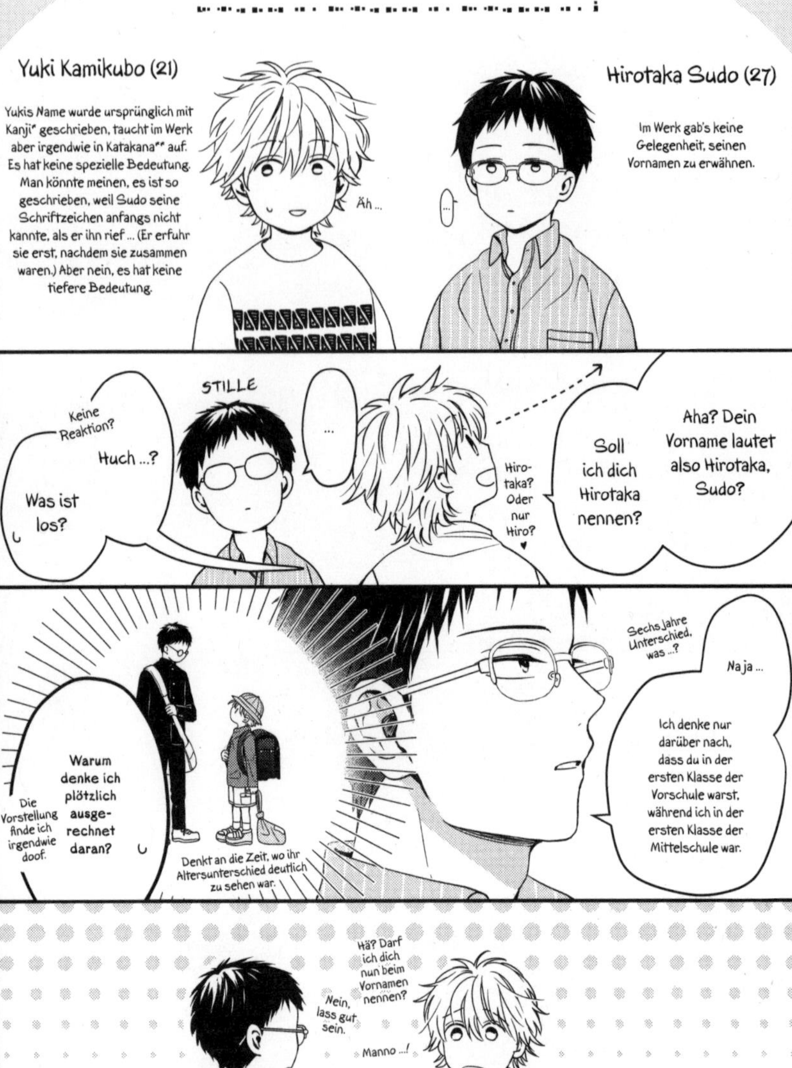

*Japanische Schriftzeichen. **Japanische Silbenschrift, vorwiegend für ausländische Begriffe oder zur Betonung benutzt.

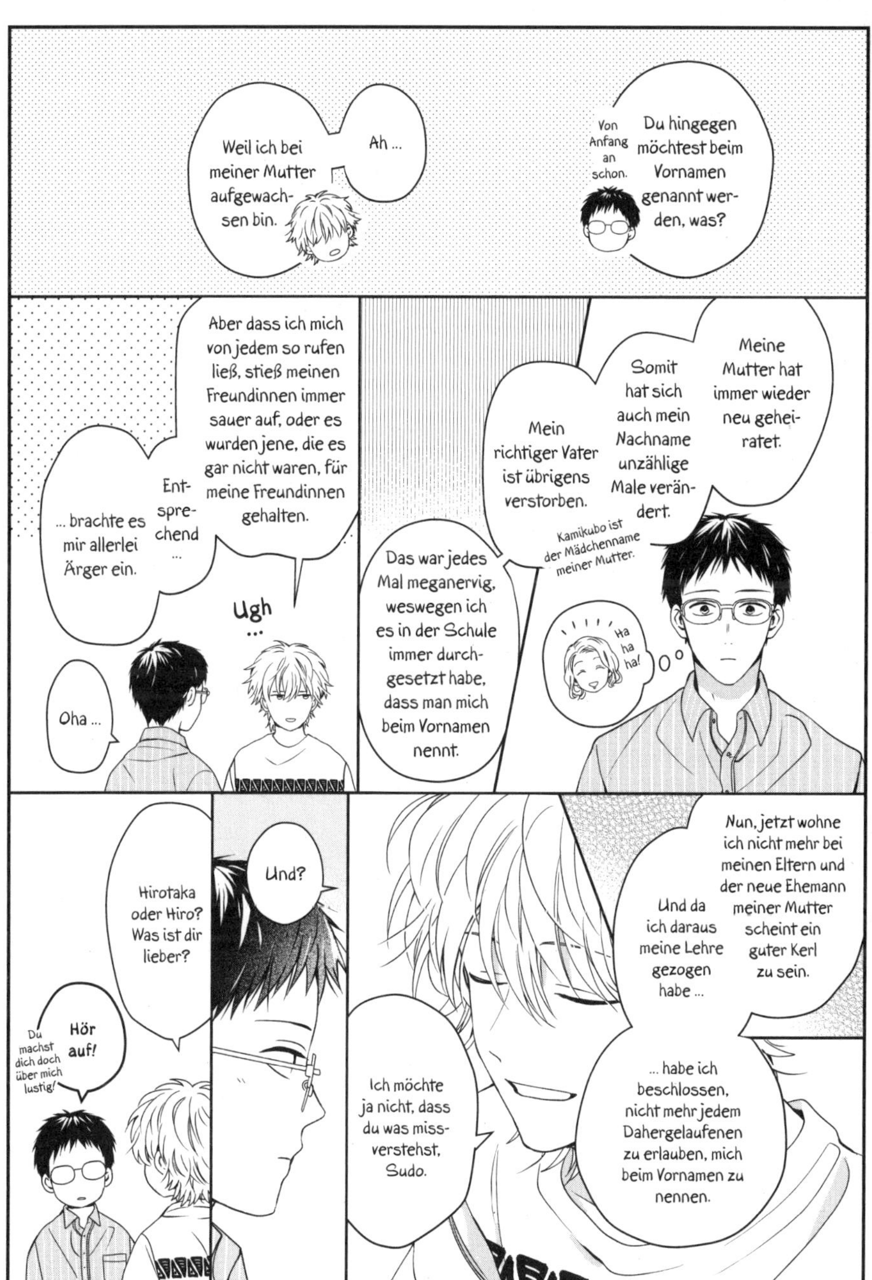
Du hingegen möchtest beim Vornamen genannt werden, was?
Von Anfang an schon.
Ah ...
Weil ich bei meiner Mutter aufgewachsen bin.
Meine Mutter hat immer wieder neu geheiratet.
Somit hat sich auch mein Nachname unzählige Male verändert.
Mein richtiger Vater ist übrigens verstorben.
Kamikubo ist der Mädchenname meiner Mutter.
Ha ha ha!
Das war jedes Mal meganervig, weswegen ich es in der Schule immer durchgesetzt habe, dass man mich beim Vornamen nennt.
Aber dass ich mich von jedem so rufen ließ, stieß meinen Freundinnen immer sauer auf, oder es wurden jene, die es gar nicht waren, für meine Freundinnen gehalten.
Entsprechend ...
... brachte es mir allerlei Ärger ein.
Ugh ...
Oha ...
Nun, jetzt wohne ich nicht mehr bei meinen Eltern und der neue Ehemann meiner Mutter scheint ein guter Kerl zu sein.
Und da ich daraus meine Lehre gezogen habe ...
... habe ich beschlossen, nicht mehr jedem Dahergelaufenen zu erlauben, mich beim Vornamen zu nennen.
Ich möchte ja nicht, dass du was missverstehst, Sudo.
Und?
Hirotaka oder Hiro? Was ist dir lieber?
Hör auf!
Du machst dich doch über mich lustig!

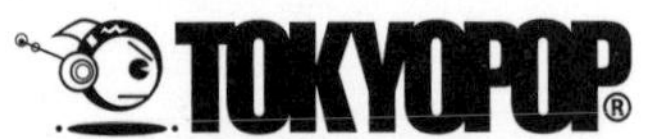

TOKYOPOP GmbH
Hamburg

TOKYOPOP
1. Auflage, 2023
Deutsche Ausgabe/German Edition

Aus dem Japanischen von Iga Marta Handtke

TONARI NO OTOKO

First published in Japan in 2021
by KADOKAWA CORPORATION, Tokyo.
German translation rights arranged
with KADOKAWA CORPORATION, Tokyo,
through TUTTLE-MORI AGENCY, INC. TOKYO.

Redaktion: Sabine Scholz
Lettering: Vibrant Publishing Studio
Herstellung: Alina Kronenberg
Druck und buchbinderische Verarbeitung:
CPI – Clausen & Bosse GmbH, Leck
Printed in Germany

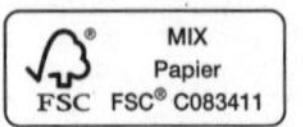

Wir achten auf die Umwelt.
Dieses Produkt besteht aus FSC®-zertifizierten und anderen kontrollierten Materialien.

ISBN 978-3-8420-9097-2

www.tokyopop.de

Mein Nachbar der Herzensdieb

GOLDEN LOVE

hagi

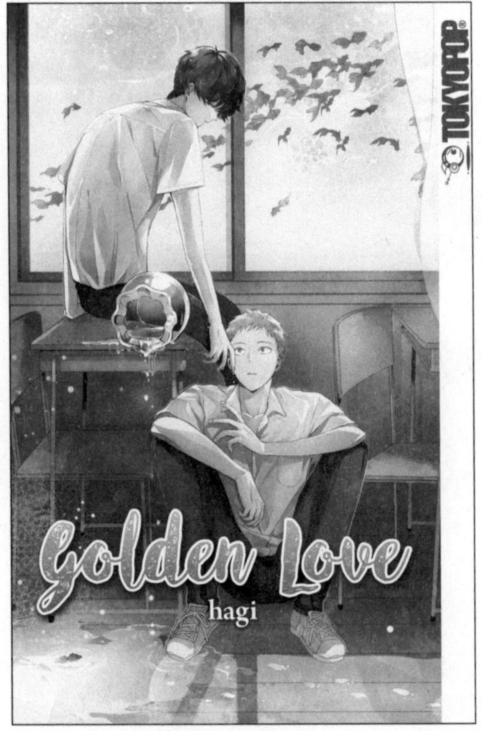

Tropfen für Tropfen ...

Tajima ist am Boden zerstört: Sein Kater hat den Goldfisch seines Mitschülers Koga auf dem Gewissen und dann schüttet er auch noch versehentlich einen Eimer Wasser über ihm aus! Er macht es sich zur Aufgabe, Koga aufzuheitern, will aber nicht zugeben, dass sein dicker Kater an der Misere schuld ist! Je näher sich die beiden kommen, desto klarer wird, dass Koga mehr bedrückt als sein toter Goldfisch ...

MEHR ALS TAUSEND WORTE

hagi

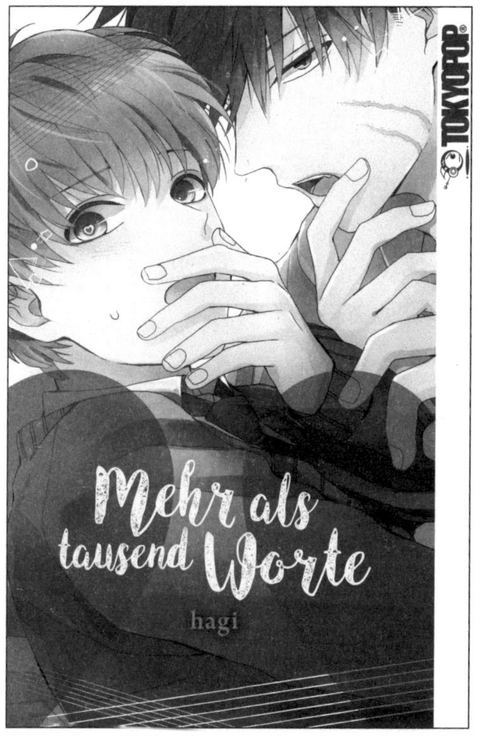

Bloß nicht auffallen!

Fujinos Familie ist schon so oft umgezogen, dass er sich für Schulwechsel eine Strategie zurechtgelegt hat: Um möglichst schnell mit seinen neuen Mitschülern warm zu werden – und auf keinen Fall anzuecken – begegnet er allen mit einem Lächeln und hält seine eigene Meinung stets zurück. Als er auf seinen neuen Mitschüler Tsukada trifft, wird das jedoch zu einer wahren Herausforderung. Denn ausgerechnet Tsukada, den alle nur den »tollwütigen Köter« nennen und der Ärger magisch anzuziehen scheint, kreuzt ständig seinen Weg ...

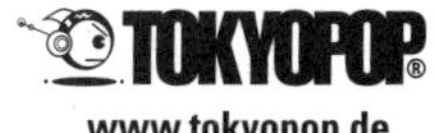

www.tokyopop.de

GOLDEN SPARKLE

Minta Suzumaru

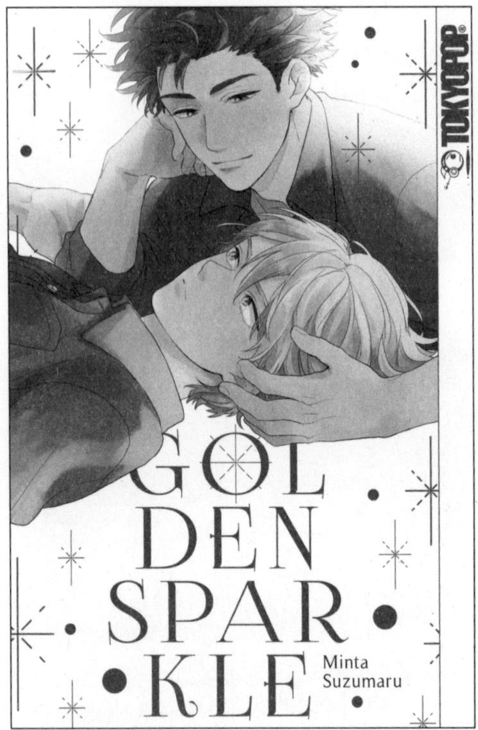

Lerne, wenn du keinen Schimmer hast!

Während Himari wie ein cooler Draufgänger wirkt, wird der hübsche Gaku meist als Frauenheld abgestempelt. Um diesen nervigen Vorurteilen aus dem Weg gehen zu können, schreiben sich beide in einer Jungenschule ein und haben direkt einen guten Draht zueinander. Doch besonders für Himari hören die Probleme nicht auf: Er erwacht neuerdings aus feuchten Träumen und hat keine Ahnung, warum er diese hat und was er dagegen unternehmen kann. Als Gaku davon erfährt, bringt er dem unerfahrenen Himari bei, wie er sein »Leiden« lindern kann ...

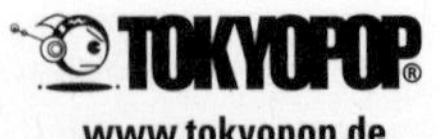

www.tokyopop.de

FUCHSROT WIE DIE EIFERSUCHT

Machi Suehiro

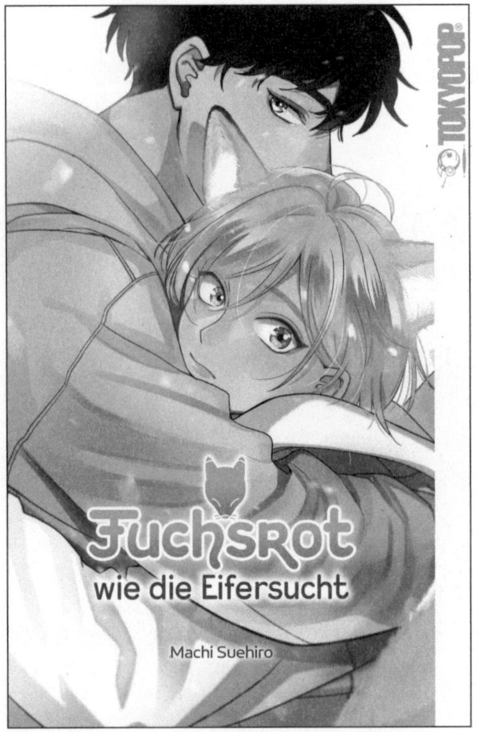

Fuchs, hast du mein Herz gestohlen?

Akihas Familie wird seit Generationen von einem Fuchsgeist heimgesucht – und er selbst bleibt davon ebenfalls nicht verschont. Fühlt sich Akiha unsicher, übernimmt der Fuchs die Kontrolle über seinen Körper und sorgt für peinliche Situationen. In einem Tempel, der von Verwandten geführt wird, versucht der junge Student den Fluch loszuwerden. Doch Yukuri, der Sohn des Tempelvorstehers, scheint es dem frechen Fuchs angetan zu haben, und so denkt dieser gar nicht daran zu verschwinden!

WOLFSGRAU UND GEHEIMNISVOLL

Machi Suehiro

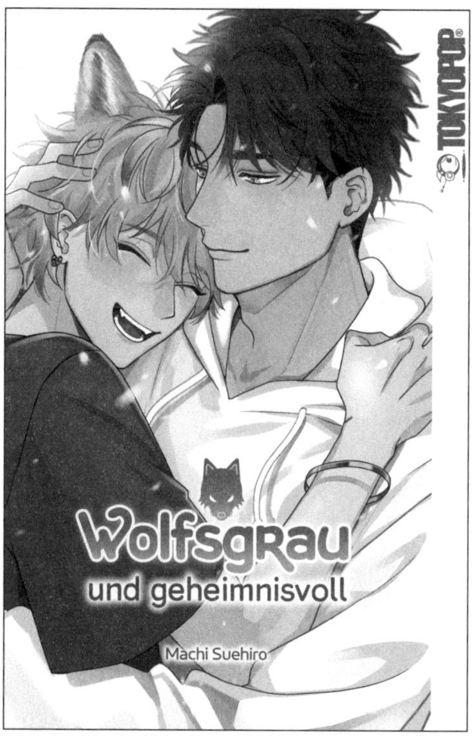

Auch einsame Wölfe kuscheln gern

Wie gern würde sich Doktorand Shiroki nach einem anstrengenden Tag zu Hause entspannen. Wäre da nicht sein Nachbar Hayato, der regelmäßig einen tierischen Radau veranstaltet. Als plötzlich Shirokis Katze ausbüxt und auf den Nachbarbalkon flüchtet, muss er widerwillig bei Hayato klopfen. Da ihm jedoch niemand die Tür öffnet, lässt er sich selbst ein und entdeckt so seinen bewusstlosen Nachbarn – doch warum hat der plötzlich die Ohren und den Schwanz eines Wolfes?!

HYPNOTIC THERAPY

Maki Masaki

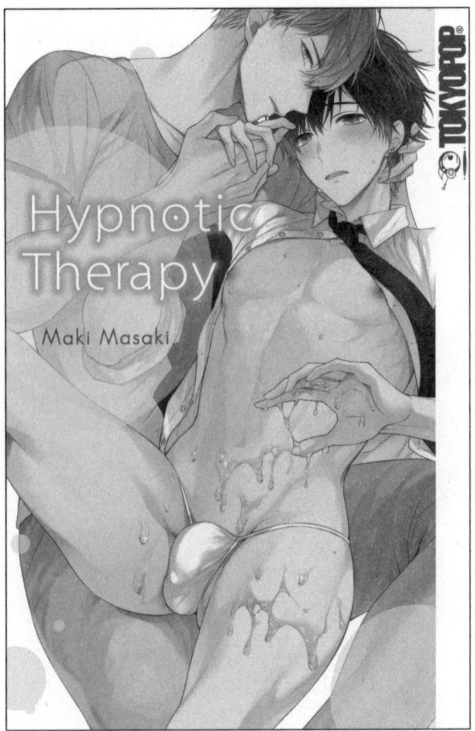

»Du kannst deine Gefühle nicht mehr aufhalten.«

Kazushi arbeitet in einer Boys Bar, und wenn die Jungs hinter der Theke miteinander flirten, geizen die Gäste nicht mit Trinkgeld. Kazushi ist jedoch total entnervt, dass sein Kollege ihm dafür auf die Pelle rückt. Doch dahinter steckt seine größte Angst: sich schon wieder viel zu schnell zu verlieben! Sein Nachbar Sou schlägt ihm vor, es mit einer Hypnose-Massage zu versuchen, die eine Art Resistenz aufbauen soll. Dass Sou allerdings die Behandlung durchführen wird, kommt für Kazushi ebenso unerwartet wie seine eigene Körperreaktion.

GOODBYE HARLEQUIN

Keri Kusabi

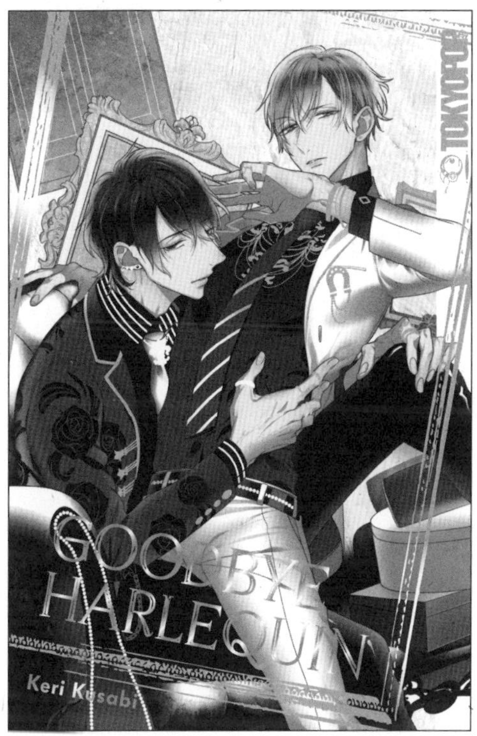

Glamourös, amourös, skandalös!

Akinos erklärtes Ziel ist es, ein gefeierter Designer zu werden, damit er endlich die Person wiedersehen kann, die seine Leidenschaft für Mode entfacht hat. Dabei handelt es sich um Eichi, der bereits zu Highschool-Zeiten zu den Topmodels der Branche zählte. Tatsächlich gelingt es Akino nach einigen Jahren endlich, einen Deal zwischen seiner Firma und Eichis Agentur einzufädeln. Eichi ist über die Zusammenarbeit jedoch alles andere als erfreut, denn im Gegensatz zu Akino hat er kein Interesse, an die Vergangenheit erinnert zu werden ...

STOPP!

Dies ist die letzte Seite des Buches! Du willst dir doch nicht den Spaß verderben und das Ende zuerst lesen, oder?

Um die Geschichte unverfälscht und original-getreu mitverfolgen zu können, musst du es wie die Japaner machen und von rechts nach links lesen. Deshalb schnell das Buch umdrehen und loslegen!

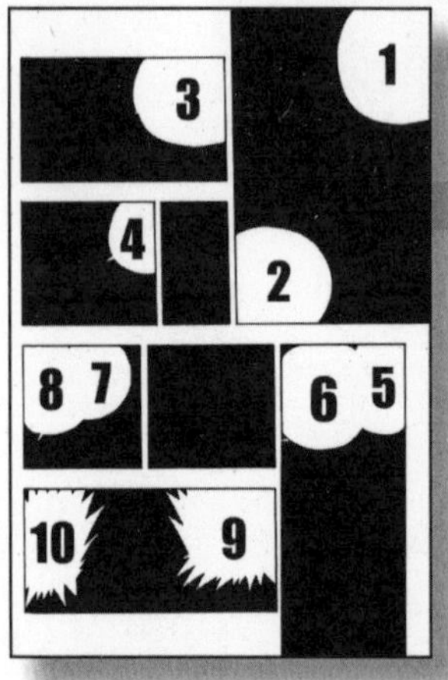

So geht's:

Wenn dies das erste Mal sein sollte, dass du einen Manga in den Händen hältst, kann dir die Grafik helfen, dich zurechtzufinden: Fang einfach oben rechts an zu lesen und arbeite dich nach unten links vor. Viel Spaß dabei wünscht dir TOKYOPOP®!